父辈的勋章

FUBEI DE XUNZHANG

王晓春　主　编
祝国华　副主编

江西美术出版社
全国百佳出版单位

前人苦战众追随
长征路上树丰碑
长城脚下仰朝晖

陈昊苏 敬题
2017年8月1日

（**陈昊苏**，陈毅元帅之子，中国人民对外友好协会原会长）

坚守信念 矢志不移

欧阳毅 书于北京

(**欧阳毅**,无产阶级革命家,开国中将)

功勋之魂　永世传承

刘　建

总有人提出："战火已远离和平数十载，还讲那些老调的红色故事是不是过时了？身为开国元勋的后代，你觉得红色基因、革命精神是什么，她能带给后人们什么？"

作为一名革命军人，我深深地感到，老一辈无产阶级革命家和无数为创建中华人民共和国的革命先辈，在20世纪上半叶那战火频仍、山河动荡的数十年及至往后的和平岁月里，怀着救国救民、改变国家民族命运的崇高信仰，构成了既特殊又平凡的群体。其中许多激昂或曲折、荣耀或苦难，如今都融入时间的洪流，鲜被提起，甚而被步履匆匆的人们悄然遗忘。但不可否认的是，中国共产党人成就的伟大事业是中国历史长河里的一段辉煌记忆，更是中国革命的一座丰碑。共产党人应该是什么样的人？对于这个问题，我的回答是：共产党人应该是为人民谋利益的人，是全心全意为人民服务的人，是密切联系群众的人。当有人赞扬我的祖辈朱德总司令对中华人民共和国建立的历史功勋时，我总是想到他老人家生前对我们说的：我就是一个自自然然的共产党人。他老人家在1926年《旅莫斯科中国共产党支部和中国共产主义青年团支部党团员调查表》的家庭一栏中写道："父已故、母存、妻存，女儿1个月，家庭人口4人。32—35岁，职业：滇军第二军第三混成旅旅长，收入：

15200元；35—36岁，职业：云南省警察厅长，收入：4800元……"他入党前已经是滇军少将旅长，可以说名誉、地位、金钱、豪宅都有了。但老人家为了救国救民的信仰，毅然抛弃高官厚禄加入了中国共产党，在艰苦、困难、流血、牺牲的抗日战争中，他战功卓著，面对人们的称颂，他真诚地说："我不算英雄，只是一个在战场上没有被打死的普通士兵，为抗日牺牲的烈士才称得上英雄。"他老人家从不夸耀自己的历史，经常对我的父母和后代们说："你们一定要记住，如果有功，功是党的，是群众的，离开了群众，我们什么事也做不成。"朱老总的所作所为体现了老一辈革命家们虚怀若谷、不居功自傲的高尚情怀。

  一部中华人民共和国的历史，便是中国共产党人薪火相传的壮丽人生凯歌。在腥风血雨的战争年代，革命前辈抛头颅、洒热血，前赴后继，抵御外敌的侵略，为了不做亡国奴，他们用自己的血肉之躯筑就了民族独立和人民解放的丰碑；中华人民共和国成立后，在百废待兴的创业年代，革命前辈舍小家、顾大家，吃苦在前，享受在后，用激情和血汗创造了艰苦奋斗的人间奇迹；正因为一代又一代的共产党人奋勇拼搏、无私奉献，中国，这个有着千年辉煌又饱尝苦难的国家才能以崭新的姿态屹立在世界东方。他们的卓越功勋彪炳史册，他们的高贵精神激励后人，他们的光辉名字永远铭刻在祖国人民的心中。对当今的年轻人来说，战争的号角仿佛吹响在天边，离自身很远，好似影视剧里飞溅的泥土，轰轰烈烈只在屏幕上，实际却片点不沾身。一方面，我希望先辈亲临的战场，那近在咫尺的硝烟永不在亲爱的祖国乃至整个世界范围内弥漫；另一方面，我又盼望着井冈山革命精神的红色基因和热爱祖国、热爱我们党及我们军队的情怀在年轻一代的精神中充满血性地永远奔腾。我始终坚信，虽然时代和条件发生了巨大变化，但革命先辈们的品格与精神仍激励着我们代代为继，永远发扬。革命导师列宁曾指出：忘记过去就意味着背叛。毫无疑义，忘记革命先辈同样意味着一种背叛。尤其是任何一个积极向上的民族，任何一个健康发展的社会，都会把那些为国家和民族做出巨大贡献的先辈当做英雄来纪念与缅怀，当做偶像来学习与崇拜。这些英雄的事迹和思想构成的精神,是一个国家、一个民族的精神支柱,是我们骨子里的钙、身体里的魂。

正如习近平总书记所指出的:"无数革命先烈用鲜血和生命换来的江山,为我们创造美好生活奠定了坚实基础,他们留下的优良传统是永远激励我们前进的宝贵财富,任何时候都不能丢。"我们珍视如宝的红色基因,是谦虚谨慎、艰苦奋斗、实事求是、一心为民的革命精神和服务品格,是中国共产党人砥砺前行的精神动力,是中国共产党人始终坚守的信仰和情怀。特别是在长期的革命实践中,在艰苦环境的磨炼下,革命前辈们形成了浴血奋战、勇往直前的作风,形成了联系群众、依靠群众的作风,形成了理论联系实际、一切从实际出发的作风,形成了艰苦奋斗、勤俭建国的作风,等等。这些优良传统和作风,都是激励我们锤炼党性、加强党的建设和建设小康社会的强大精神动力。

人生有代谢,传承无绝期。朱老总曾用四川家乡话赋诗:"一股青山景色优,前人田地后人收。收人切记休欢喜,还有收人在后头。"我希望革命先辈们的故事能影响越来越多的人,祖国的下一代都要不断接受红色基因的熏陶,使我们的党永远不变质,我们的江山永远不变色。

(**刘建**,朱德元帅的外孙,第十二届全国政协委员,解放军装备学院原副院长、少将)

目录

（按父辈姓氏笔画为序）
Contents

★ 好政委丁秋生	丁一心	001
★ 戎马生涯，利民情怀	王北来	015
★ 四次起死回生的故事	王涌涛	029
★ 为了可爱的中国	方小勇	039
★ 回乡将军树廉洁家风	甘平荣 甘公荣 甘古荣 甘仁荣	053
★ 没有军衔的优秀指挥员	左月燃	065
★ 我的父亲左齐的故事	左凌	075
★ 护卫领袖和战友的"老虎"	龙铮	087
★ 跟随毛主席当挑夫	赵延平	097
★ 战火中的姻缘	龙盱西 龙潍涟	107
★ 誓与黑山共存亡——回忆我的父亲刘子云	刘南征	113
★ 我的父亲母亲——刘飞、朱一	刘凯军	123
★ 父亲的无价遗产	刘松柏	133
★ 一切都是为了人民	刘垣生	145

- ★ 血性男儿刘铁超　　　　　　　　　　　刘晓蓉　刘碧林　刘碧成　155
- ★ 父亲刘寅的故事　　　　　　　　　　　　　　　　　　刘　丹　165
- ★ 从放羊娃到空军少将　　　　　　　　　　　　　　　　刘　北　181
- ★ 盐城、阜宁、黄花塘军部，我的摇篮——听母亲讲那过去的故事　乔阿光　195
- ★ 从阆中走出去的飞将军　　　　　　　　　　　　　　　安元新　205
- ★ 战友、部下高于天　　　　　　　　　　　　　　　　　李海罗　219
- ★ 从三湾走出来的红军战士　　　　　　　　　　李新明　何继明　231
- ★ 矢志不渝跟党走　　　　　　　　　　　　　　　　　　李毅浔　241
- ★ 新四军的好帮手　　　　　　　　　　　　　　　　　　段昌富　249
- ★ 从警卫员到司令员　　　　　　　　　　　　　　　　　吴滨江　257
- ★ 无悔初衷，继往开来——缅怀父亲吴自立将军　　　　　吴　泓　267
- ★ 寄往星星的信札　　　　　　　　　　　　　　　　　　吴南萍　273
- ★ 鏖战在热河大地　　　　　　　　　　　　　　　　　　吴时青　283
- ★ 红星闪闪照征程　　　　　　　　　　　　　　　　　　张大军　299

- ★ 从宁都到瑞金　　　　　　　　　　　　　　张渝明　311
- ★ 毛泽东称为"井冈山"的人　　　　　　张小军　张小康　319
- ★ 一个参谋的长征回忆　　　　　　　　张昭兴　张昭国　329
- ★ 永远不能忘记的往事　　　　　　　　　　　陈延生　339
- ★ 浪迹祁连找红军——父亲欧阳毅的坎坷革命路　　欧阳海燕　347
- ★ 战场猛将与生产英雄　　　　　　　　　　　罗海曦　357
- ★ 父亲的江西情结　　　　　　　　　　　　　罗小明　369
- ★ 长征路上的父亲　　　　　　　　　　　　　郑南东　379
- ★ 一位信仰坚定的红军　　　　　　　　　　　赵晓宁　387
- ★ 创建过"红军簿记学"的部长　　　　　　　赵沱州　399
- ★ 无冕将军贺敏学　　　　　　　　　　　　　贺汪洋　409
- ★ 血色征途　　　　　　　　　　　　　　　　袁冬萍　425
- ★ 我的父亲母亲　　　　　　　　　　　　　　莫　娴　439

- ★ 将军·严师·慈父——深切缅怀我的父亲　　　　　　高林枫　453
- ★ 女儿心中的丰碑——忆父亲唐亮和母亲张锐　唐东原　唐军凯　473
- ★ 不同寻常的三个建军节　　　　　　　　　　　　　萧南溪　483
- ★ 彭清云将军故事三则　　　　　　　　　　　　　　彭少江　495
- ★ 父亲的故事　　　　　　　　　　　　　　　　　　彭宏远　509
- ★ 迟来的勋章　　　　　　　　　　　　　　　　　　韩京京　521
- ★ 隐形将军韩练成　　　　　　　　　　　　　　　　韩　兢　527
- ★ 一位有文学情怀的军人　　　　　　　　　　　　　谢子展　537
- ★ 斗智斗勇，以弱胜强　　　　　　　　　　　　　　谢勇武　545
- ★ 铸剑为民开太平　　　　　　　　　　　　　　　　谭　斌　555
- ★ 绵绵无尽的西藏情　　　　　　　　　　　　　　　谭戎生　565
- ★ 革命的领袖，杰出的文人　　　　　　　　　　　　瞿独伊　577

好政委丁秋生

丁一心

丁秋生（1913—1995），湖南省湘乡市人。1930年参加中国工农红军，1931年加入中国共产主义青年团，1932年转为中国共产党党员。

土地革命战争时期，曾任红三军团第四师十团连政治指导员、红九军团第十四师四十一团政治委员、中央军委干部团第一营政治委员、红二十五军第七十三师二一八团政治委员，参加了中央苏区历次反"围剿"斗争和长征。抗日战争全面爆发至抗日战争胜利期间，任中国人民抗日军政大学政治部组织部干事、股长，八路军第一一五师教导第一旅政治部主任，鲁南军区政治部主任。解放战争时期，任山东野战军第八师政治委员、华东野战军第三纵队政治委员、第三野战军第二十二军政治委员。中华人民共和国成立后，任第七兵团政治部主任兼浙江军区政治部主任、浙江军区副政治委员、华东军区干部部部长、海军北海舰队政治委员、南京高级步兵学校政治委员。为第四届、六届全国政协委员，中国共产党第十二次全国代表大会代表。

1955年被授予中将军衔。荣获二级八一勋章、一级独立自由勋章、一级解放勋章。1988年被中央军委授予中国人民解放军一级红星功勋荣誉章。

在参加人民军队65年的革命生涯中,他担任的职务从指导员到政委,做了一辈子政治工作。土地革命战争时期,先后担任红三军团第四师十团五连指导员、红九军团第十四师四十一团政治委员、中央军委干部团第一营政治委员、红二十五军第七十三师二一八团政治委员;抗日战争全面爆发至抗日战争胜利期间,历任军委工程学校政治委员、八路军一一五师教导一旅政治部主任、鲁南军区政治部主任等职;解放战争时期,历任山东野战军第八师政治委员、华东野战军第三纵队政治委员、第三野战军第二十二军政治委员等职;中华人民共和国成立后历任第七兵团政治部主任、浙江军区副政治委员、海军北海舰队政治委员、南京高级步兵学校政治委员等职。他就是我的父亲——在战争年代身先士卒、伤痕累累,被领导和战友称为"好政委"的丁秋生。

跟随毛委员当红军

1913年10月12日,父亲丁秋生出生在湖南省湘乡县(今湘乡市)一个贫苦农民家庭。祖父在父亲出生前几个月为生活所迫外出谋生,一走再无音讯。祖母在失去丈夫的艰难困苦中生下了父亲,靠给人帮佣、挖野菜充饥养活父亲。父亲是背生子,从来没有见过生父,在他童年的记忆中,他经常饿得腿发软,两眼直冒金星。父亲说,他吃得最好的饭是豆腐渣、糙米加野菜的糊糊,比一半野菜一半粮的粥还顶饿呢。

1920年,湘乡发生洪涝灾害,粮食颗粒无收。祖母只好带着年幼的父亲逃荒要饭来到离家将近300公里的江西安源谋生。祖母给人拆洗缝补，父亲则捡煤渣贴补家用。1926年，13岁的父亲下矿井当了童工。父亲回忆道：我凭着瘦弱的身体，在直不起腰、抬不起头的巷道里，借着暗淡的小煤油灯爬行。上坡时，脚尖蹬着梯道，手扒在地上，背着沉重的煤箕，一步一步往上爬；下坡时，用双手托着头顶的煤箕，脸朝地，背朝天，一步一步退着走，每天要干12小时。晚上睡在几十个人一间的工棚里，上下5层床，臭虫、蚊子咬得我们整夜睡不着觉。最可怕的是矿井发生瓦斯爆炸，一爆炸资本家为防止火势蔓延就把井口封死，在第二年拆开井口时，发现上百具快跑到洞口的人的尸骨。1920年以后，毛泽东、刘少奇先后到安源开展革命活动，后来又成立了路矿工人俱乐部。父亲参加俱乐部活动，觉悟不断提高。矿工们的顺口溜说："背拖煤箕重沉沉，饥寒交迫牛马身，茫茫煤海苦无边，炭古佬日夜盼天晴。"

父亲当了几年炭古佬，终于盼来了晴天。1930年9月，毛泽东到安源扩红，在安源路矿工人俱乐部前的广场上集合了上万工人。父亲和工友爬到讲台边的大柳树上听毛委员演讲。父亲明白了，只有团结起来跟资本家斗争，才能过上好日子。当毛委员最后振臂高呼，号召矿工参加红军投身革命时，父亲和小伙伴们从大树上跳下来直奔扩红点报名参军。父亲说那天共设了十几个扩红点，有上千名矿工报名参军，其中走出来10多名开国将军，但是大多数后来都牺牲在长征途中或战场上。父亲是在红三军团第三师特务连扩红点报的名，特务连党代表说部队在安源还要休整几天，让他们先回家做好亲人的工作。祖母听说还不满17岁的父亲要去当兵，竟失声痛哭起来。她想到自己年纪轻轻，丈夫一走渺无音讯，含辛茹苦才把独子养大，说什么也不让父亲出门，更把他反锁在屋里。

父亲无奈，只好说不去当兵了，明天就去矿上下井干活，祖母这才放下心来。父亲又下井干了两天活，到了红军集合的这天早晨，他带着干粮，像往常下井干活一样走出家门。他几次忍不住回头看，望着站在泥泞小路上送他的母亲，想到晚上她肯定又站在这儿苦等自己回来，不禁一阵心酸，眼泪夺眶而出。父亲这一走就是永别，留下年迈的祖母在艰难困苦中挣扎着、期盼着。谁也不知道祖母度过了多少个不眠之夜，只听说父亲走后没几年她就哭瞎了眼。1944年，祖母在贫病交加中去世。

祖母去世10周年时，父亲写下了一篇题为《纪念母亲》的文章。文中写道："母亲的一生，真是在饥饿线上挣扎，受尽了压迫和剥削⋯⋯当她知道我所走的道路是为贫苦人民求解放的道路时，她深深地支持了我的事业，因而鼓舞了我的革命热情和斗争意志。"

当年参加红军的每一位战士在家中都是顶梁柱，他们走后，家人不仅承受着更大的生活压力，还遭到国民党反动派的残酷迫害。然而，与亲人生死离别仅仅是他们参加革命闯过的第一关。

烽火连天反"围剿"

父亲入伍后，参加了中央苏区五次反"围剿"斗争。被彭德怀斥为"崽卖爷田心不痛"的德国人李德指挥了第五次反"围剿"斗争。他的战术是死守广昌，组织敢死队进行短促突击，让8万红军与上百万国民党军硬拼。

1934年1月，父亲担任红九军团第十四师四十一团政委。3月11日，

江西瑞金中央红色医院旧址

最大的一次反击战打响。父亲率部与红五军团十三师联手向广昌城外三溪圩敌阵地发起强攻,父亲带领共产党员组成的敢死队冲锋陷阵,由于敌强我弱,装备差别太大,每次冲锋下来红军伤亡一片,损失惨重。一直打到15日下午,父亲组织剩余战士发起又一轮冲锋时,一梭机枪子弹横扫过来,打穿了父亲的左小臂。父亲的血管被打断,鲜血喷涌而出。父亲用右手压住出血口,刚喊出一声"卫生员",一发炮弹便在身后爆炸,弹片扎进父亲的背部和小腿,父亲昏倒在地。这时四十一团只剩下不足一个营的人了,战士们抬着昏迷不醒的政委撤出三溪圩。闻讯赶来的红十四师师长张宗逊立即挑选几名没有负伤的战士组成担架队,昼夜兼程近200公里,把受重伤的父亲送到瑞金中央红色医院。当时父亲的血几乎流光，脉搏找不到了，享有"红军华佗"美誉的傅连暲院长诊断后摇头说："这个小政委恐怕性命难保。"傅院长亲自为父亲做了小臂贯通伤手术，取出了父亲背部和小腿的部分弹片，又组织多名干部、战士献血，将昏迷7天7夜的父亲从死神手中拉了回来。父亲因左小臂留下终身残疾，中华人民共和国成立后被评为二级残疾。还有一些扎入父亲身体的弹片是他去世火化后，我们在骨灰中发现的，我们将这些弹片保留了下来。当年为父亲抬担架和输血的战友，后来多数牺牲在长征路上。父亲常说："我身上流淌的可都是战友们的血啊！从1934年起，我的生命就不再属于自己，而是属于烈士、属于革命了。"

生死二万五千里

1934年10月10日，第五次反"围剿"斗争失利后，父亲随军委纵队离开瑞金，开始长征。中央军委决定组建干部团，由陈赓任团长，宋任穷任政治委员。全团1000多人，全部是共产党员、连排以上干部，父亲担任一营政治委员。干部团主要任务是保卫毛泽东、周恩来、朱德、任弼时等领导人的安全。

父亲率部抢渡大渡河，穿着单衣翻越夹金山、打鼓山等雪山，到达松潘后，做过草地的准备。这时陈赓、宋任穷交给父亲一个任务，让他带领一个连组成收容队断后，并拨给收容队一匹刚缴获的小棕马。走在草地里的毛主席看见父亲，说："这不是丁秋生同志吗？怎么站在这不走啊？"父亲回答："报告主席，团长命令我承担干部团收容任务。"

毛主席叮嘱说："这个任务可不轻啊，你们不光要自己走出草地，还要帮助掉队的同志走出草地。"父亲看到主席身后的那匹马背上驮了很重的文件箱，无法骑人，便说："主席，你的东西多，就骑这匹小棕马吧！"毛主席连连摇头说："那可不行，你们要收容掉队的伤病员，更需要马。"毛主席抚摸着小棕马说："我们的马也是革命功臣啊。"说完大步向前走去。

父亲带着一营三连进入草地的第二天，一名战士双腿陷入泥潭，越挣扎陷得越深，他的班长不顾一切伸手去拉，结果一齐陷进去，泥浆很快没过他们的头顶，战友们心如刀绞却无法救出他们。父亲决定汲取教训，除派人探路，还准备好木棍和背包带，随时做好援救的准备。行进中的父亲突然脚下一滑，陷入沼泽，他马上感到泥浆有吸引力，把他的双腿往下拽，父亲立即就地卧倒，趴在泥浆上。战士们一片惊叫："快救政委啊！"父亲吼道："谁也不准过来，谁过来我处分谁。"他把双手插入泥中揪住一丛草根，缓慢地抽出小腿，扒住草根缓缓前行，终于爬出了泥潭。

第三天，大家带的干粮就吃完了，父亲把过雪山前捡的一块羊皮煮了分给大家吃。到了第四天，原本身体强壮的江西老表高班长倒在了草地上，再也没有起来。父亲决定把小棕马杀掉救全连指战员和伤病员，骑过小棕马的伤病员和战士都舍不得，父亲抚摸着小棕马，想到舍弃它能让全连走出草地，还是背过脸去，下了执行的命令。下午全连每个人都分到一块马肉，吃了马肉，行军速度明显加快。第五天中午，司号员郭亭也倒在草地上，父亲赶过去时，小郭指了指胸前的小布袋吃力地说：

"我用不着了，留给……"话没说完就闭上了双眼。父亲打开小布袋，见里面装着昨天分给小郭、小郭没有舍得吃完的一小块马肉。第六天傍晚，父亲终于带着三连和收容的50多名伤病员走出了草地。

好政委丁秋生

1995年1月4日，父亲在北京病逝，老战友们万分悲痛，纷纷写出追忆文章和诗词。母亲高波把这些文章和父亲生前留下的笔墨集中起来，准备出版一本纪念父亲的回忆录，但起什么书名拿不定主意。母亲找到父亲的老战友、开国上将张爱萍，张爱萍认真思考后题写了"好政委丁秋生"6个大字，因此书名定为《好政委丁秋生》。父亲的另一个老战友、开国中将、时任中央军委副主席的张震上将为这本书写了序言。1997年，《好政委丁秋生》这本书正式出版。2013年12月19日，共和国名将系列片之一、纪念父亲的电影在中央电视台电影频道首播，按照老战友们对父亲的评价，片名沿用了《好政委丁秋生》。为什么领导和战友们都称他是好政委呢？举几个我亲身经历的小故事加以说明：

爱兵如子

我的父母亲是1943年春节在山东省沂南县孙祖村结为夫妻的。我是家中的老大和长女，出生于1945年1月，母亲怀孕7个多月生下了我之后就没有奶水，恰好时任二十三团政治处主任王良恩（中华人民共和国成立后曾任中央办公厅副主任）的妻子王英刚生下一个女儿，是她用乳汁同时喂养我们两个孩子，才救活了我。

1945年4月，时任八师兼鲁南军区政治部主任的父亲接到命令，率部长途行军奔袭泗水。时任政治部协理员的母亲正患病，只有抱着我骑父亲那匹瘦弱的马才能跟上队伍。在部队出发的前一天，父亲的通信员任同发发高烧病倒了。晚上父亲久久不能入睡，他半夜叫醒母亲说："如果你抱孩子骑马，小任就得留下，很可能落入敌手，怎么办？"母亲一听就明白了，泪水夺眶而出，说："女儿早产，现在才两个月大，这么瘦弱，我怎么忍心把她丢下？"在父亲的再三劝说下，同为共产党员的母亲才同意把我交给老乡抚养。这一夜，父母搂着我彻夜未眠，裹着我

华东野战军部分领导合影。左起：叶飞、丁秋生、韦国清、邓子恢、陈毅、唐亮、粟裕、陈士榘、谭震林

我的小被子被母亲的泪水打湿了。天刚亮，父母把我送到老乡家之后，就跟着大部队出发了。父亲派文书小胡牵着他的马去接通信员任同发。烧得迷迷糊糊的小任被叫醒，听说此事后哭着怎么也不肯上马，一定要把我抱回来。队伍行军走出几十里，中午在路边休息时，一阵马蹄声从后面传来，只见小胡牵着马，气喘吁吁，任同发趴在马背上，用背包带紧紧把我捆在他的背上，母亲急奔过去把我搂在怀里，哽咽着一句话也说不出来。面对此情此景，周围的指战员们无不深深感动。

父亲请鲁南军区政治部联络部部长胡成放给我起个有意义的名字，胡叔叔说，孩子诞生在革命队伍中，要一心一意跟党走，一心一意干革命。她就叫一心吧，将来再有了孩子就叫一意。后来我的妹妹出生了，她的名字叫丁一意。胡叔叔是仍健在、已百

丁秋生、高波结婚照

1948年与丁秋生、高波合影，前左丁一意，前右丁一心

岁高龄的老红军，中华人民共和国成立后曾任驻伊拉克、智利等国大使，去年我们姐妹俩去胡叔叔家中看望了他。

心系老区，关爱人民

中华人民共和国成立后，父亲多次去战斗过的山东枣庄等革命老区。他常说：老区人民是子弟兵的父母，在战争年代养育和支援了我们，现在胜利了，我们不能忘记他们。父亲生前用微薄的工资资助老区6个失学的孩子，使他们完成了学业。1994年12月，父亲病危时，弟弟丁一平去探望他，父亲用微弱的声音交代："枣庄还有一个叫连英的小女孩，是被一户贫农收养的弃婴，才上小学，你要继续帮助她。"一平含泪答应了父亲。一个月后父亲去世，小连英放寒假照旧给丁爷爷来信汇报自己的学习成绩。丁一平给她回信说："帮助你的丁爷爷前些天去世了，现在由你的丁叔叔继续帮助你。"直到连英高中毕业，考上大学，才知道自己是多么幸运，是共和国两代将军的爱心接力，帮助自己完成了从小学到大学的全部学业。

缅怀烈士，战友情深

在父亲几十年的战斗生涯中，许多战友在他身边倒下，还有些战友是在他的怀里闭上双眼的。1993年，父亲在解放军总医院住院时，抱病写下回忆文章《忆麓水同志》。文中写道："从我们相识到他献身，整整三年里，我和麓水朝夕相处，并肩战斗，生死相依，甘苦与共。"1945年12月13日，江西萍乡籍老红军、时任山东野战军第八师师长兼政治委员王麓水，在攻打滕县的战斗中胸部中弹，鲜血直流，倒在时任师政治部主任的父亲怀里，他断断续续地说："老丁，我不行了，我看不到

时任山东野战军第八师师长兼政治委员王麓水

革命胜利了,要战斗……胜利……"父亲说:"革命一定会胜利,以后我会来陪伴你。"听完父亲的话,王麓水就闭上双眼,停止了呼吸,年仅32岁。王麓水当时葬在临沂苍山县文峰山烈士陵园(中华人民共和国成立后迁至临沂华东烈士陵园),这里还埋葬着上千名跟随父亲南征北战的战士。父亲生前曾多次到文峰山和临沂华东烈士陵园悼念王麓水和烈士们。父亲病危时嘱咐我们,他要兑现承诺,和王麓水等烈士们长眠在一起,生死永不分离。父亲去世后,我们把他的骨灰撒放在文峰山和他战斗过的地方,完成了他的心愿。

秋生小学

父亲去世时的月工资是 1600.5 元,这也是父亲一生中的最高工资。父亲生前立下遗嘱说,不能让家乡的孩子们像他小时候那样上不起学,要把全部积蓄留给孩子们。母亲和我带着他去世后补发的 6 个月工资和平时攒下来的几千元,共计 16000 元,专程送到湖南湘乡莲花桥小学,交给了学校。母亲和我见到在寒风中穿着单衣的孩子们,心疼地拥抱着他们,把我们积攒的钱塞到一只只小手中。后来这所小学被当地政府命名为"秋生小学"。

小说《源泉》

小说《源泉》

父亲在担任北海舰队政治委员期间,因大面积心肌梗死,无法坚持工作,被批准病休。在他病情有所缓解后,他根据自己长期从事政治工作的经历和瓦解敌军的经验写出了长篇小说《源泉》。这部小说反映了我军基层政治工作的优良传统,详细描述了培养部队战斗英雄和改造国民党军俘虏兵的过程。1964 年 9 月,小说正式出版发行,稿费为 18000 元。父亲为答谢帮助整理文稿的曲秘书和帮助修改文稿的著名作家王愿坚，分别给每人 4000 元，自己剩下 10000 元，这在当时是一笔巨款。父亲决定召开家庭会商量这笔钱的使用问题。会上，6 个孩子都说出了自己心仪的东西，我想要一把月琴，丁一平是校乒乓球队队员，想要一副海绵乒乓球拍……最后，父亲的决定是把 10000 元全部交党费。"文化大革命"中，《源泉》被江青贬斥为"大毒草"，父亲也因此受到冲击和批判。粉碎"四人帮"后，这部小说被总政治部评为优秀小说和连队优秀政治工作教材而发到全军基层单位。1979 年 9 月和 1991 年 6 月，这本书作为解放军文艺出版社向全军推荐的优秀读物，先后两次再版重印。

父亲离开我们 23 年了。父亲生前曾对我说："我一辈子没有什么积蓄留给你们，我只希望你们继承三样东西：强健的身体素质、优秀的思想品质和过硬的成才本领。"我是一名共产党员，丁秋生既是我的父亲，又是培养我成长的好政委。物质财富是有限的，而精神财富是无限和无价的。我要不忘初心，继承革命先辈宝贵的精神财富，沿着父辈的足迹继续前进！

（本文作者：丁秋生之女）

戎马生涯，利民情怀

王北来

　　王恩茂（1913—2001），江西省永新县人。1928年投身革命，1930年加入中国共产主义青年团，同年转为中国共产党党员。

　　土地革命战争时期，曾任永新县苏维埃政府文化部部长，中共永新县委秘书长、湘赣省委宣传部干事、秘书，中国工农红军第六军团政治部宣传干事，中共湘鄂川黔、川滇黔省委秘书长。参加了湘鄂川黔苏区反"围剿"斗争和长征。抗日战争全面爆发至抗日战争胜利期间，任八路军一二○师三五九旅政治部宣传部教育科科长、旅政治部副主任、旅副政治委员，湘鄂赣军区副政治委员等职。解放战争时期，任中原军区三五九旅政治委员，晋绥野战军第二纵队政治部主任、副政治委员，第一野战军第二军政治委员等职。中华人民共和国成立后，任中共中央新疆分局第一书记、新疆维吾尔自治区委员会第一书记、南京军区副政治委员、中共吉林省委第一书记兼沈阳军区副政治委员等职。为第三届国防委员会委员，第六届、七届全国政协副主席。中国共产党第八届中央委员，第九届中央候补委员，第十一届、十二届中央委员。

　　1955年被授予中将军衔。荣获二级八一勋章、一级独立自由勋章、一级解放勋章。1988年被授予一级红星功勋荣誉章。

他15岁参加红军，经历万里长征到达甘肃会宁，在陕北开创了南泥湾大生产的典范，在湖南开辟衡山抗日根据地，曾奉命中原突围，又挥师进军新疆，并与夫人选择长眠于这个前后治理30年仍无限眷恋的第二故乡。

这位戎马一生、奋斗了一辈子的将军，就是我的父亲王恩茂。

革命征程上的勇士

当井冈山革命烈火燃烧到永新，正在禾川中学就读的父亲怀揣着《向导》和《先驱》杂志，偷偷离别家乡，独自从永新县走了近200里山路，成功到达巍巍井冈山，并有幸找到了永新老乡萧克领导的部队，当上了一名小红军。

随着井冈山革命根据地的建立，中国革命由低潮转入重新聚集革命力量、武装夺取政权的新局面。父亲在井冈山当上了红军宣传员。白天，有时随红军官兵到大井、小井、厦坪等地写标语、发传单，或者发动群众打土豪、筹粮食；有时帮助照料伤病员，为伤病员端水熬药，清理伤口。晚上，他与战士们一道站岗放哨。

1928年9月，毛泽东、朱德率领红军攻克遂川县城后，父亲随萧克部队到遂川的双桥、新江、五斗江、大汾、戴家埔等地开展工作。有一天，部队要送一封信给湖南桂东的党组织，首长考虑到父亲年少又聪明，不会引起敌人注意，就放心地将重要任务交给他，并指示与他年龄相同的小红军曾涤同行。两人冒着大雨翻山越岭走了100多里路，途中饿了就摘野果充饥,成功将信送到目的地。

1933年6月中旬,中国工农红军第六军团在永新县沙市成立,下辖十七、十八两个师,父亲任红六军团政治部秘书长。

1934年7月下旬,中央命令红六军团作为红军长征的先遣队,从湘赣苏区出发向湘南挺进,从而拉开了二万五千里长征的序幕,也是转战湘鄂川黔的开始。

1934年8月7日凌晨,大雾笼罩着永新县牛田村的重重山峦,红六军团提前两个月开始突围西征。那天早上,王恩茂告别了故乡的妇孺老幼之后,就和9758名红军踏上了西征的路途。

为了不过早暴露红军的行动目的,红六军的军团侦察连和一个排作

1941年,王恩茂(右三)和王震(右四)在南泥湾

为先头部队，伪装成国民党军为部队开道。那时我父亲就在军团侦察连带兵作战，他找到一条从西北上山的小路，进入茂密的山林。待天黑了，他们在黑暗中摸索前进。晚上10时许，他们走到有近千人的两个保安团防守的上葆林，顺利收缴了敌人哨兵的枪支，一举消灭了这两个保安团，成功突破敌军第一道"围剿"封锁线，为红六军团大部队挺进打开了通道。

1936年5月5日，时任中共川滇黔省委秘书长的父亲随右路纵队的红六军团由大南坝一带进驻中甸县城，准备继续向甘孜前进。途中经过的稻城藏坝是雪山地区，而父亲和大部分指战员都是从南方来的，身上穿的只有单衣，不适应高山高寒地区的气候，更没有翻越雪山的经验。雪山寒冷，空气稀薄，有的指战员连换洗的衣服都没有，需要吃的辣椒、生姜等根本无法找到。山上冰雪覆盖，有的走错了路，掉入了雪坑；有的走不动了，坐下来休息，再也没有站起来；有的喝雪水过多，活活冻死在雪山上。

在通过荒无人烟的茫茫草地时，没有粮食吃，就吃野菜度日。终于到达包座，出现了喇嘛寺庙、房屋和田垄，大片的青稞都已经成熟。父亲和指战员们找到一个仓库，收集了一些粮食，挽救了一些因饥饿濒临死亡的指战员，但并没有完全解决粮食问题。荒无人烟的草地一会儿晴空万里，一会儿乌云密布，一会儿大风凌厉，一会儿大雨瓢泼。7月2日，经过9个月的艰苦转战，红二、六军团穿越5个省，胜利到达甘孜地区，实现三大主力红军会合。7月5日，红二、六军团和红三十二军组成红二方面军。

父亲随红二方面军继续北上，翻越终年积雪、空气稀薄、气候多变的青藏高原。进入藏族地区后，由于大多数地方没有房子，部队只能露宿，只有极少数部队曾住过简陋的土楼房。由于气候寒冷，当地种植业非常落后，只能种一点青稞。部队很难

1944年12月，八路军南下支队到达鄂豫皖边区，于次年1月25日与新四军第五师胜利会师。前排右起为李先念、陈少敏、王震、王首道，后排右一为王恩茂

找到粮食，只能以野菜、野草充饥。当时正值多雨季节，草深地湿，粮食和御寒防雨的衣物奇缺。从甘孜出发时，每人只携带了8天的粮食，由于沿途得不到补充，每人每天只有三四两粮食，凡是牛皮、羊皮制作的东西，甚至连扎在腰上的皮带、干部用的皮包，以及喇嘛寺丢弃的破鼓皮等，都成了指战员们的救命食物。因饥饿、寒冷而死亡的干部战士不断增加，部队减员很大。

在甘谷礼辛镇，部队遭到国民党军飞机的轮番轰炸，父亲骑的马和马夫均被炸死。王震调了一匹骡子和一个马夫给父亲，父亲才顺利走完长征最后一段征程。10月23日，父亲所在的红二方面军在甘肃会宁县兴隆镇与红一方面军一军团一师胜利会师。

1944年秋，党中央以三五九旅为主力组成八路军南下支队，突破日军封锁，南下与李先念领导的新四军五师会师，之后南下支队改名湖南人民抗日救国军。当时我父亲担任三五九旅副政委。全面内战爆发后，

父亲随王震率部队从中原突围,经过浴血奋战,历经艰险,胜利回到延安。这次南征北战,被毛泽东主席誉为"第二次长征"。

警卫员眼中的首长

父亲一辈子都保持着谦虚谨慎、温文尔雅、廉洁奉公的品格,对党忠心赤胆,对同志关心备至,处事识大体讲原则,是党和军队卓越的军事和政治工作领导者。

据1946年给父亲当过警卫员的赵锐回忆,在到任之前,他就听警卫员们说过父亲有五大特点:第一,打仗的时候,与王震司令员形影不离,好像是王震的秘书、参谋,又像是王震的智囊、顾问,还像是王震的政治指导员。紧急时候,王震司令员要他带队伍冲锋、突围、抢占山头,重大决策要把他找来听听意见。部队哪一部分有了问题,要叫他去了解处理。父亲是王震的得力助手、左膀右臂。据说王震司令员发火时,别人不敢接近,唯有王恩茂说得上话。第二,父亲善于做思想政治工作,很有威信。当时三五九旅广泛流传着"天不怕,地不怕,就怕王恩茂来谈话"的顺口溜。确实,不仅王司令员会听他的话,三五九旅一些有名的战将,平时似乎谁都不怕,但干政委一去却都很顺从。第三,不吸烟,不喝酒,不多领公家一件东西,下部队也从不大吃大喝。他不要人家的东西,自己的东西也不轻易送人。第四,洁身自律,礼貌周全,态度和蔼,颇具儒雅风度。他从不发火,更不骂人,有长者之风。文件(包括讲话稿)他自己写,不劳秘书。行军打仗时自己背东西,以减轻警卫员的负担。

1944年冬，八路军南下支队通过黄河冰桥。前排左起依次为王恩茂、王首道、王震

尤其他那个珍贵的皮包（里面装着日记本、墨水、文书资料等）总是自己背着。紧急时，手枪、望远镜甚至米袋等也都自己背。他还爱和干部战士握手，见面时握手，分别时握手，说话前也握手，有时见一次面握好几次手，使干部战士感到很亲切。第五，爱整洁，讲卫生。每次吃饭前，只要条件允许，他必用开水烫烫碗筷，看看是否干净，用鼻子嗅嗅有无怪味。每次行军途中休息，只要有河水，必去洗脸、洗手。风纪扣、帽子、皮带、绑腿无论什么时候都是整整齐齐的，朴素整洁，儒雅威武。

1946年4月，新来不久的警卫员跟随已任三五九旅政委的父亲到宣化店的中原军区司令部出差，回来后，正在房子里整理单据准备报账，另一老警卫员李树森进来提醒他："就这样去报账不行！咱们首长和其他首长不一样，报账必须经他审查签字……"

听到这话，新来的警卫员很不高兴，发起牢骚来："我当警卫员从晋察冀边区算起，经晋绥解放区到中央党校；又从中央党校，经吕梁、太行、太岳解放区，到河南军区司令部；从八路军到新四军，见过的司令、政委不下百个，还没有见过对自己的警卫员报账还要审查签字的。不相信人就算了嘛！"

李树森连忙解释："审查签字并不是对着你的，而是首长的一贯规矩！"

"那好呀，你就拿着让他去审查签字吧！"这位新来的警卫员仍然不高兴地说。

李树森没有计较，拿着单据和清单就去了我父亲住的房子。不一会儿，他回来说："首长叫你去！"新来的警卫员以为李树森向我父亲汇报了他的态度和怪话，心中有点不安。结果进门以后，我父亲劈头就问他："这糖姜是怎么回事？"

知道是因为报账中的问题，这位新来的警卫员虽说放下了心，但由于之前他就不高兴，这会儿又觉得首长太挑剔，回话自然有点情绪："怎么回事，你自己还不清楚？去宣化店的路上，熊晃说路边小摊的糖姜好吃，应当买点尝尝，你说好嘛，于是他带着我去买了半斤。你和政治部李副主任还吃了呢！"

经一番提醒，我父亲立即记起这回事来，忙拍了拍脑袋："啊……对！对！对！我怎么忘记了？！"于是马上拿起钢笔，在清单上写下"王恩茂"三个字。

虽说在这事上我父亲出了点小错，但他这种严肃认真的态度，令新来的警卫员肃然起敬。以后再送父亲审查报销单据时,他完全按规矩办,再没有任何意见了。

凝聚深情的两块银圆

父亲的皮包里,有一个已发黑的白色粗布小包,里面装有两块银圆。那是我父亲在老家江西永新参加长征前,我的祖父亲手交给他的。这两块银圆跟随着我父亲经过了万里长征,又到过华北敌后,还历经南下广东、北返延安的第二次长征。10多年来,因为这两块银圆留存着家人的浓浓深情,他一直随身珍藏,从没有动过花出去的念头。

1947年2月,部队开始休整。此时我父亲已转任吕梁军区政治部主任,来到三五九旅帮助总结经验教训、调整配备团级领导班子、安排部队整训等。

刚到旅部,就听说贺龙司令员要三五九旅选调一些年轻的同志去干校学习。第二天,父亲决定让曾跟随自己数年的警卫员李树森去学习,并在晚上找他谈话,让已来一年的警卫员赵锐旁听。

父亲严肃而又亲切地对李树森说:"形势发展很快,仗越打越大,光靠原来的本领不行了,必须好好学习。你的身体素质好,政治素质也好,大家叫你'政治指导员'嘛!军事素质也好,但水平较低,仅是连长、指导员水平。要使自己成为一个合格的指挥员,就必须进学校好好学习。不管到哪里,不管做什么工作,第一依靠党的方针政策和党的组织;第二要依靠群众,发挥大家的积极性;第三要努力学习,锻炼自己,'打铁先要自身硬'嘛！"

说完这番话，父亲从皮包里拿出伴随自己多年的宝贝，打开颜色已发黑的包布，从里面取出那两块银圆，深情地对李树森说："你知道我没有什么自己的东西，这两块银圆送给你买点学习用具吧！"

李树森当然清楚这两块银圆所饱含的特殊意义，因而不等我父亲说完，他就大声说："不行！不行！我不能要！我不能要！这么珍贵的纪念品，怎么可以给我？首长有老婆、孩子，我光棍一条，什么困难都难不倒我！"

我父亲拿着小包一定要给，李树森坚决不要，顿时两人僵持了起来。赵锐小声地在旁边劝李树森："拿上吧，不然首长会难过的。"但此时的李树森根本听不进他的话，还是继续大声说："不行！坚决不行！要了首长这银圆，我算个什么人呀……"

见李树森坚持不肯收下，我父亲只好无奈地对赵锐说："小赵，你拿上给他！"

回到宿舍，赵锐劝李树森说："这两块银圆是首长真心给你的。他身上没有什么东西，只有这两块银圆。你要走了，送给你，是他的深情厚意。"李树森万般无奈地收起两块银圆，哭了很久很久，赵锐也跟着哭得泪水难以止息。

新疆各民族的贴心人

1949年10月，担任一野第一兵团第二军政委的父亲和军长郭鹏率领所部组成左路军进军南疆，不到两个月时间就进驻了焉耆、巴楚、伽师、岳普湖、喀什、阿克苏以及和田等南疆重地。当时，因和田的一些民族分裂分子正策动叛乱，父亲所属的五师十五团奉命从阿克苏向和田紧急进军，昼夜兼程，15天行走了750公里，穿越被称为"死亡之海"的塔克拉玛干沙漠，平息了和田叛乱。解放军总部通电嘉奖称"创造了史无前例进军纪录"。从此，进军南疆的解放军被当地维吾尔族民众誉为"神兵"。

当第二军首次开进喀什时，满街的维吾尔族人穿着色彩斑斓的民族服装，争先恐后地向部队涌来。他们中，有的高呼口号，有的弹琴击鼓，像过盛大的节日一样高兴。许多上了年纪的老人热泪盈眶，将右手放在胸前，频频向官兵施礼，不停地说着汉族官兵听不懂的话。父亲被眼前的场面深深地震撼了。从这一天起，父亲就把这里当作他的第二故乡，把这里的各族人民当成他的亲人，把这块土地当作他奉献终生的地方。

新疆全境解放后，父亲被任命为喀什地委书记、南疆军区政委。经过十几天的长途跋涉，父亲一行从乌鲁木齐一路颠簸赶往喀什任职。

当时的喀什非常荒凉，根本算不上一个城市。人们形容喀什的道路是："晴天扬灰，雨天水泥。"但父亲并不计较这些，他说："我来这儿就是工作的！"他非常注重基层调研，跑遍了喀什的每一个乡村。为更好地开展工作，年届四十的父亲每天还要花上半个小时，向当地人学习维吾尔语。他深知南疆稳定的重要性，常说"南疆稳则新疆稳"。

20世纪50年代初，新疆的一把手王震被调到中央工作，父亲由南疆区党委书记升任新疆分局第一书记、新疆军区司令员兼政委。

当时新疆解放仅3年，尚未得到很好的开发，生产、生活水平很低，解放新疆的部队面临如何长期驻扎和生存的问题。父亲根据自己在喀什的工作经验，对新疆物产、区域和人口进行调查，结合过去南泥湾垦荒的经验和历史上屯垦戍边的做法来开发新疆。1954年，中央决定在新疆成立生产建设兵团，父亲兼任兵团第一政委、党委书记，新疆经济开始进入快速恢复期。1961年，全国出现大饥荒，新疆的粮食却向外调出，支援其他地区，可见当时新疆经济在全国的重要地位。

父亲很早就认识到新疆作为少数民族主要居住地的特殊性。他说，发展经济是解决新疆民族问题的关键，这也是父亲从"伊塔事件"中总结出来的教训。1962年，伊犁、塔城等与苏联接壤的我国边境地区发生中国公民"外逃"事件，后根据中央精神，得到妥善解决。表面上看，这是一次民族冲突，实际上却是经济落后引起的。由此，父亲深知要抓发展促进稳定，将在南疆取得丰硕成果的经验带到边境地区，把建设兵团的力量也扩展到那里，使其迅速繁荣起来。

在增进民族了解方面，父亲注重团结少数民族上层人士，并通过少数民族上层人士去做新疆各民族的群众工作，事半功倍。因为争取了到这些人的支持，新疆工作的开展就少了很多阻力。除此之外，父亲还特别重视新疆政权建设，维护民族团结，特别注重提拔少数民族干部。短短几年间，全疆吸收、提拔了近10万少数民族干部，其中有一大批进入了县、地区以及自治区的领导机关，担任了重要的领导职务。

由于采取了这些措施，新疆出现了安定团结的局面。父亲到基层去，从来不担心安全问题，他可以径直走到维吾尔族人、哈萨克族人家里去拉家常。当时有个叫库尔班·吐鲁木的维吾尔族老大爷，因为翻身当家做了主人，非常感谢共产党，感谢解放军，要骑着毛驴去北京见毛主席。父亲在和田调研得知这事后，专程去看望了他们全家，后来在乌鲁木齐又亲切接见了这位老人，并特意安排他实现了愿望，成就了新疆一段广为流传的佳话。

1981年，邓小平考察新疆之后，认为还是应该派一位经验丰富、熟悉新疆的同志来治理。他征求了同行的

1967年2月14日，毛泽东接见各大军区领导时，和王恩茂亲切交谈

王震和副总理王任重的意见，把我父亲又调回到这片土地上。当时，父亲已是年近七十的老人，但他雄心犹在。

父亲非常尊重少数民族的风俗习惯，给他们留下了可亲可信可敬的感人形象。他对少数民族同志的热情好客总是欣然接受，甚至能按少数民族的特殊礼节将大块羊尾油一口吞下。父亲到牧民的毡房里，同他们一起席地而坐，喝奶茶，吃馓子、包尔萨克（一种油炸面食，新疆少数民族食品）和手抓羊肉。父亲用维吾尔语、哈萨克语与他们交谈，一下子就拉近了彼此的距离，增进了相互之间的感情。

一次在吐鲁番乡下，有位维吾尔族农民热情地摘下自家树上的桑葚请父亲吃。父亲吃了以后又拉肚子，又发高烧。工作人员认为这个维吾

尔族农民是坏人，让当地公安局把他抓了起来。父亲闻讯后马上指示让公安局放人。父亲说，怎么能这样对待群众呢，人家完全是好意，是我自己没注意，不能怪这个维吾尔族农民。此事在当地传开后，群众说，王书记真好，他相信我们。"文化大革命"中面对林彪、"四人帮"的倒行逆施和种种非难，父亲不卑不亢，大义凛然，对他们的破坏活动进行了有力的抵制和反对，保护了新疆的广大干部和各族群众。父亲曾对我们说，我不能为了自己过关就承认所强加的莫须有罪名，也不会盲目地执行他们的所谓"指示"。因为这不仅关系到我个人，更关系和影响到新疆的广大干部和群众。

在离开新疆的那段日子里，父亲仍然时刻关注着新疆形势的发展变化，保持着与新疆各族人民的联系。无论是在北京、芜湖，还是在南京、长春，常有新疆的干部群众去看望父亲。每当听到新疆工作取得成绩时，父亲就高兴、乐观；听到新疆工作受到损失时，父亲就忧心难过、寝食不安。

父亲在芜湖工作时，有两位素不相识的维吾尔族老人不远千里，背着哈密瓜来看望父亲。他们紧紧拉着我父亲的手，用不太流利的汉语讲述他们在"文化大革命"中的遭遇和对我父亲的思念。父亲感慨万分地说："你们到这么远的地方来看望身处逆境的我，真是太不容易了，新疆的人民群众真是太好了！"

父亲在新疆战斗、工作、生活长达30余年，与各族人民结下了深厚的感情和友谊，他的心始终与各族人民群众紧紧连在一起。

（本文作者：王恩茂之子）

四次起死回生的故事

王涌涛

  王辉球（1911—2003），江西省万安县人。1928年参加工农革命军，同年加入中国共产主义青年团。1930年转为中国共产党党员。
  土地革命战争时期，任红一军团特务连政治委员，第九师政治部代秘书长，第一师、第二师政治部宣传科科长，参加了历次反"围剿"斗争和长征。抗日战争全面爆发至抗日战争胜利期间，任八路军一一五师三四三旅六八五团政治处宣教股股长、冀鲁边军区政治部宣传部部长、津南支队政治部主任、鲁西军区教导第三旅政治部主任、冀鲁豫军区政治部副主任。解放战争时期，任晋冀鲁豫野战军第七、第一纵队政治部主任，中原野战军第一纵队政治部主任，第二野战军十六军政治委员。中华人民共和国成立后，任第五兵团政治部主任，贵州军区副政治委员，中国人民解放军空军政治委员，沈阳军区政治委员、顾问。为中国共产党第九届中央委员。
  1955年被授予中将军衔。获二级八一勋章、一级独立自由勋章、一级解放勋章。1988年被中央军委授予中国人民解放军一级红星功勋荣誉章。

王辉球、饶子春与女儿在一起

有这么一位老红军,在漳州战役因胸部中弹被老乡从牺牲的战友堆里抬回来救活了,在长征途中从山岭上滑下来摔断了腿又被救活了,过草地时又冻又饿还拖着一条未愈的伤腿仍活过来了,因日军的细菌战而患疟疾竟在追悼会上醒过来了……

四次传奇般起死回生故事的主人公,就是我的父亲王辉球中将。

天宝山胸部中弹

1995年12月27日晚上,父亲突然感到腹部剧痛,被连夜送往301医院。医生诊断:肠梗阻。肠梗阻并不是疑难病症,但是进一步检查后,医生却大为震惊,因为他们发现父亲那段梗阻的肠子居然顶破了胸隔膜,从腹腔进入胸腔。这将会造成胸腔大面积感染,很危险,必须立即手术!

父亲的病历上写着:胸部有枪伤,长期患肺气肿。右胸上有个伤疤小而深陷,后腰处有个伤疤大而不规则,呈撕裂状。"一般贯穿伤都是前胸进,后胸出,政委的怎么会在后腰呢?"连医生都感到疑惑不解。

手术进行了三个多小时，胸外科主任径直朝我们走过来说："政委的手术很顺利，我们在他胸隔膜上发现了一个五分钱硬币大的弹洞，梗阻的肠子就是通过这个洞顶进胸腔的。这是怎么来的？"我们都是第一次听说，无不感到惊讶万分！据母亲的回忆分析，很可能是1932年漳州战役攻打天宝山的时候，和胸部的枪伤一块落下的。她的提醒使我恍然大悟：如果把右胸、胸隔膜和后腰三处伤连在一起，正好是一条从上至下的穿膛斜线！就是父亲在仰攻山头的时候子弹从上方射下来，且距敌较近，子弹力量大，才会穿透身体并在穿身而出时炸开，使后腰处的伤疤呈撕裂状。

究竟是一场什么样的战斗使父亲身受重伤？我当即查遍所有关于漳州战役的资料，竟然找不到有关这次战斗的蛛丝马迹，对红十二军三十四师更是只字未提！这些疑问如同一团乱麻缠绕在我的心头，久久挥之不去。为了解开心中疑团，2007年，我专程到天宝山战场遗址——漳州市南靖县龙山镇的内洞村寻访。这是全国保存最完整的红军时期战场遗址，原生态。

为什么漳州战役的主战场不在漳州城，而在天宝山呢？原来，漳州城有个致命弱点：易攻难守。所以，守敌四十九师师长张贞没有将重兵放在城里，而是放在天宝山。天宝山距漳州城西北20余里，地势险要，是闽西根据地到漳州的必经之地和天然屏障。此前，敌人花了8个月时间在天宝山修建了几十座炮台、机枪台，构成一道严密的封锁线，据险扼守。因此，红军欲取漳州城，必先拿下天宝山！

当时父亲在红十二军三十四师一〇〇团一连任党代表，承担尖刀连的任务。

　　1932年4月19日拂晓，红军开始发起进攻。连长刘德山带领一排在前，父亲带领二、三排跟进。当一排摸到敌前沿阵地时，战士们一跃而起发起第一次冲锋。敌人三挺重机枪向我军疯狂扫射。更可恨的是，敌人在工事前埋下许多尖桩子，踩下去犹如万箭钻心，这是真正的上刀山杀敌呀！红军每前进一步都要付出巨大的代价！连长和一排的同志们很快都牺牲了。父亲满腔怒火高呼："为连长和一排同志报仇，冲啊！"朝夕相处的战友一个个倒下，战士们眼珠子早红了，不顾枪林弹雨继续向敌人猛冲！先冲上去的还与敌人展开肉搏战，有的战士抱着敌人一起滚下山崖同归于尽，父亲也因胸部中弹昏了过去……

　　这时，七把军号同时吹响，激荡山谷，杀声震天，红军又相继发起第二次、第三次、第四次猛烈进攻，但终因敌人火力强大而一再受挫。张贞是保定军官学校炮科毕业的，善用炮，扼守的敌阵地再高，他也要把炮拉上去。因此，在各敌据点布满山炮，对主要武器是步枪和轻机枪的红军形成了强大的火力压制。主席头天睡得晚，开战时正在休息，听警卫员吴洁清报告情况后，赶快来到前沿指挥部观察，和林彪、聂荣臻商量后，决定改变战术：由老乡为红四军十一师带路，抄小道首先夺取大尖山、二尖山两个1000米的制高点，居高临下，向主阵地十字岭俯冲，就这样，敌阵地一个一个被攻破。张贞见大势已去，连夜跑回漳州城，炸了军火库，带着残兵败将逃往他的老家——诏安县。

　　漳州战役第一次同时缴获两架敌机（第一次缴获一架敌机在鄂豫皖苏区）；筹集银圆100多万块，极大缓解了中央苏区财政困难，把筹集到的银器（不是银圆）熔化后铸成中华苏维埃共和国银币发行；中央红军第一次统一服装，不管参战的、没参战的都发了（斯诺在延安给主席拍的经典照中，主席戴的帽子是借斯诺的，衣服就是漳州战役时发的，平时舍不得穿，为拍照特意拿出来）；把德国一个兵工厂的装备全部搬到中央苏区兵工厂，从此"鸟枪换炮"。

战果固然辉煌，红军为此付出了相当大的代价：父亲所在的一连，伤亡最大，140多人竟牺牲了120余人，生还的都是伤号。只有四个连队、600多人的一〇〇团，竟牺牲了400多人！团党代表田桂祥是以战士代表身份在古田会议上选出来的11名前委之一，他亲自为尖刀连做战前动员，带头冲锋，壮烈牺牲！我现在收集到的烈士名单就多达1300人！受伤者中职务最高的，是东路军总指挥林彪。老攻不下来他着急呀，靠前观察，结果肩部挨了一枪。人们只知道他在平型关受伤，不知道此前在天宝山也负过伤。可见，这场战斗有多惨烈！

父亲胸部中弹，昏迷不醒。下午打扫战场时，老乡发现他还有口气儿，给抬了回来。由于失血过多，父亲已经奄奄一息，卫生员打了一针强心针他才苏醒过来。父亲感叹道："我这条老命是老乡从牺牲战友堆里捡回来的啊！"如果不是老乡发现，就没有父亲的后来；如果不是老乡带路，红军将会遭受更大伤亡。一句话，没有人民群众的支持，就没有天宝山战斗的胜利！

1964年春，父亲出差漳州路过南靖县，望着曾经战斗过的天宝山，他感慨万分，当即写下一首诗："忆往昔，青山处处埋忠骨，烈士鲜血点关山；看如今，碧柏青松百花艳，战友音容又重现。"

一个五分钱硬币大的弹洞居然在父亲体内隐藏了63年之久！子弹穿透肺部，使他长期患肺气肿，手术后肺功能严重衰竭，不得不戴上呼吸机度日，每天要吸好几次痰。当长长的吸管深入到肺底部时，父亲的脸憋得通红，头不由自主地抬起，浑身抽搐。可每次吸痰时，我看见他连眼皮都不眨一下。父亲平时很和善，而此时仿佛换了一个人，正是在这一刻，我才突然发现他性格无比坚强的一面。

尽管全力抢救，父亲终究没有走出医院大门，直至病逝。这个"五分钱大的弹洞"，对于我来说只有四个字——刻骨铭心！

黔苗岭腿骨摔断

长征出发不久，进入贵州苗岭山区的剑河县，整天下雨，山路湿滑。1934年12月22日冬至那天，父亲正在山崖边写着标语呢，稍不留神"吧嗒"一下从悬崖上跌下来，当即摔得不省人事。当时部队紧急行军，战友给他扔下一床小薄被子。他半夜醒过来，发现腿摔断了，动弹不得，仰望满天的繁星，耳听野狼的嗥叫，照父亲的话讲：准备喂狼了。

父亲当时是红一师的宣传科科长，政治部主任是谭政（1955年授予大将军衔）。第二天他来找父亲："王科长呢？"听说被留在深山老林里，都隔了一夜了，硬是派人回去找到他，并抬回来救治好。

后来父亲写诗回忆这次死里逃生经过："剑河山高雨不停，腿折骨碎昏不醒。谭政救护上担架，阶级兄弟救我命。"

沼泽地九死一生

第三次遇险是过草地。这草地可不是能跑马的大草原，而是瘴气弥漫、一望无际的沼泽地，人陷进去会被吞噬掉，根本无法生存。红军死了好几千人，有"六死"：冻死、饿死、累死、毒死、病死、淹死。指战员们穿的衣服又破又单薄，夜里冻得瑟瑟发抖。草地找不到可以点燃的柴火，父亲和他的战友相互依偎着靠体温取暖，有些人睡下去就再也没醒过来。没有粮食，靠吃皮带、挖野菜充饥，有些人因误食毒草中毒而死！朱老总亲自拿着有毒和能吃的野菜样本教战士们辨认的方法。草地的水可不能随便喝，有的有毒，伤口沾上会溃烂！何况红军是踏着草甸子跳着走，又饿又累一连走了7天呀！一旦掉进泥潭就会越陷越深，活活淹死。最可怜的是那些伤病员，要拄着拐棍自己走，很多人因医药奇缺而牺牲。

父亲腿伤未愈，饥寒交迫，越走越慢，从开路先锋落到最后（归队后到长征先遣团红二师四团当俱乐部主任），被时任红一军团宣传部部长的邓小平看见了，他让父亲骑他的马。如果没有他的帮助，父亲恐怕将永远留在草地里！故父亲有诗表达自己的感激之情："北进藏区毛儿盖，历尽艰险过草地。首长让马心头暖，突破天险进陕西。"

细菌战虎口余生

抗日战争全面爆发至抗日战争胜利期间，父亲任冀鲁豫军区政治部副主任。

1943年秋天,父亲染上很重的疟疾,俗称"打摆子",四肢痉挛,全身冰冷,医生宣布医治无效,已经死亡。灵堂都布置好了,要给他开追悼会。准备主持追悼会的是当时的冀鲁豫军区政治部主任,解放后曾任武汉军区、济南军区司令员的曾思玉。

当时父母新婚不久,母亲悲痛欲绝,伏在父亲身上大哭,没想到竟奇迹般地活了过来!

父亲得此重病的事绝非偶然。1943年秋季,日军在鲁西北抗日根据地发动了在中国最大的一次细菌战。他们掘开卫河(黄河支流)的堤岸,将细菌倒入水中,河水泛滥到哪里,病菌就传播到哪里,一共造成43万中国人的死亡!日军内部称之为绝密的"十八秋作战计划(昭和十八年)"。当时,八路军只得到大扫荡的情报,对细菌战毫不知情,致使这一滔天罪行隐瞒了50年之久。1993年,山东临沂一位叫崔维志的中学老师经过10年调查,终于揭开了这一骇人听闻的秘密!原来,细菌战才是导致父亲差点死去的真正元凶!

其实,许多老红军都有出生入死的经历,千百次的战斗与磨难,铸就了他们钢铁般的坚强意志,他们以非凡的勇气和毅力战胜了常人无法想象的千难万险,有一句话叫"百炼成钢",正是老红军人生道路的真实写照!而支撑他们的强大动力就是革命的理想信念!

纵观父亲一生,要感谢四个人:一是谭政大将,二是邓小平,他们是父亲的救命恩人。三是周恩来,他担任中央军委副主席时,签发了父亲的中将授衔令、空军副政委兼政治部主任的任命书,因为他对父亲的历史和人品比较了解。父亲在空军当政委,九一三事件发生后,对他一片"打倒"之声,周总理力排众议保下父亲,他十分肯定地说:"王辉球同志没有反党、反毛主席!"第四个人是毛泽东,九一三事件后,父亲离开空军到工厂劳动一年,复出后,原来准备对他降级使用,让他到大军区当副政委,文件呈送到主席那里,老人家亲笔将"副政委"的"副"字圈掉,任命他为沈阳军区政委。1976年2月,主席的病情急剧恶化,几度昏厥,在弥留之际还没忘记当年跟他上山的老兵,是毛主席给了父亲第二次政治生命!

父亲在战争年代经历四次起死回生,是什么力量让他一次又一次挺了过来?追根溯源就是井冈山。井冈山是一座大熔炉、一个大学校,使

1958年,王辉球(左三)下连当兵与战士合影

1965年，王辉球（右一）四清时和社员谈心

他经受住了艰苦生活和严酷战争的考验，迅速成长为一名坚定的共产主义战士。井冈山是他革命人生的起点，他正好处于17岁到19岁之间，树立起革命的人生观，禁受住人生一次又一次生死考验。因此，我十分敬仰这座大山、由衷地热爱这座大山、感谢这座大山！

井冈山也是父亲的终点。根据他老人家的遗愿，父亲去世后，我们把他的骨灰安放在北山烈士陵园，让他永远和这座养育他、培养他的大山在一起，永远和他牺牲的战友在一起！

（本文作者：王辉球之子）

为了可爱的中国

方小勇

方志敏（1899—1935），原名远镇，乳名正鹄，号慧生，江西省上饶市弋阳县漆工镇湖塘村人。中国共产党革命家、军事家，杰出的农民运动领袖，土地革命战争时期闽浙（皖）赣革命根据地和红十军团的缔造者。

1922年8月加入中国社会主义青年团，1924年3月转为中国共产党党员。1928年1月，参与领导弋横暴动，创建赣东北苏区。先后任赣东北省、闽浙赣省苏维埃政府主席，红十军、红十一军政治委员，中共闽浙赣省委书记。他把马克思主义与赣东北实际相结合，创造了一整套建党、建军和建立红色政权的经验，毛泽东称之为"方志敏式"根据地。1935年被捕牺牲，牺牲前在狱中著有《可爱的中国》《清贫》等。2009年9月，方志敏被中央宣传部、中央组织部等11个部门评选为"100位为中华人民共和国成立作出突出贡献的英雄模范人物"。

80多年前,有一位身陷囹圄的革命英雄,曾这样充满欣喜地憧憬着中国的未来:"到那时,到处都是活跃跃的创造,到处都是日新月异的进步,欢歌将代替了悲叹,笑脸将代替了哭脸,富裕将代替了贫穷,康健将代替了疾苦,智慧将代替了愚昧,友爱将代替了仇杀,生之快乐将代替了死之悲哀,明媚的花园将代替了凄凉的荒地!这时,我们民族就可以无愧色地立在人类的面前……"

这个被毛泽东称为"以身殉职,不亦伟乎"的人民英雄、被叶剑英誉为继文天祥之后的又一位民族英雄的人,就是我的祖父方志敏。

两位伟人的四次相聚

在中国革命的历史上,有这样两位共产党的领袖人物。他们都是农民的儿子,同为中专学历,却都学识非凡。他们在青年时代就以天下为己任,怀着报国救国的远大志向走上革命道路。大革命时期,他们先后在广州、南昌、武汉会晤四次,他们都很重视农民革命,后来在实践中都成为杰出的农民运动领袖。正是从这个时期开始,他们结下了不解的革命情缘。这两位领袖人物,就是毛泽东和我的祖父方志敏。

毛泽东和我的祖父相识于广州。1926年4月,第一次国共合作时期,祖父以国民党江西省党部农民部长的身份,到广州出席全国第一次农民代表大会。当时,毛泽东也在广州,他负责开办第六届农民运动讲习所,重点培养农民干部。方志敏把从江西省多个县挑选出来的23名青年骨干送进农讲所学习,受到毛泽东的热情欢迎。他们虽然是初次见面,却一见如故。

祖父在广州还结识了被毛泽东赞誉为"农民大王"的彭湃。三位风云人物首次相聚广州,这是中国农民运动史上的一件盛事。

毛泽东与我祖父的第二次会面在南昌。1926年11月26日,担任中共中央农委书记的毛泽东,带着创办湘鄂赣三省农民运动讲习所

江西省弋阳县漆工镇塘村方志敏故居

(后更名为中央农民运动讲习所)的倡议从上海抵达南昌,受到时任中共江西农委书记的祖父的热情接待。当时,随着北伐战争不断胜利,革命的中心已从广州转移到武汉,农民运动也在广东、湖南、江西、湖北等南方数省迅猛发展,需要大量从事农民运动的干部。因此,毛泽东创办农讲所的倡议,首先得到了祖父的积极响应与大力支持。毛泽东在南昌逗留三天后去了武汉,我祖父立即认真落实他与毛泽东商定的计划。通过筹款,为农讲所提供多达12000块大洋的经费,还在全省范围内遴选了149名学员送去武汉。

经过武昌农讲所几个月的培训,这些江西学员返回南昌时,祖父在省农民协会机关接见了他们,并兴奋地说:"好得很呀!你们就好像是

100多枚炸弹，能把被封建势力封冻的江西农村炸开！"事实正是如此，江西的农民运动之所以能够开展得轰轰烈烈，走在全国各省的前列，与毛泽东和我祖父高度重视农民干部的培养是分不开的。

毛泽东与我祖父的第三次会面发生在武汉。1927年3月18日，江西省农民协会负责人方志敏与中华全国总工会特派员陈毅，带领由工人、农民等各界代表组成的请愿团赴武汉，强烈要求国民政府严惩杀害江西革命人士的蒋介石。国民政府答应了请愿团的要求之后，祖父没有马上离开武汉。3月30日，他出席了毛泽东主持召开的"粤、湘、赣、鄂农民协会和河南农民自卫军代表联席会议"。这次会议成立了中华全国农民协会临时委员会，毛泽东、彭湃和我祖父等13人当选为执行委员。

在联席会上，毛泽东提出了重新分配土地的主张，这涉及中国农民的根本利益，得到彭湃和我祖父的全力支持。

毛泽东与我祖父的第四次会面也在武汉。1927年4月27日至5月9日，中国共产党第五次全国代表大会在武汉召开，祖父以中共江西党代表的身份出席这次会议。当毛泽东再次提出重新分配土地的主张时，彭湃和我祖父同样全力支持。然而，由于这次大会受党内右倾思想的影响，毛泽东的主张没有被采纳。关于土地问题这个涉及中国革命前途的大问题，后在毛泽东和我祖父等人分别领导创建的革命根据地得到重视和较好的解决。

毛泽东与我祖父四次见面后，由于战争环境的影响，他们再也没有见过面。但这两位共产党的领袖人物思想相通，谋略相同，步调惊人的相似。他们通过艰辛探索，为中国革命道路的形成做出了巨大的贡献。

创建中国工农红军第十军

在我军建军史上，有一支英勇善战的部队，这就是由我祖父和邵式平、黄道等创建的中国工农红军第十军。这支英雄部队从无到有、由弱变强，在诞生与成长的过程中，祖父殚精竭虑、呕心沥血，其中有不少鲜为人知的故事。

祖父和他的亲密战友邵式平、黄道都是知识分子，刚开始创建革命根据地的时候，手中没有一兵一卒，因此有人说他们是"秀才造反"。没有军队怎么创建革命根据地？依靠家乡的穷苦农民，他们在弋阳、横峰两县深入各乡各村秘密建立党支部，组织农民革命团，通过农民武装暴动开辟了一片红色新天地。

从1927年10月底开始，先是弋阳九区暴动，接着是横峰年关暴动，再接着成立以祖父为首的中共五县工作委员会和暴动总指挥部，把参加弋阳、横峰暴动的170多个农民革命团编成六路纵队，发起声势浩大的弋（阳）横（峰）农民武装（联合）大暴动。

1928年2月初，暴动受到挫折。这支没有经过训练、没有严格纪律的农民军，竟然被一个连的国民党正规军打得落花流水，许多人还自行溃散跑回家去。

我祖父和其他领导同志及时总结教训。他们认识到，没有自己的军队虽然可以组织一场群众暴动，但在暴动之后，不积极去建立坚强能战的红军，暴动就不能长久地支撑下去。因此，创建红军便成了当时迫切需要去做的大事情。

中共闽浙赣省苏维埃政府旧址

同年2月,祖父和其他领导同志从农民革命团中挑选了二十几名骨干,集中了二十几支枪,在弋阳县漆工镇齐川源村正式组建工农革命军第二军第二师第十四团一营一连。虽然初创的红军人少枪少,但正规的工农革命武装毕竟光荣诞生了,这在我们赣东北革命根据地的历史上具有里程碑式的意义。

二十几支枪的确太少,却来之不易。最早是从漆工镇警察所得到了两支半枪,然后祖父从鄱阳弄到了10支枪。为了把枪从鄱阳运回来,当时买了副棺材,把枪藏在里头,上面躺一个假扮的死人,用送葬的办法闯关过卡避开敌人盘查,这才惊险地把枪运回弋阳。

二十几个战士也的确太少,而且他们以前都没有当过兵,是地地道道的农民。经过一段时间的锤炼,他们在战争中学会战争,不断解决各种存在的问题,由一个连壮大为两个连,番号是中国工农红军第二军第二师第十四团(简称"红十四团")。在方志敏任命的新团长领导下,红军每打破一次国民党军队的"围剿",就总结一次,提高一次。1929年4月,红十四团被改编为江西红军独立第一团(简称"红一团"),指战员增加到了1000多人。

为了加强军队建设,祖父还亲自担任军委会主席。他利用战斗间隙,把部队集中在弋阳县芳家墩,进行了一次特别严格的整顿和训练。这次整军，为的是使每一个指战员都明白红军是共产党领导下的新型人民军队明白为谁扛枪、为谁打仗的深刻道理，明白自觉遵守军事纪律特别是作战纪律的重要性。在操场上，祖父还同战士们一起摸爬滚打，认真训练，提高大家的军事技能和作战本领。

这次整军，进一步扫除了红一团原有的游击主义习气和自由散漫的现象，战斗力也随之加强。红军一团连续取得攻打弋阳、河口、德兴、上饶、景德镇等一连串胜利。

1930年7月21日，中国工农红军第十军（即"老十军"）正式建立，在乐平县界首村隆重举行建军典礼。

回想1928年，我祖父和邵式平、黄道创建中国工农革命军时才二十几个人，到1930年已壮大为拥有4000多人的红十军，真是我军军史上的一大创造。

茶油灯下缝补破棉袄

时值1929年数九严寒的隆冬季节。赣东北苏区的贵溪县（今贵溪市）要召开工农兵代表大会。当时，贵溪县的红色区域刚形成不久，国民党政府经常派军队来"清乡"，烧杀抢掠，无恶不作，老百姓的日子过得很是穷苦。召开这次代表大会，就是要建立"忠实地为群众谋利益"的苏维埃政府，同时组织苏区军民开展反"清乡"斗争。

担任赣东北苏维埃政府主席的祖父牵挂那里的老百姓。国民党军队的"清乡"，给苏区群众造成了严重灾难，眼下又是寒冬腊月，老百姓的家中有没有饭吃，床上有没有被子盖，身上有没有棉衣穿，这一个个问题都萦绕在他的心头。祖父决定亲自出席代表大会，借这次机会去实地调查，解决当地群众的实际困难。

当时，赣东北苏区的中心在弋阳九区漆工镇，祖父要去开会的地方是贵溪县白田乡标溪夏家村。弋阳、贵溪两县毗邻，但从漆工镇到夏家村少说也有100多里，而且沿途都是树木茂密的崇山峻岭。那个年代没有公路，祖父只能骑马长途奔波。这一天公鸡刚打鸣，祖父穿着一件旧棉袄，骑上白马，顶着夜半寒风匆匆赶路了。

他的警卫员骑着枣红马跟在身后。月色下，两匹马剪影般地疾驰前行。夜深人静，空旷的山野中传来"嗒嗒嗒嗒"的马蹄声，格外细碎清脆。约莫赶了一半路程，突然听得"嘶"的一声，祖父身上的旧棉袄被山道旁伸出来的树枝划开了一个大口子，人还差点从马上摔下来，让紧紧跟在后面的警卫员惊出了一身冷汗。

夏家村的清晨，有的农户家里还冒着炊烟，祖父与警卫员已经到达会场外面的一棵大樟树下。中共贵溪县委领导干部赵梓民和来自各区各乡的代表见到我祖父，立马拥上前来。赵梓民发现我祖父身上的棉袄破了，但祖父笑笑表示没有关系，并招呼大家赶快进会场。

此时，村里的妇女主任气喘吁吁地拿来一件新棉袄，赵梓民让我祖父先换上再进会场，祖父一口回绝了。赵梓民忍不住说："志敏同志，你是赣东北苏维埃政府主席，总不能穿一件破棉袄到台上做报告吧，这多跌股（方言，意为没面子）！"祖父见会场里已经坐满等着开会的代表，没有时间解释，就从妇女主任手中接过棉袄，随手交给警卫员，然后拉着赵梓民一起进了会场。这天上午，祖父就是穿着破棉袄在大会上做了政治工作报告。

中午吃过饭，祖父带上那件新棉袄，与赵梓民、妇女主任、警卫员一起来到一户烈属人家。屋子里只有一位老大爷，他的儿子参加红军，前不久刚刚牺牲。祖父亲手把新棉袄穿在老大爷身上。因为下午还要开大会，交谈不久几个人便起身告辞。临别时，祖父对老大爷说："这件棉袄是苏维埃送来的，以后生活上有任何困难，苏维埃都会帮忙解决。"

当天夜里，祖父的卧室燃烧着一盆木炭火。他办完公事后没有马上睡觉，而是坐在高脚茶油灯有些昏暗的灯光底下，用妇女主任送来的一包针线，一针针、一线线缝补那件露出棉花的破棉袄。祖父是上马管军、指挥打仗的领袖，干这缝缝补补的针线活儿，手脚并不利索，但他坚持把破棉袄缝补妥当，还试着用土熨斗把缝补之处熨得平平整整。这一幕，被躲在窗棂下的妇女主任和几位姑娘看在眼里，有的人还忍不住窃笑。

第二天，祖父在茶油灯下缝补破棉袄的事在夏家村传开了。许多群众知道祖父马上要离开，都聚集到大樟树下送别亲人。妇女主任当着众乡亲的面笑着说："昨天夜里，我们村里来了一位'针匠师傅'（方言：裁缝），手艺好着哩！"妇女主任的一句戏言，引得在场群众欢声大笑。这笑声，分明是在赞美以祖父为代表的苏维埃干部朴素、清廉的好形象。

这时，那位穿着新棉袄的老人来到场地中央，拉着我祖父的手说："同志，我向你打听一个人，他姓苏，叫苏维埃。你说是他把这件新棉袄送给我的。这新棉袄穿在身上可暖和啦，我要当面谢谢他。"祖父亲切地回答："老大爷，你不用感谢他，苏维埃专门为老百姓办实事，给大爷送件新棉袄，是他应该做的。"在场许多群众都明白，老大爷错把苏维埃当成一个人的名字了，大家忍不住放声大笑，有的人甚至笑得前仰后合，连腰都直不起来。

趁妇女主任向老大爷解释什么是苏维埃的时候，祖父把赵梓民拉到一边。可他还没开口，赵梓民就抢先说道："志敏同志，是我错了，昨天我不该提出要你换上新棉袄。"祖父接过话头："是啊，棉袄破了可以补，苏区干部也应该注重衣着形象。可是你忘了，正因为我是赣东北苏维埃政府主席，就更不能搞特殊。只有我们心中装着老百姓，群众才会真正拥护我们，这才是苏维埃政府最重要的形象啊！"

率领红十军团北上抗日

在我军的历史上，有这样一支英雄部队：它最早高举党的抗日旗帜，又为中央红军取得长征胜利做出了贡献。这支英雄部队就是中国工农红军北上抗日先遣队（简称"北上抗日先遣队"，即中国工农红军第十军团）。北上抗日先遣队由祖父缔造的两支军队所组建，后来他亲自率领这支部队踏上北上抗日的征程。

九一八事变后，日本为灭亡中国，加快了侵略步伐。在中华民族最危险的时候，中国共产党挺身而出，勇于担当，在1932年4月，中华苏维埃共和国正式对日宣战。随后，又相继发表《共同宣言》和《为中国工农红军北上抗日宣言》，推动全国抗日救亡运动蓬勃发展。

此时的国民党当局，非但不抗日，反而顽固推行"攘外必先安内"

的卖国政策，竟然调集百万军队，对苏区发动第五次"围剿"。就是在这种背景下，中共中央仍然以民族大义为重，于1934年7月上旬抽调中央红军第七军团组建北上抗日先遣队。这支部队在军团长寻淮洲等人带领下，从红都瑞金出发，北上抗日，宣传和贯彻党的抗日主张。同年11月1日，

中国工农红军北上抗日先遣队纪念碑

北上抗日先遣队辗转抵达闽浙赣苏区德兴地区。

中央红军第七军团的前身是我们赣东北苏区的中国工农红军第十军（简称"老十军"），1933年1月，老十军奉命入中央根据地参加第四次反"围剿"斗争，祖父另外在赣东北组建了中国工农红军第十军（简称"新十军"）。1934年11月上旬，红七军团和新十军按中革军委电令，在德兴重溪整编为红十军团。

11月18日，中央红军长征已历时一个月，留守瑞金的中央军区突然发来电报，命令祖父担任军政委员会主席，率领红十军团全军向皖浙边出击，继续执行北上抗日先遣队的使命。

皖南就在南京的鼻子底下，北上抗日先遣队（红十军团）孤军深入

被捕当日的方志敏

国民党的统治中心，好比将一把尖刀插入敌人的心脏，必然会遭到强大国民军的疯狂反扑。再说，执行这次任务要远离闽浙赣苏区，要离别生死与共长达8年之久的父老乡亲，情感上也难以割舍。然而，祖父以大局为重，他说："我下了决心去完成党交给我的任务，党要我做什么事，虽死不辞！"这是他出征前夕留下的铿锵誓言。

1934年11月底，此时长征途中的中央红军陷入"湘江血战"，祖父与军团长刘畴西、军团参谋长粟裕等人率领红十军团军团部和红二十师（红十九师已先期出击），从德兴出发，踏上了北上抗日的征程。出发之前，他们在重溪举行了苏区军民抗日誓师大会。几天后，红二十师在皖南休宁县兰渡地区首战告捷，消灭了国民党军一个营。红十九师也从浙江境内折向皖南，于12月6日一举攻克皖南旌德县城，并一度切断从杭州到徽州（今黄山市）、从芜湖到屯溪的两条公路。

同年12月10日，分兵出击的红十九师、红二十师在黄山山麓的汤口镇胜利会师，第二天举行了全军抗日誓师大会，军威大振。红十军团是此时江南地区唯一的红军主力，再次向全国人民亮出北上抗日先遣队的旗帜。

汤口会师让南京国民政府大为恐慌，蒋介石前后调动了近20万兵力，对北上抗日先遣队实施围追堵截。仅有8000余人的北上抗日先遣队拖住了近20万的国民党军队，减轻了中央红军在长征途中的压力。

汤口会师三天后，北上抗日先遣队与敌军"追剿队"在黄山地区的谭家桥首次交战。双方激战8小时，北上抗日先遣队伤亡300多人，主动撤出战斗。在此战斗中，红十九师师长寻淮洲在夺取敌军阵地时牺牲。

战后，祖父率领部队继续转战于围绕黄山的10个县。由于国民党军力量过于强大，北上抗日先遣队（红十军团）很难摆脱被动的局面。

1935年1月9日，祖父在浙西遂安县茶山召开红十军团（北上抗日先遣队）军政委员会会议，讨论中央军区关于北上抗日先遣队离开皖南转向浙西南开展斗争的电令。考虑到部队连续作战、过于疲惫的实际情况，会议决定将部队先撤回赣东北苏区休整，再转向浙西南行动，至此结束了历时40多天的皖南行动。

茶山会议第二天，红十军团踏上回师赣东北苏区的归途。随后几天，红十军团在浙赣两省交界处连续冲破敌军的数道封锁线。战斗中，红十军团被截成两段。祖父等人率先头部队抵达德兴县陈家湾，而刘畴西等人指挥的3000人的主力部队还没跟上。祖父见军情紧急，命令已经负伤的粟裕等人带先头部队800余人连夜突破封锁线，进入德兴苏区。而祖父则带着一个警卫班重返包围圈，找到红十军团主力部队。此时，敌军14个团的兵力从四面合围，红军失去了突围的最后时机。

1935年1月17日，悲壮的怀玉山血战开始了。怀玉山坐落在江西玉山、德兴两县交界处，拔地而起，山高路陡，处处是悬崖峭壁。时值

1965年，毛泽东为方志敏墓题写了墓碑

春节前夕，大地冰封，白雪皑皑。陷入重围的红军指战员，在弹尽粮绝的困境中，与七倍于己的国民党军血战8天8夜，战死、冻死、饿死者达千余人。

1月29日，身心极度疲惫的祖父，在怀玉山高竹坑的一棵木梓树下不幸被俘。1936年8月6日，祖父在南昌英勇就义。

中华人民共和国成立后，粟裕大将评价道："红军北上抗日先遣队的进军虽然失败了，然而由方志敏等同志领导的广大指战员和烈士们的可敬可泣的战斗业绩，已成为红军斗争史中英勇悲壮的一页，将永垂青史！"

（本文作者：方志敏之孙）

回乡将军树廉洁家风

甘平荣 甘公荣 甘古荣 甘仁荣

甘祖昌（1905—1986），江西省莲花县人。1927年加入中国共产党，翌年参加中国工农红军。

土地革命战争时期，任江西省莲花县独立团军需处处长、湘鄂川黔兵工厂总务科副科长、红六军团工人连副连长、补充团政治处主任、红六军团供给部材料科科长，参加了长征。抗日战争全面爆发至抗日战争胜利期间，任八路军一二〇师三五九旅供给部军需科科长、供给部副部长，湖南人民抗日救国军供给部副部长。解放战争时期，任晋绥军区三五九旅供给部部长、西北野战军第二纵队后勤部部长、第一野战军二军后勤部部长、第一兵团后勤部副部长。中华人民共和国成立后，任新疆军区后勤部副部长兼供给处处长、财务处处长，新疆军区后勤部部长等职。为第三届、四届全国人大代表，第五届全国人大常委，中国共产党第九次全国代表大会代表。

1955年被授予少将军衔。荣获二级八一勋章、二级独立自由勋章、二级解放勋章。

他于1926年参加农民协会，1927年加入中国共产党，1928年投身红军，主要是在后勤供给部门任职，直至担任新疆军区后勤部部长，为保障军队作战和训练屡建功勋。20世纪50年代末，他就因"将军回乡当农民"的事迹而名扬全国。这位将军一生始终保持着俭朴本色，对自己的家庭成员亦严格要求他们自强自立。

他，就是我们的父亲甘祖昌。

权不滥用教儿自立

我们的大哥锦荣，出生在旧社会。1934年父亲随红军北上长征时，大哥只有七八岁，被留在家中。在艰苦的岁月里，大哥给地主放牛，当"半拉子"长工，以糠团团填肚子，过着十分艰难的生活。

1951年，大哥从老家莲花县千里迢迢到了新疆，腼腆地向已是军区后勤部部长的父亲提出："奶奶要我来新疆上学或找一个轻松的工作。"父亲说："你已经20多岁了，读书超过了年龄。现在工厂需要锻工，你就去学打铁吧！打铁也是为人民办事，都光荣。"大哥不敢违抗只好顺从，父亲却"得罪"了奶奶。

大哥做了半年锻工，身体实在吃不消，病倒了，父亲只好把他安排八一农场学开拖拉机。奶奶知道后不同意，写信给父亲。父亲一向尊敬奶奶，但在这件事上却没有向奶奶让步，回信说："……如果全国6亿多人，个个20多岁都还要再念小学，那么我们吃的粮食、穿的衣服、用的东西，谁来生产呢？……"奶奶觉得父亲讲的蛮有道理，就再也没有说什么。

甘祖昌参加生产劳动

大哥后来随父亲回到故乡，经过自我奋斗，建立了自己的家，但生活并不富裕。村里大部分人都盖了新房，而他一家9口人还住在旧屋里。有些群众为我们的父亲这种摆脱私有观念的胸怀所感动，但认为老子有钱舍不得花，总得给儿女留下吧。他们多次劝父亲："祖昌，现在队里有了不少储蓄，国家发给你的工资，留着自己用吧。你可以把钱用到集体事业上去，用到生活有困难的群众身上去，就不能替子女想想，替子孙后代想想，拿出点来给儿子盖个房？在村里备料盖房很方便，最多几百元。这几百元比起你献给集体的几万元不过是区区小数。"但父亲就是不答应。他说："我的工资是国家给的，是劳动人民给的，我只有把它用于革命事业上去的责任。只有农村建设好了，我的子孙后代才能过上幸福生活。反之，靠我的钱，就是眼前生活好些，钱用光了，脑子里光靠别人，手脚就懒，能过上幸福生活吗？所以，人民给我的钱，多下

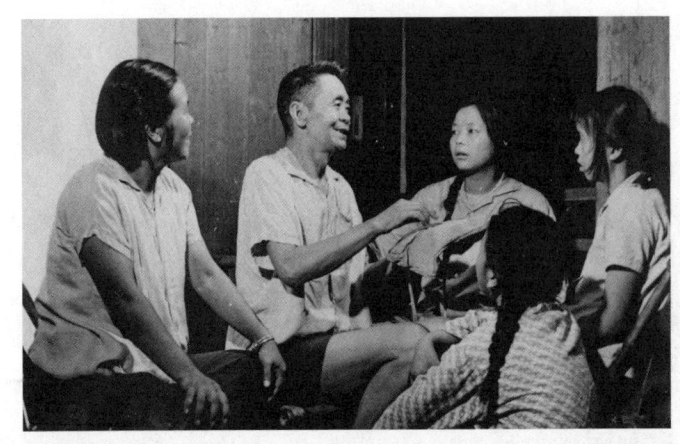

甘祖昌、龚全珍与女儿们在一起

的,就应该再用到人民的事业上去。留给孩子,让他们坐享其成,就不应该。"

大哥锦荣自家盖房子,父亲没有掏腰包接济,还语重心长地说:"锦荣,村子里很多人为儿子盖了新房。我没有给你盖,你想得通吗?"锦荣哥理解父亲的思想,说:"你是怕我产生依赖思想,我想得通。"

"你想得对!我把国家给我的工资,让你们去享受,吃好、穿好、住好,结果会害了你们。"父亲严肃地说,"再说,现在你住的这幢房子,先后五次被白匪军放火烧过,每次都是乡亲们冒着生命危险抢救下来,它是祖辈受压迫的见证。住着它,可以不忘过去的苦;即使以后不能住人了,也不能拆掉,要把它留下来,教育后代。"

勤劳为本节俭光荣

为了让我们接过艰苦奋斗的传家宝,从新疆回乡以后,父亲就要我们参加力所能及的劳动,培养劳动观念。我们兄弟姐妹几个,最小的从5岁起就开始拾粪、锄草、割猪草,大了后就得种菜、犁田、插秧等。

每逢学校放假，父亲都要规定我们学习和参加集体生产劳动的时间。

1957年，我们随父亲回到故乡的第三天，他就带着健荣和他一起拾粪。到了第五天，就要求健荣和他一样，打赤脚走路。健荣脚板嫩，过了两天脚板上就起了10多个水泡。晚上洗脚，健荣抬起脚说："父亲，你看，打起了这么多的水泡，痛得很呵。"

父亲听着诉苦，严肃而亲切地说："是呵，劳动是要经过慢慢锻炼的。只有禁得住锻炼的人才有出息。我们在城市里住久了，长期穿鞋走路，一下子打起赤脚，是会起水泡的。别说你，我也是一样。"说着，父亲把自己的脚抬起来给健荣看。健荣看着父亲脚上的水泡，低下了头。父亲又说："过些日子惯了，起了老茧，就不怕了。你看哪个种田的叔叔伯伯，不锻炼出一双又厚又硬的脚底板，爬山走路都很自然。长征的时候，脚板起了血泡，还得一天赶一二百里，不然，敌人追上来，就有生命危险，结果大家还是锻炼出来了。你们现在很幸福，不知道什么是艰苦。因此，锻炼对你来说，就更重要。不要怕苦，要坚持，坚持就是胜利。"

健荣很感动，说："父亲，我一定要坚持赤脚锻炼，把自己的脚板锻炼得和农民叔叔伯伯一样结实。"第二天一早，他又打着赤脚和父亲一道拾粪去了。

我们回家的第十天，父亲让健荣、新荣兄弟上山割草，两兄弟很兴奋。到山上割完一担草，手已被茅草划破了。挑着一担草走到崎岖的山路上，更把兄弟俩累得够呛。父亲欣喜地在村前迎接，接下兄弟俩肩上的担子，鼓励他们说："你俩今天第一次离开父亲单独劳动，干得不错呀！满满的一担！"一次健荣打着赤脚，竟挑了90斤。父亲高兴地竖起大拇指夸奖说:"不错,大有进步!"然后嘱咐道:"健健,挑担要慢慢练,不要一下子挑太多,多了身子受不住。"

父亲不仅有我们这些儿女,还有不少侄子、侄女、孙子。在父亲的教育下,我们个个热爱劳动,都养成了良好的劳动习惯。父亲根据我们的年龄,对我们每个人都有明确的分工:有的放牛,有的看鹅,有的拾粪,有的割猪草,有的上山割草,大点的还有劳动定额。到了一定的时候,父亲会把我们集合在一起,开个评奖会,评比谁的劳动态度好、成果多,好的给予奖励,太差的就会批评。我们的堂姐云娥,她负责看的牛吃了队里的禾,自从检讨了自己的错误以后,就特别小心,再没有发生过牛吃禾的事。

父亲还像对待部队战士一样,规定我们一件衣服穿三年,一双袜子穿一年,大孩子每人发个针线包,要我们自己学着缝补衣服。

对我们兄弟姐妹的日常生活穿着,父亲一向要求必须俭朴。

平荣在共产主义劳动大学莲花分校学习时,父亲为她扯了两丈粗布,自己染了一下,给她做了两身衣服。

有一次,公荣穿一双破了洞的鞋子上学,有个同学半开玩笑地说:"将军的女儿还穿这样破的鞋?"公荣听了这话,脸唰地红了,心想:"可不是吗?我家里又不是没有钱!"放学回家后,公荣就把鞋脱掉,扔到墙角,不愿再穿了。

父亲默默地把鞋子捡起来,洗好、晒干。

晚上,他戴上老花镜,一针一针地缝补起来。他还找公荣谈心:"我在你这样的年纪,给店铺老板干活,每天来回120里,不管春夏秋冬,脚上都只是穿双草鞋。"

从此，公荣牢牢记住父亲的谆谆教诲，铭记住父亲在灯下给她补鞋的情景，并以此鞭策自己。凭着自我努力奋斗，她在莲花县金融部门先后获得江西省"三八红旗手"、全国金融系统先进工作者和全国劳动模范等殊荣。《江西日报》曾在头版的显著位置，以通讯《将门虎女荣获"三八红旗手"》对她进行广泛宣传。

结婚要带头移风易俗

我们家现有五个兄弟姐妹，除老大是解放前结婚的外，其余几个全是 20 世纪七八十年代成家的。父亲对我们说："你们结婚，要带头移风易俗。"因此我们家男婚女嫁从不收礼，也不宴请客人。

20 世纪 70 年代，新荣结婚，父亲只花 30 元给买了一个衣橱，20 多元买了一张书桌，椅子还是旧的。母亲新买了棉布被、床单、枕头，总共只花了 100 元。父亲请介绍人向亲家说明，不用置嫁妆。双方不送礼，不请客，两方便。又告诉我们的叔叔们说："新荣明天结婚，你们都不要来。那边有两个妹妹送到公社，我们也让两个女孩去接，在公社领了结婚证就是结了婚。你们都不要来，来了也没饭吃，移风易俗的事我们应该带头。"新荣结婚那天，叔叔们都没有来，只有邻居的几个孩子来看新娘，给了几块水果糖就把他们打发走了。次日，新娘婆家的父亲提着新娘的铺盖来了，说："这是妹子上学时用的铺盖。我儿女多，没钱置新的，把旧的送来了。"父亲笑着说："供养大孩子不容易。铺盖我们家有，你孩子多,置一套不容易。你在我家歇几天,再带回去给她弟弟妹妹用吧!"第二天,父亲硬是让亲家把铺盖带回去了。

80年代,女儿们都相继20多岁。随着改革开放的进行,人们的生活水平提高了,眼光也高了。母亲看到熟人为女儿办婚事,最简单的也有几件家具、一些日用品。1981年,大姐结婚前,把准女婿带了回来。晚上,母亲和父亲开始了第一轮谈判。母亲说:"孩子结婚了,他们的工资都低,要置点家具日用品。一辈子就这一次,我们做父母的应该帮助点。"

父亲沉默了半天,问母亲:"我们结婚时买了什么家具?"

母亲说:"80年代能和50年代相比吗?你没看看左邻右舍,咱们不买高档用品,低档的也应该有点。你没看到现在公家分房子都是空的,公家不给家具了,没床睡在地上吗?"母亲觉得自己的理由充分,站得住脚。可是,父亲还是不同意:"他们工作几年了,我们也没要他们的钱,这些应该他们自己操办。我们把他们养大,就尽了义务,哪能管那么多事。"

母亲想,结婚对孩子们是件大事,一定要坚持,就说:"你这个做父亲的好做,我这个当妈的就难啦。我可不愿像个穷叫花子,把女儿打发出去,叫人笑话。我一定要帮助点。"父亲没再讲什么。第一轮谈判不欢而散。

隔了10多天,母亲旧事重提:"过几天,平荣就要回部队了,到底怎么办?"

父亲说:"回去就回去,有什么怎么办?"母亲想,看样子和他硬顶是不会有好结果的,只好耐着性子说:"家具不好带,带点钱叫她自己去买,你看行吗?"

"钱,家里只有200元钱了,要拿就拿上这些吧,再没有钱了。"

父亲到底让了一步。母亲说:"200元钱能买点什么?一个大衣柜都买不到!"

父亲不紧不慢地说:"反正我没有钱,没什么办法!除去你从新疆领的2000元存款,再也没有什么钱了。"母亲记起来了,从新疆回来时领了1300元的置业费,还有700元的存款,于是追问道:"过了20多年,还是2000元,利息呢?你把我的利息也吃掉了?"父亲没吱声。母亲理直气壮地说:"取700元给平荣,让她买点家具用品,明天我就到县里去取。"

父亲默认了,长叹一声说:"你对孩子太迁就了!"

我们四个姐妹出嫁,个个都经父母亲反复谈判,费了不少口舌,留下了不愉快的印象。父亲一再批评母亲:"你太迁就了!"

父母亲在一起共同生活了33年,父亲经济收入不错,而生活一向俭朴,花费很少。而母亲不曾管过钱。父亲愿意买化肥、农药,支援集体生产和济困扶贫,母亲都依着父亲的安排,不曾争吵过。即便因家里的蚊帐挂钩坏了,母亲对父亲提议:"去买一副吧,只要几角钱。"父亲说:"几角钱?几角钱可以买好几斤化肥,多打十几斤粮食。"他找了根铁丝,自做了副帐钩对付,母亲也没说什么。可是,在我们姐妹成家的大事上,母亲难得违背父亲的意愿,算是为经济上的事罕见闹得不愉快,最后父亲不得不罕见地迁就母亲。

身体不合格就不能当兵

父亲有很多老首长、老战友、老部下，在省里及全国各地的领导岗位上工作。我们回乡以后，有的人想托父亲走后门，把子女送去上大学或当兵，每次都被父亲坚决拒绝了。

后来，大姐平荣在学校学习时，很想继承父业去当个女兵。在招兵时，她兴冲冲地回到家里说："父亲，我要去参军。"

父亲一听，高兴地问："选上啦？"

平荣低着头，好半天才吞吞吐吐地说："父亲，你给新疆军区写个信吧。那里招女兵……"

原来大姐听说莲花在征兵，很高兴。但一打听，本地不招女兵。一心想当兵的大姐，听说新疆招女兵，认为只要父亲写封信给有关领导，自己参军准没问题。

这时父亲收敛起脸上的笑容，严肃地说："参军保卫祖国，愿望是好的，我当然坚决赞成。但'开后门'，搞特殊化，不但破坏国家的征兵计划，也害了你。这封信我不能写。"

大姐一时想不通，辩解道："我到部队是去当兵，又不是去干坏事。"她扭身跑到自己的房间，倒在床上伤心地哭了起来。

1972年，大姐平荣在吉安卫校学习，听说要征收10名女兵。因她一心想当兵，为当兵没少哭鼻子。这次又写信央求父亲帮她说句话，照顾她去当兵。没想到父亲的回答是："这孩子多糊涂，身体合格，人家要就去，不合格就不去，不理她。"

这时，母亲不慎跌伤了手，脱臼骨折。父亲陪她到吉安人民医院治疗。人民武装部的同志看见了他就说："甘老，你女儿要求应征入伍，你的意见呢？"

1985年，甘祖昌80岁时与龚全珍合照

父亲说："我的意见是身体合格，你们就接收，不合格就不要接收。不要因为她是我的女儿，不合格你们也接收。我知道她眼睛有点近视，不合格。"

第二天，父亲就对平荣说："你的眼睛不行，当兵不合格，就在卫校好好学习吧，毕业出来当护士也很好嘛！"说完就回来了。平荣赌气地犟嘴："父亲不来还好，来了就宣传我是近视眼，不合格。解放军也有戴眼镜的，我不听那些大道理，我只晓得我是他嫡亲女儿，难道这点父女之情也没有？"

体检后，平荣抱头大哭："0.5。怎么办？0.5！"

母亲问她什么0.5。

平荣说："右眼0.5，左眼1.0，一只眼不合格！"

母亲劝解说："孩子，不合格就不要去算了。你父亲不是说过不合格就不去？你父亲的脾气你是了解的，在原则面前，他的性格永远是板硬的，甚至被人误会为不通情理。几十年如一日，他就是这样一步一步走过来的……"

后来，学校因为她品学兼优，坚持推荐。接兵的说她身体不合格，不愿接收。双方争执不下，只好打长途电话向军部汇报。军部批准了平荣当兵，这意外的大喜讯让她高兴得一夜没合上眼。第二天母亲送走平荣，自己乘汽车回家。一进门，她就告诉父亲："女儿去当兵了。"

父亲不高兴地说："身体不合格，为什么去当兵？那是给组织上添麻烦！"

新兵训练时，平荣来信告诉父母亲："因为右眼近视，打靶不及格。"

"看看吧，麻烦事来了，我就知道她是个不合格的兵。"父亲生气地说。

过了一个月，平荣来信，汇报说她打靶成绩已达到优秀，是用左眼瞄准的，已被推选参加全军射击表演赛。最后说："经过一个多月的苦学苦练，我终于成为一个合格的兵了。"父亲这才放下心来。

几十年来，父亲就是这样以自己高洁的共产党人情操，艰苦奋斗、严以律己的精神，廉洁奉公、助人为乐的宽广胸怀，淡泊名利、清白处世的高尚品德，为我们子女树立了榜样，更一以贯之地教导我们成长，努力营造和传承优良的家风。我们兄弟姐妹及子孙后代，在父亲潜移默化下，都自觉地不躺在父亲的功劳簿上吃现成饭，而是自食其力，自强自立，在各自平凡的岗位上兢兢业业地工作和学习，得到了社会各界的广泛认同和赞誉。

（本文作者：甘祖昌子女）

没有军衔的优秀指挥员

左月燃

左叶（1912—1992），江西省永新县人。1926年投身革命，1927年参加"永新暴动"，同年加入工农革命军。1931年加入中国共产党。

土地革命战争时期，曾任红四军炮兵连政委，中央警卫师副官长，二十三师参谋长，红八军团后勤部部长兼政委，红五军团后勤参谋、政治部宣传科科长，金川独立师参谋长，总政治部政治侦察科科长，西路军总部教导团作战参谋，参加了历次反"围剿"斗争。抗日战争全面爆发至抗日战争胜利期间，历任八路军总部炮兵团作战参谋，冀中军区十七团副参谋长、二十二团团长，晋绥军区三分区副参谋长，一二〇师副官处长。解放战争时期，历任西满军区二分区副司令员，四平城防区副司令员，三纵八师师长，辽南独立二师师长，第四野战军四十一军一五四师师长、一二一师师长。中华人民共和国成立后，历任中南公安部队副司令员兼参谋长，四十五军副军长，中南军政委员会交通部副部长，中央农业部部长助理、机关党委书记、党组成员，重庆市政协副主席，中国农林科学院副院长，农业部顾问等职。为第五届、六届、七届全国政协委员。

1942年，宋庄战斗部队被授党军榜样旗

他14岁就参加革命活动，15岁就参与组织永新暴动，随后加入工农革命军。在土地革命战争时期，参加过各种战役战斗千余次，重伤四次，曾获中华苏维埃授予的红星奖章；在抗日战争中，指挥千余次战斗，重创日寇，三次负伤，先后多次受到毛泽东、朱德、聂荣臻、吕正操等同志的嘉奖。中华人民共和国成立后，他转业地方，没有被授予军衔，逝世时的悼词中却认定他是"我军优秀的军事指挥员"。

这个没有军衔的"优秀军事指挥员"，就是我的父亲左叶。

出生入死血战湘江

长征开始时，父亲所在的"国际工人师"（也称中央警卫师）被编入红八军团。红八军团是最后撤出阵地参加长征的部队，在向于都集结的过程中，任师参谋长的父亲被敌机枪打穿了双腿，是绑在马背上开始长征的。

穿过第四道封锁线后，敌情突然严重起来，部队半天就拼了七次刺刀。因为一系列变故（包括走错路），红八军团成为全军后卫的后卫。行军中父亲负伤的双腿感染，肿得像水桶，连马也不能骑了，就调到军团后勤部当部长兼政委。当时后勤部2500人中，只有500人有战斗力，其余都是挑夫。他们挑着从中央苏区带出来的、前面部队轻装下来的"坛坛罐罐"，包括700多担枪、200多担公文箱，还有炮、油印机、车床等。带着这些"坛坛罐罐"，在只能通过一人一担的山路上行军，还要随时抗击后面紧随的追敌。

红八军团在湘江东岸的石塘被强敌分割包围，过江设施已经炸毁，部队面临被全歼的危险。这时父亲挺身而出，提出要"死里求生，坚决打过湘江"的战斗口号。在中央代表刘少奇和军团政治部主任罗荣桓的支持下，父亲果断地命令军团后勤部销毁全部无法运走的物资，包括印钞机，造枪炮的车床，各军团轻装后精简下来的炮、枪支和其他装备，只带文件和经费；安置了所有伤员，处置了动摇分子；动员随队的上千挑夫（苏区的赤卫队队员）参军，并果断指挥军团直属部队和被阻断在湘江东岸的部队（不同建制掉队的）在麻子渡涉水过江。父亲率领军团直属辎重营、炮兵营攻击前进、抢占渡口，经过激战最终突破敌湘江防线，半个月后追上了主力红军。在黎平整编时，红八军团番号被撤销，部队被并入五、九军团。

西北军中建立党支部

红西路军失败后,在甘肃河西走廊一带散落了数千红军官兵,他们想尽一切办法辗转向东寻找红军大部队,其中很多人在半路被当地国民党军阀抓了壮丁。

一路乞讨已经回到部队的父亲,被党组织派回到河西走廊寻找和收拢失散红军。在一个西北军设置的拦截卡子,父亲等人被抓了壮丁,编入西北军新十一旅。

怎样在西北军中找到更多的失散红军呢?通过细致观察,父亲很快就发现:司号员的活动范围最大。因为军号声音传得远,军队是通过军号传达行动命令的。在西北军中,吹军号的司号兵算是个技术兵种,每个司号兵都有自己的号嘴,可以自己做主留在哪个部队。他很快就学会了吹军号,以找老乡为名在各连队串联失散的红军战士。

找到一些党员干部后,他们成立了党支部,父亲任党支部书记。独立支部还与驻地西丰镇地下党组织建立了联系,经常开会研究下一步工作,主要是两个方面:一是寻找联络更多失散的红军官兵,团结在党支部周围,选择时机回归红军大部队;二是在西北军中发展党组织,吸收原西北军官兵,埋下革命的种子。

几个月后,西丰镇党组织传来了指示,要父亲等人带领联络上的失散红军,脱离国民党军队回陕北根据地。这一任党支部的最后一次会议决议为:留下新发展的党员组成下一届支部,交接与西丰镇党组织的关系。父亲带领数百名红军干部战士回归到主力红军,其中连以上干部就有 160 多名。留下的党支部在西北军中成长壮大，并于 1946 年解放战争期间领导了国民党军的安边起义，为保卫党中央安全做出了贡献。

反击大"扫荡"主动歼敌

父亲从西路军回到延安后，被派往华北敌后的冀中根据地，临行前向毛主席告别："死在冀中，埋在平原！"

父亲到达冀中根据地时正是在抗日战争最残酷的阶段。在 1942 年"五一"大"扫荡"中，日军集结 5 万余兵力，由冈村宁次亲自指挥，实行"纵横张网，对角清剿，反复合击"的战术和残酷的"三光"政策，

1942 年，《晋察冀画报》第一期，左叶（右一）介绍宋庄战斗

1946年5月，左叶与马仁兴同志在四平阵地

企图彻底消灭八路军主力部队、摧毁冀中抗日根据地。当时敌情非常凶险，群众和地方政权、部队都损失惨重，有的军分区司令员、政委同时殉职。

面对日军暴行和残酷的形势，时任二十二团团长的父亲主动发电报给上级，请求留在已经大部成为敌占区和游击区的冀中地区，创造机会歼灭敌军，得到回电支持。1942年6月9日，为掩护数万群众转移，他带领分散活动的二十二团两个连和部分其他部队（被打散的主力部队和地方部队），在河北省深泽县宋家庄，依托他设计的"壁里藏身"工事和四道火力阻击网，与数千日军激战16小时，以所部伤亡73人的代价，毙伤日军坂本少将旅团长以下1200余人，极大地打击了日本侵略者的嚣张气焰。吕正操司令员在回忆录中说："宋庄战斗"创造了我军村落防御战的光辉范例，在我军军史和日军军史上都有记载。

在午夜突围战中，父亲手持两把驳壳枪指挥部队掩护群众撤离，突然8个日本兵端着刺刀向他"呀……呀……"突刺。父亲背靠大树沉着应付，最终在通信员的机智配合下成功脱身并用手榴弹消灭了这些敌人，脱险后才发现身上衣服被刺成一缕缕烂布，手臂也被划伤。在部队掩护下,数万群众全都跳出"铁壁合围"安全转移,包括一个留在村子里的盲艺人也被背了出来。这个盲人后来把八路军宋庄歼敌的故事到处传唱,小说《烈火金刚》中就采用了这个情节。

宋庄战斗后,父亲率冀中七分区、九分区集结的部队挥师东进,积极作战,横扫冀中几十个县,打得日军只能龟缩在据点里,不敢贸然行动。冀中军区关于"五一"反"扫荡"的总结中写道:"由于宋庄战斗及其以后打击敌人之结果,冀中又由敌占区变成了细碎分割的游击根据地。"

四平保卫战以弱胜强

四平市位于辽宁、吉林、内蒙三省区交界处,在东北战场上是国共两军都要争夺的战略要地。

四平保卫战是我军历史上规模空前的城市守备战,父亲是负责作战的总部代表,战前动员四平全城之力构筑了坚固的城防工事,并亲自设计构筑了攻防互通的"三角工事""梅花工事"。针对部队新兵多的情况,父亲对部队编组进行了改造,采用3人战斗小组的形式进行编班,即每3个战士编为一个战斗小组,每3个战斗小组编为一个班;战斗小组的组长由正、副班长,老战士和机枪射手担任,他们多数是共产党员;班以上单位编制不变。这种编组灵活,适宜"梅花工事"的结构,也方便党员骨干发挥作用提升战斗力。

就这样,父亲指挥2个团到4个团的劣势兵力和装备,抗击了国民党美械王牌部队达1个月之久,重创了敌新一军、七十一军,歼敌1万余人。在他把阵地交给接战部队之前,敌人在四平始终没有前进一步,为巩固我北满根据地,解放长春、哈尔滨、齐齐哈尔赢得了宝贵时间。四平保卫战是我军战史上的经典战例,曾得到党中央、中央军委的高度评价和嘉奖,并得到苏、美军事人员的重视,外军代表曾点名要见组织者左叶。

后来在辽沈战役,父亲率辽南独立二师在柳树棚、半拉门一线顽强抗击敌"西进兵团"达10天之久,为解放锦州和我军重构黑山阵地赢得了时间。为阻敌从营口南逃,他率领辽南独立二师正面迎击廖耀湘的"西进兵团",全歼敌前卫部队,在胡家窝棚地区连续打掉了敌人3个军部和兵团司令部,彻底打乱了敌人的南逃部署。接着,他挥师台安歼灭敌新一军五十三师,再奔袭攻占营口,为我军全歼敌"西进兵团",夺取辽西会战的最后胜利做出了重要贡献。

长江大桥飞架龟蛇山

湖北省的省会武汉,是我国中南部的交通枢纽,通过长江东西方向的水运和南北方向的陆路,都要经过这里,旧时称九省通衢。但过去长江没有大桥,无论是人员还是物资都需要靠船只摆渡过江。从20世纪初起,在武汉建设一座公路和铁路大桥的呼声就一直不断。

中华人民共和国成立伊始的1950年1月,中央人民政府即着手筹划修建武汉长江大桥。父亲担任中南军政委员会交通部副部长,直接参与了大桥的设计论证工作。

那时候中国正处于满目疮痍、百废待兴的时期，而且旧中国数十年都没在长江上建过大桥，无论是资金还是技术，都存在很大困难。为了建好这座万里长江第一桥，中央政府调集了全国的相关专家参与设计论证。专家组先后提出了8个大桥选址方案。

在设计论证中，父亲既认真听取专家意见、仔细研究水文资料，又深入基层调查研究，走访当地老船工，听取沿江群众的意见，亲自带领工程设计人员开展实地考察。作为

和平建设时期的左叶

主要领导之一，他反复强调我们搞建设也要像打仗一样，一定要有长远眼光，要通盘考虑问题。他提出大桥建设既要完成连接长江南北两岸的公路铁路桥建设，也要保证我国最大也是最重要的黄金水道运输的通畅，还要考虑将来长江要走大船的问题，修桥"不能贯通南北，斩断东西"。另外，修桥还要考虑防汛的问题，避免长江大汛时变成"水中桥"，甚至被洪水冲毁。因此，他力主在汉阳龟山、武昌蛇山之间架桥，利用龟蛇两山较高的山势，抬高桥下净空高度，以满足大型船舶四季通航的需要。

针对一些领导和专家提出的疑问，他依托充实的第一手资料，严密论证龟蛇二山接轨方案的合理性和必要性，同时又以大家能够接受的方式，带着大家实地考察，并找到很多物证，帮助大家了解历史上长江大汛时最高水位的洪水线，得到了专家的认可。他还直接向周总理陈述自

己的建议,得到了周总理的支持。

武汉长江大桥打通了被长江隔断的京汉、粤汉两铁路,形成完整的京广线,毛主席欣然写道:"一桥飞架南北,天堑变通途。"

1972年,父亲从"五七"干校回京治病,周总理安排他到中国农科院养病,并让他担任副院长。父亲不顾身体有病,走遍了祖国山河,包括新疆戈壁滩、内蒙古草原、西藏的山南、甘肃河西走廊、东海海岛和南海的西沙渔场。通过广泛调查研究,他于1974年向国务院提交了多份报告书,提出了改造我国农业结构,改变农、林、牧比例,通过大面积造林、南水北调、恢复我国生态平衡的设想,还提出了加强国防建设和"北线防御",保护海洋资源和重视保护蓝色国土、加强海防建设的建议。这些建议和报告受到周恩来总理的高度重视,批转给国务院部委和部队有关部门,有的被列入了国家规划和国土长远建设规划。

曾有老同志告诉我们,当时周总理将父亲的报告批给有关的主管同志,然后问他:你看这是什么人写的报告?那位同志看后说:这个报告几万字,考虑问题全面,想得很远,应该是一个科学家。总理笑着说:这是个老红军,放牛娃出身。

(本文作者:左叶之女)

我的父亲左齐的故事

左 凌

  左齐（1911—1998），江西省永新县人。1929年加入中国共产主义青年团，1932年转为中国共产党党员，同年参加中国工农红军。

  土地革命战争时期，曾任红六军团第十七师四十九团连政治指导员、团俱乐部主任，红六军政治部宣传队队长。抗日战争全面爆发至抗日战争胜利期间，任八路军一二〇师三五九旅司令部作战参谋、侦察科科长，七一七团参谋长，七一八团政治委员，南下支队后勤部政治委员。解放战争时期，任西北野战军第二纵队政治部主任、第一野战军二军政治部主任。中华人民共和国成立后，历任中共南疆区党委第三书记、新疆南疆军区政治委员、新疆军区副政治委员兼政治部主任、济南军区副政治委员等职。为第五届全国政协委员。

  1955年被授予少将军衔。荣获二级八一勋章、二级独立自由勋章、一级解放勋章。1988年被中央军委授予中国人民解放军一级红星功勋荣誉章。

我的父亲左齐，1911年出生在江西省永新县怀忠乡泉塘边村一个贫苦农民的家里，小时候读过3年私塾、3年国民小学，那时一放学就给家里放牛、打猪草，长大后就种田。后来，父亲参加了革命，参加了红军，又因为长征离开了家乡，经历了抗日战争、解放战争，直到中华人民共和国成立成为共和国的开国将军，以后又戍边新疆20年，还因仅存左臂而成为"左笔"书法家。但他终生没有忘记，自己就是"井冈山下一牧郎"。

战场痛失右臂

1938年的冬天，父亲所在的八路军三五九旅挺进华北抗日前线与日寇作战，驻扎在山西省灵丘县，父亲时任七一七团参谋长。11月16日，七一七团奉命在相邻的河北蔚县明铺村附近伏击日寇，全歼敌一个重装备运输大队300余人，击毁汽车30多辆，缴获大量装备物资。这次战斗，在我军军史上被称为"明铺伏击战"。

这一仗令父亲终生难忘！当时部队埋伏在这里等了敌人两天两夜，太行山里的冬天冰天雪地，寒风刺骨，渴了没水喝，饿了只能吃已冻得硬邦邦的煮土豆。两天过去了，敌人还没有来，又冻又饿，体弱的战士甚至被冻死！

这一仗是这样计划的，我们八路军已经包围了南边的涞源县城，这里的鬼子不多，几天后他们就会弹尽粮绝，而在大本营蔚县县城的鬼子一定会来增援他们，我们的部队就埋伏在通往涞源的蔚涞公路上，等待他们上钩。

1938年,我军三五九旅将士在山西,左起郭鹏(旅参谋长)、袁任远(旅政治部主任)、陈冬尧(七一八团团长)

一直到第三天(11月16日),太阳老高了,远处突然传来隆隆的汽车马达声,越来越近了。有30多辆汽车满载着日本兵和军火物资由蔚县县城开来。当汽车进入我军伏击圈时,地雷爆炸、汽车起火,敌人死伤一片,父亲指挥部队向敌人猛烈开火!敌人被打得晕头转向,但他们很快起来反扑,仗打得异常激烈,突然,我军的一挺机枪不响了,父亲急忙跳进机枪阵地帮助排除故障,故障排除后他又亲自操枪射击起来,激战中他右臂中弹鲜血直流。他听到有人喊:"参谋长负伤了!"还有战士拉他、救他,他不理会,继续指挥战斗,发现有鬼子掉转头向来的路上逃跑,他立即命令二连插下公路,堵住敌人的退路!二连战士们冲下去与敌人展开了激烈的战斗。这时父亲才发现自己衣服上、手上都是血!父亲说,他是怎么被抬下阵地的,已经不知道了,醒来的时候,发现自己躺在老百姓家里的炕上,有一位老大娘在给他喂粥。他才发现自己浸透了鲜血的右臂被紧紧地扎着止血带,才知道:啊,是这里挂了花!这时团长刘转连正紧张地组织部队转移,他见父亲醒来,俯下身告诉父亲战斗已经结束,敌运输大队300多人被我军全歼,缴获了大批军火物资。大部队迅速转移后,担架队抬着伤员们向西南方向——山西省灵丘县转移,因为白天不敢走大路,夜里又伸手不见五指,担架队迷了路,走错了方向。这还是父亲发现的。当时父亲因失血过多,一直昏昏沉沉地躺在担架上。夜晚,刺骨的寒风吹醒了他,他睁眼看着满天星斗,看见北斗星,看着看着,突然他发现走错了方向!他急忙说:我们应该向南走,敌人在北面!向北走就错了!担架队又赶紧转头向南走,这样耽误了大半夜的时间。直到第三天(19日)后半夜才抬到了山西省灵丘县石矶村,三五九旅旅部就在这里。我们的王震旅长、白求恩大夫和卫生部的同志早已在此焦急等候伤员们。

毛泽东主席有一篇著名文章叫《纪念白求恩》,白求恩是加拿大著名的外科医生,为了帮助中国的抗日战争,1938年来到中国,他亲临前线为我们的伤员治伤。

当时白求恩立即检查父亲的伤情,没想到,他一看到我父亲的右臂伤处,立刻发起火来。原来,由于止血带捆得太紧,时间太长,因此父亲右臂的血液完全没有流通,结果整个右臂已经发黑、坏死。当时,咱们的医护人员没受过专业训练,缺乏基本的战伤救治知识,只知道止血,不懂得还要让肢体血液流通,所以导致了这个结果。正确的做法应该是过一段时间放松一次止血带,以保持血液流通,否则就会因肢体缺血坏死,进而发生败血症。这时如不立即切除,就会危及生命,切除唯一的选择。

就这样,白求恩连夜给父亲做了右肩关节离断手术,彻底切除了右臂,此时的父亲还不满 27 岁啊!

手术是成功了,但并没有脱离危险,父亲高烧不退,白求恩夜以继日地精心守护着他。那时环境很艰苦,条件简陋,药品奇缺,白求恩拿出他从加拿大带来的最后一瓶磺胺药片,每天给父亲吃,父亲才战胜伤口感染,脱离了危险。父亲说那时他从来没有吃过药,更别说这样雪白、精制的药片,这叫西药啊!见都没有见过,好在很管用。后来,父亲常说:"是白求恩给了我第二次生命!"

这已经不是父亲第一次负伤了。早在 1934 年红军时期,他在红六军团十七师四十九团六连任指导员。一天,部队行进到江西省安福县小江边地区,遭到国民党敌机轰炸,父亲左腿被弹片击中,后来伤口感染、化脓,没药治疗,卫生员用南瓜瓤敷在伤口上,说是可以解热止痛,后来在永新县城的红军医院,医生决定动手术,没有麻药,就叫来几个人把躺着的父亲的手脚按住,用烧酒消毒的剃头刀切开化脓部位,把弹片抠出来,放出来的脓血有半脸盆。那时卫生条件太差,父亲说伤后几乎没有不化脓的,化脓后反而痛得轻了,卫生队医生说:"化脓了就快好了,长熟了嘛,脓放出来就行了。"从负伤到痊愈的时间很长。

这次截肢手术后一个月,父亲的伤

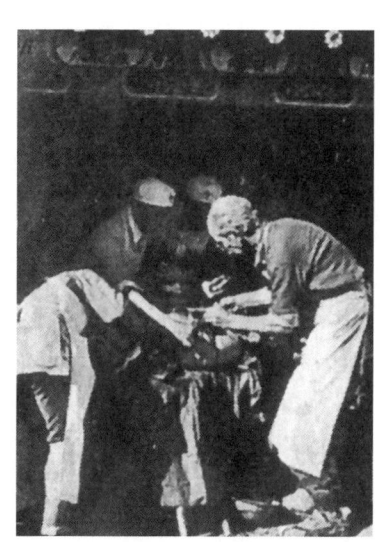

1938 年,白求恩救治八路军

情才稳定，他被转移到灵丘县河浙村养伤，这是太行山深处的一个小山村，三五九旅的后方医院就在这里。父亲说那时有许多伤员战友在这里养伤，很热闹，轻伤员们经常围坐在父亲身边，他们说着前线的消息、战斗的情况，有的伤员还帮父亲写战斗总结、写受伤日记……

每次打完了仗，部队领导都来看望大家，还送来一些从日本鬼子那里缴获的战利品，有罐头、奶粉、白糖等，那时是很稀罕的。父亲还收到许多战友们的来信，这使他受到很大鼓舞。

那时天天伤口疼痛，几乎夜夜不能入眠。每当夜深人静时，父亲常一个人悄悄地边流着眼泪边想：我才27岁啊！今后还怎么生活、怎么打仗？还能留在部队吗？父亲曾在日记里写道，"夜夜炕上闻鸡鸣"。漫漫长夜难熬，他盼着鸡叫天亮啊！

改用左手重生

父亲在还不能坐起来时，就开始学习用左手把本子放在肚子上写字了。他坚持写日记，用日记表达自己内心的思绪和决心。

在日记里，他尽情地留下了许多的心里话："是山西人民极富营养的小米土豆粥，使我逐渐恢复，我将永远铭记河浙村人民的深情厚谊！""天天读战友们热情洋溢的来信，兄弟般的友爱温暖着我，使我感到巨大的鼓励，眼前有了光明。伤痛减轻后，我就学着左手写字，残废？不，我决心做一个残而不废的人！"

日记本就放在他的炕头枕边，大家来看望他时，这个日记本又成了

1940年1月，左齐（左）与王震旅长（右）在延安绥德

留言簿。

王震旅长在上面写道：

英勇的左齐同志：

诚恳地慰问你，

并向你致热烈的布尔什维克的敬礼！

祝你健康！

王震，1938年12月27日

三五九旅参谋长郭鹏、政治部主任袁任远、七一八团团长陈宗尧也来看望父亲，送来他们三人合影的照片和联名写的一首诗：

朋友，朋友，

你为民族失去了一只手,

这是你历史上的光辉不朽。

战友,战友,

莫悲伤,别忧愁,

坚持抗战到底,

自由幸福将在不久。

严冬慢慢过去,1939年的春天来了。随着万物复苏,父亲的伤口渐渐愈合,他把本子放在肚子上,用左手吃力地歪歪扭扭写下了这样的诗句:

日光穿过窗格,

我看见蔚蓝的天空和层层的高山,

更激起对战友们的怀念……

他们可还有黑豆干粮?

他们杀敌在哪个山梁?

千万战友挂念着我,

我在小炕上,心也系着战友万千。

大地穿上了雪白的衣衫,

洁白美丽的母亲啊,

请不要伤心,

你又添了一个断臂的儿男……

小炕上,大家挤作一团——

写决心……写战斗总结……

忸忸怩怩的左手哟,

你又摆架子!

我告诉你:

你跟"右哥"做伴,

吃了二十多年的冤枉,

今天,"右哥"去了,

你应完全负起责任。

你的主人我姓左,

"左弟"你可别再和小孩子一般。

失去了右臂,是多大的创伤和痛苦,但是,这首诗里却看不到悲观、沮丧,我们只看到诙谐和幽默的词句,字里行间充满了坚强、乐观、勇往直前的崇高的革命情操!他是这样纾解痛苦,鼓舞自己的斗志啊!

父亲靠顽强坚韧的意志和革命必胜的信念，从此以后用左手代替右手，逐渐学会了写字、使枪、骑马，一切从头学起！他照样指挥部队，冲锋陷阵，南征北战打天下！

几十年过去了，父亲居然还用左手练出了一手漂亮的毛笔字。1990年，他还在北京举办了"左齐左笔书法展"，被大家称为"独臂将军书法家"。

1939年5月1日，父亲伤愈归队。老战友们久别重逢，都亲切地围拢来，他们是七一七团政委晏福生、七一九团一营教导员彭清云，都是一起长征走过来的老领导、老熟人。他们互相拥抱，互相握握右边的空袖管，都是独臂啊！但他们都非常乐观，父亲哈哈大笑着说："人死面朝天，不死又过年！老子没有死，咱们接着打鬼子啊！"我们的王震旅长喜欢开玩笑，叫他们都是"一把手"！"如今老左回来了，又多了个'一把手'，我们三五九旅出英雄啊！这是我们三五九旅的骄傲！"

在他们的合影上，可以看出父亲的衣服整整齐齐，右边的空袖管扎在腰带里，昂首挺胸，充满自信，好像正对大家说：放心！我能行！

1979年5月，他们三个"一把手"在北京开会愉快相聚，又留下了一张照片，距上次合影已过去了整整40年！此时的中国革命早已取得胜利，中国发生了天翻地覆的变化，他们都在1955年中国人民解放军第一次实行军衔制的时候被授予将军的军衔：彭青云少将，左齐少将，晏福生中将，人们尊称他们为"开国将军"。

一位叫哈里森·福尔曼的美国记者于1944年到延安，后来把采访到的信息传播到了全世界，在美国出版了《西行漫影》《北行漫记》。

其中他专门为父亲等人拍摄了一幅照片,照片上的三个人分别是八路军三五九旅七一八团政委左齐、七一七团副团长陈外欧、七一七团团长刘转连。从照片中可以看出,这就是共产党领导的八路军,他们打了胜仗,坐在缴获日军的3挺机枪旁,高举着手,脸上的笑容和昂扬的斗志给人以强烈的感染力!左齐的右臂残缺,但笑容依旧!他们穿着粗布制作的八路军军装,脚上穿着草鞋,人都很消瘦,可见物资的匮乏、环境的艰苦!但他们昂扬的斗志、胜利的笑容使人坚信,他们是招之即来,来之能战,战之能胜的!

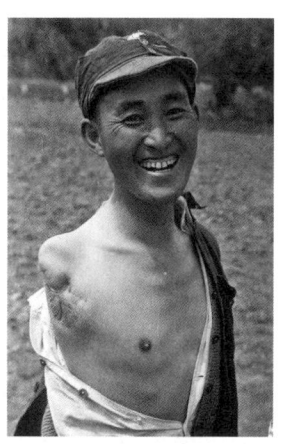

左齐,福尔曼摄于1944年

哈里森·福尔曼先生写道:"我见过许多伤残军人,而这位八路军的乐观、豁达、自信令我震撼!"

晚年的父亲在济南军区副政委的工作岗位上退了下来,此后的生活充实而有意义,他写回忆录,写毛笔字,其乐无穷。

1988年,中国人民解放军第二次实行军衔制,父亲被授予一级红星荣誉勋章。

回顾自己的一生,父亲无限感慨,写下这首《晚霞》:

井冈山下一牧郎,弃鞭荷枪逐虎狼。

壮志已酬心未老,戎衣虽解意犹刚。

左齐在家中练习书法

皓首伏案知书乐，独臂临池识墨香。

坐看晚霞红似火，学诗偏喜咏斜阳。

这是一位革命老人在回顾自己的戎马一生，也是父亲晚年生活的真实写照。

有人说左齐有着牧童、农民、战士、将军、诗人这样丰富的人生，本身就是一首浪漫多彩的诗！

（本文作者：左齐之女）

护卫领袖和战友的"老虎"

龙 铮

龙飞虎（1915—1999），江西省永新县人。1928年参加中国工农红军，同年加入中国共产主义青年团，1929年转为中国共产党党员。

土地革命战争时期，任红三军团第八军六师七团排长、连政治指导员，红三军团保卫局侦察科科员、红一方面军保卫局侦察科科长，参加了历次反"围剿"斗争与长征。抗日战争全面爆发至抗日战争胜利期间，先后任八路军驻太原、南京、武汉、桂林、重庆办事处副官、科员、科长等职。解放战争时期，任中国共产党重庆谈判代表团总务处主任、行政处处长，毛泽东主席处行政秘书兼中央纵队一大队大队长，华东野战军第十纵队二十八师八十二团政治委员，第三野战军二十八军八十二师副政治委员。中华人民共和国成立后，任福州军区后勤部部长，福州军区副司令员、副政治委员。为第五届全国人大代表，中国共产党第七次全国代表大会候补代表。

1955年被授予少将军衔。荣获二级八一勋章、二级独立自由勋章、二级解放勋章。1988年被中央军委授予中国人民解放军一级红星功勋荣誉章。

战争年代，龙飞虎在红军联络处与工作人员合影

在炮火纷飞的战场上，他恰似冲下山冈的猛虎；在保卫领袖安全的工作中，他更像不知疲倦的老虎。毛泽东、周恩来和同志们都称他"老虎"，他精力充沛、性格坦诚、处事果断，也的确是一只"老虎"。

这只"老虎"，就是我的父亲龙飞虎。

初出茅庐的小老虎

1915年除夕，我的父亲龙飞虎出生于江西省永新县在中乡斜陂村。

7岁时，父亲家破人亡，只好去给地主放牛，受尽了屈辱。

1927年，12岁的父亲参加革命，做了永新县儿童团团长。1928年，朱毛红军在江西省永新县与宁冈县边界歼灭赣敌杨池生、杨如轩部共3个团，取得龙源口大捷。战后，朱毛首长到村里龙氏祠堂开会。会后，13岁的父亲就跟着部队上井冈山参加红军，同年底加入中国共产党。

1930年夏，年仅15岁的父亲任红三军团六师七团通信班班长。

有一天，父亲在送信途中，遇到10多个溃逃的敌人。父亲见敌众我寡，灵机一动，先朝天放两枪，大吼一声："站住，不许动，你们已被包围，快把枪放下！"

10多个敌人都举起手投降。父亲又大声命令："卸下枪栓！"当敌兵卸下枪栓后，父亲自己背着枪栓，命令俘虏列队扛枪。这时，俘虏们才发觉只有一个小红军，但已悔之晚矣！师政委彭雪枫听说这事后，笑着说："这个龙飞虎，有颗虎胆，脑子机灵，是块好料。"

1931年攻克会昌后，16岁的父亲时任红三军团八军六师通信排长。他带着七八个十四五岁、长得眉清目秀的战士扮成上山进香的大姑娘，腰藏手枪和柠檬式手榴弹，挎着装满香油、蜡烛、纸钱、瓜果和烟糖的篮子，跟在化装成老太婆的副团长吴志力的身后，一举制服了罗田圩旁山上负隅顽抗的大土豪势力，使大部队顺利上山。第四次反"围剿"斗争中，师长郭炳生叛变。父亲跟随政委彭雪枫突围。腿部负伤后，他独自一人在山中爬行5天5夜，靠野果、泔水找到部队，受到军团长彭德怀的表彰。

1937年，西安事变后延安机场合影，二排右二为龙飞虎

拖不垮的老虎

在长征中，父亲担任红一方面军政治保卫局侦察科的科长，负责侦察，走在红一方面军的最前边，给很多领导人留下了深刻印象。

1936年12月12日西安事变爆发，时任政治保卫局兼中央联络局局长的李克农选调正在红军大学二科学习的父亲等四个年轻的干部去保卫周恩来副主席，父亲为副官卫士组组长。

父亲在西安事变这一个月当中，跟着周副主席会见了各界人士100多人次。

从西安回来之后，父亲被周副主席调到八路军（新四军）办事处工作，开始了紧跟周副主席在国统区 10 多年的战斗经历。随着国民党不断失守与放弃，办事处先后由太原迁往武汉、桂林，最后迁至重庆。

父亲以八路军总部参谋的身份，对内任南方局保卫科科长，负责周恩来和南方局及办事处领导和同志们的安全保卫工作。受周副主席委派，常独自来往于各办事处、西安、延安、新四军总部等。对外他是办事处交通科科长负责对外联系，经常与国民党运输部、铁道部、军令部联系物资调配、车辆运输等事宜。虽然国民党军政部下过秘令，不准发给我军物资，但我们运用统一战线的法宝，一个一个地做工作，还是可以得到一些武器弹药、军需用品。延安当时办了一些印刷厂、棉毛纺织厂、皮草厂、地毯厂、肥皂厂、银行等，还有大批粮食、无线器材、枪支弹药等，都是父亲和同志们押运去的。在周恩来、叶剑英、李克农的统一指挥下，物资到香港、越南河内、海防等地转运。由宋庆龄和海外华侨募捐支援八路军的救护车、药品和驻香港"八办"购买的无线电材料、汽油、发电机、电台等一批重要物资送往延安。父亲还负责抗大新招学员的护送，往返于湖南、湖北、江西、四川、陕西等地，总计护送了千余名进步青年、华侨青年去延安。同时，往新四军驻地押运过大批物资，护送了大批干部前往游击队及秘密联系点。那时没有通信工具，父亲完全凭自己的经验独自做出判断，稍有不慎就会陷入险境。

父亲为了工作经常几天不休息，但仍然精神抖擞。有一次，周副主席对父亲说："你真像一只拖不垮的老虎啊！"从此以后，领导和同志们就都称父亲为"老虎"了。在八路军办事处，父亲曾与王若飞斗酒，与乔冠华斗诗，董必武称他"双枪骁将"，叶剑英赞他是"虎穴斗士"。

1947年，转战陕北时龙飞虎与毛主席在一起，站者为龙飞虎

同志们还称父亲"神目"，因为他练就了一双好眼力，不论特务怎样化装，他都能一眼认出。有的时候，他认为某个特务不安分，就会走上去，指着那人说："我知道你是干什么的，你不要随便乱动，我会盯着你。"所以那些特务都知道周恩来身边有个目光很犀利的副官。父亲还练就了双手好枪法，大家又称父亲为"神枪"。在南方局的党支部大会上，周恩来特别表扬父亲："有胆有识。对敌斗争有理有节，坚持了原则。"在国统区军警宪特及帮匪严密监视和包围中，10多年中没有一次人与车让敌人跟上过，无一次差错，父亲做出了自己独特的贡献。1942年整风时，中共中央南方局对父亲做出了"立场坚定，对敌斗争坚决、顽强、勇敢"的鉴定。

1945年重庆谈判时，周副主席亲自将父亲推荐给毛主席，指定父亲为毛主席保卫副官处处长，和枣园保卫科科长陈龙负责毛主席在重庆谈判时的安全保卫工作。父亲对外，陈对内。周副主席对父亲说："在重庆谈判期间，你必须周密安排，一定做到万无一失。你本人必须紧随主席，一步也不许离开。"还进一步交代说:"你们不要管我。一定要照顾好主席。主席的安危关系到党的前途和命运。"周副主席在自己身边没有安排人。在紧张的谈判与会见中,父亲恪尽职守,缜密安排,最长一次7天7夜没合眼,出色地完成了保卫任务,受到毛主席表扬。当时父亲是毛主席警卫的负责人,毛主席笑称他的副官们为二龙一虎,并笑称父亲是他的"龙虎卫"。1946年9月,回到延安后毛主席立刻把父亲调到了身边,做了他的行政秘书。

1947年3月,中央撤离延安转战陕北的时候,父亲是毛主席的行政秘书兼任中央纵队(昆仑纵队)一大队(核心队)的大队长、党委书记,主要负责保卫毛主席、周副主席、任弼时同志。二大队负责保卫司令部,三大队负责电台。在一年多艰苦跋涉中,多次与敌人擦肩而过。在毛主席的指挥和同志们的努力下,终于迎来全国性战略大进攻的胜利局面。

忠勇正直的战将

1948年,父亲响应党中央号召,奔赴解放战争前线。经毛泽东、周恩来批准以旅级干部级别到第一线作战,任华东野战军第十纵队二十八师八十二团副政委,参与指挥了该团在睢杞战役中的作战。父亲亲自指挥了该团在济南战役中对济南西南门户周官庄的战斗,又参加了淮海战役的徐东阻击战等战斗,胜利完成任务。

1949年,父亲任第三野战军第十兵团二十八军八十二师副政治委员兼二四四团政委,指挥该团参加渡江战役。该团一营首先突破敌东港头防线，保障了后续部队登陆，战后被授予"渡江先锋营"荣誉称号。在淞沪战役中，他率二四四团率先突破守敌吹嘘为"固若金汤"的上海防线主阵地刘行、国际电台所在地杨行。他参加了解放福州的战役及福建剿匪战斗。此后，父亲就一直战斗在海防前线，为祖国统一继续贡献自己的一切。

1948年，中央已决定定都北京。因父亲要求上前线去野战部队，周副主席让父亲将孩子送北京，他帮着照顾。我3岁就离开了父母，所以对父母没有太多的印象。父亲每年到北京开会的时候来看我，我都叫他"解放军叔叔"。

对父母的认识是随着成长而逐渐明晰的。后来在父母身边成长的小妹妹曾跟我说，3年自然灾害期间，母亲常带着子女到外面去挖野菜。父亲下班回来跟家人一起吃野菜。这可不是为了养生，而是为了果腹。父亲当时可是大军区的后勤部部长，何况国家对位处福建前线的这个军区还有着不一样的优惠待遇。虽然父亲负责全军区的米面蛋奶肉油等物资的供应分配，可他没有私拿过公家的一粒米，反而回家与家人一起用野菜充饥。弟弟妹妹们常说，父亲对己严但对公家物资的精打细算和对同志朋友的"大方"是出了名的。这就是我们的父亲。

"文化大革命"的时候我已是一名军校学员。当时造反派对机关和部队的冲击十分厉害。一天晚上听说造反派又要冲到机关去抓干部。父亲对我说："你穿着军装，说着一口标准的普通话，而且这里没有几个人认识你。"他让我坐着他的军车到省委机关去将马天水等四位干部护送到部队的招待所保护起来。可他自己却遭到了造反派的围攻和殴打。

1955年，龙飞虎和夫人孟瑜合影

我们的小弟弟他也照顾不上，还要我们家的福建籍老厨师保护。那时父母亲顶着批评和指责，将许多老同志（尽管有些人在解放后失去联系）的儿女接到家中，之后又送去参军或去军工厂。孩子们多时，楼上的地板睡着女孩子，楼下的地板睡着男孩子。这给我的印象很深。

父亲每年到北京开会都会与原八路军办事处的战友们相聚。父亲的勇敢、忠诚，对人襟怀坦荡、磊落及对工作的兢兢业业、恪尽职守是大家欢喜的。战友们如乔冠华、廖承志、章文晋等常与父亲开玩笑，也常对父亲说：领袖们很喜欢你。父亲总说：这是领袖们对红军时期干部的另一种亲密感情吧。

我曾多次亲耳听到一些高级干部想让父亲到领袖面前为自己的地位说话，父亲总是笑而不语。母亲曾不解地问他这是为什么，父亲说：公与私要分明。与领袖们的关系是战斗中结成的同志的、战友的关系,绝不能有丝毫的个人关系在里边。父亲一生从没有为任何人,更没有为自己和自己的孩子们在领袖面前讲过私情、写过信或递过条子。

父亲早在20世纪70年代就写下对毛主席和周总理的回忆文章。他着重描写下领袖们的风采,很少提到自己。后来各种回忆录多了,我听到他的老战友说:有些人对历史中的有些事写得不对,甚至将父亲做的事安在了自己身上,更有人借领导的话误会父亲。有几个叔叔想让父亲给予更正。父亲却笑着说:历史是公正的,让后人去说吧。

我们常常想让父母讲一讲革命的壮举。父母说:"壮不壮举不知道,我们只知道是革命选择了长征,我们选择了革命。在多年的时间里牺牲了那么多战友和乡亲。我们是幸存者,只有努力工作,其他都不重要。"他们是这样说的也是这样做的,一生践行着共产党员的本分。

父亲,孩子们想您了。

(本文作者:龙飞虎之女)

跟随毛主席当挑夫

赵延平

　　龙开富（1908—1977），湖南省茶陵县人。1927年参加湘赣边界起义，后被编入工农革命军。1928年加入中国共产党。

　　土地革命战争时期，曾任红军总政治部通信排排长、红一军团炮兵营政治委员、中央军委直属政治处主任等职。参加了中央苏区历次反"围剿"斗争和中央红军长征。抗日战争全面爆发至抗日战争胜利期间，历任红军总政治部通信排排长，军委警卫团连长，红一军团炮兵营政委，中央军委直属政治处主任、警卫营营长，中央军委商业管理处处长。解放战争时期，任辽西军区后勤部部长，第四野战军四十四军后勤部部长等职。中华人民共和国成立后，任沈阳军区后勤部副部长、后勤部第二政治委员。为中国共产党第七次全国代表大会候补代表，第九届全国人大代表。

　　1955年被授予少将军衔。荣获二级八一勋章、二级独立自由勋章、二级解放勋章。

在共和国众多璀璨的将帅群星中，有一颗将星与众不同，有人说他是用扁担挑出来的将军，因为他曾经是一名为毛泽东挑文件的挑夫。

这名挑夫，就是后来的龙开富将军。电视剧《井冈山》中毛泽东那名叫"龙达"的警卫员，就是以龙开富和当时的马夫黄达（中华人民共和国成立后曾任辽宁省副省长）的姓名合成的；而在《毛泽东的红色卫队》一书中，龙开富是里面的重点警卫人员之一。

挑皮箩的得力警卫

1908年农历二月初二，原名谭罗仔的龙开富出生于湖南省茶陵县的一个贫苦农民家里。4岁时因家贫母逝，他被过继给舅舅家，改名为龙开富。

1926年大革命高潮中，共产党人在茶陵乡村发动农民运动，响应北伐战争。龙开富看到了改变自己受剥削受压迫境遇的希望，决心跟着共产党走并参加了农民协会。后来几经波折，他终于在1927年9月下旬得知毛委员率领秋收起义队伍开过来了，于是从大山里跑出来，坚决要求加入工农革命军。

由于当时龙开富身体瘦弱，一个军官对他说："你的身体差，不能下连打仗，就留在这里当伙夫吧。"于是龙开富就在炊事班天天挑水、烧水，并负责给毛委员送开水，很是认真。毛泽东看到新来了一个小伙子，就问他："你是哪里人啊？"龙开富说："我是茶陵人。"毛委员很高兴："我们是老乡啊！"（历史上茶陵和湘潭在一个州）接着又问他：

龙开富在井冈山斗争时期为毛泽东挑文件用过的皮箩

你今年多大啦？怎么出来了呢？龙开富说了自己的经历，还把一直藏在身上的农会介绍信拿给毛委员看。毛委员说："你是农会的，又敢斗地主，很勇敢，将来一定有出息。就留在我身边吧。"就这样，龙开富开始了十几年追随在毛泽东身边的难忘岁月。

留在毛泽东身边做什么工作呢？当警卫通信员。但他这个"警通员"，实际上还是跟扁担打交道——当"挑夫"！毛泽东去哪里，他就挑着两个皮箩跟着去哪里。皮箩里边一头装着前委的文件、印章和底稿，另一头装着毛委员的文稿和书籍。这副挑子可说是当时前委的全部家当。

看着别的警卫员挎着枪，自己整天挑着担，龙开富心里不高兴了。他是来参加革命当共产党的，现在不让他拿枪，只是当挑夫，还能当共产党吗？毛委员听说后，就对他说："小龙，你这是给我当勤务员。你和其他人一样，都是我的警卫员，你们都是做革命工作。你把文件保管好了，对革命也是一样有功的，一样可以入党！"前委秘书谭政也对他

毛泽东在茅坪八角楼居住和工作时，龙开富与黄达住在楼下，兼做毛泽东的保卫工作

说："队伍上什么样的工作都得有人做。像你，保管着前委的文书材料，全是最机密文件，比命都重要！你是前委的挑夫，实际上是机要人员。你只要做好了这项工作，这就是在行动上符合了党员要求的。"龙开富听后心里豁然开朗，下决心挑好皮箩，保管好文件。

从此以后，龙开富挑着担子跟随毛泽东上山下山转战，无论情况多么危急，急行军多少里路，两个皮箩始终不离不弃。他还曾挥舞扁担上阵杀敌，缴获了敌人两支枪。有一次，他根据毛泽东的指示，随三十一团一营前往茶陵收集报纸，中途部队奉命转往江西的永新，长途奔袭赣敌，留下龙开富一个人挑着六七十斤重的书报，冒雨步行100多里山路，走了3天，顺利回到茅坪。此次不仅没有丢掉、淋湿一份资料，还为毛泽东找到一本《三国演义》，受到大家的称赞。

信得过的忠勇卫士

龙开富在毛泽东身边，除了负责挑文件文稿外，毛泽东还交给他一个特殊任务：部队打到哪里，你就去哪里找报纸、找书刊，背回来给我查阅；我不要了的书报或文件，也由你负责烧掉。龙开富坚决执行，每到一地，就到处去搜罗报纸书籍，只要见到了就往皮箩里一扔，再挑回来。但他斗大的字也不识一箩筐，因此闹过不少笑话。有一次龙开富费了半天劲挑回来的书，毛委员打开一看，全是些学生练习本；打下遂川后，龙开富看到县衙门的一个小房间里边书挺多，就全拿回来了。毛泽东一看，都是些收税用的田亩契册……此后，毛泽东就对他说："小龙呀，干革命没文化不行，我来教你识字。"当时的井冈山，纸张非常缺乏，毛泽东就把一些废旧的香烟盒收集到一起，再把烟盒裁成方块，每个方块上写一个字，再教龙开富他们几个警卫员认，几天后又把这些字拿到一起，往往是一句革命口号，让他们连起来念。毛泽东还耐心地把着龙开富的手，一笔一画地教他写字；有时还让龙开富把警卫员都叫过来，给他们报听写，交了卷后还逐一批

这张照片中，龙开富上衣口袋中插着的两支钢笔，其中一支就是毛泽东送给他的张辉瓒的派克笔

改,把写错了的字改正过来,然后才去工作或休息。

尤其让龙开富惊喜的是,第一次反"围剿"斗争胜利后,缴获了敌总指挥张辉瓒的两支派克金笔。毛泽东将其中一支送给了周恩来,另一支则送给了龙开富,并鼓励他说:"小龙,这支笔给你,继续好好学习。"

1929年1月,毛泽东、朱德率领红四军主力离开井冈山"围魏救赵",龙开富挑着皮箩跟着毛泽东下了山。2月10日正是大年初一,红四军在大柏地将国民党追兵刘士毅部诱入了伏击圈。激战之中,一股敌兵突然冲到了毛泽东及警通排附近。龙开富把文件挑子交给贺子珍保管,拔出双枪护在毛泽东身前。谁知毛泽东从他手中夺过一支驳壳枪,高喊着:"冲啊!"率先向敌人冲去。在毛泽东的带领下,警通排以一当十,终于消灭了这伙敌兵。

1929年6月,红四军的党代会上,毛泽东落选前委书记一职,会后以前委特派员的身份去闽西指导地方工作。

要离开自己亲手参与缔造的军队,毛泽东的心情十分沉重。警通排是隶属红四军编制的,不可能跟着毛泽东到地方上去。毛泽东问龙开富:"你跟不跟我走?"龙开富毫不犹豫地表示:"不管你去哪里,我都要跟着。"他带着警卫一班担起了护送毛泽东到上杭蛟洋参加中共闽西一大的重任。谁知大会还没开完,毛泽东就病倒了。他患的疟疾病势凶猛,卧床不起,且病情反复,在当地无法治愈。龙开富带着警卫班,用担架抬着化名为"杨先生"的毛泽东,几经辗转,到达离永定县城60华里的歧岭乡牛牯扑的青山脚下,依靠赤卫队的帮助搭起了一座竹寮安置下来。

不料消息走漏,敌人认定"杨先生"是共产党的大人物,于是纠集六七百民团团丁向歧岭扑来。由于敌强我弱，龙开富他们和赤卫队决定立即将毛泽东转移。当时毛泽东因疟疾复发，高烧无力，时而清醒时而昏迷，不能行走。几名赤卫队队员准备用担架抬着毛泽东走。刚起身，敌人就冲了过来。龙开富带着警卫班顽强阻敌，掩护赤卫队队员又背又抬着毛泽东撤离，直到夜间才摆脱敌人。第二天，毛泽东在警卫班和赤卫队的武装护送下，一站接一站，被秘密护送到上杭，终于脱离了危险。

11月下旬，陈毅根据"中央九月来信"，到上杭来接毛泽东回红四军开党的"九大"，龙开富的警卫班才跟着毛泽东重新回到红四军。

1934年10月，中央主力红军长征，开始竟没有把毛泽东列入转移名单。毛泽东自己带着警卫班来了，被临时编为中央三队。队中除了毛

1937年摄于延安，左三为毛泽东，左四为龙开富

泽东和警卫班十几个战士外，其余就是马夫、挑夫、担架员等。此时，龙开富已是红一军团司令部第四科科长，闻讯毛泽东在三队，急急赶了过来，要跟着毛泽东一起走。毛泽东说："你跟我走，那个科长怎么办？"龙开富说："两边兼着，不会误事。"并找来一副皮箩挑子，将毛泽东的书稿和重要文件装好，自己亲自挑。但挑皮箩跋山涉水实在不便，龙开富就把毛泽东的书稿和文件打成一个包袱，背在身上，无论爬雪山还是过草地，只有一个信念：命在文稿在！遵义会议之后，毛泽东对龙开富说："你再找几个人，把中央文件、材料等都挑上。"于是，龙开富找了七八个人一起背文件。可是到陕北后，只剩下他和另外一个人，其余的都牺牲了。而龙开富背着的毛泽东过去写的文稿，一件也没有丢，全带到了陕北。

1935年9月9日，毛泽东获悉张国焘要裹胁党中央"南下"，彻底开展党内斗争。当晚，毛泽东同张闻天、博古、王稼祥和病中的周恩来等召开紧急会议，当机立断地决定率红一、三军团迅速脱离险区，立即北上。凌晨2时，毛泽东率党中央机关先行出发，彭德怀率部在后掩护，以筹粮为名，迅速向红一军团靠拢，单独北上。龙开富跟随在毛泽东身边，看到红军大学教育长李特带着人追赶上来，问毛泽东："张总政委命令南下，你们为什么还要北上？"跟随李特的几个警卫员，手提驳壳枪指头按着扳机。龙开富他们见状，紧紧护卫在毛泽东身边。两边对峙，气氛十分紧张。

这时毛泽东冷静地回答："大家分析一下形势，看是北上好，还是南下好。南边集中了国民党的主要兵力，北面敌人则比较薄弱，这是其一。

其二，北上我们可以树起抗日的旗帜。"毛泽东又晓以利害，指出大家要团结，不要红军打红军，迫使李特不敢轻举妄动。

不停歇的革命干部

1930年10月，红军队伍扩大了，成立了中央红色警卫团，编了8个连队。毛泽东亲自派已任警卫排排长的龙开富去任连党代表，负责组建第一连（当时没配连长）。这就是历史上著名的红一连。龙开富挑了142个人，他们政治素质很高，但武器装备很差。全连只有3杆"汉阳造"步枪，其余都是梭镖大刀。就这样大家也挺高兴，弄了一些土布，染一染做成军装。

毛主席很关心新组建的红一连，送给龙开富一本古田会议决议，并嘱咐他三句话：第一，要把党支部牢固地建立好；第二，干部党员要起模范带头作用；第三，要紧紧地依靠群众。那时候第一次反"围剿"斗争马上就要开始了，毛泽东说：你们连不要跟着我，给你们一个任务，到罗坊地区去打游击，到敌人后方去扰乱敌人。

这是龙开富第一次离开毛泽东，自己带着一连到敌后去。龙开富牢记着毛泽东的话，想着在井冈山跟着毛委员的时候，他是怎么指挥的。就是打得赢就打，打不赢就走，侦察敌情，拣弱的打，一二百个敌人他不打，专门找二三十人的，到敌后打了四五个胜仗。一次他看到宜黄县城是空的，没有什么人防守，就带着人攻进去了，还缴获了一些药品等物资。

龙开富与红一连时任连长、指导员一起学习《中国共产党红军第四军第九次代表大会决议案》（即古田会议决议）

打完仗后一清点，走的时候是142人，回来的时候已发展到200多人，绝大部分同志手中都有了枪，而且有一些好枪，还缴获了敌人的许多后勤军需品。毛泽东知道了很高兴，说："哎呀，小龙啊，你进步了啊！要表扬你，但是你还得继续学习。"

后来，毛泽东四次安排龙开富进军校、党校学习。第一次在江西红军学校学习3个月，结业后担任红一军团炮兵营政委；第二次在1936年进红军大学一期学习，毕业后担任中央军委直属政治处主任；第三次在1939年进中央马列学院学习，毕业后担任军委后勤生产处处长、军委警卫营政委；第四次在1944年，经毛主席提议，龙开富被选为中共七大候补代表，并进入中央党校学习，直到1945年抗日战争胜利，派他到东北参加解放战争。

（本文作者：龙开富之婿）

战火中的姻缘

龙盱西 龙潍涟

龙潜（1913—1992），江西省永新县人。1929年参加中国工农红军，同年加入中国共产主义青年团，1930年转为中国共产党党员。

土地革命战争时期，任福建独立团、军委直属队、军委干部团特派员，参加了多次反"围剿"斗争与长征，获得三等红星奖章。抗日战争全面爆发至抗日战争胜利期间，任新四军第五支队政治部副主任兼军法科科长、新四军第二师政治部锄奸部部长。解放战争时期，任华东军区后备兵团副政治委员兼教导师政治委员、华东军区第三野战军保卫部部长。中华人民共和国成立后，任华东军区政治部保卫部部长、南京军区政治部副主任、浙江省军区第二政治委员、河南省军区政治委员、济南军区副政治委员。为第五届、六届全国政协委员。

1955年被授予少将军衔。荣获二级八一勋章、二级独立自由勋章、一级解放勋章。1988年被中央军委授予中国人民解放军一级红星功勋荣誉章。

1937年抗日战争全面爆发，举国上下同仇敌忾，成千上万名热血青年放弃学业，投奔抗日战场。母亲张明远（后来改名王宁）当时在开封女子师范学校读书。她和六名同学商定投奔抗日队伍。途中她们被冲散，结果三人去了西安，母亲和另外两人到了延安，从此开始了她革命的生涯，也成就了她今世的姻缘——那一年她18岁。

虽然抗日战争全面爆发了，但国共争斗还在延续。中共在延安外围的安吴堡设立了"青年培训班"，对进入延安的青年学生进行革命培训和政治审查。父亲龙潜时任青训班保卫科科长。他是井冈山下来的"老红军"。说来巧合，中共情报部门获悉的情报说，一名叫张明远的国民党特务混在学生队伍中准备潜入延安，正和母亲同名同姓。就这样，这个历经千辛万苦、刚要跨进延安参加抗日队伍的18岁女孩，成了青训班的重点审查对象，而审查她的领导正好是我的父亲龙潜。

1933年8月1日，龙潜荣获三等红星奖章，第225号

几经折腾，最终查明那个同名是男士，母亲的冤情被洗清。或许是向她表示歉意，也许是她已"熟悉"了审查的业务，组织上决定让她留在青训班，具体工作部门就是保卫科。她成了我父亲的下级。他们也正是从这里开始了长达近60年的情感之旅。

1938年，他们在延安结婚。婚后的一天，他们在延安的街道上散步，却遭遇到了敌机的轰炸。没有丝毫战争经验的母亲呆站在那里仰天看着，被父亲一把推倒在路边的沟壕里。当他们从尘土中爬起来时，周围已尸横累累。

1939年9月，父亲奉命护送刘少奇、徐海东同志从延安赴华东。当时刘少奇的身份是保密的，他以徐海东的随从人员做掩护，秘密赶赴华东。沿途要通过多处国民党占领区的关卡，任务十分艰巨。母亲因工作关系也随队前往。一路上，刘少奇都把自己的马让给母亲骑。行至安徽境内时，恰逢大雪，母亲举步艰难，加上生病，行动十分不便。少奇同志决定让她留在当地老乡家，并给她留下了足够的经费，队伍继续前进，最终顺利到达新四军江北指挥部。数月后，母亲又回到父亲身边，开始了他们在新四军的战斗生涯。

在20多年的战争生涯中，父亲大小负伤共九次。在第四次反"围剿"斗争中，担任红十二军三十四师一〇一团特派员兼党总支书记的他，奉命指挥部队坚守福建省蒋乐县光明镇，阻击敌一七八、一八〇师进攻达三昼夜，消灭了敌人有生力量，守住了阵地，掩护了红军主力突围。这场殊死的战斗，其他战友全都阵亡了，只有父亲幸存下来。他重伤昏死在阵地上，当他醒来时，已经是深夜。他以惊人的毅力又返回了部队。为此，他被中央军授予"三级红星奖章"。这枚银质勋章至今还保存着。

在红军肃反扩大化、大抓"AB团"的年代，父亲也莫名其妙地被捆了起来。在被押赴刑场的路上他碰到了他们的团长，团长大声喊道："这个同志不可能是'AB团'！他战斗中九死一生，他是战斗英雄，你们肯定抓错人了！"就这样，父亲才没被误杀。而那位团长后来在战斗中英勇牺牲。

1955年，龙潜夫妇、龙连青、龙安定、龙淮连合影

父亲最重的一次负伤是在抗日战争后期，一颗子弹击穿了他的颈部，引起大出血。一位被俘的日本军医给他临时止住了血。此后他昏迷了8天8夜，生命几乎走到了尽头。一直拖到抗日战争胜利，他才被转送到大连的苏联军队医院治疗。病情是缓解了，但他的颈部却永远留下了一个"创伤性血管瘤"。在父亲生命垂危的时刻，母亲始终守候在他身旁，无微不至地照顾他。

伤愈后，父亲重返部队，任第三野战军后备兵团副政委。1949年4月大军过江，南京解放，父亲任南京市军管会公安局局长。南京市人民政府成立后，他负责组建了市政府第一届公安机构。这时的母亲在江东门军人监狱做负责人。1954年，父亲调到上海任新成立的军区防空军政委，母亲任中共上海市闸北区纪委书记。1958年，父亲又调回南京任南空副政委，母亲任南京建邺区纪委书记。

在"文化大革命"的动荡年代，父亲担任浙江省军管会主任，很快便遭到"四人帮"的残酷迫害和身心摧残。他被造反派挂了黑牌子在杭州少年宫广场多次批斗。1967年9月中旬，恰逢毛主席视察南方住在杭州（毛主席在延安时认识我父亲）。当他看到报纸后，说了一句话："斗龙潜不能像斗地主那样，他立过战功。"这句"最高指示"让父亲少了不少皮肉之苦。没过多久，父亲被送到北京"保护"起来。在

1941年12月陈毅在淮南黄花塘与新四军第二师、四师领导合影。右起：周骏鸣、龙潜、杨梅生、罗炳辉、宋文、陈毅、张云逸、张爱萍、方毅、刘顺元等

林彪"一号命令"下达后，父亲被转移到武汉军区农场劳动。

1967年10月，母亲作为杭州市人事局的"走资派"被送到"五七干校"劳动改造。老夫妻再次分离，他们只能在信中互相鼓励："要坚强地活下去，要相信党，要相信毛主席。"在干校，母亲得了"急性黄疸肝炎"，因为受到父亲的株连，她的病不能得到及时治疗进而演变成"亚急性肝坏死"。抢救过来后，造反派看母亲危在旦夕，实在不能再干体力劳动了，才允许她去父亲劳动的农场探亲治病。母亲在湖北孝感一九〇医院住院的8个月里，因长期受政治迫害而心力憔悴的父亲给母亲喂汤喂饭，擦身洗衣，端屎端尿，自始至终鼓励母亲一定要有战胜疾病的决心。在父亲乐观情绪的感染下，母亲坚强地活了下来。

粉碎"四人帮"后，他们的冤案得到了彻底平反。父亲任河南省军区政委、济南军区副政委。母亲则调到山东省委组织部工作。

1960年，龙潜全家在南京合影

1992年12月13日，父亲因病在南京去世。8个月后，思念父亲过度的母亲也随他而去。

父亲母亲没有给我们留下金钱财富，但他们的精神却让我们受益终身——父亲母亲永远活在我们心中。

（本文作者：龙潜子女）

誓与黑山共存亡
——回忆我的父亲刘子云

刘南征

  刘子云（1914—1992），江西省永新县人。1929年加入中国共产主义青年团，1930年参加中国工农红军，1933年转为中国共产党党员。

  土地革命战争时期，任红三军第七师十九团排长，红五军团特务团工兵连连长、军团通信队副队长，红四方面军红军大学政治教员，红军总司令部作战局作战参谋。参加了历次反"围剿"斗争与长征。抗日战争全面爆发至抗日战争胜利期间，任八路军一二〇师三五八旅七一六团参谋长，三五八旅司令部第一科科长。解放战争时期，任东北野战军第十纵队二十八师参谋长，第四野战军四十七军副参谋长、一四〇师师长。中华人民共和国成立后，任湖南省军区副司令员，广东省军区副司令员，广州军区副参谋长。为第五届全国人大代表。

  1955年被授予少将军衔。荣获二级八一勋章、二级独立自由勋章、一级解放勋章。1988年被中央军委授予中国人民解放军一级红星功勋荣誉章。

辽沈战役是东北人民解放军在辽宁西部和沈阳、长春地区对国民党军进行的一次战略性进攻战役，是解放战争时期三大战役的第一个战役。战役历时52天，共歼敌一个"剿匪"总部、4个兵团部、11个军部、33个整师47万人，解放了东北全境。

1948年，东北解放战争已进入关键时刻。东北野战军发起了强大的攻势，蒋介石为稳住阵脚，慌忙调遣5个军进行增援。在黑山执行阻击任务的东北野战军十纵队，在天寒地冻、缺少粮食弹药的情况下，与五倍于己的敌人展开了浴血苦战。

我父亲时任十纵队二十八师副师长兼参谋长，直接参与指挥了这场意义重大的黑山阻击战。数十年后，身经百战的老父亲仍认为这是他所经历的最残酷、最激烈的战斗。

辽沈战役的序幕

自1947年7月转入战略进攻后，经过一年的内、外线作战，解放战争的形势发生了重大的变化，同国民党军在东北战场上进行战略决战的条件已经成熟。东北野战军司令员林彪、政治委员罗荣桓，根据中央军委主席毛泽东关于封闭蒋军在东北加以各个歼灭的方针，以及主力南下北宁线，首先攻克锦州，并争取将卫立煌全军就地歼灭的指示，决定发起辽沈战役，第十纵队参加了这一战役。

黑山与大虎山是沈阳通往锦州的唯一走廊（辽西走廊），其西北是高达千米的医巫闾山，东西是约90公里的沼泽地带，山脉与沼泽地带之间形成了15—20公里宽的狭长走廊,"北宁"与"大郑"两大铁路、公路均于此相连接,地势极为险要,是从沈阳南下锦州的必经之路,战略地位十分重要。

1939年的刘子云

1948年10月14日11时,东北人民解放军集中5个纵队的兵力激战31个小时,在15日攻克锦州,截断了北宁线,封闭了东北之敌的道路,形成了"关门打狗"全歼东北之敌的有利战局。在此期间,十纵队英勇阻击了自沈阳西援锦州之敌,廖耀湘兵团6个军(新一军、新三军、新六军、第四十九军、第五十二军、第七十一军)又一个总编师(第二〇七师)共10余万人,保障主力攻克锦州。锦州之战,俘敌东北"剿总"副总司令上将范汉杰、第六兵团卢浚泉,歼敌10余万人。

蒋介石错误地认为,我军攻克锦州后要进行休整,便令廖耀湘兵团向锦州攻击前进,以便与锦州东援之敌形成东、西对进之势,妄图重占锦州,打开通路。

就在廖耀湘逼近辽西走廊之际,第十纵队3个师在25公里的防线上,陈兵布防"关门打狗",切断通往锦州的唯一通道,采取阻击先头、拖住后尾、夹击其中间的战术手段,以防敌人逃跑。

按着东总的具体布置,10月21日我军奉命在黑山、大虎山一线阻击西进的廖耀湘兵团，以保障主力部队由锦州地区回师北上、东进。

师领导根据纵队的命令决定，立即选择阵地，昼夜兼程，加紧构筑工事，务必在两天之内完成一切战斗准备。部署如下：

1. 八十一团坚守大白台子、牛屯、大小边壕构筑阵地。

2. 八十四团（缺一营）坚守黑山县以及城东的高家屯构筑工事，准备抗击东面进攻之敌。

3. 八十二团为师的第二梯队，集结于贺家洼子、小龙湾、小孙屯大道上的八十四团派一个营固守烧锅营子以北高山，保障八十二团右翼。

4. 师炮兵阵地在黑山城北侧无名高地。八十二团是主力部队，师领导决定由我父亲亲临指挥。

5. 师指挥所设在城北高地天主教堂。第二十九师坚守营坊地区阵地，第三十师坚守大虎山地区阵地。

东北的深秋，寒风刺骨，夜里一层白霜铺满大地，由于运送棉衣的铁路线被敌机炸断，全体指战员仍然穿着单衣。要在严寒的条件下，阻击武装精良火力超我十倍、兵力五倍于我的敌人进攻，任务十分艰巨。各连队都抓紧时间，晚上披着被单在散兵坑中过夜，这就是我们的战士。为了全中国解放，在这样物资匮乏，又处于困难的自然条件下，同敌人浴血奋战、为国捐躯，是何等伟大，何等值得颂扬啊！修筑工事时，天气虽冷，但战士们脸上挂着汗珠，有的战士脱掉军衣，光着膀子干。二十八师的防御阵地，是长达3000米的丘陵地带，西侧是大白台子，东侧是高家屯，主阵地是一〇一高地。一〇一高地是一片石头山，山顶上覆盖着风化石，石缝间生长着稀疏的杂草灌木。战士们举镐挥锹，一镐下去火星四溅，震得双手发麻；镐头少，进度慢，不少战士手上磨起了泡。时间紧迫，不能贻误战机。不能再构筑掘开式工事，要修筑堆积式野战工事。于是全县（黑山县）紧急动员，发动群众，筹集物资。老百姓把草袋、木头、装粮食的口袋、门板都送到阵地上。

没有土来填草包和麻袋，战士、民兵扛装好土的草袋、挑土篮，你追我赶，成群结队地上山，老人、妇女、儿童排成长蛇阵，用盆子、粪筐往山上运土，不分官兵，不分军民，不分男女，不分老少，大家都为了一个共同的目标：打倒蒋介石，解放全中国，过上好日子。

在人民群众的支援下，经过两昼夜的苦干，一〇一高地工事基本完成。

人在，黑山阵地在

10月23日清晨，太阳还没有升起，各团都进入了阵地，继续加强防御工事。

师部的贺庆积师长、晏福生政委、颜德明副师长、李大同主任和我父亲准备分别下到各阵地检查情况，帮助各团抓好战斗动员。

突然，远处传来隆隆的炮声，敌人的先头部队已从几个方向向我前沿阵地发动了进攻。

上午9点左右，敌军七十一军与第二〇七师各一部的先头部队向我警戒阵地尖山子前哨发起进攻，黑山阻击战打响了。

二十八师的战斗准备进入了最后阶段，师团两级领导在战前分别下到了各营连，战士们把一叠叠请战书、决心书递到了首长的手里，表达了对人民的爱、对敌人的恨。他们纷纷表示：坚决完成任务，决不让敌人前进，决不让敌人逃跑；克服一切困难，流血牺牲在所不辞。他们表达了"死守黑山，抗击敌人，誓与阵地共存亡"的决心，大家战斗意志高昂，充满了胜利信心。

整整一天战斗中，八十二团七连以机动灵活的战术、勇猛顽强的作风，打退了数倍于自己的敌人五次进攻，天黑之后按照预定方案撤出尖山子阵地。七连的指战员，创造了以小的代价大量杀敌的战绩，迟滞了敌人进攻的速度，鼓舞了全师的士气，为主阵地做好歼敌的准备争取了宝贵的时间。

当晚8时，纵队梁兴初司令员传达了东总下达的"前堵、后扯、拦腰截断"全歼廖耀湘兵团的作战命令，要求十纵队务使敌人在我阵地前尸横遍野而不得前进，只要你们坚守3天，西逃之敌人必遭全歼。

师领导马上召开了营以上干部会议，传达了东总的作战命令，提出了"与黑山共存亡"的口号，要求传达到每个战士，做好歼敌的准备。

根据23日战斗情况，敌人夺取黑山、大虎山之企图非常明显，敌人主要突击方向是黑山。黑山城北（高家屯一〇一高地）方向是我军主要防御方向。

24日清晨6时，敌军在5个炮兵团的火力和10余架飞机轮番轰炸掩护下，以5个师（第七十一军两个师、第二〇七师三旅、新二十二师、新六军第一六九师）的兵力向我全线阵地发起猛攻，其主要方向是第八十四团第二营高家屯阵地，即一〇一高地。

一○一高地的方向，敌人进攻十分猛烈，由青年军改编的国民党所谓党化部队一二○七师三旅，整个上午，连续向阵地发起三次突击，都被坚守在高地的二营打退了。下午3点左右，敌人经过兵力调整向一○一高地发起了第四次进攻，在猛烈的炮火轰击下，两个营的敌人排着密密麻麻的队形向山头爬去。一○一高地，经过炮火和飞机的狂轰滥炸，弹坑累累，工事已损毁大半，二营伤亡严重，指挥员相继伤亡。敌人以羊群战术三面围攻。担任城东高地前沿指挥的八十四团兰芹副团长（后在打塘沽时牺牲）命令二营把营部人员全部调上阵地，参加战斗。面对成倍的敌人，二营的指战员英勇还击、奋力杀敌，子弹和手榴弹都打光了，和敌人展开白刃搏斗，终因寡不敌众，全部牺牲。一○一高地、九二高地相继失守。下午5时，我们反击开始。纵队炮营和师属炮营的火炮集中火力向一○一高地猛烈轰击，一发发炮弹准确地打在高地上，正在修补工事的敌人被打得无处躲藏，伤亡惨重。炮火准备之后，八十二团一营和八十四团二营五连，分二路向一○一高地发起进攻。经过30分钟激战，恢复了我们的阵地。

天完全黑以后，枪炮声渐渐停息，在这天的激战中，敌人丢下了几百具尸体，没能最后占领一○一高地。我们为坚守阵地，也付出了巨大代价，全师伤亡500人以上，八十团二营基本上失去了战斗力。

根据24日敌人进攻情况，判断敌人25日必会全力猛攻高家屯阵地。二十八师对防御部署做了调整：八十二团二营坚守高家屯一线阵地，八十四团二营为预备队，八十二团三营在小孙屯构筑工事，准备抗击由十里岗子向黑山进攻之敌；八十二团一营仍准备向高家屯阵地进行反冲击。各坚守分队连夜加修工事，准备再战。设立师前方指挥所，加强对一〇一高地的作战指挥。

25日清晨4时，贺庆积师长带着4个参谋和几个警卫员、电话员，以及一部小总机，组成了一个小型指挥所，来到位于九十二高地的隐蔽部。

6时，敌军投入了5个师的兵力，在10余架飞机、百余门大炮火力掩护下，向我全线阵地发起了更加疯狂的进攻。

霎时间，高地上爆炸声如同滚雷般响成一片，震耳欲聋，一团团烈火、浓烟腾空而起，飞鸣的弹片夹着沙石射向天空，不多时，扩散的烟雾遮住了整个高地。

炮火之后，敌人在飞机的掩护下，向一〇一高地发起进攻。十几架飞机，呼啸着从高地上空掠过，边俯冲扫射边把一颗颗500磅的炸弹投向高地。霎时间，山摇地动，高地上掀起一股股冲天的气浪，炸出一个个10多米宽的弹坑。敌军的"王牌"新六军全部用成团的兵力向我军阵地发起猛攻，我们的战士在敌人的炮火、飞机轰击时，隐蔽在山后的防空洞里，炮击一停就闪电般地出现在敌人面前，在一个小时内连续击退了敌人的三次冲锋。后来敌人采用最毒辣的手段，先用一个连冲上石头山。当我军与之展开肉搏战时，敌人突然以猛烈炮火轰击，致使敌我全部阵亡。

廖耀湘给新六军军长李涛下了死令，要他在25日突破我军防线，占领黑山。

坚守九十二与九十高地的八十二团五连与敌展开了激烈的反复争夺

战，英勇顽强，以一个连兵力阻挡了4个营的兵力，连续打退敌人的四次冲击后，仅剩十几个人，敌人又以两个营的兵力冲上来，坚守阵地的指挥员全部壮烈牺牲。随后，敌人与我反复争夺一〇一高地三十余次，敌人用"金元券"收买了300多人组成"敢死队"，在一阵炮火之后蜂拥而上，被我军击退。敌人又以国民党徒尉级军官组成"效忠党国先锋队"向一〇一高地猛冲，被我军坚守阵地的八十二团二营指战员击退。接着敌人又以两个营从三面包围一〇一高地，我军终因弹尽人少，阵地失守。

不惜代价的反击

一〇一高地失守后，纵队梁兴初司令员急令三十师八十九团由大边壕向高家屯增援。

我父亲在交通壕中指挥部找到了贺师长，交换了情况，一〇一高地再次失守，整个城东防线又会出现危机，必须积极组织反击。

我父亲看见贺师长两眼通红（有一只眼睛在打长春时因负伤被摘除，实际上只有一只好眼）发炎，就担任起指挥，重新组织八十三团一营、八十二团一营，三营两个连，八十四团二营一部分和三十师八十九团二营的两个连进行反击。就在我们积极组织反击的时候，发现敌军为巩固一〇一高地，从韩家窝棚派出援军。于是，师山炮营对这股敌人进行拦阻射击，以保障我军向一〇一高地反击成功。炮兵开火了，向运动中的敌军射击，炸得敌人四下逃命。随后又用炮火组成一道防锁线，拦阻了敌人前进的道路。

下午6点多,反击开始,集中了5个连的兵力,向一〇一高地发起猛攻。

占领一〇一高地的敌人,在我军猛烈炮火袭击下,伤亡严重。敌军后援部队受阻,在我反击部队的勇猛冲击之下,抵挡不住,弃甲后撤。经过激战,晚上11时,整个城东的高地又全部收复。在紧张而残酷的争夺战中,我军的指战员打得非常坚决、勇敢、顽强,用血的代价换回了一〇一高地,仅八十二团伤亡即达500人以上。

26日阻击战转为反击战,拂晓前接到总部整个反击部署,十纵在大虎山以东地区,全线展开反击。二十八师在反击中获大捷,八十三团全歼二〇七师三旅七团,俘敌400多人。八十团歼灭廖耀湘兵团直属辎重营和重炮十二团,缴获重炮54门、汽车220余辆,烧毁汽车20余辆,俘敌300余人。

从10月26日至12月28日,十纵与兄弟部队共同将廖耀湘兵团合围在辽河以西,大虎山、黑山以东,无梁殿以南,魏家窝棚以北约120平方公里的地幅内开始了大规模的歼灭战。十纵歼敌14300人,二十八师以伤1632人、亡536人的重大代价,完成了作战任务。全师共歼敌5304人,并缴获了大量武装设备,俘敌新六军军长李涛。八十三团八连因此荣获"钢铁八连"的光荣称号。

黑山阻击战,作为我军防御作战的典型战例被载入了史册。它以残酷、激烈、壮阔的战斗场景,给每一个参战者都留下了终生难忘的回忆。

父亲每次回忆起战斗的残酷、激烈,都忘不了舍生忘死的黑山阻击战。

(本文作者:刘子云之女)

我的父亲母亲
——刘飞、朱一

刘凯军

刘 飞（1906—1984），原名刘松清，湖北省黄安县（今红安）人。1927年参加黄麻起义，1930年加入中国共产党。

土地革命战争时期，曾任中国工农红军第四军十师二十九团排长、连长、连政治指导员、营政治委员，第十一师三十二团政治处主任、师供给部政治委员，第十二师三十四团政治委员，独立师政治部主任。抗日战争全面爆发至抗日战争胜利期间，任新四军第三支队政治部组织科科长、第六团政治处主任，新四军第六师十八旅五十三团团长兼政治委员、第一师十八旅旅长兼苏中军区第一军分区司令员。解放战争时期，任山东野战军第一纵队二旅旅长、华东野战军第一纵队副司令员、第三野战军二十军军长。中华人民共和国成立后，任皖南军区司令员、安徽省军区司令员、南京军区公安军司令员、上海警备区副司令员。为第四届、五届全国政协委员，中国共产党第八次全国代表大会代表。

1955年被授予中将军衔。荣获二级八一勋章、一级独立自由勋章、一级解放勋章。

战争年代,刘飞与警卫员"东瓜"在川陕根据地合影

虽然亲爱的父亲刘飞(原名刘松清,曾用名刘青)离开我们已有33年了,但父亲的音容笑貌、父亲的谆谆教诲,一直伴随着我们在各自的工作岗位上为党的事业脚踏实地、兢兢业业地工作。

1905年12月,父亲出生在湖北省黄安县(今红安县)八里乡一个贫苦农民的家庭。他3岁丧父,随母亲打零工、乞讨过活。父亲小小年纪就担起家庭重担:给有钱人家放牛,到武汉在茶馆做茶役,当码头工人,受尽了欺压凌辱。随着大革命的到来,父亲很快融入革命的洪流中:参加工会闹工潮;回乡组织农会,带领乡亲们斗地主、分田地;组建赤卫军。1927年，他率队参加了著名的黄麻起义，后又率领乡亲们义无反顾地参加了工农红军。在长达57年的革命生涯中，出生入死，浴血奋战，身上的6处刀伤、枪伤历历在目。在党的教育培养下，父亲为民族的独立解放，为中华人民共和国的建立历经千锤百炼，从一个放牛娃、码头工人成长为共和国的开国将领、人民军队的高级指挥员。

母亲朱一（原名朱素娟）1914年12月出生在江苏省江阴县夏港镇，自幼尝尽了人间的艰辛。在世态炎凉的社会中，对"大鱼吃小鱼，小鱼吃虾米"的社会现象深有感触。母亲的叔叔朱杏南烈士是大革命时期的老党员，曾任苏州吴县地区我党第一任区委书记。大革命失败后被叛徒出卖，他面对敌人的严刑逼供，大义凛然，坚贞不屈。1931年5月19日，他在南京雨花台北坡高喊着"共产党万岁"的口号慷慨就义（朱杏南烈士的遗像、遗物现在仍陈列在南京雨花台烈士陵园展览馆）。受叔叔的影响，母亲心中埋下了对旧社会、对国民党反动统治的仇恨种子。母亲从小就自立、自强。初中毕业后，因家中再无力供母亲上学，为了继续读书，她考取了不收学费的苏州女子师范学校。外婆四处借钱，母亲才有路费去学校报到。在班主任孙起孟老师的带领下，母亲积极投身学生运动，被当时江苏省教育厅列入"赤色学生"的黑名单，监视住校，失去了人身自由。抗日战争全面爆发后的1937年8月，母亲在我党领导的上海难民收容所做地下工作。1939年1月，由上海地下党派到青浦加入了淞沪游击三支队。1940年，敌人对青浦地区进行残酷的大"清乡"。在乡亲们拼死掩护下母亲才化险为夷。她经组织安排从上海到常熟东塘参加了新四军。从此，母亲出生入死，转战大江南北，直到中华人民共

1945年中秋节，部队攻下如皋城，缴获的烈性马甩掉了好几个欲骑它的人，唯独乖乖地服了刘飞，从此跟随着刘飞直到解放

和国成立。1955年，为了支持父亲的工作，不属于复员范围的母亲，忍痛脱下了心爱的军装。身无分文收入的母亲，为了照顾好父亲、培养我们六个子女，做出了巨大的牺牲，奉献了她毕生的精力！

在我们儿女的心目中，父亲是慈祥的，母亲是严厉的。

"要做一个老实人、一个普通人、一个善良的人、一个脚踏实地的人"——是父亲母亲对我们的一贯教导。我们姐弟六人从懂事起就知道幸福生活来之不易，是许许多多和父亲母亲一样的人用自己的鲜血和生命换来的。因此我们都遵照父亲母亲的教诲：听党的话，听毛主席的话，不图名，不图利，在各自的工作岗位上忠诚老实地为党工作，勤勤恳恳地为人民服务。

中将=上等兵

1955年，全军实行军衔制，我看到站岗的解放军叔叔向父亲敬礼，不解地问父亲："同样都有两颗星星，为什么他站岗，而你不站岗？"父亲笑着对我说："我年纪大了，站岗已经站不动了，我们是分工不同，等你长大后就会明白的。"那时我刚上小学一年级，似懂非懂，后来跑到站岗的解放军叔叔那里说："叔叔，我父亲和你一样也有两颗星。我长大了也当解放军，拿枪打坏蛋。"一直到我上了初中才知道父亲是人民解放军的高级干部、中将军衔。父亲普通一兵的本色一直在感染着我们，使我们姐弟六人从小就没有优越感。我们相继入伍后，在连队，同志们都认为我们是工农子弟，直到入党时才暴露真实出身。

我们是普通劳动者

父亲母亲在生活上很简朴，袜子补了又补，布鞋鞋底、前后鞋帮都打上皮掌。母亲复员后无任何收入，父亲一个人的工资除了一家八口外，要资助老家几个堂姐弟的学费和生活，还要接待来往的战友，工资总是不够用。六个孩子分吃一个苹果、一个橘子是常事，西瓜从来都是三吃：瓜瓤当水果，瓜皮做菜，瓜子洗尽晒干后留待过年时炒熟了吃。记忆中直至20世纪80年代末要求全国统一用邮政编码信封前,母亲记账的本子全是由来往信件的稿纸的反面装订成的,信封也是将收到的信封反过来用的。母亲为了合理安排一家人的生活,费尽了心血,除了有限的经济条件下想方设法搞好伙食外,又在院子里养了鸡、种了菜(我和老阿姨常到附近菜场拾菜皮回来喂鸡),还用土布染成藏青色或咖啡色为我们做衣服。我们的衣服裤子和鞋子全都有补丁,但从来都是干干净净的。14岁的我比两个姐姐都高,母亲就把姐姐的裤子接长了裤腿给我穿,解放鞋也是补了又补地穿下去。我在上海南洋模范中学读书时,曾被同学取笑,说我太土气,是乡下人。父亲母亲知道后鼓励我说:"你就是贫下中农的后代。要理直气壮地告诉他们——没有农民种粮食,你们吃什么?工人、农民是光荣的,劳动是光荣的!"记得在20世纪60年代中期,父亲母亲带我们姐弟六人到上海原中苏友好大厦参观阶级教育展览。给我印象最深的是父亲在一件展出的实物前凝神许久,当我们折回去找他时,看到父亲心情沉重地站着。父亲指着一床破烂不堪的棉絮对我们说:"你们看,那时我家中唯一的一床被子还不如这床!我的母亲苦啊……"父亲说着说着眼睛湿润了。母亲在一旁语重心长地对我们说:"不要忘了你们是穷苦人的后代,是革命者的后代!要听党和毛主席的话,努力学习文化知识,做合格的红色接班人。"是的,亲爱的父亲母亲,你们的教导我们会永远牢记。

  我们姐弟六人从小跟着父亲母亲在院子里种东西,向日葵、玉米、南瓜、冬瓜、花生、西红柿、辣椒、地瓜、蚕豆、青菜、萝卜等都亲手种过。后来我们相继入伍,连队的老兵看我们在菜地干活的把式都不相信我们是城市兵。我从4岁起上幼儿园就住校，周末不能回家是常有的事。上小学时，我已经有了独立生活的能力。我们姐弟六人从上学到参加工作，母亲从来不给我们零用钱，直到入伍前，我还是"身无分文"。入伍后，每个月6.75元津贴费要寄给母亲5元。提干后每月52元工资要寄给母亲30元，余下的做伙食费、生活费和零用钱。我们提干后需要用的手表、结婚的日用品都是从我们上缴的钱中出的。我结婚后，母亲把结余的钱郑重地一一交到我们手中，并叮嘱要勤俭节约。现在，我们生活上的简朴得益于父亲母亲的言传身教。

班务会

20世纪60年代初，全国掀起向"南京路上好八连"学习和向雷锋同志学习的热潮。父亲母亲要求我们每周开一次生活检讨会，由公务员小沈叔叔（沈晓法）和驾驶员小高叔叔（高文和）共同参加并主持会议。在会上，我们表扬好的方面，指出不够的地方，开展批评与自我批评，找出今后努力的方向。像解放军叔叔那样开会，我们可兴奋呢！受到表扬后既高兴又要努力保持；挨了批评虽然心中不太舒服，但仍会努力改正，争取下周在检讨会上受到表扬。40多年过去了，今天再次翻阅当年的记录本，感慨万千：虽然文字幼稚，但纯真、无私、敢于批评和自我批评都跃然纸上。我们入伍后能够诚恳待人、团结同志、尊重领导、坚持原则，敢于同不正确的思潮和行为做不懈的斗争，全得益于当年父亲母亲的精心调教。

生孩子容易，教育孩子难

我和爱人因长年在部队很少回家，女儿由孩子的奶奶带。有时，见到女儿调皮我会不耐烦。母亲得知后，不止一次语重心长地对我说："生孩子容易，教育孩子难。教育孩子成才更难！你们不能只管温饱，只要孩子不生病就满足了。教育孩子要从一点一滴的小事开始，你们是孩子人生的第一个老师，要教育好孩子，首先自己要做好样子。"母亲的谆谆教导使我和爱人深受启发。我们努力在女儿面前严以律己，对孩子的教育也像父亲母亲那样严字当头，如教育孩子学会尊重人、团结人、助人为乐，抵御社会上的不良习气，平时不给零用钱，很少买衣服给她穿，孩子穿她奶奶和我做的衣服也从不挑剔。在我母亲的悉心教诲下，我的女儿健康地成长起来。

1989年春夏之交的政治风波发生后，上初中的女儿已是学校的学生会主席，她把多年积存的压岁钱寄到总政治部转给在执行任务中牺牲的解放军叔叔的家人。后来，总政治部给她回了感谢信。女儿工作后，还闹了个笑话：她穿着我做的裙子上班，被人误认为是打扫卫生的清洁工。现在女儿也成了母亲，她在外婆的影响下精心教育着我们的小外孙。

你是干革命的

20世纪70年代初，我在调行政级问题上想不通，向父亲母亲发牢骚说："毛主席教导我们革命工作没有高低贵贱之分，干什么都是为人

1965年5月,刘飞、朱一合影

民服务。可为什么这次调行政级,军医能调而司药就不能调(当时我在药房工作,行政23级)?"父亲看着我说:"你是干革命的!你一天仗都没打过还向组织上伸手?你是共产党员吗?"看着父亲严肃的面孔,我不敢再说什么。随后母亲找我长谈了一次,我才知道,战争年代,父亲在长征时就已是红军的师职干部,但从延安调到新四军后,任三支队政治处组织科科长,后来团职一干就是多年。有不少资历比他浅、年龄比他小的人成了他的上级。但凭着坚强的党性和高度的组织观念,父亲毫无怨言。多少次出生入死,多少次浴血拼杀,为了什么?不就是为了人民当家做主。从此,我把调级的事看得淡了。1999年,我应该从技术

7级调为6级（正师职），但因种种原因没有调上就退休了，而比我资历浅的后来都解决了6级再退休。当时，我的一个领导当着上级的面拍着我的肩说："凯军没有调6级很想不通。"我当即说："我想得通！如果我父亲不出来革命，我不就是山沟里的农村老太婆？与我母亲比，我更想得通——她1935年从事革命活动，1938年参加革命，1940年就是区委书记，可1955年复员后无分文收入，连缴党费的钱都是父亲的。我还有什么想不通的？我现在是军队的团职干部，比起牺牲的烈士、比起前辈们还有什么想不通的？我要感谢组织上对我的关心才是。"

我是这么想的，也是这么做的。退休后除了照顾三位老人外，我积极参加省新四军研究会后代分会的各项活动，协助军区政治部编研室撰写父亲的传记，代表南京军区到北京参加全军老干部"长寿杯"保健知识竞赛，被评为南京军区司令部优秀老干部。

在我们子女的眼中，父亲母亲是普通的人，但也是用特殊材料制成的人；父亲母亲是默默无闻的人，但也是战功卓著、威信很高的人；父亲母亲是平凡的人，但更是伟大的共产党人，是顶天立地的人！在新的历史时期，我们一定继承父辈的光荣传统，教育好子女，为共产主义事业而生命不息战斗不止！

（本文作者：刘飞之女）

父亲的无价遗产

刘松柏

刘型(1906—1981),原名刘硐,幼名绍新。祖籍湖南省醴陵市,生于江西省萍乡市。1926年加入中国共产主义青年团,1927年加入中国共产党。

秋收起义时,任萍醴游击营营长。1928年上井冈山,任红四军三十一团一营一连党代表,8月率部参加黄洋界保卫战。1932年后历任红五军团第十三军三十八师政委、红十五军政治部主任、红五军团后勤部政委、四方面军政治部巡视员、军事裁判所所长、敌工部部长、红二方面军政治部组织部部长等职,参加了历次反"围剿"斗争与长征。抗日战争全面爆发至抗日战争胜利期间,历任八路军总政治部宣传科科长、八路军政治学院政治部主任、南下支队政治部主任等职。中华人民共和国成立后,任湖南省委常委兼秘书长、湖南省人民检察院检察长、北京地质学院院长兼党委书记、国家农垦部副部长、中央纪律检查委员会常委等职。为第三届、四届全国政协委员,第五届全国政协常委。

我的父亲刘型，参加革命几十年，在长征时就是军级干部，中华人民共和国成立后长期担任省部级领导干部。当他75岁永远离开我们时，留下的遗产，却唯有一个老红军战士至死不渝的革命情怀、艰苦奋斗的井冈山精神……

投笔从戎

父亲祖籍湖南醴陵，1906年3月出生在江西萍乡排上乡一个佃农家庭。他从小什么农活都干过，为了生计，又跟爷爷到萍乡煤矿去挑煤，过年、过节实在揭不开锅时，还去要饭。

父亲从小聪明伶俐，为人正直、爱学习。刘姓是当地的大家族，穷人比较多，与地主打官司，有理也打不赢。刘姓祠堂为了本族的利益，要培养一个识文断字的人。祠堂每年给学校交两担谷当学费，在祠堂的帮助下，父亲读了书。他非常刻苦，成绩好。萍乡中学在全县上百名考生中只招52人，父亲考取了。他和孔原、钟帮武等同学组织了互助社，这一进步组织是萍乡共青团的前身。

有了文化，父亲接触了进步的书刊，1926年他决意投笔从戎，考上了黄埔军校第六期（武汉分校），与罗瑞卿、陈伯钧同队。

1927年，蒋介石叛变革命，发动了四一二大屠杀，许多共产党人被杀害，许多人脱离了革命的队伍，而在革命最低潮的1927年5月，父亲在黄埔军校平定叛军夏斗寅的战斗中勇敢、不怕死，火线入党。

1927年9月，父亲参加了毛委员领导的秋收起义。起义失败后，他

1937年,毛泽东与"秋收起义的同志们"合影,站着的一排右起第4人是刘型

任萍醴游击营营长,在家乡坚持武装斗争。1928年4月,他率80多人50多条枪,上井冈山找到了毛委员。毛委员与他们亲切交谈后,任命父亲为红四军三十一团一营连党代表,连长是陈伯钧。父亲是学军事的,但因党政干部奇缺,父亲服从党的安排,从此在红军中做起了党代表。

父亲在井冈山参加了著名的黄洋界保卫战和历次反"围剿"斗争,以及中央红军长征。后来到延安,直到全国解放。解放前夕,父亲同时担任四个职务:第一届湖南省委的常委、省委秘书长、省委总检察长、城市企业工作部部长。1952年,毛主席点将,父亲被调北京创办北京地质学院,并任党委书记兼院长。1958年,他担任农垦部副部长,主抓热带作物的生产。父亲卓有成效的工作,为我国在地质、橡胶产业方面的改革开放打下了坚实的基础。

1938年,毛泽东与"井冈山的同志们"合影,站着的一排右起第三人是刘型

重上井冈山

1970年,江西省革委会举办了老红军的学习班,刘型、萧克、刘俊秀等,都重上了井冈山。

父亲常回忆起在井冈山时期艰苦斗争的岁月,他说:"我在长征之前七八年的时间里,没有穿过鞋,没有用过蚊帐,没有盖过被子。我们穿的都是草鞋,铺的、盖的都是稻草。"

我知道父亲的这段回忆后,感觉简直太不可思议!七八年没穿过鞋、没有盖过被子,这日子可怎么过呀!我们现在到井冈山讲红色故事,天冷了还要开空调、开电褥子。过去的气温比现在还要低啊!

父亲还回忆道:"我们在井冈山时期,过的是军事共产主义生活,从毛委员到伙夫,大家都一样!"

井冈山时期的红军们是那样的艰苦,但他们不怕苦、不怕累、不怕死,他们不觉苦、不觉累。他们知道,自己参加红军,不是为了个人求解放、不是为自己一个家庭求解放,而是为全中国的劳苦大众翻身求解放。他们怀揣着梦想、怀揣着伟大的革命理想,他们是一个团结的整体、战斗的整体,他们的幸福指数还特别高!

我们现在的生活与红军时期相比,简直是天壤之别了。现在有些人总因为自己的目的或家庭的目的没有到达,感到不幸福,或幸福指数不高。我们真应该学学红军那种心怀伟大的革命血气、志向高远的伟大情怀。

父亲从小家境贫寒,小时候,没有鞋穿。参加红军后,他能够自己打草鞋了。没有鞋及穿草鞋的日子,伴随父亲将近半生,所以父亲对草鞋怀有那样的感情,记忆是那样的深刻。

红军就是穿着草鞋急行军,最多时,一天兼程240里。靠着穿草鞋的脚,他们甩掉了国民党的汽车轮子,完成了长征的伟大征程。

20世纪60年代初,我上高中,曾听父亲回忆道:"那时,我们在过金沙江时,战士们把仅有的冬衣都送给当地极度困难的老百姓了,现在要穿着草鞋、穿着单衣过雪山,简直太困难了。"

父亲就是穿着草鞋、单薄的军衣、一件毛背心,爬过了高度为4900米的雪山——夹金山。当地的老百姓说:只见人上去,不见人下来,这是仙女才能过的雪山。部队要求战士们在中午12时即太阳下落以前,翻过最高峰，下午才不至于被冻死在雪山上。父亲和战友们抱团躲过风暴。

在过雪山时，父亲发高烧掉了队。他很焦急，一边想：我要求战士们中午以前翻过最高峰，我作为

1940年，刘型、程宜萍在延安结婚时，刘型仍然穿着草鞋

党员、干部，应该带头做到。这时，他翻遍了全身，身上没有任何的药品、食品，也没有可以御寒的辣椒和大蒜，只摸到了一盒老虎油（清凉油），他急中生智把这盒老虎油吃了下去，之后清爽地追上了队伍。父亲说："是这盒老虎油救了我一命！"那年，父亲把"红军十周年"的纪念章送给我，希望我记住红军的故事，继承红军的精神。

父亲就是穿着草鞋过的草地。在草地中，父亲看见战友晕倒，他把战友救活，并把自己的粮食分给他一半。在草地中，父亲看见战友李雪三草鞋走坏了，脚也走烂了。草地里的水很多是有毒的，这样李雪三很难完成长征的任务。父亲看见他的狼狈样，立刻从怀里掏出一双草鞋送给他。父亲自己也没有多余的草鞋了呀！在长征途中，粮食、草鞋就是人的生命线呀！作为党代表，父亲就是这样救助着自己的战友。

2008年春节，我陪母亲到人民大会堂参加春节团拜会，遇见了李雪三中将的夫人柏曼清阿姨，她说："解放后李雪三经常讲：'正是刘型送我的这双救命的草鞋，使我完成了长征的任务！'"阿姨给我讲述当年红军战友阶级友情的故事时，父亲已经去世27年了，李雪三中将也谢世了。27年后居然还有人在讲述刘型和战友们的故事，我非常感动！

长征中，父亲是军级干部，他穿着草鞋走过了红一、红四、红二方面军的部分征途，因此，他三次过雪山、草地，凭着革命毅力，完成了长征的任务。

在延安，父亲和母亲结婚时，他仍然穿着草鞋。他时刻保持着坚定信念、艰苦奋斗、开拓进取、英勇向前的井冈精神。

蔓堇的故事

父亲平时很少谈及自己的经历。1981年7月，父亲去世前23天的一次简短谈话使我记忆犹新：我们想留一张全家福，父亲从医院回家，他深情地、气喘吁吁地、断断续续地讲着红军过草地的故事。为什么他对过草地的事情记忆犹新呢？因为，他三次过雪山、草地呀！

父亲原来在一方面军，一、四方面军会师后，红军分为左路军、右路军，朱德总司令调父亲到四方面军做巡视员。在四方面军中，他与张国焘意见不同，他认为毛委员在井冈山时期的领导是正确的，并且宣传毛委员领导红军在第一、二、三次反"围剿"斗争时是如何打胜仗的，从而引起了张国焘的嫉恨。在二、四方面军会师后，张国焘把他从军级干部职位上撤职，分到二方面军当收容队队长。父亲无论职位高、低，都一如既往地跟着红军继续前进。

父亲开始讲："朱德是什么人呢？朱德是我们红军的总司令！朱德是红司令！'文化大革命'中有人要打倒朱德，说朱德是黑司令，这是非常错误的，我们一定要纠正过来，恢复历史的本来面目！"

他又讲:"在红军长征过草地时,非常艰苦,没有吃的。我们找到了蔓菁,你们知道什么是蔓菁吗?"我们都说:"不知道。"我爱人梁汉平说:"蔓菁呀!我知道,长得像萝卜,吃起来发哏,不好吃!"父亲接着说:"当时一个蔓菁分给50个人吃。"

父亲简短的几句话,刻画出一个生动的场景。我浮想联翩:一个不大的蔓菁,每个红军战士只肯咬一小口,然后传给下一个人,下一个人再咬一小口,再传给下一个人……

人生最宝贵的是生命,而生命属于人只有一次。红军战士们,他们每一个人都是那么的高尚,他们无论是党员、干部还是战士,没有一个人贪污腐败呀!没有一个人多吃多占呀!没有一个人肯多咬一口啊!甚至没有一个人肯大咬一口啊!他们总是把生的希望留给战友,把死的危险留给自己。他们是一个互相关爱的整体,是为人民求解放的一个整体,在长征途中,许多红军战士都献出了他们年轻的、宝贵的生命,他们为了追求、为了理想、为了信仰、为了广大的人民群众求解放,他们无怨无悔、视死如归。

我高中有一篇课文,是毛主席写的。1935年12月27日,在陕北瓦窑堡党的活动分子会议上,毛主席在《论反对帝国主义策略》中讲道:"长征是历史记录上的第一次,长征是宣言书,长征是宣传队,长征是播种机……长征是以我们的胜利、敌人的失败的结果而告结束的。谁使长征胜利的呢?是共产党。没有共产党,这样的长征是不可能设想的。"

那时，我让父亲讲讲长征中的故事，父亲简短地讲道：过草地时，我们没有了粮食，怎么办？为了完成解放全中国的革命目标，我们必须活下去。我们从腰间，解下了皮带，把它剪成一截一截的，放在铁缸子里面，用水煮，我们就是吃皮带呀！草地里的水，很多是有毒的，我的很多战友就是喝了草地里的水永远长眠在了那里，而能活下来的人都是幸存者呀！

我真难以想象，皮带怎能煮透？怎能咬得动？怎能咽得下去？咽下去，又怎能消化？一连串的问题，在我的脑海中翻滚！我知道红军是为了他们的远大理想，用他们的毅力及生命的极限，挑战着、克服着一切艰难险阻。我才理解了父亲的幸存者情结，他是要为烈士们复仇啊！他是要为担负起烈士们未尽的事业而努力奋斗啊！

2014年8月，广西兴安县召开了"纪念红军渡湘江80周年"的大会，我和爱人梁汉平参加了这次活动。我代表家庭给广西兴安县"红军渡湘江纪念馆"捐赠了父亲在战争年代用过的军毯。

红军渡湘江时的那一仗是红军长征中最惨烈的战斗之一，蒋介石打算把红军消灭在湘江边，布置了大量的军力。

当时红一军团的任务是在前面开路，红五军团的任务是断后。那时，我父亲任红五军团后勤部政委，红军当时没有做好长途跋涉的思想准备，所以机器、设备等都背着，行军速度特别慢。红五军团要保护红军的主力和中央机关渡过湘江，任务是非常艰巨的。

红五军团的三十四师，为了保障红军的主力和机关渡过湘江，他们在湘江边，与敌人展开了决战，7000名将士全部壮烈地牺牲，师长陈树湘腹部受伤，他醒来时发现：我怎么躺在敌人的担架上？他知道，敌人抓住了红军高级将领的活口，要向蒋介石请功，陈树湘为了不让敌人得逞，他用尽自己生命最后一点力量，从受伤的腹部扯出了自己的肠子用牙咬断，英勇地牺牲了，牺牲时只有29岁呀！敌人残忍地割下了他的头颅，挂在长沙城门上来震慑中国的老百姓和红军，但是他们没有被吓到。正如毛主席所说的：他们擦干净身上的血迹，又继续前进了。

红一方面军86000多人，渡过湘江的只有35000多人，我们牺牲了太多的战士！湘江战斗结束了，湘江边的老百姓，看见了红军战士为解放全中国受苦受难的老百姓而英勇奋斗，他们说3年莫喝湘江水，10年莫吃湘江鱼。

战斗中，牺牲了这么多的红军战士，他们为中国革命留下了火种，为长征的胜利奠定了基础，他们为共和国的成立铺平了道路。这些红军战士，都是二三十岁的年轻人，甚至还有十几岁的小红军，那时，他们在社会上没有留下财产，没有留下后代，甚至没有留下自己的姓名，我们只知道，他们的名字叫"红军"！

从小小蔓菁的故事，反映出红军战士们为了信仰、为了追求、为了全国人民的解放而英勇奋斗的精神，折射出红军战士远大的革命理想、伟大的人性。

这就是在老百姓心目中占有重要地位的红军啊！红军在我的胸中竖起了一座永久的、高大的丰碑。

1981年，刘型从北京医院请假回家与全家团聚

魂系井冈

1981年，父亲病重住进了北京医院，他不放心我们子女的情况，专门要我母亲查查我们三个子女的三个家庭："有没有买过走私的电器等？有没有灰色收入？"我们三个子女都是在基层踏踏实实地工作，我哥哥在研究所做技术工作，我姐姐在大学当老师，我在发电厂做技术工作，直至退休。我们三个家庭都没有买过走私的电器，没有灰色收入！他知道这些情况后，放心了。

他的雄心还很大，对前来看望他的党的总书记胡耀邦同志说："我出院后，一定要完成你交给我的撰写井冈山革命斗争史的任务。"但他没来得及完成任务。

他昏迷时，有时两只脚在床底下直摸，我母亲问他："老头子，你干什么呢?"他说:"我在找草鞋呀,要上山了!"我哥哥在一旁说:"爸!你在后方指挥,我们上前线去!"父亲立刻说:"你们去不行,我要亲自去!"说完站起来就走,我哥哥只好提着点滴的瓶子,跟在他后面走。

有时候,我爱人梁汉平陪着他,他经常站起来,双手老在头上做动作。问他:"爸,你在干什么?要不要我帮帮你?"父亲回答说:"你听!……军号响了,要出发了!我在戴军帽呢!"

父亲是从井冈山走出来的老红军,一个70多岁的老人,在他弥留之际,在他昏迷时,他不思、不想、不推理,没有正常的逻辑思维,但在他的骨子里,在他的心里还是把自己想成是一名红军战士。他刻骨铭心地惦念着井冈山,魂系革命战争年代:"你听!军号响了,要出发了!"为了世界大同,他又穿起了草鞋,戴上了军帽,开始了新的长征!

父亲就是穿着草鞋丈量出了人生,丈量出了井冈山精神,丈量出了长征精神,丈量出了延安精神!红军就是穿着草鞋,克服了千难万险,走出了人生的奇迹,为我国革命的胜利铺平了道路!

父亲走了,他没有给我们三个子女留下任何一句话,甚至也没有给我母亲留下任何交代。他没有给我们留下存款,没有给我们留下一间房产,也没有给我们留下一垄地产,但他给我们留下的是红军的精神!他是我心中永远的红军!

这就是父亲留给我们的遗产!这份遗产是使之不尽、用之不绝的财富!我们要继承、弘扬红军精神、草鞋精神、长征精神,走好今天新长征之路!

(本文作者:刘型之女)

一切都是为了人民

刘垣生

刘显宜（1903—1976），湖南省耒阳市人。1928年参加工农革命军，同年加入中国共产党。

土地革命战争时期，曾任中国工农红军第一军一师连司务长，红四军第二纵队六支队特务大队司务长，红一军团供给部军实科代科长、管理科代科长，参加了历次反"围剿"斗争与长征。抗日战争全面爆发至抗日战争胜利期间，任一一五师骑兵营营长、一一五师军事科科长、晋察冀军区司令部管理科科长、晋察冀军区兵站站长、晋察冀军区司令部副官处处长。解放战争时期，任晋察冀军区后勤部副部长、晋察冀军区兵站部部长、华北军区兵站部部长、华北军区后勤部运输部部长。中华人民共和国成立后，历任总后勤部运输部副部长、车辆管理部副部长、汽车拖拉机管理部副部长等职。为中国共产党第七次全国代表大会候补代表，第二届、三届、四届全国政协委员。

1955年被授予少将军衔。荣获三级八一勋章、二级独立自由勋章、一级解放勋章。

人民子弟兵来自人民，人民养育了子弟兵。为了人民的幸福安康，成千上万的子弟兵不惜抛头颅，洒热血，前赴后继，英勇向前，只讲奉献，不计所得，立下了不朽的丰功伟绩。

在这些为民众的利益甘愿生命不息奋斗不止的前辈之中，有一位就是我的父亲刘显宜。

毅然参加人民的军队

我的父亲刘显宜，是一个来自湖南耒阳芭蕉村的贫苦农民。

1926年，毛主席在湖南开展农民运动时，饱受地主剥削和压迫的父亲毅然参加农民协会，并担任了乡农民协会的副主席。在这期间，父亲已经加入了中国共产党，但参加红军后，因其入党手续不正规，于1928年6月重新入党。

1928年初的一天，农民协会主席吴子云拿着中共耒阳县委文件来找父亲，说朱德的红军要过来了，让父亲负责筹办粮食等给养慰劳红军。父亲早就知道朱德的部队是一支为穷人打天下的队伍，听说这支队伍要来，他兴奋地拿起梭镖带领农会会员去筹集粮食。很快，米、面、油、肉、蛋和蔬菜等食物，堆满了老家的敖山庙。

一支非常疲惫的队伍来到了芭蕉村，七八十人，大约是一个连。吴子云和父亲把他们引到敖山庙。年轻的连长一边看着堆积如山的慰劳品，一边询问农民协会赤卫队的情况，最后决定：以慰劳品为诱饵，在敖山庙打一场伏击战。很快，年轻的连长指挥红军在村外山下的密林里隐蔽

时期,聂荣臻司令员(右一)带领机关人员参加助民种树活动,正对者为刘显宜

起来,父亲带领 200 多老乡埋伏在村口的三面山头上。没有多久,白匪军冲进村来,400 多人。在敖山庙前,他们看见庙里堆满了丰盛的食物,就立即疯抢起来。正在他们乱抢的时候,年轻的连长一声号令,敖山庙四周枪声大作,大刀、梭镖瞬间出现在白匪兵的眼前。约个把小时,战斗已胜利结束。

父亲跟着这支部队上了井冈山。

井冈山的艰苦岁月

提起"军队",从孙中山辛亥革命建立第一支国民革命军开始,中国的各路军事武装几乎都打着"为国、为民"的旗号,甚至戴着"为国,为民,誓死报国"的袖标。然而,只有从井冈山走出的这支中国工农红军,才是真正为人民打天下的队伍。得民心者得天下。他们最终打下了人民的江山。

1927年9月29日至10月3日,毛泽东在江西省永新县三湾村,领导了著名的"三湾改编",创造性地确立了"党指挥枪""支部建在连上""官兵平等"等一整套崭新的治军方略,在部队内部实行军事民主,成立了士兵委员会。父亲在回忆井冈山斗争的文章中这样写道:"除了军事问题以外,有许多事情也要士兵委员会来处理和解决,即使是一些军事问题,比如怎么样打仗,怎么样执行三大纪律、六项注意,也让士兵委员会发动大家一起开会讨论研究。那时,部队党的组织刚刚开始创建,连队党支部人数不多,没有多少党员。拿我们二十八团迫击炮连来讲,我是1928年6月间入党的。在我入党前,整个连队只有3名党员,我入党后才增到4名。所以在这样的情况下,许多工作都要发动士兵委员会来做。否则的话,有些事情就不容易办好。"

三湾改编是毛泽东建设人民军队的第一步。为巩固三湾改编建立人民军队的成果,1927年10月,毛泽东在江西省遂川县荆行山给部队规定了三项纪律:行动听指挥、不拿群众一个红薯、打土豪要归公。1928年1月,又在遂川县给分散到县城周围农村发动群众的同志,提出了6项注意:上门板、捆铺草、说话和气、买卖公平、借东西要还、损坏东西要赔。1928年4月3日,毛泽东在湖南省桂东县沙田村将《三大纪律六项注意》正式定为工农红军的军规。

父亲在回忆井冈山那段生活时说:当时除了打仗,部队只要一停下来,一个连队除了留下几个人放哨、站岗外,全部都到农村去帮助老百姓干活，做发动群众的工作。种地、盖房、修路、建桥、打扫卫生等，什么活都干。连长和连党代表经常检查连队的群众纪律执行情况。如部队出发前，他们要到每个班、排了解情况。老百姓的房子打扫了没有？借的东西还了没有？如果用了老百姓的东西，吃了老百姓的粮食，离开时或者写个条子放在那儿，待以后归还；或者放一些银圆在那里。红军打土豪分田地的目的，就是让老百姓过上好日子。一次次的战斗，保卫了老百姓的胜利果实。几年下来，红军不仅得到了老百姓的真心拥戴，战士们也都锤炼出了为老百姓打天下的博大胸怀。

为人民打天下，红军度过了井冈山异常艰苦的生活，父亲和他的战友们几乎都是睡在草窝棚里。冬天的井冈山非常寒冷、难熬，他回忆说：

1937年，晋察冀军区司令部成员合影

"在冬天我们没有被子盖,有时能搞到一条由两层布做成的夹被算是不错了,即使这样的夹被我们在开始时还没有;后来打土豪时才缴到了一条。冬天两个人合在一起睡,上面盖一条,下面垫一条,夹被里面塞进干稻草。有时实在太冷了,我们就起来烤火,烤暖了再睡。"红军每人每天的伙食费只有3分钱,天天吃南瓜,有时下河抓点小鱼算是改善伙食。极端艰苦的生活环境,造就了红军战士钢铁般的意志。

为人民打天下,红军在井冈山时期频繁作战。父亲参加了打黄坳、五斗江、七岭溪、高陇和永新等地的作战,还参加了黄洋界保卫战。王耀南将军在回忆黄洋界保卫战时曾这样写道:"下午,我们把修械所里的一门迫击炮搬上了黄洋界,当敌人进攻时,刘显宜同志的迫击炮打得很好。他是湘南暴动的,炮打得非常准,一家伙就打到破屋前面敌人指挥所的那个山坡子上面……敌人打了一阵子炮真的开始撤退了。"

毛泽东是伟大的军事家,在井冈山战争时期,无论是战前部署,还是战后总结,包括情报分析,他都对每个战士讲得清清楚楚,使每个战士心里明明白白。父亲说:"每打一仗前,毛委员总是会跟我们讲,这次敌人有多少,他们是

1941年,刘显宜负伤,聂荣臻司令员将白求恩送给他的行军床转送给父亲养伤(现存山西武乡八路军纪念馆)

从哪里来的，我们又有多少人，准备怎么个打法，每个问题毛委员都讲得清清楚楚。"久而久之，毛泽东便把这些放下锄头的农民，逐渐造就成为叱咤战场的军人。

1945年，刘显宜和夫人松伟、大儿子春延在延安

相互搀扶两万里

1934年，这支从井冈山走出的人民军队开始了艰苦卓绝的二万五千里长征。父亲是这样讲述红军和长征的："红军哪里是电影中的那样？当时穿什么衣服的都有，有穿军装的，有穿老百姓衣服的，有穿黑军装的，有穿灰军装的，有戴军帽的，有戴缠头的，还有光着头的，都是穿得破破烂烂。草地里连一棵小树都没有，走累了，只能坐下来，背靠背相互靠靠歇会儿。"那年，父亲30多岁，在红军队伍中年龄较大。他在一军团，好像曾做过收容工作。一路上，他总对坐着休息的战士说："快起来吧，走吧，快要到了。"当他说起有几位被饥饿和极度疲劳耗尽生命、再也站不起来的战士时，情绪总是非常激动。父亲不能忘记，在过雪山时昏倒，是郭天民、赵尔陆将他救起。过草地时，父亲得了重病，是左权参谋长把他从深陷的沼泽中拉出来。

经过二万五千里长征,这衣衫褴褛的 3 万多人,已是当时我们中华民族中最坚韧、胸怀最宽广的一支铁军。

自己动手为民济困

抗日战争全面爆发至抗日战争胜利期间,父亲在晋察冀根据地。边区政府颁布的"减租减息"等一系列政策,得到了人民的真心拥护。晋察冀根据地是在山区,当地老百姓的生活非常艰苦,平时就是以糠菜为半年粮。为减轻边区老百姓负担,边区政府开展了大生产运动,开荒种地,纺纱织布,上至聂荣臻司令员,下至炊事员、马夫,所有人都投入到"自给自足,丰衣足食"的大生产运动之中,并建立了服装厂、榨油厂、皮革厂、造纸厂、肥皂厂及养殖场等,不仅满足了部队的需求,也极大改善了当地人民的生活。

残酷的战争年代,部队所需的大量粮食、被服、油料等物资,不可能存放在固定的仓库里,只能"藏粮于民"。聂荣臻在他的回忆录中这样写道:"晋察冀人民为我们提供了一个巨大而又可靠的供给部,群众不仅供给部队吃的、穿的,还负责物资方面的储存和保护。"赵镕将军在回忆录中也写道:"在敌人扫荡的环境中,我们把公粮在各村各户储存起来,村村是粮站,户户是粮仓,部队走到哪儿,凭粮票就可以吃到哪儿。那些年,人民群众为此也付出了重大牺牲。"

当时,父亲在晋察冀军区司令部担任副官处长。由于日军频繁"扫荡",司令部不得不经常转移。每到一处,聂荣臻司令员总是先了解村子的情况，谁家断粮了，谁家有病人，让父亲带些粮食、药材去看望老乡。司令部经常组织全体人员帮老乡干活，种地、抗旱、防疫、种树等。1941年是大灾之年，许多逃春荒的老百姓逃到了根据地，当时部队也没有粮食吃，聂司令指示部队：自己再紧一点，让逃荒的老百姓先留下来，等春荒过了再走。那年，日本鬼子"扫荡"，父亲受重伤，聂荣臻司令员非常关心父亲伤势，来信问候：

显宜同志：

因为全军许多事务依赖着你，当你负了伤，等于打断了我们一只手！昨得游部长报告及你的来信，知道你的伤日渐有好色，甚以为慰！虽处战争环境，但尚有好的条件给你医治。在游部长附近有柯棣华等同志的看护之下，只要你静心的休养，一定很短的时期就会痊愈的！部队事情我们已找肖子久代替你，一切事情你都可不要挂心，望你好好休养，祝你早日痊愈！

致以

敬礼！

聂荣臻

二十九日

那个年代，八路军几乎所有的干部战士都知道，百姓是天。

几年前，邻居老戴对我说："我散步时遇到一个香山的老百姓，说你父母对他有活命之恩，说是1960年自然灾害时，他饿得躺在床上，眼看快没气儿了，全家人束手无策，你爸让你母亲送来了馒头，才救活了他。"

这让我想起了儿时的一些往事。

父辈的勋章

1958年，我们举家搬出了总后大院，落户在当时还是贫困农村的香山。母亲也是1933年参加红军的老革命，她担任香山街道党支部书记，是当时唯一不拿工资的义务支部书记。她天天走访各家各户，她对各家情况了如指掌。香山缺水，她带领大家到后山找水，解决老乡们的吃水困难。

我家那台红宝石牌电视机，是当时香山地区唯一一台电视机。父亲患有严重的高血压和头痛病，是解放战争打青风店和石家庄时，因战事紧张，7天7夜没有睡觉造成的。他的身体需要静养，但每天晚上，他们还是热情去招待附近老乡和他们的孩子们到家里来看电视，还让炊事员做了一些小板凳。

父母要求我们这些还在上小学和幼儿园的孩子上山开荒种地，给生产队割草、拾粪。自然灾害时期，母亲担心孩子们饿着，把她自己26斤半定量的全部粮食，都补贴给了我们。她还要照顾父亲身体，严重营养不良，以致全身浮肿。父母拒绝了总后首长送来的一些米面，依然拿出一点粮食和自己种的蔬菜接济周围的老乡。那时香山一带的老百姓没有不熟悉父母的。1976年父亲去世，老乡们租用了香山仅有的三辆大卡车，满满三车人到八宝山去为父亲送行，哭声感天动地。

父母这一代人在毛主席的领导下，用他们的鲜血、生命和最顽强的意志，改变了我们民族的命运，让中国人民抬起了头，挺起了胸，后人不应当忘记他们的丰功伟业，而且还应牢记他们"为人民打天下，为人民服务"的博大胸怀。

（本文作者：刘显宜之子）

血性男儿刘铁超

刘晓蓉 刘碧林 刘碧成

刘铁超（1899—1932），湖南省耒阳市人。黄埔军校三期毕业生，1923年加入中国共产党。

先后任国民革命军左翼总指挥部宣传队队长、赣西红军第三纵队队长、江西省红军独立第三团团长、红六军参谋长、赣西南特委委员、江西省苏维埃政府委员、红二十军军长、中央革命军事委员会总参谋部作战科科长兼红一方面军总司令部作战科科长、红三十五军军长、红一方面军独立第三师师长等职。1932年，在第四次反"围剿"斗争中牺牲于赣南。其采用的"避大路、择小径，堵截敌军"的作战方略，受到毛泽东高度赞扬，称之为"红军作战的精华"。

他是毕业于黄埔军校三期的优等生,并留任第四期政治科区队长,参与北伐后又加入南昌起义部队,上了井冈山后历任红二十军第一任军长、红三十五军军长、红三十五军与独立二师合并而组建的红军独立三师师长等职。毛泽东在1931年4月的一次军事会议上赞扬道:"刘铁超总结的'避大路、择小径,堵截敌军'的作战方略,是红军作战的精华,值得推广。"1933年2月,在攻打于都县杨梅头土围子时,他不幸壮烈牺牲,时年33岁。

这位年轻的红军将领,就是我们的爷爷刘铁超。

注重细节的军长

1930年7月,赣西南赤卫军和赣西南红军第四、十一、二十、三十等纵队合编,在吉安县陂头村正式宣布成立中国工农红军第二十军,刘铁超出任红二十军军长。8月,他就率领全军参加第八次攻打吉安城的战斗,指挥部队在高沙歼国民党军一个团。

那时红军往往是白天打仗,晚上行军。有一次黑夜行军,爷爷的草鞋磨破了,脚板被荆棘扎出了血。他用手在黑暗中摸索着将荆棘拔了出来,然后叫警卫员朝伤口上撒尿。警卫员只有16岁,不明白军长的用意。爷爷就告诉他:新鲜尿可消毒,还可止血。警卫员不好意思,但还是朝军长的脚板上拉了泡尿。

只要条件许可,一到驻地,爷爷就会交代警卫员准备第二天行军打仗用的开水。装开水的容器是两头有竹节的竹筒,一端开一小孔,用木

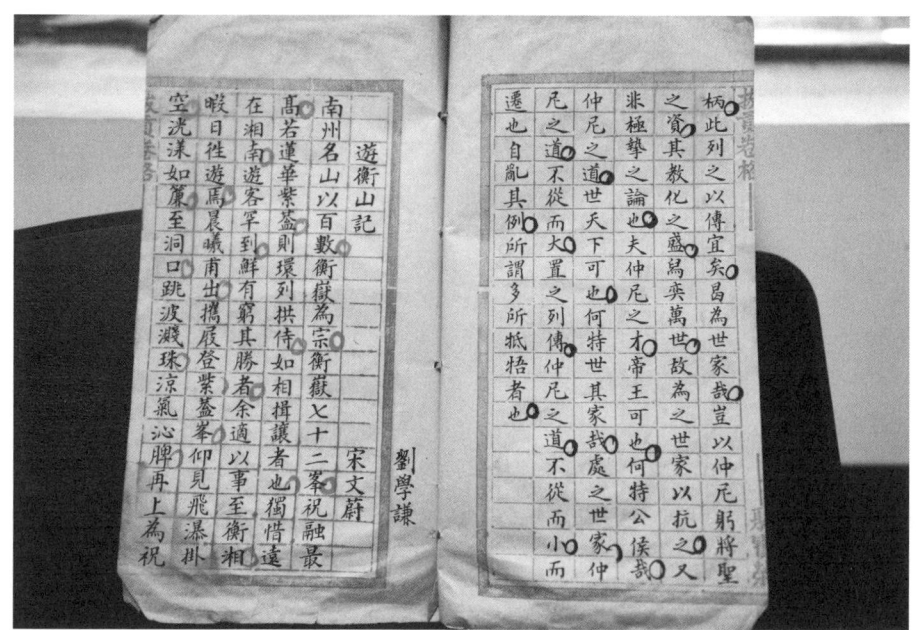

刘铁超书法作品

塞塞上。这一竹筒开水就是爷爷与警卫员两人一天的备用饮水。宿营时爷爷与士兵一样,也是垫稻草,寒冬腊月还要用稻草当被子盖上。

一次,爷爷带警卫员刘淦孙去看望一名受伤的士兵。这名士兵因脚受枪伤,被寄养在一个老乡家里。爷爷叫刘淦孙烧了半瓦罐水,放了点盐,又从绑腿布上剪下两三小块布,洗干净后一同煮沸,然后拿了双筷子倒过来放进罐中同煮。等水温凉后,爷爷亲自弯下腰为士兵清洗伤口,还说用一块布洗完了伤口就不要再放回盆里沾水。警卫员很机灵,明白军长倒过来用筷子夹布,是怕老乡再用这双筷子吃饭时有所忌讳。

爷爷还要求身边的小战士每天认几个字,空闲时间用木棍在地上练写。一有空，爷爷就给士兵上军事、政治课。警卫员刘淦孙曾说，他跟爷爷只有半年多，就由大字不识几个到基本上扫盲了。后来派他去瑞金上军校，他识字也不困难了。原中央苏区军委通讯员刘恋在1982年回忆爷爷的文章中也说：刘铁超教我们小红军识字、写字，还讲革命道理。

1930年12月12日发生了"富田事变"，红二十军遭发动事变者掌控，闹事者将爷爷捆绑起来，当天迫使他离开红二十军。事变平息后，爷爷由军长改任红一方面军总部的参谋。爷爷不计较个人得失，不计较地位高低变化，做到当团长、军长能带兵打仗，做个普通参谋也能踏踏实实、兢兢业业地干好革命工作，用行动证明了自己是一名对党忠贞不贰的革命者。

老红军刘恋在一篇回忆文章中这样描述爷爷："刘铁超是个才子，但又不像小说中那种酸不溜秋、侧目视人，高傲自矜那样的才子。他少言寡语，笑不露齿，平易近人，对下级很和蔼，每天教我们红小鬼读书、认字。又能接近人民群众，做些革命宣传鼓动工作。对工作认真负责，有革命的军事才干和政治风度，能文能武。"

这就是我们的爷爷，大事能干好，做小事也出彩，对党赤胆忠诚，为革命兢兢业业、任劳任怨。无论身处顺境还是逆境，即使是职务出现断崖式变化，仍照样同士兵打成一片。

会办学校的奇才

毛泽东表扬过刘铁超的作战方略是红军作战的精华，原红八军军长

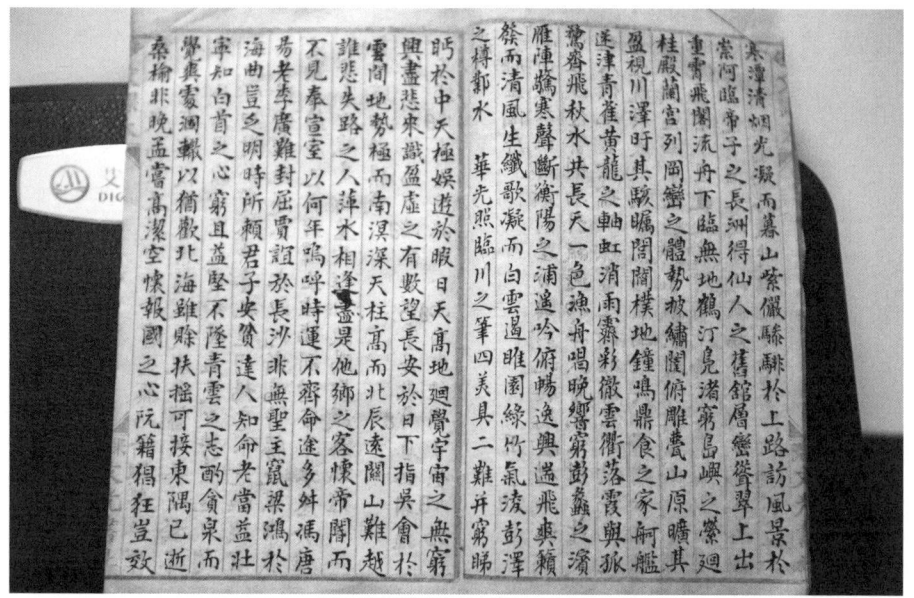

刘铁超书法作品

何长工对我们亲口讲过"刘铁超是久经沙场考验的红军早期将领"。萧克晚年曾含泪忆起我们的爷爷,称他"确实是个军事奇才,很会打仗"。

其实爷爷不仅会打仗,办学也有一套。

1929年2月,井冈山突围部队转移到东固后,朱德、毛泽东将爷爷留在东固,让他创建青年干部学校,担任校长,以提高当地红二团、红四团以及地方革命人员的政治、军事素质。办好红军干部学校这副担子不轻,因为学员多数是文盲。这支部队军事指挥人员能力薄弱,作战时常出现指挥失误,政治训练基本没有,革命军队的责任,党的主义、观念都不懂。第一堂课,爷爷向他们讲解道:"作为一支革命队伍,不但要会打仗,还要懂得为什么打仗,要学会做宣传鼓舞工作,要学会做群众工作。北伐之所以取得胜利,就是因为共产党强大的政治宣传在起作用,军队同仇敌忾,民众大力支持,这都与政治工作有关。"

第一批学员选拔的是稍有文化的青年骨干、党团积极分子,可是给他们讲政治工作,他们听不进去。虽订立了校规和课堂纪律,但打瞌睡、讲小话,甚至抽烟的都有。爷爷心里明白,这些学员是队伍里的"尖子",自以为了不起,按黄埔军校那一套给他们上课没有用。如果不露几手真本事给他们看,他们就不会把你看在眼里,课也无法上下去,必须把讲与学结合起来才会有成效。

爷爷用了两天时间让学员在操场上自由操练,练打靶,练刺杀。第三天,操场上高高竖起一根木杆,垂着一根长绳;长绳上吊着一串酒瓶,绳子的另一端让人扯着摇动,酒瓶便在空中上下快速晃荡。爷爷集合起学员说:"今天要检验大家操练打靶的效果,共10个班小组,每个小组推选一个认为打得准、枪法好的学员为代表。这10个人,每人3发子弹打空中活动酒瓶,打中3个酒瓶的为优秀,打中2个的为良好,只打中1个的为及格,全部打空的为不及格。两个月的训练考试成绩记录在案,不及格的不予提拔。"打活动靶子不单要眼力好,而且出枪要快要准。一轮考试下来,只有2人及格,8人不及格。有人不服气,认为是老师故意刁难,质问:"老师,你能打吗?"爷爷不吭声,拔出枪,一枪一个,3发子弹,3个酒瓶全部落下,学员们才心服口服。

接着,爷爷又拿出用布、棉花包裹住一头的木棍说:"第二项考试,用木棍当刺刀来刺我,刺3次有1次刺中为及格。"学员们认为这比打活动靶容易得多,气氛顿时又活跃起来。一个壮小伙站出来,手握木棍摆出武把式的样子,见爷爷做好了准备,大吼一声,直刺过来。爷爷手上的木棍并不去拨开对方的棍,只是上身一晃,然后用手顺势抓住对方的木棍一拉,壮小伙一个趔趄,就栽倒了。小伙子不服气,爬起来又刺过去,爷爷往下一蹲,同时跟进一个扫堂腿,小伙子扑通一声跌倒了。观看的学员们都捧腹大笑。一连考了3天,及格者是少数。

爷爷严肃地说:"兵者,诡道也,虚虚实实,真真假假,变化无穷。一些同志自以为了不起,不求认真学习。有些同志,连汉阳步枪基本构造和性能都不知道,只知道放枪,还骄傲。如果只满足现状,我们的革命不会成功。"

经过这次考试,学员们敬佩爷爷的本事,觉得他不愧是黄埔优等生。大家勤奋学习,苦练杀敌本领,教学逐渐走上正轨,连着培训了几批人才充实到基层,很多战士都以到东固青干校受过训为荣。

1929年8月的一天,贺怡骑着快马急急忙忙赶到东固学校。当时爷爷正在与刘士奇(贺怡的爱人)商量工作。贺怡跳下马,急促地说:"杨云清率领第三纵队叛逃了!"边说边掏出特委书记李文林的手书:"红二、红四团在闽赣边界打游击,远水救不了近火,要求东固学校全体学员火速前去追赶。如果他们不返回,就地消灭!"爷爷说:"如果带学员去追赶,很容易出现火拼局面,后果无法预料,那些受蒙蔽和被胁迫的战士也就无可挽救了。"刘士奇用期待的目光看着爷爷,问道:"有何办法?""我单独骑马去把这支队伍追回来,这支部队有不少基层干部在东固学校受过训。"说完,爷爷从贺怡手中接过马鞭,纵身上马飞奔而去。

追到一座山上,终于看见了前面的队伍人影。爷爷一边追一边喊话:"同志们,我是刘铁超,奉特委命令,来接你们回去,不要再往前走了!"队伍停止了前进。爷爷勒马跳下:"同志们,我们大家都是穷人出身。红军是穷人的队伍,为老百姓打天下。国民党军是为地主维护利益,压迫老百姓的……大家跟我回去,继续干革命。"人群里有人举枪朝爷爷瞄准,但枪响后,爷爷没倒下,倒下的是杨云清。关键时刻,受过培训被胁迫的一个士兵醒悟过来,打死了杨云清。爷爷没费一弹,就拉回了这支队伍。经过整训和教育,这支队伍被改编为红军独立第三团,刘铁超任团长,陈伯钧(1955年授上将军衔)任参谋长。1930年1月,红二、红四、红五、红独立三团4个团合并组成红六军(后改为红三军),黄公略任军长,陈毅任政委,爷爷任参谋长。

克敌制胜的将领

1931年6月,朱德、毛泽东派爷爷去红三十五军任军长。这年冬天,红三十五军与红独立二师合并,组成红独立三师。爷爷改任师长,李井泉改任师政委。红独立三师担负清除红区范围内敌土围子的任务,先后清除了瑞金沙坪、于都葛坳、宁都赖村等多处顽敌盘踞的土围子。

1932年春节后(2月末),爷爷马未卸鞍,又带兵攻打于都杨梅头的土围子。这个土围子十分坚固,有独特的防御能力,远打打不着,近打又不能靠近,四周是农田。围子里有500多个靖卫团兵丁,还有国民党正规军。面对这一情况,爷爷忧心如焚。一天下大雨,爷爷突然想起兵书上有"水淹"的战法。这个土围子临近小河边，地势较低，何不用截堵河水淹垮土围的办法？

爷爷十分兴奋，第二天就全师动员，一部分兵力监视土围子动静，防止敌人逃跑；另一部分兵力在土围子下游200多米的狭窄处，用石头、树木、泥土截河筑坎。由于水势凶猛，新筑的堤坝阻挡不住，被冲垮了。当地党员谢文柳建议爷爷请来30里外的赖村能工巧匠古水保想办法。古水保带来几个徒弟，连夜赶制出了很多竹篓，并往大竹篓里装上石头，随后用大树做木桩，又找来许多门板，加上装满了石头的竹篓堵住水口，接着在堤坝上填土。不多久，杨梅头已是汪洋一片，洪水直向土围子灌去。

大水很快淹没了土围子，敌人一片慌乱，纷纷爬上屋顶。一天后，有的房屋土墙被水浸泡倒塌了，房顶垮了，敌人掉了下来，里面鬼哭狼嚎。红军独三师指战员便赶忙划着木筏去擒敌。

"师长，房顶上还有一个老太婆！"爷爷身边一个战士大喊。只见那个"老太婆"一掀衣服，抽出一把枪，几声枪响，罪恶的子弹朝爷爷飞来……接着是一阵乱枪，"老太婆"从屋顶上滚落。这哪是什么老太婆，这是国民党特派员徐秀成。

爷爷牺牲后，政委李井泉率领全师指战员向他脱帽行军礼，将他安葬在杨梅头山上的一个无名处。战士们都失声痛哭，警卫员从他衣服口袋里找出一首小诗，政委流着眼泪读道：

　　自古英雄多宏志，血性男儿应图强。

　　封侯拜相非吾愿，革命成功便还乡。

几番梦见井上月，君牵儿女村前望。

人间恩爱难相聚，缘为穷人求解放。

在场的人无不掩面而泣，一代著名红军将领就这样静静地躺在赣南山上，终年33岁。

1937年7月1日，周恩来在延安中央纪念七一大会上这样说道："在为苏维埃奋斗十年与内战烽火中，我们原有天才的政治军事领袖遭受敌人的捕杀与献身沙场上的，从领导广州暴动的领袖张太雷、周文雍，直到方志敏、黄公略、刘铁超……胡海等同志，他们用鲜血染红了党旗。"

（本文作者：刘铁超之孙）

父亲刘寅的故事

刘 丹

刘寅（1910—1985），江西省南昌市人。1930年12月参加中国工农红军，1936年6月加入中国共产党。历任中央军委第三局秘书长、副局长，中央军委通信部常务副部长，第二机械工业部副部长，第三机械工业部副部长兼第十工业总局（无线电工业总局）局长，第四机械工业部常务副部长、党组副书记。为第三届、五届全国人大代表，第六届全国政协常委。他是中央苏区和红军无线电通信事业、无线电技术侦察事业、党的广播事业的创始人之一，是中华人民共和国电子工业的奠基人和主要领导人之一。

他从1930年参加中国共产党领导的中国工农红军起,就在毛泽东、周恩来、朱德、叶剑英等老一辈无产阶级革命家的身边工作,直接聆听领袖们的亲切教诲,一步步树立起高远的革命理想,迅速承担起开辟红军无线电事业的崇高使命,并培养了一大批我军无线电通信、技术侦察干部和我国电子工业管理干部、电子科学技术各学科带头人。

这位毕生从事无线电事业和电子工业管理的干部,就是我的父亲刘寅,原名刘达端。

半部电台艰难创业

1930年9月,经同学介绍,我父亲刘达端得以到国民党军交通兵团第五分队借读,学习无线电报务。交通兵团第五分队隶属国民革命军第十八师。在这里,父亲认识了吴人鉴(王诤),二人结下了深厚友谊。

同年10月,蒋(介石)冯(玉祥)阎(锡山)中原军阀混战以冯、阎的失败而宣告结束之后,蒋介石终于腾出手来,调转枪口,集中力量,开始了对革命根据地的"围剿"活动,并以5万光洋悬赏朱德、毛泽东的人头。

11月5日,蒋介石指使武汉行营主任何应钦拼凑11个师外加3个旅、3个航空队,总计约10万人,并任命国民革命军陆海空总司令部南昌行营主任、江西省主席兼第九路军总指挥鲁涤平担任"围剿"军总司令,其亲信、第18师师长张辉瓒充当急先锋,采取"长驱直入,分进合击"

的战术,向江西中央革命根据地发动第一次反革命"围剿",企图一举消灭红一方面军主力于吉安、东固地区。

红军在活捉张辉瓒的同时,缴获敌军无线电台1部。报务员吴人鉴、随台学习的无线电实习生刘达端(我父亲)等人先后被俘,并自愿参加红军。

红军缴获的这部军用电台系英国制造,功率为15瓦,由发报机、收报机和天线杆组成,既不先进,还很笨重。电台配套设备包括发电机、充电机、蓄电池以及各种油料。接收时电台的发报机已被砸毁,只剩下收报机。

尽管只剩下半部电台,但毕竟红军破天荒有了自己的电台。这就是红军无线电通信和无线电侦察事业"半部电台起家"说法的由来。

战斗结束后,吴人鉴和我父亲刘达端等被带到了红三军。父亲没有料到,红军指战员是那样和蔼地对待他们。红三军政治部主任曾日三亲自询问了他们的情况。当问到吴人鉴和我父亲时,吴人鉴抢先说:"我叫王诤,他叫刘寅。"父亲听他这么一说,先是一怔,随即点头默认。二人会意,以即兴的改名换姓,借以表达获得新生、投身革命的一腔热情。紧接着曾日三向他们讲解了红军的优待政策。已更换姓名的王诤、刘寅再次表达了参加红军干革命的决心。按照曾日三的安排,王诤、刘寅和红军战士同吃同住同活动,共同度过了岁末年初欢庆胜利的日日夜夜。

1931年1月2日,王诤、刘寅等电台人员由红三军驻地龙冈被分批护送到红一方面军总部所在地小布。3日上午,参谋处处长郭化若同电台人员逐个谈话,宣传党和红军的优待政策,真诚希望他们留下来参加红军。郭化若召集大家开会，朱德总司令现场宣布政策：愿意留下来当红军的请举手，有技术专长的优待重用。王诤第一个举手要求参加红军，第二个举手的是刘寅。当晚，电台人员就与总司令住在一起了。

1931年1月4日，朱总司令、毛总政委在江西小布接见组建红军第一部电台的王诤、刘寅

1月4日，王诤、刘寅赶往红军总部。当刘寅走进"龚氏宗祠"内时，只见毛泽东总政委、朱德总司令、朱云卿参谋长和其他人员正围拢在一张八仙桌四周，一双双眼睛聚焦在桌面铺的地图上，讨论着前方的战事。当郭化若介绍情况后，毛泽东总政委和蔼而热情地说："很好，欢迎你们！

欢迎你们当红军！"毛泽东又接着说："你们都是读书人，是秀才。红军里也有很多秀才，郭化若同志就是一个嘛！秀才遇见兵，有理说不清，所以秀才、工人、农民一起来造反。不造反活不下去嘛！你们说是不是？"接下来，他把话题转到无线电上来，他说："无线电是个新技术，你们学了这一门很有用，也很难得。现在，你们参加了红军，就把你们学的这些技术用来为工人、农民服务。希望你们好好地为红军建立无线电通信努力工作。"

这时，朱德总司令瞅了瞅他们，信心十足地笑道："你们先把工作搞起来。不要看红军现在没有电台，但以后一定会有的。因为无论大小武器装备，凡是白军有的，红军也会有；没有的，敌人会给我们送来。没有人，我们可以训练，还会陆续有人从白军中来。革命事业是从无到有、从小到大发展起来的。"紧接着总司令鼓励他们说："不要看目前的红区还小，将来全中国都是人民的！""到那时，全国的无线电都归你们管。"两位红军最高领导人的这些话语使刘寅等倍感亲切，深受鼓舞。刘寅默默想道：共产党、红军，名不虚传……然而刘寅绝没有想到的是，中华人民共和国成立后，受党的派遣，是王诤和他一起担负起全国电信的领导重担，身体力行地实现了毛泽东总政委、朱德总司令的美好预言。

1月5日，他们就开始清理电台，架设天线，1月6日即收到信息。后来中央军委就将这一天定为总参三部的成立日。

红军取得第一次反"围剿"斗争胜利后的1931年1月10日，朱德总司令、毛泽东总政委决定组建无线电队。王诤被任命为无线电队队长，政委是冯文彬，刘寅被任命为报务员。从1月下旬开始，抽调了十几名学员。2月10日，红一方面军总部无线电队开办的第一期无线电训练班在江西省宁都县小布村陈家土楼的上厅举行开学典礼，红军总部领导朱云卿、郭化若、李井泉、左权、杨立三等到场祝贺。朱德总司令亲临现场讲话。他说："无线电技术是要大发展的，你们要发挥尖兵作用，将来革命胜利了，掌握全国无线电事业的担子就要落在今天在场的红军无线电干部的肩上。"

训练班的内容分为报务和机务两项。报务学员有胡立教、曹丹辉、温铮等12人，机务学员有李长春等5人。开办后的第三天，学员们集合在山坡上的一片竹林旁边，听毛泽东总政委讲无线电工作对红军作战的重要性。

几天后，毛泽东又来到训练班看望大家，王诤、刘寅和学员们都围拢了过来。毛泽东说："总司令跟我讲，电台是他指挥作战的心肝宝贝。我说这个电台简直就是千里眼、顺风耳。"

王诤、刘寅参加红军，天天生活在领袖身边，也找到了青年人的归宿。第二次反"围剿"斗争时，仅有两部收报机。由于国民党没有想到红军中有无线电台，所以他们在通信中毫无顾忌无所不谈，这就为红军反"围剿"斗争取得胜利提供了有利保障。

第三次反"围剿"斗争时，红军已开始使用无线电通信。朱德总司令、毛泽东总政委亲自指挥一、三军团的四个主力军，在东固20多公里的一条山沟中休整，并利用第二次反"围剿"斗争时缴获的一部100瓦电台指挥，让罗炳辉率领的12军牵着国民党军天天在外围跑，最后把敌军引入我四个主力军的伏击圈，干净彻底地消灭了来犯的国民党军，取得了第三次反"围剿"斗争的完全胜利。

1934年10月红军长征前夕，红一方面军总部共举办无线电训练班7期。第1—3期，父亲任专职教员；第4—7期，父亲任中央临时政府电台台长，兼做教员，先后培养报务、机务、电话、司号、旗语等各类通信人员2100余人。在日后的征战中，其中有许多人光荣牺牲了，幸存下来的则历练成为人民军队通信兵、技侦兵的高级指挥员以及中华人民共和国电子、邮电等部门的业务骨干和党政领导干部。

3—4月间，上海党中央派伍云甫、曾三、徐作潮三人到无线电台工作。

1931年5月16日，在第二次反"围剿"斗争中，红军又从国民党军手中缴获了一部100瓦电台。自此，苏区中央局决定与党中央的地下电台联系。8月26日晚，轮到时任报务主任的我父亲和曾三上岗。一上岗，父亲就戴上耳机，聚精会神，苦苦守候至深夜，终于听到了上海党中央电台传来的微弱而清晰的呼叫声。父亲顿时兴奋起来，立即一次次地呼应，并要求通报。然而对方却始终不理不睬。这时，父亲灵机一动，一边应答，一边叫曾三上机。曾三上机后，接过手键，与对方在机上作了相互应对，并给对方发了一份密码电报，很快便收到对方的回电。红区与党中央的无线电通信联络终于通了！

1932年1月，我父亲任无线电技术侦察台主任。至年底，任中华苏维埃中央政府报务主任、台长兼任红军无线电学校教员。

红军主力长征出发时，项英要求我父亲留在中央苏区，负责中央分局和中央军区的无线电通信联络工作。经朱德总司令过问，急电通知中央分局，项英才同意我父亲跟随总部电台转移，任无线电第六分队队长

（总值班台）。

1935年6月12日，红一、四方面军在四川懋功县城胜利会师。电台的通信人员做了统一调整，从红一方面军调出5个无线电分队、30多名技术人员，如刘寅、刘光甫、岳夏等报务、机务技术骨干，调到前敌总指挥部与红四方面军。8月6日，中共中央在毛儿盖召开政治局会议，决定组织左、右路军北上。刘寅和伍云甫随朱德总司令、张国焘总政委到了左路军，王诤、曾三等随毛泽东、周恩来到了右路军。

当红军大部队来到夹金山时，康克清大姐把两双布鞋交给我父亲。她说："刘寅同志，这鞋给你换上，要翻雪山了！"父亲连忙说："你给总司令做的，我怎么能……"此情此景，让我父亲十分感动。

在南下途中，张国焘不仅架空了总司令朱德、参谋长刘伯承，对中央红军调来的无线电报务人员也无端产生诸多怀疑，我父亲被调离无线电分队队长岗位，来到红军通信学校，又当起了教员。

1936年6月，在长征途中，在红军最困难的日子里，父亲光荣地加入了中国共产党。

西路军兵败后，我父亲于1937年5月4日到达迪化，即今乌鲁木齐。经过几个月的干部训练班的学习，到达迪化的400余人重新分配工作，奔赴抗日前线。在此期间，父亲一边抄录新闻，一边主办无线电培训班，并讲授无线电报务。

1938年4月下旬，父亲（化名李益三）带着中央代表邓发给军委秘书长滕代远的信，和20余名通信干部奔赴延安，回到军委三局，又和王诤在一起战斗，并成为王诤的主要助手。

戎马倥偬的刘寅

　　1939年秋，为传播知识、交流经验，军委三局创办了自己的刊物《通信战士》，毛泽东亲自题写刊名。父亲作为该刊负责人，写了不少文章。

　　1945年4月23日至6月11日，中国共产党第七次全国代表大会在延安杨家岭举行。我父亲当选为七大候补代表，出席大会，聆听了毛泽东、朱德、周恩来等在大会上的报告。

1947年夏，刘寅在山西临县孙家沟纺线

9月，父亲升任军委三局副局长，形成王诤、王子纲、刘寅"三局三杰"，在通信联络方面有力保障了党中央指挥解放战争取得胜利。

1948年8月至1949年1月，人民解放战争进入战略决战阶段。以毛泽东为首的统帅部通过无线电通信手段，指挥东北、华东、中原、华北四大野战军，连续进行了济南、辽沈、淮海、平津战役，歼灭了国民

1946年春，刘寅（右一）和王诤、王子纲在一起

党赖以发动内战的主要精锐部队，解放了长江中下游以北的广大地区，从根本上推翻了国民党的反动统治。

转战国家工业建设

1949年10月1日，中华人民共和国成立，中共中央开始把工作重

1952年冬，刘寅（左）与王诤在一起

心转移到恢复经济上来。

父亲随之转业，任第二机械工业部副部长兼无线电工业局局长。

1957年5月，父亲率中国无线电工业考察团访问苏联，无线电专家孙俊人、钱文极、申仲义、吴祖凯等随同考察，为我国无线电工业今后的发展寻找切实可行的路径。

随后，父亲参加以聂荣臻为团长，陈赓、宋任穷为副团长的中国政

1954年，刘寅在第二机械工业部十局

府代表团，同苏联政府就中苏国防新技术合作事项进行谈判。

1962年12月，中央决定组建无线电工业部，对外称第四机械工业部，责成我父亲负责筹备工作。四机部成立后，中央任命王诤为部长，刘寅为常务副部长。

1957年1月，时任二机部副部长的父亲（工业部门）与中国科学院副院长吴有训（科研部门）、解放军副总参谋长李克农（用户军方）签订了发展中国计算机的协议书,代表了国家最高层次发展电子计算机行动的纲领。根据苏联提供的资料,开始试验我国第一台计算机。1959年中华人民共和国10年大庆,我国已有了自己的电子计算机。其中103机

1956年10月15日,北京电子管厂开业典礼。前排左起:李富春、聂荣臻、刘寅、莫若维洛夫(苏联无线电总顾问)

参与了第一颗原子弹的部分数据处理任务,104机完成了整个原子弹的模型设计工作。

1957年夏,父亲率领我国电子工业代表团访问苏联。苏联无线电工业部长卡尔梅科夫赠送了两台红宝石电视机,分别给二机部赵尔陆部长和我父亲)。回国后,父亲立即将两台机器送天津712厂仿制,一年多

1964年8月，王诤、刘寅视察电子产品展览会

后就试生产了北京牌电视机，名字还是报周总理决定的。1958年国庆，和国家广电总局共同开通了北京电视台（中央电视台前身），中国电视开始进入百姓家庭。

  上世纪70年代中期，刚刚恢复工作不久的父亲与外贸部李强部长、广电总局梅益局长联合，在当时极度困难的环境中，巧妙建立了一个小型试验网，制定了新的彩电技术标准P-D制（当时美国是N制，苏联是COM制），中国老百姓才能在打倒"四人帮"后的70年代末，看上彩色电视。

1959年国庆10周年，父亲与广电总局梅益局长赴昆明参加1000瓦广播发射台开播式。该发射台第一次向世界传播了我国国庆10周年的盛况，在世界各地，特别是在东南亚、南亚华人中引起了强烈的反响。

1974年8月，在我国计算机工业进入学习国外与自己独创相结合阶段时，汉字信息处理和激光照排系统研制中产生了严重分歧。在此关键时刻，父亲坚决支持了北京大学王选的方案，并指派计算机局副局长郭平欣亲自负责项目七四八工程指挥部。经历10多年的努力，这一工程带动了两个产业，引发了一场技术领域里的革命：一是中国四大发明之一的印刷术告别了铅与火，迎来光和电，实现了印刷史上的第二次革命；二是中国激光照排系统从无到有，发展成了一个新兴产业。

1978年12月，中共中央十一届三中全会胜利召开。从此父亲全身心地投入改革开放的大潮，抓调整，促转变，助推深圳特区发展电子工业，使深圳电子工业成为一大主导产业，享誉全国。

（本文作者：刘寅之子）

从放羊娃到空军少将

刘 北

  刘懋功（1916—2009），祖籍陕西省澄城县，生于甘肃省庆阳市。1934年参加中国工农红军，同年加入中国共产主义青年团，1935年转为中国共产党党员。

  土地革命战争时期，曾任红十五军团连政治指导员、营政治教导员、团政治委员。抗日战争全面爆发至抗日战争胜利期间，任八路军留守兵团独立营营长、陕甘宁晋绥联防军警备第一旅三团团长。解放战争时期，任第一野战军四军十师师长。中华人民共和国成立后，任空军第四航空学校政治委员、第十航空学校校长、昆明军区空军指挥所主任、南京军区空军司令员、兰州军区空军司令员。为中国共产党第九次、十次、十一次全国代表大会代表。

  1955年被授予少将军衔。荣获二级八一勋章、二级独立自由勋章和一级解放勋章。1988年被中央军委授予中国人民解放军一级红星功勋荣誉章。

刘懋功与夫人的合影

他曾经是一个山沟沟里的牧羊少年,后来进入刘志丹领导的工农红军,先后参加了直罗镇等著名战役,抗日战争期间曾肩负保卫陕甘宁边区、保卫党中央的重任,为保卫延安建立了功勋;全国解放后,为我国空军革命化、现代化、正规化建设做出了突出的贡献。

这位从放羊少年成长起来的空军少将,就是我的父亲刘懋功。

丢下放羊鞭当红军

父亲的祖籍是陕西省澄城县,清末光绪年间因陕西渭北大旱,举家逃荒到甘肃陇东华池县老爷岭一个叫"刘沟"的地方落脚谋生。

父亲从小就给别人放羊。那时候刘沟周围人烟稀少,树林茂密,野兽经常出没。父亲上山放羊,住在一个草棚里,还顺带开荒种地,十天半月才能回一次家，每天跟随他做伴防身的，只有两条形影不离的狗。

1931年秋，刘志丹和马锡五创建了陕甘边区第一支党领导的工农武装——南梁游击队。父亲受此影响，开始懂得一些革命道理。父亲17岁时秘密加入了共青团，先参加赤卫队，后加入刚成立的南梁苏维埃政府保卫队，成了一名红军战士。到了下半年，保卫队并入了庆阳游击队，他当上了副班长。

1934年10月，游击队决定去楼坊打张廷芝。刘志丹亲自挑选了100多名战士组成突击队，其中就有父亲，刘志丹弟弟刘景范任突击队队长。突击队拂晓发动突袭，歼灭了敌军一部，狠狠打击了张廷芝的嚣张气焰，迫使张廷芝在当天下午就退出苏区。这次战斗结束，父亲就加入了在南梁阎家洼子组建的红二十六军四十二师第二团，团长是刘景范。

1934年10月，蒋介石不甘心第一次对陕甘边和陕北根据地"围剿"的失败，调动了陕、甘、宁、晋、绥五省6个师共5万余兵力，对陕甘和陕北根据地发动第二次"围剿"。蒋介石的部署，因受到内部矛盾和西北山重谷深交通不便的制约，迟至1935年4月才就绪。

当时，陕甘边、陕北、神府3个根据地被敌军"分割包围"，互不连接。为了粉碎敌军的"围剿"，1935年3月底，西北军事委员会主席刘志丹将红二十六军四十二师第三团和抗日义勇军从陕甘边调到陕北，亲自指挥主力红军在陕北根据地进行反"围剿"斗争。从1935年5月9日到6月30日，他们在不到两个月的时间里转战800里，从东向西一连解放了安定等6座县城。父亲所在的红四十二师二团作为主力红军的一部分，在攻占6座县城的战斗中，主要参加了解放靖边之战。

靖边县南邻保安、安塞、安定，西北与内蒙交界，位于毛乌素大沙漠边缘，是陕北土皇帝井岳秀统治的一个重要据点。

6月27日傍晚，部队向靖边城开进。夜行军80多里，次日凌晨2点左右到达靖边城东的芦河岸边。过河后，辨明预定方位，父亲和战友们抬着攻城云梯开始向东南城角隐蔽运动。凌晨4点，三团开始行动，父亲所在的二团也迅速架起云梯爬上城墙。东南角城墙的敌军顷刻间被全歼，我军顺势向东城门楼发起冲击，随后打进县政府，活捉了敌县长和十几个县吏，并攻占了监狱，救出几十名被关押的同志和群众。

敌人利用城墙、房屋继续顽抗，并丧心病狂地抓了一些老百姓当人墙，向红军射击和投掷手榴弹。由于西山寨、钟楼、城隍庙等制高点还在敌军手中，战斗仍然十分激烈。直到下午2点多钟，靖边古城才回到人民手中。

靖边一战，击毙敌营长曲子鹏，生俘县长、县党部书记等100余人，歼敌600余人，缴获火炮6门、长短枪600余支。曲子鹏营的覆灭，令驻守保安县城的敌八十六师另一个营吓破了胆，于6月30日放弃保安县城逃亡定边。保安城不攻自破，遂成为红军解放的第六座县城。

至此，蒋介石苦心经营的第二次"围剿"，最终以损兵折将6000余名的彻底失败而告终。

直罗镇大捷功不可没

富县直罗镇位于葫芦河南岸，南北群山耸立，地形对我军十分有利。

红一军团配置在北山，红十五军团配置在南山，毛主席的指挥所设在西北侧的宝塔山上。

11月20日早晨6时许，敌先头部队一〇九师从黑水寺出发，由西向东前进。按方面军的部署，红军的一支小部队节节抗击、节节后退，一步步把敌人牵向直罗镇。当夜10时左右，身负重伤仍未痊愈的父亲随所在的七十八师二三二团按规定出发，以急行军速度向预定设伏地点前进。

激烈的战斗在21日拂晓5时30分开始。红一方面军几乎全部兵力从南北两翼向包围圈内之敌一〇九师发起猛攻。红十五军团七十五师、七十八师集中炮火掩护步兵由镇南及东南向敌冲锋。敌军拼命顽抗。枪炮声、喊杀声震撼着山川。我军刚攻占敌人一块阵地，接着又被敌人反扑过去。

到21日下午，激战了八九个小时后，镇子仍在敌军手中。团长韩先楚和我父亲回到团里，重新调整兵力，组织火力，选定主攻方向和突破口，于当晚再次发起进攻。二营派出一个连佯攻，吸引敌军兵力和火力，主力向敌守卫薄弱点突然猛攻。经大半夜激战，从镇东南角撕开一个口子，冲入直罗镇内，然后逐屋歼灭据守敌人。二营沿街道清剿街南的房子，一营和三营清剿街北的房子。一直打到天亮，镇子里的敌军主力已被歼灭。敌一〇九师师长牛元锋带领残部500余名官兵，退守在镇子东南角高地上的土围子里，从那里居高临下用火力控制街道。我军被压在房子里出不来，指战员们靠着背包坐下来休息，等天黑再行动。

方面军首长见敌军已成瓮中之鳖，决定留下红七十八师（实际只有二三二团）继续围攻土围子。周恩来副主席特别向田守尧师长嘱咐，寨子里粮、水全无，敌军待不住，抓住敌军逃跑的机会，争取在运动中消灭它。

第三天（23日）白天晚上都是对射，敌我双方都没有什么伤亡。到半夜时分，突然感到敌人的枪声稀了。父亲觉得情况异常，立即命四连派一个班上去看看有什么动静。适逢田师长到达，他阻止说："跑不了的，让战士们休息！"父亲仍然放心不下，到天快亮时，派了一个班往上摸，一直摸到土围子墙边，发现敌军只有几十个人，大部分竟然从寨后的土崖上溜下去跑了。

师团领导分析了敌军的逃跑路线后，十几个人下了土围子骑上马，迅速向西南方向追去，大部队在后面跑步跟上。

部队沿着一条山沟追击。9点多钟，见沟里密密麻麻挤着四五百个敌人。老远见到父亲他们就高喊："红军长官，我们缴枪！"一个个高举武器，把帽檐转到脑后。父亲他们策马又追了一段路，发现一个小山头上有二三十个敌人。十几个人举着手枪，边高声喊着："缴枪不杀！""红军优待俘虏！"边纵马冲上山头。这些人赶快驯服地举起双手。

从他们的穿着和武器看，这是一些军官和卫兵。田师长问："你们的牛师长呢？"几个人指了指山背后。这时候传来一声枪响，转过山头一看，一个穿黑呢子大衣的军官仰面朝天躺在山坡上的荒草中，两边的太阳穴正汩汩冒血，已经气绝身亡了。骄横狂妄、不可一世的东北军一〇九师师长牛元锋，继他的同僚一一〇师师长何立中丧命劳山之后，又在这里落了个可悲的下场。

直罗镇战役全歼敌一〇九师外加一〇六师一个团，毙伤敌师长牛元锋、参谋长刘德裕以下6300余人。这次胜利，是中央红军和红十五军团会师后取得的第一次重大胜利，彻底粉碎了敌军对西北根据地的第三次"围剿"，为党中央和红军立足陕北根据地，领导和推动全国抗日战争，奠定了基础。

攻克枣卜条梁再传喜讯

1948年2月2日，春节刚过，四纵由安塞县化子坪出发，经延安北到东边的甘谷驿集结，进行"解放黄龙诸城镇"的战前动员。22日，向南朝宜川方向攻击前进。父亲所在的警一旅驻扎在瓦子街以北海洲塬西边的山沟。彭德怀司令员带领旅以上干部看地形。看完地形后，彭总和各纵队首长都走了。父亲和旅侦察科科长没走，留在山上观察。经过两个白天，发现敌军在南边山上有几个帐篷，估计敌军的指挥机关就在这里。

我军围攻宜川城的守敌二十四旅，是为吸引敌大部队来援。果然，胡宗南得知宜川被围后，电令刘戡率整编十九军军部、整编二十七师、整编九十师等共5个整编旅，沿洛宜公路日夜兼程驰援，2月27日赶到宜川西南20余里的瓦子街（属黄龙县）地区。28日敌军继续东进，受到我军阻击。野战军主力在任家湾、铁笼湾十几里的狭小范围将敌团团围住，形成"铁壁合围"的有利态势。

2月29日夜里，天降大雪，地面积雪盈尺。参加围歼敌军的我军各纵队顶风冒雪，做最后的总攻准备。9时左右，父亲接到纵队转来彭总的命令："着警一旅从预备队改为担任主攻，由北向南先夺取枣卜条梁，然后配合友邻，歼灭南山及公路附近之敌。"高锦纯旅长同父亲研究后，决定二团负责主攻，三团为二梯队，随时准备投入战斗，扩大战果。

枣卜条梁在警一旅的西南方向，是一条牛脊背似的狭长山梁，山高坡陡，长着密密实实的荆棘枣刺，地形险恶，加之天寒地冻，又刚降大雪，敌经一天两夜赶修工事，调配兵力，防守十分严密，的确易守难攻。警一旅炮兵用炮火压制敌军，步兵发起冲锋，但两次冲击都被反击下来。敌人的火力很猛，炮弹打得树林都着了火。据抓来的俘虏说，守敌已有很大变化，由原来的1个营2个排，增加为2个整团及敌九十师师部。其作战意图是：2个团配合南边瓦子街被围的1个团，联合向我独一旅阵地反扑，妄图在此撕开一个口子突围。父亲去前面观察敌情，得知沟边与枣卜条梁相对的斜坡上有孔破窑，窑外还有半截墙，是个便于观察的位置，决定将旅山炮连、三团迫击炮连集中使用，支援二团进攻。旅炮兵连和2个团的迫击炮连都克服了山险坡陡泥泞的困难，抵近射击，打得又准又猛，有力地支援了攻击部队。父亲和进攻部队一起往上爬到半山腰时，通讯员来找他，原来高锦纯旅长接到彭总命令："根据变化了的敌情，你们旅长、政委要亲自带部队冲上去，坚决砸烂枣卜条梁！"

这时已近中午，太阳很大，雪融化了，满山坡的黄泥浆使大家举步维艰。旅、团领导身先士卒，带领部队冒着敌人的炮火和12架飞机的轰炸扫射，抓着树丛枣刺向上冲。经过2个小时7次反复争夺，以白刃格斗和手榴弹，打退了敌人3次反扑，警一旅以伤亡1名团级干部、6名营级干部及 200 多名连以下指战员的代价，终于用我们的"铁锤"砸烂了枣卜条梁。正在这个山梁上指挥的敌整编九十师中将师长严明看到大势已去，便一瘸一拐地往山下公路跑去，企图逃命，被警一旅一机枪手紧追扫射击毙。仅此一役，警一旅就俘敌 900 余名。

穿插迂回打出经典战例

1949 年 7 月 6 日，中共一野前委在咸阳召开第七次扩大会议，4 个兵团、12 个军的首长参加了会议。会议在彭总主持下，根据毛主席的指示，把"钳胡打马"改变为"钳马打胡，先胡后马"的作战方针。

7 月 11 日上午，在礼泉县言村一窑洞内，二兵团召开师以上干部会，许光达司令员部署"钳马打胡"任务，决心在宝鸡以东歼灭胡军主力。二兵团的任务是切断胡部向西的退路。

在二兵团十师任师长的父亲回到师部，立即召开各团干部紧急会议，传达兵团会议精神和十师的任务。十师为尖刀师，分编为 3 个梯队。一梯队下午由驻地出发，于 12 日拂晓攻占罗局镇，切断敌西逃退路；二、三梯队随后跟进。另由三十团副团长李有益率领师侦察连一部及各团侦察排封锁通敌方向全部道路，下午 2 时准时出发。为了避免夜间发出响声，父亲让把吃饭的搪瓷碗全部留下，让号兵用布把军号包上。

经过急行军，我军完全按照预定计划攻占了罗局镇，守敌仓皇逃窜。二十八团三营则紧追下去，攻占了眉县车站。随后跟上来的二十九团和三十团一起直插敌群。几支部队互相配合，拦头截腰打乱了敌人队形，与敌拼起了刺刀。经 1 小时激战全歼该团，毙敌前卫团长，俘敌 1300 余人。敌通信大队未来得及逃跑，被二十九团前卫营俘虏了 300 余人。

歼敌前卫团后，我军已将眉县车站东西两侧铁路设施全部控制。这一地段北倚高原、南临渭水，横宽 1200 多米，是西安到宝鸡的咽喉部分。扼守住这一地区，就粉碎了敌军西逃的妄想。十师已经胜利完成了野司、兵团交给的"尖刀任务"，父亲向军部、兵团部和野司发电报捷。10 时许，接到彭总来电，祝贺十师夺取罗局、眉县车站，号召全野战军向十师学习，勉励他们再接再厉夺取战役全胜。军首长也发来贺电，命令十师要不惜一切代价，守住罗局和眉县火车站，粉碎敌人突围的一切企图，并且命令四军所有赶到的部队由父亲统一指挥。

上午 9 时过后，敌军从塬上和铁路两侧发起全线反扑，妄图逃窜。在密集炮火的掩护下，敌三十八军和六十五军发起了轮番冲锋，一浪接一浪凶猛地扑来。十师的干部战士抱着与阵地共存亡的决心，一次次把敌人击退。敌三十八军不惜血本妄图从这里打开突围缺口。三营长马成林、教导员侯有福率全营与敌军拼起了刺刀，连续打退敌人 7 次进攻。营长马成林（红军）、副营长王天才牺牲，教导员侯有福负重伤。由于敌我兵力悬殊，三十团三营阵地终于被突破，敌军一度突击到离十师临时指挥所 200 米处。父亲看到十一师三十一团王学礼团长，要求他带 2 个营从侧翼出击。王团长立即率部队猛攻敌中间部，夺回被敌攻占的阵地，解除了危险。

三十团一营三连顶住 1 个团敌人的多次进攻，该连一班连续打退敌 4 次反扑，全班 8 人牺牲 7 人，只剩下班长张富清 1 人，2 次负伤仍不下火线。在敌军冲到阵地前时，他站起身端着机枪射击，在他的枪口前横着 50 多具敌人尸体。教导员周凤翔和一营副营长程金声牺牲。二营五连据守一片坟地，打退敌军 6 次反扑。子弹手榴弹全部打光，硬是用刺刀和敌人拼杀，最后仅剩 5 人。

十师在连续 14 个小时急行军 150 余里完成穿插任务后，紧接着又连续抗击敌军，激战 12 个小时。随后开始全线出击，将残敌压向沟底、河滩，到下午五六点钟光景，眉县附近的战斗胜利结束，共歼敌 5538 人，其中俘虏 3178 人。

彭德怀司令特意看望了十师三十团，称赞他们打得好，打出了好作风。战后评功时，三十团被一野司令部授予"罗局战斗英雄团"光荣称号，该团三营被授予"罗局战斗英雄营"称号并授予"英勇善战"锦旗；二十九团二营也被授予"罗局战斗英雄营"称号，获"守如泰山"锦旗一面。此外，二十八团五连，二十九团五连，三十团的三、四、七连均被授予"英雄连"称号。看到部队"大面积"受奖，作为一师之长的父亲也感到光荣。

解放后，"第四军第十师罗局镇地区迂回战斗"被编入军事学院的《教学参考战例》中。

云南高原创下空战奇迹

1950 年 6 月，父亲从陆军二兵团十师师长任上被调至空军；10 年后的 1960 年 6 月，他从空三军军长任上调任昆明军区空军指挥所主任。

空军部队进驻云贵地区作战，是空军首次在高原空中作战。在此之

刘懋功在青海格尔木机场，背景是昆仑雪山

前，空军部队缺乏高原空中作战的实际经验，没有掌握其不同于内地的特点。

最初云贵两省缺少机场，没有条件进驻多少部队，而空中作战的机会又多于内地。于是空军采用了航空兵部队入滇轮战的方法（进行实战和高原飞行锻炼）。这在和平时期，有利于提高部队的机动作战能力。

入滇后的第一仗是1960年8月份打的，那时"昆指"刚刚进驻。国民党军用美国二战时用的B-17型飞机在夜间窜入云南进行侦察骚扰。我机起飞进行拦截，虽没有把敌机打下来，但把敌人吓得够呛，知道云南驻有我航空兵部队，以后B-17飞机再没有来过，而改用美制U-2高空侦察机白天入侵云南进行侦察活动。

U-2飞机翼长体轻，航程远，滑翔性能好，装有先进的电子设备，可对我雷达进行干扰，飞行高度可达2万余米。我军的歼击机爬升不到这个高度。为了对付敌U-2型侦察机，空军命地空导弹部队进驻云南，同时增加了雷达部队，使云贵地区成为当时全国最密集的雷达防区之一，消灭了中低空盲区，完善了防空作战体系。当敌 U-2 型侦察机经缅甸入侵云南，飞到昆明上空兜圈子时，驻昆明附近的地空导弹部队发射了导弹。但因敌 U-2 的电子系统对我制导雷达实施了强烈的干扰，我军没有将其击中。自此知道了云南有地对空导弹以后，U-2 再也不敢来了。

1964 年 8 月，美国制造北部湾事件后，越南战争逐步升级，美军对我国广东和云南纵深地区的空中侦察活动频繁起来。为防止被我击落，改用了 BQM-147G 和 BQM-147H 型（即火蜂式）无人驾驶飞机。这种飞机的特点是体积小，飞行高度可达 18000 米以上，在空中不易被发现。

为了反侦察，空军决定在云南等地机场设立高空作战点，配备精干

刘懋功晚年读报，关心时事

的作战分队，用国产歼-6和歼-7两种飞机打敌无人驾驶侦察机。父亲下定了不打下敌机决不罢休的决心，带领一个作战班子住在蒙自机场，半年没有回过家，集中精力研究与指挥作战。每次作战后，他都召集指挥员、飞行员、雷达显示器上的领航员和作战、情报、通信参谋等人开会。空军称这种办法为"三头六对面"。从飞行员起飞后的每一个动作，到指挥引导口令等各个方面，一点一滴搞清楚。经过几个月的时间，终于研究出克敌制胜的办法。

1965年4月18日，按照研究出的办法，空一师大队长张殿文和中队长张怀连驾歼-6飞机从蒙自机场起飞，首次击落敌无人驾驶侦察机。1968年3月15日，空三师大队长（团长）冯全民驾歼-7飞机在云南沅江上空，把敌机打得七零八落，其碎片将我机的垂直尾翼划破一个大口子！冯全民因此被誉为"空中拼刺刀"之人，成了全军、全国知名的战斗英雄。被毛主席誉为"英雄师"的空三师，创下了抗美援朝之后的又一次辉煌。

在反无人驾驶侦察机的战斗中，空军航空兵共击落了14架，其中有8架是"昆指"所辖部队击落的，创造了我军多年来的奇迹。

（本文作者：刘懋功之女）

盐城、阜宁、黄花塘军部，我的摇篮

——听母亲讲那过去的故事

乔阿光

乔信明（1906—1963），湖北省大冶市人。1929年加入中国共产主义青年团，1930年参加中国工农红军，1932年加入中国共产党。

土地革命战争时期，曾任中央红军学校排长、指导员、连长、红十军第八十二团团长、红十军第八十七团政治委员、北上抗日先遣队第二十师参谋长，参加了第一、二、三次反"围剿"斗争。抗日战争全面爆发至抗日战争胜利期间，任新四军军部教导营队长、教导团大队长、新四军第三支队六团参谋长、江南人民抗日义勇军总指挥部参谋长、挺进纵队第一团团长、新四军第一师一旅一团团长、苏中军区第二军分区副司令员。解放战争时期，任苏中军区后勤部部长兼政治委员、华东野战军后方总留守处处长。中华人民共和国成立后，任南京市军事管制委员会房产管理处处长、华东军区空军后勤部政治委员、南京军区空军后勤部政治委员。

1955年被授予少将军衔。荣获二级八一勋章、二级独立自由勋章、二级解放勋章。

黄桥决战结束后,陈老总说,打完黄桥,有几个人可以结婚了。当时,干部可以结婚的标准是"285团",即年龄在28岁以上,军龄5年以上,团级干部。时任苏北指挥部一纵一团团长、已经31岁的父亲毫无疑问是符合标准的。但是,在紧张的战斗生活中,他一直没有时间考虑个人问题。现在,上哪去"抓"一个女同志来结婚呢?

他很快想到了在江南抗日义勇军认识的当时刚刚参加江抗的江阴革命女青年于玲——这是个精明干练的女同志。父亲对她印象一直不错,还给她送过一双布鞋和一支派克钢笔,但不知她现在是否已有对象,又是否愿意。聪明的父亲便请来支援黄桥决战的"江抗"老同志戴克林叔叔吃了一顿红烧鸡,托他当个红娘。戴克林叔叔很快帮他了解到,母亲当时尚无对象,工作又相当出色,这时已任"江抗"驻澄(江阴)办事

1939年5月,新四军第一支队领导人陈毅(左一)、刘炎(左二)和六团领导人刘飞(左三)、叶飞(右三)、吴焜(右二)、乔信明(右一)在江苏省溧阳县水西村合影

处副主任、江阴县委宣传部部长、江阴祝塘常备队大队长、江阴祝文区区委书记兼区长。

父亲得知此情况，自然欣喜异常，立即张罗着送点东西表心意。父亲那时是团长，高级战利品见过不少，但他却一律上缴。送给我未来的母亲于玲的定情礼品是军人最喜欢的东西——一支精致的小手枪。母亲对父亲这个老红军也早就充满了敬意，高兴地接受了父亲的礼品，也接受了他的求婚请求。

1941年1月上旬，母亲随同到苏北向陈毅同志汇报工作的谭震林同志一起到苏北来。他们刚到张家港就接到一封急电，谭震林同志对母亲说："我不能去了，你和柴副官一道过江吧！"过了江，他们一路遇到许多从皖南突围出来的同志，母亲才知道原来发生了震惊中外的皖南事变，这就是那封急电的内容。

1月中旬，在海安县富安镇，父亲母亲和叶飞叔叔夫妇、张藩伯伯夫妇、姬鹏飞伯伯夫妇一起用组织批的10块钱会了个餐，就算举行了婚礼，皖南事变的发生使新四军人人义愤填膺。母亲哪里还能安心度蜜月，只待了12天，便回江南工作去了。父亲也要去盐城参加重建新四军军部的大会。然而，就在这短短的时间里，父亲已将我植入母腹。

母亲终日为革命奔忙，还要提防敌人公开的"扫荡"和秘密的暗杀。当时，暗杀党已把一个和母亲相貌相似的女革命青年错当她暗杀掉了，白天她忙于武装工作，晚上还要行军、转移驻地以保安全。可我丝毫不管，依然在她的肚子里按照自然规律一天一天长大，给她的革命工作带来不少麻烦。

不过,老天真会为有情人安排。1941年5月,华中局和新军部为培养干部,在盐城建立了华中党校、抗大和鲁艺,鉴于母亲当时的情况,谭震林同志为她直接给刘少奇同志写了封介绍信,将她送到华中党校学习,一面提高理论水平,一面安全渡过怀孕、生育的难关。父亲由于出狱后立即投入了紧张的战斗,无暇恢复在狱中遭受摧残的身体,以致积劳成疾。在曹甸战役时,他话都讲不出来了,陈老总硬把他拉上了自己乘坐的小火轮,将他送到后方。后来,他病情恶化,不能走路,甚至连马也不能骑了。苏中军区成立大会后,组织上就派他到党校学习兼休养。这样,父母两人又在盐城的华中党校相会。

于是我在母腹中就开始接受新四军最高学府——华中党校的革命教育,聆听了新四军政委刘少奇、新四军代军长陈毅等领导做的一个个思想深刻的报告。

当时党校生活很艰苦,同志们都住在仓库里,用稻草铺在水泥地上睡觉。吃的是带灰夹沙的黑馒头和大麦糁儿粥,更谈不上荤菜了。开学不久,一队住的仓库就在一次暴风雨中被刮倒了,幸好父亲及时发现把大家叫出来,才没有伤亡。

母亲在华中局转介绍信时,组织部部长曾山同志看到她已怀孕5个多月,就在介绍信上注明要党校对母亲的生活加以照顾。党校安排她在图书馆用门板搭铺睡觉,还免除了她为提防日本鬼子轰炸挖防空洞等重体力劳动。

视新四军为眼中钉的日本鬼子和顽军哪里能容新军部安稳存在?1941年7月,敌人就开始对盐城大"扫荡",军部不得不转移到阜宁。

我可不知道也不会管外面的世界是多么动荡不安，既然长成了人，就要离开温暖安稳的母腹，开始自己的人生。于是，母亲被安排到地处阜宁竹墩子的军部卫生部的医院待产。所谓的医院就是在老乡家放一张床，医生按时去查房，打针给药。母亲就住在老乡家的堂屋里。

1941年10月20日，母亲临产了，痛得不得了。由于这里老百姓有个风俗，"借死不借生"，即可以借给你地方死人，不能借地方给你生孩子，否则，会有血光之灾。所以，母亲不敢对老乡讲，只能忍着。但是老乡已看出来了，要她到牛棚里去生。

碰巧，有位搞民运工作的同志路过，得知母亲的情况后，急忙和老乡商量，老乡才允许她在厨房里生孩子。他又给了老乡5块钱，还按照当地风俗，买了点肉，放个鞭炮驱邪。我探头探脑地正要伸出头来，恰巧，军部卫生部部长崔义田伯伯和薛和阿姨来查房，他们赶紧帮忙把我接到了人间，母亲这才跨过了生孩子这道生死鬼门关。

母亲是个把工作、学习看得比什么都重的人。我还未满月，她听说刘少奇同志要来为党校学员讲一个月的课，就回党校继续上学了。她每天早上9点上课，一直上到下午4点。一天两餐山芋或夹沙馒头，这就是母亲坐月子时的饮食。

其实，母亲原本从家中带了几十元钱准备生我时用的，组织上也给了父亲休养费。但他们看到同志们生活太艰苦，在我落地前，就把钱用于为同志们改善生活了。所以，到母亲坐月子时连一只老母鸡都没钱买，更谈不上吃其他补养品了。再加上母亲在怀孕期间，乳房长瘤，开过两次刀，因而奶水不多。这样，我一出生就面临生存危机，只能到处讨奶吃。

党校第一期学习结束后,父亲母亲到一师师部等待分配工作。哪知仅住了一个晚上,就遇上了日本鬼子对师部进行丰利战斗后的报复性大"扫荡"。粟裕司令早有准备。他已将师部的女同志、孩子和马匹都打了埋伏,仅留了一个警卫营和日本鬼子周旋。我那时才两个月,父亲还带了一匹白马,粟裕伯伯竟然破例把我们留下来跟他一起行动。

部队吃过年饭就出发了,一晚上跑七八十里路,从大海边走到东台七灶。1942年1月1日凌晨,鬼子追上来了,炮声隆隆,机枪嗒嗒,每天都是炮火为我们送行。有一天过一条大河,粟裕伯伯竟然让我和母亲骑着白马先渡河,他一个指挥员却后渡河。我就这样在枪声炮火中成长。

父亲被任命为苏中军区二分区副司令后,繁忙的工作和频繁紧张的战斗使他过度劳累,旧病又发了,不能走路,只好坐在担架上,胜利指挥了一个又一个反"扫荡"的大小战斗。1942年6月的一天,父亲刚听完侦察员的汇报,出门时突然倒在地下,两条腿完全失去知觉,从此两腿瘫痪,再也站不起来。组织上只好把他送往军部卫生部治疗,这样我们又回到了军部。陈老总立即来看父亲,安慰他,并对母亲说,乔信明看病用钱不受限制。

这时我已七八个月,不仅没有奶糕吃,连糁儿粥也吃不上。在去军部的路上只好买些烧饼油条泡泡让我充饥,而这些东西常常被苍蝇叮过,所以一到军部我就拉肚子。于是,大门板床上躺着父亲这个大病号,用绳子拉网做成小床上躺着我这个小病号,一家三口,两个病号,忙坏了母亲,幸而母亲采取了蛋白灌肠的办法,救活了我。而有的拉肚子的孩子却因无适当的药物治疗,夭折了!当时是抗日战争最艰难的阶段,不少这个时期出生的孩子因各种原因失去了幼小的生命。我的一个妹妹后来在黄花塘军部遭鬼子"扫荡",打埋伏到老乡家时,也不幸夭亡!

1942年8月,父亲双腿由麻木转为疼痛,疼得在床上打滚,汗珠像水一样往下淌。军部卫生部没有条件医治,只能打吗啡暂时止痛。经华中局讨论,陈老总决定送父亲到上海治疗,并做了具体安排。为安全起见,陈老总只允许母亲一人陪同前往。他还细心地为我做了安排,对母亲说:"孩子交给崔部长,你放心,有我的就有你的。"这样,我就由一个阿姨带着留在了军部卫生部,和陈老总的儿子昊苏一起吃羊奶(军部卫生部为一位波兰籍医生而养的羊)。

不久,敌人又发动了对阜宁军部的大"扫荡",军部决定向淮南盱眙县的黄花塘转移,自然不便带着孩子行军。组织上就把我一年的保育费和阿姨一年的津贴发给带我的阿姨,让我暂时寄养在她家。这样我就跟着她到了阜宁县阳集乡。昊苏本可以跟父母一道转移的,但军长却把他放在苏北群众家中,以减轻部队的负担。

1943年7月,因上海党组织遭到破坏,父亲病未治好,就遵照刘少奇同志的指示返回根据地。陈毅军长不怕背上父亲这个不能走路的病人的包袱,仍然要父亲到淮南黄花塘军部卫生部休养。到黄花塘后母亲准备开始工作,父亲要她先把我找回来。这样,母亲就踏上了艰险的寻女之路。

母亲从曾山部长那里知道带我的阿姨家在阜宁县阳集乡,那儿是新四军三师的驻地,与黄花塘相距二三百里。从军部所在地出发,要经过二师、四师、一师的活动区域,才能到达三师。而且一路上尽是日本鬼子、和平军、国民党顽军、流氓土匪等，异常危险。

但是再危险也得去呀！母亲带着曾山部长给她的几个秘密交通站的地址，一个人上路了。她拎着一个布包，一天要走60里。第三天她走到运河边上的一个交通站，要过运河。对面是一师的防地宝应县，鬼子正在这里"扫荡"，交通站同志不敢送母亲过去。但母亲一定要过去，因为她心里急着工作，由于父亲的病她已耽误了一年多时间了。交通站的同志与认识的和平军商量，和平军也不敢送。晚上，河面上一片寂静，仅有几声狗叫。河里一条船也没有，因为日本鬼子怕新四军过河，把船都收光了。在母亲执意要过河的情况下，和平军只好到老乡家扛了一条船来，轻轻地放到河里，和交通站一个同志一道送母亲过河。母亲哪里知道运河堤有三四层楼那么高，过河后母亲和交通站的同志轻轻爬上河堤，日本鬼子的警犬听到河里的声音突然叫了起来。母亲和那位叔叔只能匍匐着不动，等了好一会儿，狗不叫了，才继续往上爬。这时正是伸手不见五指的黑夜，鬼子正在"扫荡"。她不敢往大路上走，一直匍匐在黄豆地里爬行。一直爬到天亮，母亲才敢走上大路，向第四个交通站走去。哪知这个交通站更危险，这里的土匪正在骚扰百姓。据说他们一见到新四军就要下"饺子"，即把抓到的人用麻袋一套，捆起来像下饺子似的往荡里一丢。母亲一听，就急着找船过荡，发现荡岸边有一条船，母亲就敲断了铁链请他们送。开始那农民还不肯送，后听到是新四军，就赶快下船送母亲了。母亲找到我后，回来时又路过此地，群众告诉她，她走后5分钟，土匪就来了，真是好险啊！

母亲好不容易找到我，从三师返回一师。夕阳西下时，我们到了白

盐城、阜宁、黄花塘军部，我的摇篮

1945年，乔信明从军部转移到苏中军区政治部驻地石轮庄时，苏中军区政治部的同志为他们家拍的第一张全家照

马湖边，雇了一条船过湖。上船时晚霞灿烂辉煌，哪知到晚上八九点钟，船正划到白马湖中心时，狂风暴雨突然向小船打来。母亲和阿姨用洗脸盆把水往外泼，摇船老汉尽力地摇。好不容易熬到黎明，才风平浪静、雨过天晴。好险啊！我们三个和摇船老汉差一点就葬身白马湖。最后，我和母亲、阿姨总算安全地回到了黄花塘军部。

父亲在军部休养了一年多。在军部的日子里，军部首长对他非常关心。尽管我们住在离军部几里路的村子，他们仍经常来看他。外地首长如粟裕、谭震林、钟期光、陈丕显、叶飞等伯伯来军部开会也都来看他，并送来休养费改善生活。陈老总去延安开会前,还特地前来告别,并告诉父亲:他已和张云逸副军长讲好了,他走后,由张副军长负责父亲的休养生活。

组织的关怀使父亲身体虽有病,精神却十分愉快。

乔信明与夫人于玲合影

他还采纳粟裕伯伯的建议,做了一张小桌子,在炕上看书报学习。1944年下半年,鬼子又要来"扫荡"了。父亲行动不便,为减轻军部负担,父亲母亲决定离开军部回到苏中军区。

弹指一挥间,60年过去了。听母亲回首往事,备感革命之艰难,更加珍惜今日这来之不易的幸福。最近,我和弟妹们在母亲的指导下正在为父亲编写纪念册,以纪念他英勇战斗的一生。在追寻他光辉一生的过程中,我重新认识了我的父亲——他不仅是那个我所熟悉的和蔼可亲的老人,更是一个叱咤风云的、有着过人智慧的、百折不挠的坚定的共产主义战士。

(本文作者:乔信明之女)

从阆中走出去的飞将军

安元新

安志敏（1916—1967），原名安天江，四川省阆中市人。1933年加入中国共产主义青年团，1934年参加中国工农红军，1935年转为中国共产党党员。

土地革命战争时期，曾任红四方面军第三十军八十九师二六七团政治处秘书、红四方面军总指挥部见习参谋，参加了长征。抗日战争全面爆发至抗日战争胜利期间，任新疆航空队飞行训练班学员。解放战争时期，任东北民主联军航空学校飞行大队大队长、上海军事管制委员会空军部主任、北平军事管制委员会航空局航行处处长。1949年10月1日，驾机参加中华人民共和国开国阅兵仪式，后任中国人民解放军空军第六航空学校校长，空军副军长、军长，广州军区空军副司令员等职。

1955年被授予少将军衔。荣获三级八一勋章、三级独立自由勋章、二级解放勋章。

一个小时候给人放牛、只读过几年私塾的红军战士，居然在很短的时间内就成了一名翱翔蓝天的飞行员，一名飞行教员，一名人民空军的高级指挥员，这的确是人间奇迹！

创造这一奇迹的传奇人物，就是我的父亲安志敏。

在新疆夯实飞行基础

1937年5月7日，经历了一次次惨烈战斗的红军西路军400多名指战员，在中共驻新疆第一任党代表陈云的带领下，顺利进驻新疆省会迪化，暂编为"新兵营"。新兵营的成员利用苏联援助国民党新疆督办盛世才的军事装备和教员，进行汽车、装甲、炮兵等军事技术训练。新兵营中的父亲被安排到新疆汽车学校学习，在100多人的结业考试中取得第七名的好成绩。

安志敏和夫人刘淑华以及儿女安元新、安元晋、安小茹合影

在新疆培养我军的多兵种骨干队伍的同时,陈云还筹谋为我军培养航空骨干人才。他利用第二次国共合作的契机,秘密派遣一些共产党员到国民党营垒里学习航空技术,准备建立我们的红色空军,父亲有幸成为"新兵营"中被挑选学习飞行的25人之一,另有18人学习机械。

开学后,首先学习航空理论知识,主要课程有航空历史、飞行原理、发动机构造原理、飞机构造原理、领航学、空战战术、飞行规则、航空气象学等。

课堂学习抓得非常紧,实行6小时制,即每天上午上6节课,每节课45分钟,课间休息10分钟。下午2小时自习和1小时的体育锻炼。

对于43名红军学员来说,理论课是一道困难重重但必须迈过的门槛。

理论学习的第一天,由飞行中队中队长王应其讲授机械物理学。王应其拿着课本和资料来到教室,把课本和资料往讲桌上一放,开口说:"你们都是中学毕业,都学过物理,现在我们首先来复习一下你们早已学过的普通物理。"接着他问:"什么叫作物理三变态?"

父亲等人大多只读了几年小学或私塾,虽然认识一些字,但却从来没有学过物理,哪里知道什么叫作"物理三变态"!下课后,大家聚在一起讨论。父亲说,课堂上老师一提出这个问题他就愣住了,因为他把"物理三变态"听成了"屋里三扁担"。听他这样说,大家都忍不住大声笑了起来。

教育股长王聪讲飞行原理的升阻比时,大家也是如听天书,根本不懂。虽然他反复讲解,学员们仍是一头雾水。王股长只好摇摇头,对大家说:"你们这些人,没读几天书就想学航空,实在是异想天开。给你

东北老航校飞行教员班部分人员合影，前排右一为安志敏

们讲课，简直就是对牛弹琴。"

理论知识成为大家学习航空飞行的第一道关卡，是飞向蓝天的拦路虎。拿不下这只"老虎"，就无法进行飞行实践训练！

父亲和每一位学员都为此心急如焚。

班主任邓发对学员们面临的困难以及焦虑的心情高度重视。在邓发的指导下，航空队党支部召开会议，鼓励大家拿出爬雪山、过草地的顽强精神，攻克理论关，并要求大家互相帮助，让文化程度稍高一些的人员和文化程度低的人员"结对子"，编成小组，共同讨论学习，绝不能让一个人因理论不过关而被淘汰。

为了更好地学习和掌握理论知识，大家土法上马，陈熙用萝卜切成立方体，使大家能够更直观地认识立方体，了解和学习物体的体积；还把萝卜切成四方形、三角形、平行四边形等几何图形，用以讲解几何原理、概念和计算公式。

学习飞机构造原理时，父亲在弄清弄懂课堂知识的基础上，编了一首顺口溜：

一个脑袋二把刀（机头和两叶螺旋桨），

四个翅膀往上翘（四个机翼有上反角度），

三条铁腿踏飞轮（前面两个机轮，后面一个尾轮），

横竖尾巴在后梢（横的水平安定面和竖的垂直安定面）。

几句顺口溜，不但把飞机的构造讲得清楚明白，而且合辙押韵，好记易懂。

父亲和其他学员正是凭着爬雪山、过草地的长征精神，成功攻克理论关。入学一个月后进行摸底考试，所有人员全部及格，理论学习阶段完成后的考试成绩远远优于前两期学员，让教官们不得不刮目相看，不得不佩服共产党派来的这批学员的刻苦钻研精神和超出常人的学习能力。

理论学习过关后，进入试飞训练阶段。

盛世才的航空队分编为3个飞行中队，一中队是战斗机，二中队是侦察机，三中队则是教练中队，专门训练新飞行员。三中队中队长是一名维吾尔族进步青年，汉名黎焕章，飞行教官是任兆祥和杨兆荣。

听说要进行试飞，父亲和大家一样心情激动，个个摩拳擦掌，准备大展身手。

1938年4月1日，吃过早饭，黎焕章和两名教官带大家到机场做飞

行前的准备工作。

试飞开始，父亲在飞行教官的引导下，第一次驾驶着雄鹰腾空而起，飞向蓝天。

在开国大典空中受阅

1949年8月下旬的一个星期六上午，代总参谋长、华北军区司令员聂荣臻召集驻北平军事机关领导同志召开会议。会议传达了党中央决定在开国大典时组织阅兵和群众集会的指示。聂荣臻询问军委航空局局长常乾坤："乾坤同志，航空局能否组织机群编队通过天安门上空，接受党和国家领导人的检阅？"

"可以！"常乾坤做了肯定的回答。

航空局召开了局领导和各处处长会议，传达了航空局要组织机群编队参加开国大典空中受阅飞行的任务。由方槐同志牵头，我父亲和油江同志协助，制订开国大典受阅飞行方案。

参加受阅飞行的飞行员中，方槐和我父亲是长征结束后选派到新疆学习的老红军干部，其他是八路军、新四军选派到东北老航校学习培养出来的第一批飞行员。

受领空中受阅飞行的任务后，参加受阅的飞行员面临的困难不少。一是时间紧，仅一个月时间。二是机种复杂，特别是机种之间飞行速度差别很大，要组成一个整体空中受阅机群，需要严密的组织协同和多次演练。三是飞行员彼此陌生，来自四面八方，互不熟悉。但大家心里都装着一件事，就是力争全队准确、整齐、安全地通过天安门的上空。

训练没有专用的航空地图，只能用北平地图当作航图，用尺子量算，把线标定。

通过天安门还有一个问题，不能飞得太偏离地面游行队伍，高度也要刚好，观礼台上的人抬头就能看到，下边游行的人也能看到。为了使整个机群在通过天安门广场上空时，达到最佳受阅效果，机群必须保证在金水桥以南、南红墙以北通过，西面对正复兴门，才是最好的航线位置。

每次合练、预演，父亲与机群编队紧密配合，合练中发现什么问题，及时与大家沟通。经过不断的合练，大家的配合越来越默契。

9月23日，空中受阅梯队第一次通过天安门上空做受阅航线试飞预演，非常成功。大家满怀喜悦地返回机场时，地面指挥员报告大家一个喜讯：

预演时，正值中国人民政治协商会议第一次全体会议在中南海怀仁堂举行。代表们听到临空的飞机声，担心是国民党飞机来扰乱，关切地询问："是哪里来的飞机？"

周恩来副主席告知代表们说："是我们自己的飞机，他们是来保卫大会的，还准备参加中华人民共和国建国大典受阅。"

代表们听到是我们解放军自己的飞机时，心情都很激动，会场响起热烈的掌声。

10月1日，秋高气爽，天蓝云淡。

下午3点，开国大典开始，父亲和预定参加空中受阅的飞行员站在自己的飞机前面，做好了起飞的准备。

毛主席接见空军指战员，前排左一为安志敏

4时35分，空中受阅分列式开始，碧蓝的天空飘浮着朵朵美丽的白云。接到起飞命令，父亲同杜道时一起驾驶PT-19教练机汇入机群编队。受阅的飞机在通县双桥镇上空排列成整齐的队形，由东向西飞过天安门上空。毛泽东、刘少奇、周恩来、朱德以及其他党和国家领导人仰望着机群，脸上露出欣慰的笑容，频频招手致意。数十万群众欢欣鼓舞，天安门广场如沸腾的海洋。

空中受阅结束后，父亲和杜道时、任永荣担负了从空中散发传单的任务。受阅的全体空军官兵应邀参加了开国大典的盛大招待会，党和国家领导人给予了很高的评价，大家受到很大的鼓励。

在一江山岛一飞冲天

1949年，国民党当局败退台湾后，一直怀有"反攻大陆"的军事野心，看重浙江沿海诸岛的战略地位，认为那既是"反攻大陆"的跳板，又是阻挡我军解放台湾的屏障。为此，他们以大陈列岛为中心，成立了"大陈游击指挥所"，大陈岛成为国民党军在浙江沿海诸岛的指控中心和防御核心，也是国民党海军"大陈区特遣队"的前进基地，兵力有1万多人。

1953年春，朝鲜战事趋稳，中央军委把解放浙江沿海岛屿摆上了工作日程。

海上作战，夺取制空权非常重要，哪方获得制空权，哪方就获得了战争主动权，夺取制空权是决定战争胜负的关键所在。为加强空军建设，提升空军作战能力，打赢解放浙江沿海诸岛战争，中央军委决定组建空军第五军。

1954年6月，父亲由空军第六航空学校校长调任空军第五军副军长，负责组建新成立的空军第五军，并任一江山岛战役浙东前线指挥部下属空军前线指挥所副司令员，参与一江山岛战役的备战工作。

父亲到任时，华东军区空军部队与国民党台湾当局空军在浙东战区的制空权争夺战已经拉开帷幕。1954年3月18日首次空战，我军即获大捷。

不久，中央军委组建了浙东前线指挥部，由张爱萍任司令员，同时成立了空军前线指挥所，由聂凤智任司令员，父亲和曾克林为副司令员，统一指挥参战的空军和海军航空兵部队。

父亲全程参与了空军作战计划的制订工作。为能够充分了解战区的地理环境，把战斗计划部署得周密得当，父亲亲自到浙江沿海地区进行实地考察，向驻防部队和民兵了解大陈列岛守敌驻军情况、大陈列岛的地理特点，还向当地渔民请教不同季节的天空特点等各种情况。

战役计划确定后，父亲立即组织部队投入临战训练，并根据已确定的协同关系，在战役总指挥张爱萍的指导下，与聂凤智等人多次研究空军指挥体系建设工作，构建起空军浙东前指、基地指挥所、辅助指挥所及三级指挥引导体系，组织多批次侦察机对大陈列岛实施侦察。他还组织部队抢修野战机场，建设前出基地等准备工作。为密切与海军陆军协同作战，父亲还多次参与组织三军参战部队进行联合演练，摸索三军协同作战规律。

根据中央军委指示，此次战役以空军为主，海陆协同。空军作为作战主力和先锋，先期投入战斗。从1954年11月1日起，父亲参与组织和指挥空军先后出动轰炸机、歼击机100余架次，对国民党军军舰和大陈列岛实施连续袭击和轰炸，给国民党军以重创，为解放以一江山岛为中心的大陈列岛战斗胜利创造了先决条件。

1955年1月18日，解放一江山岛战役正式打响，父亲配合聂凤智司令员指挥空军参战部队牢牢把握了战区制空权，掩护陆海军部队登陆作战。空三师师长袁彬率空三师和兄弟部队一起参与了一江山岛战役，在前指统一指挥下，空军参战部队多次升空作战，摧毁敌有生力量和军事目标，有力地保障了登陆作战的最后胜利。

在南疆长空大显身手

1964年8月5日晚，北京。总参谋部大会议室内灯火通明，与会的有各军兵种和北京军区的主要领导人。副总参谋长杨成武传达了党中央、中央军委的指示，他说："今年以来，美帝国主义全面扩大了侵略越南的战争，把战火烧到了我国南部边界。中央军委决定，空军、海军和广州、昆明军区立即进入战备状态，加强广西、云南、海南岛地区的防空力量。如有入侵之敌，务必要全部、干净、利落地歼灭之！"

在反侦察窜扰斗争中，国民党空军不断对我空域进行窜扰、侦察活动，国民党空军使用当时性能最先进的 RF-101 型飞机窜入大陆沿海一线侦察。其特点是低空和垂直机动性能好，增速快，最大时速可达 1900 公里，装备 6 部航空相机，可实施垂直、倾斜和高空、低空照相侦察，被国民党空军称为"西方战略眼睛"。大速度通过目标实施航空照相，在目标上空活动时间短暂，致使雷达难以掌握其行踪，歼击机不能及时截击，高射炮来不及开火。

周恩来总理指示："我们应用一切方法将蒋机击落。"为了有效地打击敌机，父亲和广空领导班子组织广州军区空军十八师、空九师、空二十六师等部队所属作战分队把打击 RF-101 型侦察机作为中心课题。

1965 年 3 月 18 日 9 时 40 分，国民党空军 2 架 RF-101 型飞机从桃园机场起飞，正在作战室值班的父亲立即命令空十八师指挥战机升空待战。空十八师值班指挥员、副师长沈科于 10 时 12 分命令五十四大队副大队长高长吉驾驶歼 6 型飞机起飞，高度 4000 米，隐蔽地进入汕头机场以南惠来空域待战。10 时 25 分雷达在汕头东南 165 公里处发现目标，高度 500 米。此后雷达情报中断，但指挥员迅速判断敌机可能由南向北从靖海入陆侦察汕头机场，即令高长吉从待战空域提前出击，高度 1.1 万米。10 时 34 分，RF-101 型飞机果然由靖海入陆，时速 1000 公里，高度 8000 米，并继续升高。早已等候在预定空域的高长吉发现敌机，即从万米高空向下俯冲,直逼敌机。敌发现我机在前方拦截即放弃侦察,高速向海上逃窜。高长吉分秒必争,极速追击,终于在领海线附近,距敌机600米时连发3炮,敌机凌空爆炸,坠落于大海中。当天,国防部发布嘉奖令。24日,罗瑞卿总参谋长专程到兴宁机场接见了击落敌机的有功人员。

1965年4月3日,美军一架无人驾驶高空侦察机入侵广西崇左县上空。驻南宁机场的空十八师作战分队中队长董小海驾驶歼-6型飞机拦截。敌机从广西凭祥入侵至南宁的135公里距离内连续进行了5次蛇行机动。针对这种情况,空七军指挥所指挥董小海提高接敌转弯高度,压缩截击地段,用"缓转弯、小坡度、外侧跟踪"的方法,在距敌机200米时,果断按下按钮,敌机中弹爆炸。

战斗结束后,父亲和军区空军司令员吴富善陪同国务院副总理、中共中央中南局第一书记陶铸亲赴现场查看了敌机残骸,周恩来总理接见了董小海等作战有功人员。5月3日,国防部发布命令,授予董小海中队"航空兵英雄中队"的荣誉称号。

1965年8月5日晚,正在作战室值班的父亲接到命令:南海舰队在汕头海域有作战任务。于是他立即命令空三十五师做好战斗准备。

8月5日21时至24时,南海舰队汕头水警护卫艇四十一大队护卫艇4艘、快艇十一大队鱼雷艇6艘组成突击编队,分别起航,驶往预定歼敌海区。6日1时42分,国民党海军"剑门""章江"两舰凭其火炮射程远,先机向我护卫艇开炮。我海军突击编队连续两次突击和抵近射击,压制了敌舰炮火。敌舰"章江"号中弹起火。战斗中,我海军突击编队第611号艇被"章江"号击中，3部主机被打坏，前舱进水。但611艇仍坚持战斗。轮机兵麦贤得头部被弹片击中，失去知觉。他苏醒后，以惊人的毅力顽强坚守在主机旁边。我海军601艇也中弹4发。敌舰"章江"号在我军艇队的攻击下，失去作战能力，起火爆炸，于3时33分沉没于东山岛东南约24.7海里处。而后，我海军编队对敌舰"剑门"号实施攻击，各舰艇集中火力猛烈射击，"剑门"号当即中弹起火，随即沉没。战斗中，我海军生俘"剑门"号舰长王蕴山以下34人。

我海军舰艇参战部队在激战的同时，军区空军作战值班室灯火彻夜通明，父亲正时刻关注着海军战情的发展。当上级传来出动战机、掩护我海军参战部队回撤的命令时，父亲立刻下达出击的命令，空三十五师歼击机立即升空飞往预定海域。

战斗即将结束，国民党海军才申请空援。等支援的战机飞到汕头海域时，"章江""剑门"两舰已被我军击沉。国民党空军本想投入战斗挽回败局，但见我空军战斗机呼啸而来，连忙掉头逃之夭夭。空三十五师掩护海军参战舰艇安全回到了汕头港。

"八六海战"取得了中华人民共和国成立后人民海军最大一次海上歼灭战斗的胜利。毛泽东、刘少奇、周恩来、邓小平等领导接见了"八六"海战部分作战有功人员，陈毅副总理亲临前线慰问参战官兵。

随着美军对越南北方轰炸的逐步升级，入侵我国领空的美军战斗机日渐增多。为此，空军开始在中越边境地区打击入侵的美军飞机。这种作战，既要严格遵守不示弱的原则，严惩入侵美机，又要不主动惹事，不出国境、不入公海作战，将入侵美机歼灭在我国境线内。

为此，父亲要求部队反复进行战备思想教育，克服急躁麻痹和蛮干情绪，要求参战部队在战斗准备上做到常备不懈，严阵以待，战斗值班飞行员做到"身不离甲""脚不离靴"，指挥员和战勤人员吃住在指挥所内，高炮、导弹部队吃住在阵地上，雷达操纵人员住在工作车内，日夜不停地轮流开机警戒。为提高击落美机的概率，还在边境地区部署了高炮部队，严密组织空炮协同，力争使入侵美机有来无回。

1966年4月12日，美国海军1架A3B型舰载攻击机侵入雷州半岛上空，空二十六师2架歼-6型飞机起飞拦截，飞行员李来喜3次逼近敌机，在确认该机的性质、国籍和型号后，当机立断，开炮将其击落，受到中央军委通令嘉奖。9月9日和17日，空十八师五十四大队飞行员高秀明、副大队长高长吉分别在广西东兴、友谊关以北击伤美F-105型战斗轰炸机1架。

1967年4月24日至5月1日，我航空兵和高炮部队协同作战，8天取得了击落美国军用飞机5架的重大战果，受到全国人民的称赞。《解放军报》发表了《热烈庆祝空军三战三捷》的社论和评论员文章。中央军委颁布嘉奖令，给部队指战员以极大的鼓舞。

（本文作者：安志敏之子）

战友、部下高于天

李海罗

李木生（1912—1971），江西省吉安市人。1929年参加中国工农红军。1932年加入中国共产党。

土地革命战争时期，曾任红一军团十二师三十五团排长、连长，红三军团第四师十团营长、副团长，参加了历次反"围剿"斗争与长征。抗日战争全面爆发至抗日战争胜利期间，任新四军第二师五旅十三团参谋长、副团长，盱嘉支队司令员，淮西独立团副团长，第六旅十八团团长。解放战争时期，任华东野战军第十二纵队三十四旅副旅长、旅长，第三野战军第三十四军一〇二师师长。中华人民共和国成立后，任南京军区公安军副司令员、江苏省军区副司令员。

1955年被授予少将军衔。荣获二级八一勋章、二级独立自由勋章、二级解放勋章。

无论是在战火纷飞的战争年代，还是在共和国成立后的和平时期；无论身处基层，还是身居高位，他总是把战友和部下的生命、利益置于自己的生命和利益之上。为了救助战友的生命他可舍生忘死，为了帮助部下渡过难关他可仗义担责。

他，就是战友、部下可信赖的将军，我敬爱的父亲李木生。

孤身一人重返草地救战友

1935年8月下旬，红三军十团随混编后的右路军，在彭德怀军团长的率领下向草地进发了。

8月的草地，是大自然肆意任性的季节，天空像孩子的脸，说变就变；地上布满魔鬼的口，到处都是水草泥潭。草地是大自然为人类设置的禁区，是一片死亡的陷阱，因此蒋介石和扼守松潘的胡宗南都坚信，那里将是红军的葬身之地。

十团副团长兼一营营长的父亲，率一营负责殿后，担负着掩埋烈士和收容掉队的战友的任务。由于粮食严重不足，加上野菜被前面的部队像篦头发那样篦了几个来回，已经很难找到了，因此他们的粮食问题更加突出。经过8天8夜千辛万苦的跋涉，父亲终于率领一营渡过了班佑河，以减员三分之一的惨痛代价走出了草地。

父亲刚一走出草地，团政委黄克诚和团长张宗逊便焦急地迎了上来。他们告诉父亲，前面的部队有个营到现在还没有出来，整整一个营呀，估计是迷路了。本来他们想派部队去找，可是想到战士们已经极度虚弱，弄不好非但救不出那个营，反而搭上更多战士的生命。另外困在草地里的部队恐怕已经断粮，时间宝贵，若让战士们徒步折返，即便找到了，恐怕也是凶多吉少。

见政委和团长左右为难，父亲毫不犹豫地说："团长，把你的马给我，我去找他们。"父亲的话让团长和政委为之一振，事已至此，也只能这样了。

就这样浑身还带着泥水、刚刚走出草地的父亲，接过团长递来的缰绳，飞身上马，庄严地给团长和政委敬了个军礼，然后策马重返那片吞噬了数千红军战士生命的恶魔之地。这是父亲军旅生涯中的一次特殊的出征。出征永远是庄严和悲壮的，军人的勇气和军人的担当，在一次次出征和一次次凯旋中凝聚成了军人的荣誉和勋章。

当父亲孤身返回草地，穿行在苍凉的天地间时，草地里已经没有了人声。这与跟大部队一起行动不同，在他周围没有了战友间的体温，没有了同志们的互助，陪伴他的是遍地被冰雹砸倒的水草和一座座新添的坟茔。

初秋的高原，昨晚还是风雪交加，午间却被火辣辣的太阳灼烤得燥热难耐。父亲环顾四周，急需找点水喝。忽然发现远处有个水坑，仔细一看水坑旁还趴着一个人。他立刻打马上前，只见一名红军战士趴在地上，手里拿着一个破茶杯，可是他已经牺牲了。父亲找来枯枝野草，覆盖好烈士的遗体，正要离开，视线却被战士身后长长的爬行痕迹吸引过去，心想他来的方向会不会有迷失的部队？想到这里，父亲顾不上找水，飞身上马，沿着战士留下的痕迹追踪下去……

走了约莫一个时辰，父亲看到前方的坡上似乎有很多人。他拔出枪对空一连放了几枪，不一会儿一声清脆的枪声传来。他太高兴了，可找到他们了！可是当他来到近前时，却被眼前的情景惊呆了，坡地上到处是或躺或坐的战士，有的背靠背挤坐在一起，还有的一动不动地躺在地上，他们饿得连说话的力气也没有了，若非那无力望着他的眼睛里还有一丝生命的灵光，他们简直就是一座座泥塑。

父亲立刻找来柴草和水，架起火，用随身携带的所有青稞面，给大家烧了半锅糊糊。然而要想把这几十号人带出草地，食物仍然是个大问题。怎么办？面对这么多燃烧着求生希望的目光，困顿中父亲的视线停在了战马的身上……

毛主席听说父亲孤身重返草地，救出了一个营，高兴得要见他。那天，当父亲被带到班佑寺时，军委正在开会。此刻张国焘依仗自己兵强马壮的优势，企图吃掉中央红军，自己取而代之。

通讯员把父亲领进一间厢房，又给他端来热气腾腾的饭菜。父亲刚刚吃完，门外就传来了脚步声，接着响起了主席浓重的湖南口音："木生来了吗？"他赶紧起立，正要出门迎接，主席已经推门进来。父亲立正，庄重地行了军礼，响亮地报告道："报告主席，李木生奉命来到。"主席上下打量着这位救出了一营官兵的壮士，一步跨上前，紧紧握着他的手说："木生，你给我们救出了一个营，红军要谢谢你呀！这些战士都经过了长征的考验，他们每个人都是我们革命事业的无价之宝！"

掩护主力当诱饵巧结情缘

解放战争初期，父亲率十八团在保卫两淮和苏中战役中，几次按照上级部署，以一团之力与数倍于自己的国民党精锐部队作战，打的都是苦仗。后来为了进行更大的歼灭战，我军决定主动放弃两淮，向北转移。为了迷惑敌人，上级命令六旅和淮南军区的地方武装，继续留在淮安与敌周旋，掩护大部队的行动。

当旅长陈庆先接到掩护命令时，手边只有父亲一个团。然而此时，张灵甫已经截获了我军即将撤出两淮的情报，并急调一个齐装满员的加强旅，气势汹汹地向淮安扑来。军情紧急，旅长一面把父亲的团摆在板闸镇，构筑阻击敌人的第一道防线，同时紧急联系十六团和地方部队火速回防淮安城，做好守城的战斗准备。

板闸镇的阻击战打得非常艰苦。敌人依仗优势兵力和装备，一上来就用飞机大炮对我军实行火力压制。一阵狂轰滥炸之后，我军阵地成了焦土，工事全被摧毁了，战士们凭借树木、沟渠和残垣断壁的掩护，继续与敌人周旋。有一次指挥所附近发现敌人，父亲一边让参谋们保护旅长转移，一边抄起冲锋枪和战士们一起冲出去。就这样他们团在极其困难的情况下，顽强地阻击着敌人，以巨大的牺牲完成了上级交给他们的任务。

然而当六旅准备撤出战场时，战场情况已经异常严峻，不仅后有追兵，而且前有重兵堵截。在这种情况下，父亲向旅长建议，由他率领一个营大张旗鼓地向旅部转移相反的方向退却，以吸引敌人，为旅部摆脱追击赢得时间。父亲的十八团是旅长十分倚重的主力团，在两淮战场，上级多次向他要兵，他把手下的其他部队都派了出去，唯独十八团一直攥在手里。由于追兵越来越近，迫于形势，旅长采纳了父亲的建议。

整整一夜父亲牵着敌人的鼻子转圈子，天亮前他们终于摆脱了敌人，来到洪泽湖边。这里有个湖心洲，上面覆盖着茂密的芦苇，是隐蔽部队的好地方，也是他和旅长约定的接应地点。时不容缓，他带领战士们绑了几个木筏，赶在天亮之前全部登洲，隐蔽起来。

这是一次有违军事常识的冒险，这么小的湖心洲，敌军的数发炮弹就可能置他们于死地，何况他们几近弹尽粮绝，周围又是敌占区，这里绝非久留之地。整整一天大家不敢起火，以野菜和芦根充饥，饥肠辘辘地终于挨到了傍晚。

天渐渐黑下来，充满期待的时刻到了。父亲一次次拿起望远镜扫视湖面，可是湖面安静得如同一面镜子，不见船影，也不见人来。夜渐渐深了，时间一分一秒地过去，船依然没有来，父亲不由得着急起来，如果旅长不能派船接应，他们将面临极其险恶的境地。期望和耐心都在黑暗中经受着考验。忽然湖面飘来一阵摇橹声，他和战士们循声望去，只见波光粼粼的湖面上出现了一条渔家的小木船。他赶紧举起望远镜，借着月色仔细观察，原来那撑船人是个头戴白孝的女子。他有些失望，放下了望远镜，心里却不停地想着怎样把船拦下。就在这时，湖面传来三声野鸭子的叫声……父亲心中大喜，万万没想到，在这月黑风高的夜晚，独自撑船前来接应他们的人竟是一位姑娘。

对上暗号后，湖面再次响起摇橹声，战士们期待的目光像雷达一样扫过湖面，搜索着目标。不一会儿小船和姑娘的身影钻出了夜雾，渐渐清晰起来，只见姑娘娴熟地摇着橹，身体随着摇橹的动作协调地摇摆着，让人一看便知她是撑船的老把式。小船箭一样地向岸边冲来，她停止了摇橹，拾起缆绳，拿在手上，稳稳地站在船头，快到岸边时，利索地向岸上一甩，然后轻盈地一跃，脚刚一落地，便忽闪着大眼睛轻声问道："李团长在哪儿？"

那天晚上，父亲和战士们是把姑娘当作女英雄迎上湖心洲的。姑娘是旅部的卫生员，名叫朱翠兰，当地人，考虑到岸边村子里有她的亲戚，万一遇到敌人便于应付，于是旅长派她前来联系，转达接应他们的具体安排。一阵秋风打在姑娘湿漉漉的身上，她不禁打了一个寒战。父亲连忙脱下自己的衣服给她披上。

这就是父亲和母亲的第一次相遇。那天晚上，他们谁也没

1953年秋，朝鲜停战后在兵团总部开会时李木生与志愿军战友合影

有看清对方的脸,要说彼此留下了什么印象,对父亲来说是母亲分外明亮的大眼睛;对母亲来说,则是父亲为她披衣时展现出的男子汉特有的柔情。

后来父亲升任一〇二师师长。一次母亲去一〇二师办事,正好赶上父亲给战士们示范战术动作。只见他忽而匍匐前进,忽而迂回奔跑,那漂亮的战术动作把母亲看得目瞪口呆,她怎么也没想到,身为一师之长,他竟然奔跑如脱兔,跳跃如飞燕,每个动作都做得干净利落,其灵活和机敏一点都不输给战士们。

从这天开始,爱情的种子不可阻挡地在母亲和父亲的心中萌芽了。

李木生、朱翠兰与长子李海罗合影

助落难部下闪烁永恒光辉

"文化大革命"开始后,很多老干部成了"走资派"被打倒。受父母株连,他们的孩子也从干部子弟变成了"黑帮"子女,在社会上饱受歧视,甚至遭到人身攻击。为了保护孩子,落难的父母通过各种渠道找到正在主持省军区工作的父亲,希望他能伸出援手,送孩子到部队去。父亲对求助的老同志充满了同情,无论他们曾是自己的上级还是部下,

李木生与南京军区公安军战友合影

都会想尽办法帮助他们，完全不顾可能给自己带来的政治后果。一时间我家简直成了临时兵站，最多时家里楼上楼下睡满了孩子，母亲忙得不亦乐乎。江苏省水利厅原厅长陈克天的女儿就是这些孩子中的一个。

那是1968年的秋天，戴着叛徒和"特嫌"帽子的陈克天夫妇被送到省五七干校，接受组织的审查和劳动改造。转眼一年多过去，又一个春节悄然而至。春节是给家的礼物，却催生了无家人对亲人的思念。自从他们来到这里后，独生女的处境就成了压在他们心上的大石头。家被抄了，他们被关在干校，女儿成了无家可归的孤儿，于是好心的保姆把她接到乡下的家里。眼下一年多过去了，他们的落难情况尚不见尽头，女儿怎么办？这样终究不是长久之计。

大年三十晚上，思女心切的陈克天夫妇，带着仅有的3块钱，冒险从干校溜出来，顶着凛冽的寒风，星夜兼程，赶在大年初一上午来到江苏省军区大院，找到自己曾经的老首长的家，想请他帮忙把女儿送到部

2007年,李木生家人在将军塑像前合影

队去。然而让他们没想到的是,老首长一看见他们,脸上的笑容旋即换成了惊讶。没有寒暄,他警惕地问:"你们从哪来呀?找我什么事?"陈克天立刻灵敏地感觉到了老首长态度的变化。可是既然来了,退也不可能了,便硬着头皮讲述了自己的现状和来访的目的。

老首长听说他们是偷着跑出来的,想走后门送女儿当兵,便毫不客气地说:"你们的问题还没解决,孩子怎么当兵?政审都过不去。"接着又说了些让他们好好改造、争取宽大处理的话,最后连口水都没给喝就下了逐客令。

从老首长家出来,陈克天真后悔来找他,本以为一起浴血奋战的老领导是了解他的，没想到他竟如此冷漠。这时天空飘起了雪花，雪又变成了冷雨，打湿了他们的棉衣。想找个饭馆吃点东西，可是他们已经身无分文。准备动身回去，但一想到孤苦伶仃的女儿，便打消了回去的念头。就这样他们饿着肚子，拖着沉重的步履，在寒风中绕着军区大院一圈一圈地走着，一直从上午转到了下午，天冷加上心冷，让他们又一次领略了世态炎凉的滋味。

绝望中的他们，突然想到了同住军区大院的父亲。陈克天与父亲在新四军时，曾当过父亲的参谋长，后来失去了联系。如今父亲正在主持工作，与自己相比简直是一个天上一个地下。他不敢想象父亲见到他这副狼狈的样子后，会做出什么反应。可是天已经黑了，他实在不甘心空手回去，犹豫再三，抱着试试看的想法，他返回了省军区大院。

他们来到我们家的门外，听着院内年夜的喧闹，踟蹰了半天，才鼓起勇气，按响了门铃。我们家刚刚吃完晚饭，父亲正在楼上看书，母亲在厨房里收拾碗筷。听到门铃响后，警卫员跑去开门，猛地看到陈克天夫妇落魄的样子，吓了一跳。他惊异地问："你们找谁？""我叫陈克天，是李木生的战友。"警卫员忙说："请稍等，我去报告一声。"

就在陈克天夫妇忐忑不安地等候的时候，楼上忽然响起了熟悉的声音："克天，外面冷，怎么不进来，快进来呀！"陈克天循声望去，只见父亲披着大衣，站在二楼的阳台上，一边喊一边向他们招手。顿时一股暖流涌上陈克天心头。

他们跟着警卫员走进客厅，父亲一边从楼上下来，一边喊着："翠兰，快来看谁来了！"说着，上前紧紧握住陈克天的手，"我一直在找你，你小子跑哪里去了？"一阵热烈的寒暄之后，让座端茶自不必说。细心的母亲很快注意到他们的棉衣都是湿漉漉的，便关心地问："你们吃饭了没有？"当她听说他们一天水米没打牙时，立刻到厨房为他们做饭。

父亲把孩子们支开，然后直截了当地问："你们怎么啦？"这一问，让陈克天百感交集，忽然捂着脸啜泣起来。直到这时他才把"文化大革命"以来的遭遇和此行的目的一股脑地说了一遍。父亲听后抱怨道："你为什么不直接找我？"

当晚，父亲派人到苏州农村把陈克天的女儿接到家里，后来送她当了兵。

（本文作者：李木生之子）

从三湾走出来的红军战士

李新明　何继明

  李立（1908—2006），原名李国华，江西省永新县人。1926年参加农协会，1927年加入中国共产党。

  土地革命战争时期，曾任中共宁冈县委常委、少共县委书记、中国工农红军六军团民运部部长、红二方面军民运部部长、湘鄂川黔少共省委书记，参加了长征。抗日战争全面爆发至抗日战争胜利期间，任中共中央党务委员会科长、中央直属机关党委书记、八路军南下支队政治部副主任。解放战争时期，任中共鄂东区委书记、中共中央组织部干部科科长、中央土改工作团晋绥工作分团团长、中共河南南阳地委书记。1949年起，先后任江西省委委员、省委交通部部长，吉安地委书记兼军分区政委，河南省委委员，洛阳市委第一书记，河南省委书记处书记，中共中央中南局组织部部长，贵州省委副书记，贵州省省长，中共西南局委员等职。为第五届、六届全国政协常委。中国共产党第九届中央候补委员，第八次、十次全国代表大会代表，第十六次全国代表大会特邀代表。

他亲眼见证了人民军队的三湾改编，亲身经历了二万五千里长征，抗日战争全面爆发至抗日战争胜利期间再次亲历万里长征，全国解放后职务屡有变化，但他心中始终牵挂着三湾改编的精神永传。

他，就是从三湾走出来的红军战士、我们的父亲李立。

亲眼见证三湾改编

1927年9月29日，原名李国华的父亲在三湾村亲历了三湾改编，是毛泽东创建新型人民军队的历史见证人之一。当时他是三湾村党支部的负责人，在协盛和杂货铺打工。三湾改编期间，他陪着毛委员住了5天。在谋划上井冈山时，毛委员问我父亲："小李，你们村子附近有座山叫九陇山，请你介绍一下情况。"父亲介绍了有关的风土人情和复杂地形及茂密的森林后，毛委员又询问了宁冈和袁文才的有关情况，随后拿出一封信交给他说：请你设法把这封信送给袁文才。于是父亲把信拿回家交给爷爷李长寿，同时说明了毛委员的要求。爷爷说："去茅坪的路你不熟悉，又是走夜路，这封信还是让你叔叔去送吧。"当天晚上，父亲的叔叔李德胜打着火把，连夜把信送到茅坪交给了袁文才。

袁文才最担心的是红军把他这几十号人"吃"掉，立即开会研究分析是凶是吉，然后专门派龙超清、陈慕平和龙国恩把他写的回信送到三湾村。毛委员一看信，知道他还不了解这支军队，是一封婉拒的信（毛委员：敝地民贫山瘠，犹汪池难容巨鲸，片林不栖大鹏，贵军驰骋革命，应另择坦途。敬礼！袁文才叩首）。毛委员没有生气，他耐心地讲述了革命形势、起义军的现状和下一步的打算,并安排他们吃了午饭。临行前,给每一个送信的同志送了一条枪,包括两条长枪、一支短枪,然后告诉他们说:今后的斗争离不开武器,请把这里的情况转告袁文才同志。

10月3日,毛委员离开三湾村时,给父亲留下3条长枪30发子弹,让他组织成立三湾游击队。这支队伍后来在九陇山打游击,成为井冈山革命斗争时期的一支重要力量,炎陵、茶陵、宁冈和永新四个县的游击队坚持革命斗争10年整,父亲是九陇山第二军事根据地的历史见证人。

当年,毛委员在三湾协盛和杂货铺住了5天,对当小伙计的我父亲李国华留下了深刻的印象。分手10年后的1937年,有一次他俩在延安的街上偶遇。父亲见毛主席迎面走过来,一时不知所措。没等父亲开口,毛主席首先说:"小李子,你也走过来啦!"父亲心想:毛主席还记得我呀!他既感到非常吃惊,更为此激动不已。

亲身经历两次长征

1934年8月,父亲参加了由任弼时、萧克、王震等同志领导的中国工农红军红六军团,成为红军长征先遣队的成员,为长征胜利和部队发展做出过特殊贡献。六军团在与二军团会师前,接到中革军委电令指示,要求已经突破敌军封锁线的六军团折返向东,结果走进了敌军22个团组成的包围圈。六军团经过激烈战斗,到突破重围时兵力已从9800余人减至3000余人,遭到重大损失。父亲时任二方面军的民运部部长,他积极组织干部,宣传动员群众,大力做好扩红的工作,仅在湖南永州新田县就补充兵员 2000 余人。

1934 年 4 月，红二、六军团进入云南境内。面对有漂浮冰块波涛滚滚的金沙江水，宽阔的江面不可能架桥，只有几条小船，几个小时才能运送百十人。父亲在三湾当过放排工，有撑木排的技能，为了尽快把几千人渡过江去，他建议部队领导组织人力砍伐竹木编织木排，用绳索牵引木排来回摆渡。结果，一天时间用十几个木排便把部队安全运送过了金沙江。当大多数人员过江以后，还有大量的骡马面对激流不敢下水，任你怎么驱赶都不奏效。这时父亲牵过一匹骡子，把它拴在船尾，然后跳上小船，回头对战士们说："我一开船你们就赶紧轰骡马。"接着父亲用力一撑船，就把骡子带下水向江心驶去，战士们乘势一哄而上，把岸边的骡马全都赶下了水，一时间金沙江的江面上都是渡江的牲口，很是壮观。部队顺利渡过金沙江，摆脱了 100 个团尾追的敌人。军团长萧克夸奖说："国华同志，这次部队渡江，你是立了大功啊！"

1936 年，在任弼时、贺龙、关向应、萧克的指挥下，二方面军爬过海拔 5000 米的玉龙大雪山，走过茫茫草地，长征二万五千里到达延安。部队的兵力从湘赣边界出发时的 1 万多人，到达陕北还有 1 万多人，毛主席夸奖贺龙不简单。

1944 年 11 月，父亲奉命参加了由王震司令员、王首道政治委员指挥的八路军三五九旅南下支队，任政治部副主任，经历了第二次万里长征。这支 5000 人的部队为了实现毛主席、朱总司令的战略决策，到敌后开辟华南抗日根据地，过黄河，渡长江，一直插到广东的南雄县。原计划与东江纵队汇合后建立根据地，但因于 8 月 15 日抗日战争胜利了，国民党反动派立即掉转枪口，派出5个军来围剿这支5000人的南下支队。由于东江纵队没有接应上，中央军委批准这支部队返回中原和延安。南下支队立即急速掉头北返，为了摆脱敌人的追剿，连续40多天急行军。往往是刚想休息或刚要吃饭时敌人就来了，日夜兼程艰苦卓绝，南下支队北返回到延安行程27000里。父亲在南下支队返回中原根据地时，奉周恩来调令到南京八路军办事处工作。从1934年到1945年，他随这支英雄的部队在中国的大地上走了整整一个大圈，行程4万里。艰苦的斗争和万里征程锻炼了他的革命意志，无论多么艰难困苦，始终信念坚定跟着党走。

父亲在家乡只读过两年私塾，文化水平都是在革命工作中提高的。1937年年底他到延安中央党校学习，他在延安曾担任中央机关直属党委书记，亲历了1942年的整风运动和1943年的审干工作。面临内战爆发的危机，为落实党中央关于"搞好解放区的土改运动，巩固和发展解放区"

1944年11月，李立任八路军三五九旅南下支队政治部副主任

的精神，中央机关组织了三个土改工作团，康生、陈伯达和我父亲分别担任团长。从1946年5月至1947年3月，父亲在晋西北先后参加了三期土地改革运动，圆满完成了组织赋予的任务。党的工作和革命斗争实践，大大提高了他的思想路线觉悟和政治理论水平，为日后担当领导工作奠定了基础。

全国解放再负重任

人民解放军挥师南下解放全中国，父亲先后担任了河南省南阳地委、江西省吉安地委第一任书记和军分区政委，亲自领导了吉安地区的剿匪反霸斗争和土地改革。他在万安县主持召开万人大会，公审处决了地主恶霸匪首肖家壁、陈正华等一批罪大恶极的反革命分子。他在审查判决名单时发现有王佐的侄儿，就呈报江西省委：建议刀下留人，为王佐烈士留下后人。省委书记陈正人批准同意"刀下留人"，后来王佐的侄儿一直在南昌监狱服刑。1950年冬，父亲专程陪同解放后第一位外国友人、苏联的汉学家费德林访问革命摇篮井冈山。父亲担任客家话的翻译工作，再由师哲同志翻译成俄文。通过探寻战场遗址、亲历五大哨口之一的朱砂冲、拜谒红军烈士墓、召开群众座谈会，以及吃红米饭盖"金丝被"等生活体验，费德林感慨地说："中国革命比俄国革命要艰苦得多！井冈山可以称中华人民共和国的雏形嘛。"父亲作为中央慰问团成员，亲自带队深入革命老区井冈山，给老区的群众送去党中央和毛主席的关怀。他深入细致的工作和对革命老区经济发展的谋划，为吉安地区的社会主义革命和社会主义建设的发展，奠定了坚实的社会基础。

1954年，父亲由中南局组织部副部长奉调河南省洛阳市任市委书记。第一个五年计划期间，他为建成洛阳拖拉机厂、矿山机械厂、轴承厂等十大厂矿，呕心沥血深入基层，依靠群众真抓实干，使一个新型的重工业城市拔地而起。1964年父亲调任贵州省省长，直接参与了云、贵、川大三线的开发建设事业。在党中央的领导下，他组织修建了贵州省最大的乌江水电站，年发电量3304亿度；先后开通了川黔、湘黔和滇黔3条铁路，建成了以航空工业为主体的大三线工业体系。大三线建设的成就，改变了贵州的工业结构，改变了大西南的经济发展布局，为经济繁荣和民族团结奠定了基础。

父亲在任职期间，继承和弘扬了党的优良传统和作风，实事求是、敢讲真话、勇于担当是他的特点。他一贯坚持实事求是的工作作风，经常下基层搞调查研究。他在河南洛阳担任市委第一书记时，一次下乡调查，发现有的老百姓因为缺粮甚至吃"观音土"，心情十分沉重。他把老百姓吃的观音土片带回来，一是让所有的领导干部看到，并说：老百姓的生活这么苦我们有责任啊；二是把观音土带回家，让我们品尝是什么滋味，提醒我们不要身在福中不知福。父亲在河南省委担任书记处书记时，一次下乡发现有的单位虚报粮食产量，他就深入社队到粮食仓库实地检查，

1964年，李立任贵州省省长

亲手用木棍子插入粮垛，发现不少粮垛里下面是麦草，上面只覆盖了一层粮食。他感到问题严重，就向省委书记汇报实情，结果被批评："李立同志，你反映的情况只是个别现象，不是主流问题，不要总是看阴暗面！"父亲坚持说："难道是我不对吗？我们不能图虚名招实祸啊！"当河南省信阳事件发生时，他作为中共中央中南局组织部部长受命带领工作组认真调查，实事求是地写报告把实情上报党中央。他说："由于我们政策上的失误，才导致了严重问题的发生，使人民吃了苦头，我们太对不起人民了。"父亲一生敢讲真话、勇于担当的作风，给同志们和子女留下了深刻的印象。他身边的工作人员回忆我父亲时，无不感慨于他求真务实、一身正气、一心为民的执政理念，对他坚守理想信念和自觉弘扬红色基因的定力感到由衷的敬佩。父亲文化水平不高，但是他结合战斗和工作实际体验，用业余时间勤奋学习，努力写作，先后写了《革命摇篮井冈山》《远征万里》《四十八天》等9本著作，从一个红军战士成长为一名业余作家，并加入中国作家协会。

矢志弘扬三湾精神

从1977年起，父亲担任全国政协常委、法制委员会委员。他离开第一线领导岗位后，仍然十分关心国家建设和党的事业，特别是离休以后他连续8年坚持回家乡，每次回到永新县三湾村都要待上数月。他最关注的是党的政策在基层是否落实，群众的生活是否改善了。他先后为家乡筹集500万元资金，修公路，办造纸厂、胶板厂等，为改善家乡贫困面貌尽力发挥余热。他还应邀为三湾乡的党员干部讲党课，弘扬红军的优良作风和革命传统。父亲在贵州担任省长时使用过的家具，一直用到他去世都没有更新过。在三湾村自己旧居的门上，他曾写下"服务人民为宗旨，艰苦奋斗献终生"的对联自勉。

1983年，父亲在北京参加全国政协常委会，他和北京市委书记段君毅、上海市委书记胡立教两位老红军谈到三湾改编意义重大，但是至今还没有一座纪念碑。三位老红军的心是相通的，他们立即商议要共同建立三湾改编纪念碑。于是，北京市委书记送来了琉璃瓦，上海市委书记送来了大理石，父亲则亲自筹集资金4万元，组织施工力量修建了"三湾改编纪念碑"，碑的正面是三湾改编纪事，背面写的是"星星之火可以燎原"。

1995年，父亲根据党中央要求加强革命传统教育工作的指示，认真分析了三湾改编旧址群的建设，发现当年被国民党反动派毁掉的旧址全都维修恢复了，还建设了三湾改编纪念馆，但是还缺少毛主席的塑像。于是，他同家人商议要用自己的稿费和省吃俭用节余的生活费，在三湾村枫树坪捐赠一尊毛泽东像。他说："我是三湾村人，当年见证了著名的三湾改编，毛委员亲手创建了新型的人民军队，我又跟随毛主席革命了一辈子，今天我愿意捐赠毛泽东铜像。"全家统一思想后，他安排儿子到军事博物馆找到雕塑室的主任、全国雕塑家协会主席程允贤同志。程允贤同志非常理解我父亲的心愿，把他创作的红军时期的毛泽东铜像，矗立在三湾枫树坪大樟树下。此举丰富完善了三湾改编旧址革命传统教育的内涵，使旧址成为典型的红色景点。毛泽东铜像落成时，恰逢国防大学校长邢世忠上将带领60名将军和一批学员到三湾村见学，他们也参加了毛泽东铜像落成仪式。邢世忠校长在毛泽东铜像前指挥大家高唱《三大纪律八项注意》这首歌，并特请父亲深情讲述了三湾改编的意义和历史故事。

如今，三湾改编旧址群和毛泽东铜像，依然向人们述说着从前的故事：毛泽东高瞻远瞩力排众议，领导秋收起义失败的部队来到三湾，根据党的政治决议案，进行了从政治上建军的三湾改编，成为创建新型人民军队的伟大开篇；毛主席领导这支人民军队经过10年土地革命斗争，开辟了井冈山革命道路，经历了第一至第五次反"围剿"斗争血与火的洗礼和二万五千里长征艰苦卓绝的奋斗，取得了抗日战争的胜利，实现了民族独立；人民军队在全国人民的支持下，仅用4年时间就推翻了蒋家王朝，建立了中华人民共和国，使毛主席"枪杆子里面出政权"的科学论断在东方大地变为现实。

回顾自己革命的一生，父亲最深刻的体会就是坚定信念跟党走，永远跟着毛泽东。他说一个人的能力有大小，只要能全心全意为人民服务，都会为革命做出自己的一份贡献。他向我们子女交代说：百年后，要把自己的骨灰安放在家乡三湾的山坡上。他要看着家乡的变化，愿美好的理想能一步一步变为现实。

（本文作者：李立之子）

矢志不渝跟党走

李毅浔

李成之（1917—2015），四川省巴中市人。1933年加入中国工农红军，1937年加入中国共产党。

土地革命战争时期，曾到中央警卫团工作，先后担任廖汉生、宋时轮、张闻天三位首长的警卫员，并任红四方面军政治部宣传员，参加了长征。抗日战争全面爆发至抗日战争胜利期间，在抗大七分校学习，学成后到八路军一二〇师三五八旅参加战斗。解放战争时期，任张闻天同志警卫班班长，多次冒着生命危险掩护部队首长撤退。中华人民共和国成立后，先后在江西农药厂、宜春土产公司、丰城矿务局任职。

他从四川大巴山一路走来，历经长征的艰难困苦、抗日战争的炮火硝烟，还曾为护卫首长的安全呕心沥血、奋不顾身……

这位一直活到百岁高龄的红军老战士，就是我的父亲李成之。

千难万险的长征

1933年，风起云涌的农民运动和土地革命浪潮在大巴山兴起，时年16岁的父亲李成之便毅然投身革命，成为中国工农红军中的一名红军战士，1937年5月加入了中国共产党。

长征时，父亲担任红四方面军政治部宣传员。他随军北上抗日，经历过多次艰苦卓绝的战斗，曾三过草地，两过夹金山，穿越无人区，于1936年10月到达会宁，与红一方面军胜利会师。

回忆红军长征，父亲感慨万千。长征途中有着数不尽的艰难险阻，而走过长征路的红军战士的牺牲更让他唏嘘不已。我曾经听父亲谈到这样一件事情。

那是父亲所在的队伍已经走出草地的时候。这队疲惫不堪的红军指战员刚刚走出沼泽地，突然遭遇国民党马步芳的骑兵。当时父亲既是红四方面军政治部宣传员，还要协助炊事班背为战士们烧饭的大铁锅。当敌人骑兵纵马挥刀砍向父亲的时候，父亲本能地用那口铁锅挡了一下，没有被砍到，算是捡回了一条命。而有的红军战士就没有这么幸运了，父亲眼睁睁地看着他们牺牲在敌人的马刀下。

战友的牺牲，是受到震撼的父亲心底最痛苦的事。回忆起当时的情景，父亲感慨很多，眼泪也禁不住夺眶而出。

父亲曾说：第一次过草地时，我们每人准备了7天的干粮，还发了一顶用牦牛皮做的斗笠和几双草鞋，一张生羊皮作为被子。雪山、草地的气候多变，要么太阳很毒，要么就下冰雹，或雨雪加狂风。河流也不少，水是从雪山上流下来的，特别凉。茫茫草地荒无人烟，到处是沼泽，行走特别困难。还没走一半路程，带的粮食就已吃完，很多同志牺牲在草地上。那时，官兵们把牛皮、草鞋、牛皮带等都用于充饥。

第二次过草地最为艰苦。"走在草地上，开始觉得软软的，很舒服，走的人多了，踩得多了，就觉得整个草地就像一张大毯子，高低不平，一走就晃啊晃啊的。没有吃的，大家就掘草根，从黑乎乎的淤泥里把草根挖出来，再用脏水洗一下就塞进嘴巴里，即使可能得病也顾不了那么多。只要是能吃的，不管是皮带还是别的，都先泡烂后再丢进大锅里煮熟炖烂最后填进肚子。没有喝的，草地里的脏水也得硬着头皮喝。有的战友趴在地上，嘴贴在水面上喝，喝着喝着就再也没有起来。开始大家都是扛着枪走，后来饿得扛不动了就拖着走。再后来，有的枪和人都倒下了，一起长眠在那里。到了晚上，如果运气好，找个比较干燥的地方，大伙挤在一块，互相取暖，就能熬过一宿。记得有一天早上，过夜的一行50多人，好多都没有再醒来，只剩下我和少数几个战友挣扎着站了起来……"说着说着，父亲哽咽了。

"过了草地，横亘在前面的是一座座雪山。"父亲继续说，"在长征中，我和多座雪山打过交道，爬夹金山时，唯一的感觉就是冷。当时只穿着单衣，在山脚下时还热得不行，但越往上爬，越打哆嗦。而且爬山时还看不到真正的山顶，好不容易瞅见前面有一个山顶，结果爬了上去发现还有更高处，还得接着爬，似乎没个尽头。山上常年冰封，陡峭险峻之处比比皆是。遇到难走的地方，一队人就把绑腿解下来，缠在一起，互相扶持着过。我前面一个班的人，正在一起过去，忽然刮过一阵风，一个战士没站稳，滑了下去，一个班的人就一下子全给带了下去。可下面全是莫测深浅的雪窖，哪里还回得来？我们心里那个难受啊，又不敢哭，怕自己的情绪影响了大家。"

"革命胜利后，您有没有再走过那段路，重温那段岁月？"曾经有报社记者这样问我父亲。父亲摇了摇头说："说句实话，那段岁月并非什么美好的回忆，因为那段路夺走了无数战友年轻的生命。要再次面对，对我而言是很残酷的。我后来经历了抗日战争和解放战争，但长征已经给我留下了不可磨灭的印象，就好像发生在昨天一样。我相信，只要那种长征精神还在，只要年轻一代能真正懂得长征精神，我们的民族绝对会大有作为！"

生死命悬鲁柏山

1937年7月，抗日战争全面爆发至抗日战争胜利期间，根据中央决策，红军主力正式改编。父亲所在的八路军一二〇师三五八旅开赴晋察冀抗日前线，参加了著名的鲁柏山战斗即陈庄战斗。

1939年夏季，日寇为摧毁我晋察冀军区后方机关与设施，对我北岳区之东部、西部先后疯狂进行多次"扫荡"。9月，敌人调集守备石家

中国人民胜利70周年纪念章

庄及正太线的日独立第八混成旅团，向我北岳区南部重镇陈庄进犯，我晋察冀军区后方机关正设在陈庄。日寇来势汹汹，情况十分紧急。

父亲回忆鲁柏山战斗时说："1939年9月，我在八路军一二〇师三五八旅当通讯参谋。陈庄战斗打起时，上级派我给贺龙军长送情报"，"在送情报途中，必须穿越敌占区，而道路已被敌人封锁。路上遇敌阻截，情况十分紧急。在翻越鲁柏山时，为了摆脱敌人，我只好冒险纵身跳崖，结果头部受伤，昏迷在悬崖下面"。

鲁柏山山峰矗立，山上松青柏翠，远远望去，一片苍黑。到近处看时，树林一片浓绿。山路窄得像一根羊肠，弯弯曲曲，路面铺满了落叶。山风一阵阵吹过，身边的树叶在风中摇头晃脑，发出一阵阵瑟瑟响声。

在鲁柏山悬崖下的草窠里，躺着昏迷不醒的父亲。在山风的吹拂下，父亲慢慢地苏醒了过来，惊喜地发现自己的腿没有摔断。于是，他揉了揉受伤的头部，试探着缓缓站起来，慢慢地挪动步子，一瘸一拐地走出了悬崖。就这样，父亲以顽强的意志，带着伤在山路上前行，终于来到了八路军一二〇师师部，及时把情报送达贺龙师长。之后，在贺龙等首长指挥下，八路军包围了日军并发动总攻，毙伤日军第八混成旅（包括旅团长在内）1000多人，缴获了敌人的山炮3门、轻重机枪23挺、步枪500多支、掷弹筒9个，还有无线电台1部、降落伞5顶、战马数十匹。

这次战斗，是八路军一二〇师由冀中西返途中，同晋察冀军区部队一起取得的第一个山地运动歼灭战的胜利。

而在鲁柏山跳崖给父亲留下的头部伤痛，此后一直伴随着他，尤其是在潮湿季节更加令他头痛欲裂、疼痛难熬。

为张闻天当警卫

父亲曾经在中央警卫团工作。他先后担任过廖汉生、宋时轮、张闻天这三位首长的警卫员。其中负责张闻天警卫工作的经历，尤其使他难以忘怀。

张闻天是中国共产党的老一代革命家、军事家。他卓越的领导才能和建立的卓著功绩,为世人瞩目。父亲作为一名曾在这样一位老革命家身边工作、生活过的战士,感到十分荣幸。

那是抗日战争胜利后的1945年年底,张闻天奔赴东北工作。父亲根据组织安排,在张闻天身边担任警卫班班长。

1946年,在合江省会佳木斯,张闻天出任中共合江省委书记,并兼任合江军区政委。他辗转于佳木斯以及各个县之间,工作非常紧张,不仅要进行大量社会调查,部署土地改革工作,还要实地解决合江省的土匪问题等。作为警卫人员,最重要的职责是时时刻刻为首长的安全和健康操心。

一次在佳木斯市宁安县,张闻天正在给学生们讲课,揭露国民党祸国殃民的罪行。事先知道情况的反动组织企图借机暗杀张闻天,提前在讲台下安放了炸药,准备在张闻天讲课时引爆炸弹。当他们的阴谋被发现后,警卫人员立即掩护张闻天同志迅速离开。正在紧急撤离时,父亲回头看见刘英同志还在讲台上,就立即跳上台去,夹起刘英同志飞快地跳下讲台,避免了一次重大伤亡。

这次突然遭遇险情后,父亲经常心有余悸地对警卫班里的战士们说:"我们做警卫工作的同志,要时刻准备为首长挡子弹。"

张闻天对身边的工作人员非常关心。有一次,父亲得了阑尾炎,身体非常虚弱。首长百忙之中,还安排专人照顾父亲,给吃小灶,使父亲很快恢复了健康。首长给予的关心,革命队伍里的温暖,让父亲非常感动。

在宁安蹲点时,张闻天化名"张平之",指导整个牡丹江地区的工作。

有一天吃过晚饭,张闻天带着父亲一起边散步边聊天。在闲谈中得知我爷爷的名字是李大海,就对父亲说:"你父亲叫李大海,你叫李大成,这个名字不合适。这样吧,我给你改个名字。"父亲点了点头。张闻天想了想,对父亲说道:"你就叫李成之吧。"父亲高兴地答应了。以后的岁月,"李成之"这个名字就一直伴随着我的父亲。

1948年年初,父亲随东北南下干部团南下。1949年11月,他转业到地方工作。他先后在江西农药厂、宜春土产公司、丰城矿务局任职。1983年离休后,他定居九江市老干部休养所。离休期间,他曾多次捐款帮助受灾群众。

(本文作者:李成之之女)

新四军的好帮手

段昌富

杨刚（1914—1981），安徽省霍邱县人。1934年投身革命，参与发起创立霍邱县赤卫队。1935年加入中国共产党。

抗日战争时期，先后任新四军皖南抗日游击队巢湖支队指导员，无为县县大队、无为县临江总队、宣城县县大队、巢无独立团指导员，锄奸队队长等职。解放战争时期，任华东野战军第十三纵队二七四团警卫连指导员，第三野战军第三十一军第九十二师第二七四团、二七六团警卫连指导员。中华人民共和国成立后，任闽侯军分区直属队副政治协理员。

1957年6月，荣获三级八一勋章、三级独立自由勋章、解放奖章。

1955年授军衔时，杨刚与丈夫合影

她曾在抗日战争时期，为配合新四军的正面作战，率领一支"锄奸队"，坚决镇压那些死心塌地替日本人为虎作伥的汉奸，为瓦解敌伪阵营发挥了重大作用。

她就是锄奸队队长、我的大奶奶杨刚。

1941年1月，国民党顽固派对新四军军部悍然发动皖南事变，而日本鬼子也好像配合似的对新四军根据地展开大规模的"围剿"，抗日战争进入最困难的时期。锄奸队就是在抗日战争中这个最困难的时期组建的。

为了保卫渐已扩大的皖江游击区和根据地，我大爷爷段广高率领的新四军游击队另行成立专门的锄奸队，由我的大奶奶杨刚任队长，对那些铁了心替日本人为虎作伥的汉奸一律采用定点清除的办法坚决镇压。所以只要上了锄奸队的名册，就别想有活路，只是时间早晚的问题。这一招在当时确实是大见成效,对瓦解敌人起了很大作用。由于惧怕上锄奸队的黑名册,许多伪军采取了混饭吃、打天枪甚至向我军通风报信的办法,只求别被当成铁杆汉奸给"锄"了。

舒城设伏巧锄奸

舒城县城有一个富商,与日伪军密切勾结,协助他们下村抢粮,并扬言谁和日军作对就杀谁全家。

一次,这个富商又带着日伪军到城外的村子抢粮,还抓了十几名妇女,要"慰劳慰劳皇军"。看到自己的亲人将要受辱,村民们立即进行反抗,日本鬼子毫不留情地射杀了两个村民。众多村民既恨又怕,只能眼睁睁地看着亲人被押走。

这时,锄奸队刚好转移到附近。听到枪响,大奶奶马上派杨克敏、张明生和大老刘等几名侦察员前去侦察。他们侦察到只有十几个伪军和保安团团丁,还有3个日军,总人数没有多少。大奶奶听完敌情汇报后,当即决定消灭这股敌人。战士们听说了敌人的暴行,个个肺都要气炸了,摩拳擦掌就要往前冲。大奶奶考虑到太靠近村庄,担心敌人回头报复,决定等敌人离村庄远了才开打。

之后,锄奸队迅速埋伏在离县城不远的高粱地里。

眼看着敌人押着抢来的粮食和十几个妇女离开村庄返城,距离县城越来越近了。大奶奶命令张明生一枪结果走在队伍最前面耀武扬威的那个富商汉奸,其余的敌人只要打散就行了,最要紧的是安全救出被抓的

杨刚和家人合影

妇女。没想到张明生枪法太好了,一枪过去,不仅射杀了富商,连身后的一名日军也同时中弹。另外两名日军乱喊乱叫,让张明生又打翻了一个,剩下的那个赶紧往城里跑。那些伪军和保安团团丁见大事不妙,更是丢枪就跑。他们知道,手里没有武器,新四军游击队是不会朝他们开枪的。这在当时可是一种心照不宣的保命手段。

战斗只用了十几分钟。妇女被解救出来后就全放回去了,粮食则由当地送粮车队按原路送回。几个被打伤的伪军及团丁在放走前,受到了一番严肃告诫:以后不许再帮日本人干了,否则下场就会跟被枪毙的富商汉奸一样。

这次缴获的武器,大大改善了锄奸队的装备,而几支质量好的三八式步枪则悉数上交给军分区。

宣城妙除"别动队"

日军特高课手下的宣城别动队是由一群社会上的闲杂二流子组成的,对抗日游击队和进步群众的破坏性最大,加上这些人特别狡猾,是比较难对付的一小撮中国人渣。

1943年下半年，日军"大扫荡"已近尾声，因为太平洋战场牵制了大量的日军在华兵力，兵力已明显不足。快到年底的时候，宣城地下党眼线向大爷爷报告，说姓张的别动队员（人称"张大金牙"）要结婚，女方是城里一布店老板的女儿，还是个学生。女方家人起初不同意，女孩子逃跑过两次，都被别动队抓回来了。这次，已下了聘礼，全家人由别动队看押在家里，腊月二十六要接亲。针对这些情况，大爷爷等队领导决定除掉汉奸别动队，由游击队副大队长向阳和大奶奶具体负责。

三级八一勋章

三级独立自由勋章

第一步先进城，到布店干掉看押老板家人的汉奸，把老板一家人送到城外，由接应的大部队送走，然后让队里一位姓舒的女同志扮作新娘坐在轿子里（舒同志是山东人，体格大，力气也大，所以选中她来执行任务。后来舒同志在解放战争进军福建时，因与国民党游击队交火时被流弹击中而壮烈牺牲）。机枪和长枪随身携带不便，全都放在轿子里。进门后，若张大金牙来开轿门，就拉进轿子一刀解决。大奶奶在轿外扮作伴娘，从背后再补一刀，然后把他推进轿子里。向阳他们扮成送亲的、抬轿的、送礼的，外围还有假装成看热闹的、买卖东西的，共有200多人。在新房那儿干掉别动队的人由向阳负责，因为是办喜事，别动队应该不会带枪，全部用匕首解决掉。来贺喜的日本人由外围那些看热闹的游击队队员负责，只要见里面动手，外围就一起动手，并决定外围干掉鬼子的同志都用短枪。大爷爷说，给鬼子们搞些大动静来，别让他们在中国的土地上太自在了。为了防止敌人出城追击，大爷爷率一个连的部队在城外接应。

整个行动完全按预定计划进行。游击队队员干掉驻布店的两个汉奸后，将布店老板一家送走。老板的女儿出城后与接应的新四军一见面，就缠着父亲非要加入新四军不可。结果后面的大部队接收了她，她的父母则回江苏老家了。

接下来，坐轿的、抬轿的、扶轿的，吹吹打打，浩大的送亲队伍直奔张大金牙家来。

走到十字街口时，正好碰到了张大金牙的迎亲队伍。送亲队伍故意不让路，和迎亲的汉奸大声吵闹起来。借着汉奸们都围上来吵架时，游击队队员都围了上来。外面的行人看不见里面发生了什么事，只听到在吵闹声、喇叭声中，似乎有几声"哎哟"，然后就一切平静了。接着游击队队员们用匕首把8个接亲的汉奸全都解决了，再把他们的尸首放进轿子和大木箱子里，同时用早已准备好的抹布把地上的血迹擦干净，然后将轿子和大木箱子抬到旁边的巷子里，放下那些尸首，就接着上路了。

送亲队伍继续吹吹打打往张家赶。听到外面传来的喇叭声，"张大金牙"赶忙到二门口迎接新人。大奶奶站在喜轿旁边喊了一声"接新人"，"张大金牙"高高兴兴地伸出手去打开轿帘，顿时前后两把匕首就把他搠倒了，用力推进轿子里，紧接着里面又传来一声"哎哟"，就再也没声音了。与此同时，已进了大院的游击队队员的长枪也响了，大院里的汉奸们猝不及防，全部倒在游击队队员的枪口下。

战斗结束后，游击队立即撤离了张家。大街上，游击队见到敌人就打。城外大爷爷他们的枪声也响成一片。日军一时是丈二和尚摸不着头脑，没有任何准备，乱成一团。游击队顺利撤离了县城。

此次战斗，打死日军 7 人，其中一个还是军曹；歼灭汉奸别动队 49 人，另外还有 3 人因休假不在场侥幸躲过，但日本人认为是他们勾结了新四军游击队干的，一顿拷打之后将他们全部杀掉了。

产后奔袭杀仇敌

1945 年冬，才生下孩子不久的大奶奶正身子虚弱地躺在床上。这时，侦察员杨克敏踏着厚厚的积雪，气冲冲地来到大奶奶居住的屋外，隔墙大声报告："队长，黄贵生那狗娘养的又投靠国民党了。县大牢里我们的人都让他给杀了。"大奶奶一听，不顾产后虚弱，气得开口骂道："把这狗娘养的干掉！"

黄贵生是当地土豪，日本人来时跟着鬼子干了不少坏事，处处和新四军游击队作对，到处布设眼线，打探游击队的落脚点，然后报告给日本人让日本人来袭击和"围剿"。有一次，大爷爷和大奶奶被敌人困住，就是黄贵生的眼线报告造成的恶果。大爷爷最后背着负伤的大奶奶突围才幸免于难。虽然后来黄贵生布设的眼线没过几天就被锄奸队干掉了，但黄贵生的存在，仍旧给游击队制造了不少麻烦。黄贵生也知道锄奸队到处找他，几次都被他侥幸躲过了。后来鬼子的处境江河日下，他就索性跑进县城鬼子窝里躲起来了。因为死心塌地地为鬼子卖命，鬼子特别喜欢他，还让他当了便衣特工队的队长，这样锄奸队就更难接近他了。

现在鬼子投降了，他又投靠国民党，还把关押在县大牢里的游击队队员全杀了。这种人是一定要除掉的。

大奶奶从杨克敏那得知，黄贵生投靠国民党之后，国民党并没有把他当一回事。他现在只是住在县城的一座民房里，而且外围没有警卫。大奶奶觉得机会来了，不顾产后身体虚弱，起身告诉接产的妇女们说她有点儿事，马上回来。

大奶奶带着侦察员杨克敏和警卫员张明生赶了几十里雪路进了城里，找到了黄贵生的住处。当时夜已黑了，黄贵生可能是发现大门没有关，就从里屋出来准备关门。此前大奶奶他们已悄悄进了大门，由杨克敏在门外担任警卫，隐藏在门后的大奶奶从背后向黄贵生捅上一刀。黄贵生回头要叫，张明生又加上一刀切断了他的喉管。黄贵生一声没出就噗地倒下死了。

此事早已有人告诉了大爷爷。他赶紧从新四军部队里赶到村里，却左等右等怎么也没等回大奶奶他们，心里非常着急。而大奶奶一行三人不顾身体极度疲劳，又赶了几十里雪路回到村里。大爷爷心疼得来不及埋怨，只是一个劲嘘长问短；妇女们则赶紧把大奶奶推到早烧好的热水盆里泡汗去寒。虽然那时我的大奶奶还年轻，算是扛了过去，但从此她就留下了晚年身子怕冷、关节痛的病根。

黄贵生在家中被杀之后，国民党并没有找游击队的麻烦，以为是日本人怕他以后出庭作证才杀人灭口的。

（本文作者：杨刚侄孙）

从警卫员到司令员

吴滨江

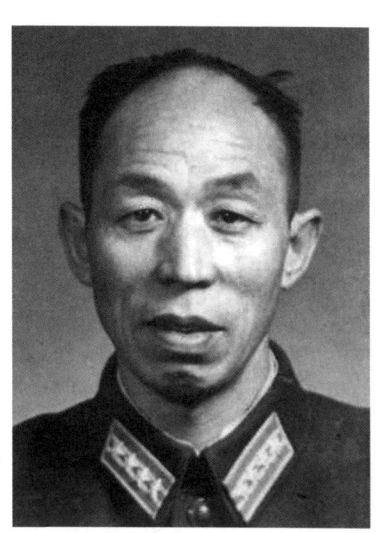

  吴生开（1910—1988），江西省永新县人。1928年参加中国工农红军，1933年加入中国共产党。

  土地革命战争时期，曾任红一方面军政治保卫局特务队班长、周恩来副主席特务员、红军中央军委通讯连排长、红军第二十九军三部通讯排排长、中央警卫二团一营四连连长等职，参加了反"围剿"斗争和长征。抗日战争全面爆发至解放战争时期，任晋察冀军区冀中军分区十六团一营营长。中华人民共和国成立后，任东北军区后方勤务部辑安办事处副主任、黑河军分区司令员。

  1955年被授予上校军衔，1960年晋升大校军衔。荣获三级八一勋章、三级独立自由勋章、二级解放勋章。1988年被中央军委授予中国人民解放军二级红星功勋荣誉章。

早在 1928 年 5 月，他就参加了中国工农红军。在漫长的革命生涯中，他曾担任过谭震林同志的通信员，当过周恩来同志的警卫员，先后参加了中央苏区的反"围剿"斗争和长沙、龙甘、建宁、会昌、赣州、水口、宜黄战斗，以及陕北直罗镇等战役；抗日战争全面爆发至解放战争时期，先后参加了震惊中外的百团大战，还有娘子关战斗，东北昌图、双庙战斗以及东北剿匪等战役，担任的职务最后定格在黑河军分区司令员一职。

他就是我的父亲吴生开。

在周恩来身边当警卫员

1934 年的秋天，经谭震林推荐，组织决定调我的父亲去军委总部，给时任红军中央军委副主席的周恩来同志当警卫员。不过，在接到通知之前，父亲并不知情。

当时中央苏区第五次反"围剿"斗争的战斗仍在激烈地进行着。父亲正在国家政治保卫局警卫队任班长，经常到位于黎川一带的前方总指挥部负责警卫工作，亲眼看到红军总是失利、阵地不断缩小的具体情景，也听到不少干部战士对这种情况的不满议论。后来才知道，这是由于王明"左"倾机会主义路线，排斥了以毛主席为代表提出的正确路线造成的后果。

黎川失守后，父亲回到当时中央政府所在地红都瑞金。虽然他还在保卫局工作，但总是想到前方去打仗，所以对于保卫局开展的军事训练特别感兴趣，做得严肃认真，经常受到队长的表扬。

吴生开夫妇与子女合影

一天早晨,警卫队和往常一样,仍在陂下艾园的一个大草坪上进行操练。操练结束时,队长李玉堂突然叫了一声:"吴生开!"起初父亲还以为是队长要表扬他的操练做得好呢,不料却是通知他赶快去吃早饭,然后到队部接受新任务。

听到队长的通知，父亲就在心里猜测起来，以为队长可能要派他到前线去。他越想越高兴，觉得满丘满丘的稻子更加金黄，远山近林也比以往更青更绿，连正在大口吃的"包子饭"也似乎更香更甜了……

刚吃完饭，李队长便把父亲叫去。

"吴生开同志，"李队长很郑重地对父亲说，"组织上决定调你到总部去。你有什么意见吗？"

父亲怔了一下，忙问道："是做什么工作呀？"

"到总部就知道了。"队长以命令的口气说，"你赶快把东西整理一下，马上就去报到。"

说着，他将早已写好的介绍信递到我父亲手里。

父亲心里明白：军委总部是指挥机关，因此，自己到前线的可能性就不大了。但是，领导既然已经决定，就必须坚决服从命令。毛主席亲自为红军制定的"三大纪律八项注意"，第一条就是"一切行动听指挥"，红军战士不但应该服从命令，而且还要积极地去完成新的任务。于是，父亲没有一丝犹豫，立即心情愉悦地回答道："是！"

从保卫局到军委总部，有30多里的路程。父亲背着简单的行装，在不到吃中饭的时候，就赶到了瑞金西边的总部驻地岩背。越过一道深沟，再走没多远，便到了总部机关。

总部机关指导员康克清同志热情地接待了父亲。她看完介绍信后，对父亲和另一个刚到的同志说："组织上派你们两个来，是给中央首长当警卫员的。"说到这里，她先对那个同志讲："你跟随总司令。"又转过头来对我父亲说："你跟随周恩来副主席。"接着，康克清同志就发给我父亲一支手枪,并再三嘱咐道:"周副主席很忙,你要好好保卫首长,这个任务比上前线还重要哩!"

父亲一听自己是给周副主席当警卫员,顿时激动得热血直涌,心里的那个高兴劲儿呀,简直没法形容。是啊,还有什么任务比保卫中央首长更重要呢!父亲用手小心地抚摸着刚发的手枪,左看看,右瞧瞧,真感到无比幸福。同时暗暗下定决心,要时刻牢记康克清同志的话,决不辜负党的信任,好好保卫周副主席。

在这之前,我父亲曾两次见过周副主席。第一次是在1934年1月,召开第二次苏维埃代表大会期间。当时,大会的会场就在瑞金沙洲坝中央大礼堂。而保卫局就驻在沙洲坝一带的对门岭。因此,警卫队不少同志被调去为大会服务,我父亲也被调去担任"内卫"工作。开会期间,有许多中央领导同志到会讲话,毛主席就在这次大会上做了非常重要的政府工作报告。

毛主席的报告,句句都说到了我父亲心里。自从参加红军后,父亲从老家永新到瑞金,曾经多次见到毛主席。毛主席当时的音容笑貌,父亲非常熟悉,后来还记忆犹新。有些新来苏区不久的首长,父亲还没有机会见过面。大约是会议即将结束的那天吧,有一位首长走上主席台讲话,一下子把我父亲吸引住了。他那又黑又长的胡子、炯炯有神的眼光、高昂洪亮的声调、深入浅出的言辞,给我父亲留下了深刻的印象。会后一打听,才知道这位留着大胡子的首长,就是军委副主席周恩来同志。

第二次见到周副主席,是在黎川一带的路上。那天,周副主席头戴一顶普通的红军八角帽,穿一身洗得发白的灰色旧军衣,风纪严整,格外精神。他牵着马,一边走一边和朱德总司令、刘伯承总参谋长等首长讲话,有时还和首长们一起发出爽朗的笑声。

这一次给周副主席当警卫员,算是第三次见面了。此后自己将天天在他身边工作,受到的教育和鼓舞肯定会更大……父亲正这么想着,康克清同志就招呼他背起背包,同她一道去见周副主席。

康克清把我父亲带到岩背附近的梅坑,走进一间旁边有几棵大樟树的房子里,高兴地大声招呼:"周副主席,总部给你调来一个警卫员。"

周副主席正伏在桌子上,在一张地图上做标记。他没有戴帽子,胡子和头发显得比以前更长了,但依然很有精神。听到声音之后,他立刻站起身,朝我们走过来,微笑着说:"好啊,好啊!"接着,又对我父亲说:"在这里工作的还有范金标,你们先认识认识,熟悉熟悉工作,再分分工。你刚赶到这里吧?先休息一下,把东西整理好,随时准备走远路。"

康克清出去后,我父亲把房间细细打量了一番。只见桌案上、墙壁上、屋角里,到处都收拾得干干净净,确实像是要出发的样子。可是,再看看周副主席的神情,却是那样从容不迫、沉着镇定,不像有什么特大行动将要发生的样子。见周副主席很忙,父亲不好意思多问,就向他行了一个军礼,转身走出了房间。

见到范金标后,父亲才从他那里知道,总部即将和部队一起进行大转移。于是,父亲便和范金标一块忙碌起来。除了协助作战处整理周副主席的文件外,还须特别注意把周副主席的办公用具和生活用品整理妥当。其实,周副主席的办公用具很简单,只有几支毛笔和铅笔、一只很大的铜墨盒、一张大地图、一架望远镜、一个小挎包。生活用品非常简单，只有一条普通的床单、一床旧被子、一条旧毯子、几件打了补丁的替换衣服，以及用了多年的脸盆、水壶、菜盒和旧茶缸。这些就是周副主席的全部家当，都是首长生活必需的东西。因此，父亲和同志们暗自决定，要将这些东西一样不少全都带上，以免影响首长的日常工作和生活。

晚年吴生开

1934年10月18日下午，距父亲到周副主席这里工作没多久，军委总部就和红军队伍一道出发，踏上了举世闻名的二万五千里长征路。父亲他们作为警卫人员，跟着周副主席也离开了梅坑，经于都，转信丰，过大庾（今大余），渐渐出了江西，向湖南进发。

1936年10月，红军胜利到达陕北。

在这漫漫长征路上，父亲跟在周恩来同志的身边，一直负责他的安全保卫工作。当时担任周恩来同志警卫员的共有四人，其中范金标是福建长汀县人，另外三个都是江西人：魏国禄（兴国）、顾玉平（瑞金）、我父亲吴生开（永新）。四人中的魏国禄，以前在中华苏维埃国家政治保卫局警卫队时，担任班长的父亲就和他是同班战友。

在黑河地区负责剿匪

父亲与东北有缘，曾三次到黑河工作。

第一次是在1947年初。那时，父亲担任合江军区警卫团副团长，为追剿以王八老三（汉人）为首的土匪，进驻雪水温屯。第二次是在1948年1月，调黑河军分区任警卫团团长，至1949年年初任军分区副司令员。1950年撤销军分区，我父亲调离。第三次是在1960年至1964年，我父亲调黑河军分区任司令员。

1946年下半年开始，国民党混成第六旅在黑河和合江一带活动猖獗，旅长是刘山东。他们把鄂伦春族人拉进了队伍，不仅打了佛山、萝北，还把解放区的萝北县县长给杀掉了。经过我军大部队清剿敌主力后，时任合江警卫团副团长的父亲奉命带四个连队经萝北到佛山、北乌拉（嘎）金矿追剿土匪。那地方有股鄂伦春族人参与其中的匪帮，为首的头目叫王八老三（汉族，山东人）。他们有几十个人，在追剿中全被抓住了。经过耐心做工作，父亲把这些人都争取了过来，没费枪弹就解决了问题。

不久，父亲即调离了合江军区警卫团。

1948年，父亲被调到黑河军分区任警卫团团长，主要任务是剿匪。当时以莫东升、莫金生为首的这股土匪有二三百人，其中还有原来的敌伪警察、特务。父亲他们一路追剿，在大岭打了一仗，又在四站和五大连池打了一仗。但这些土匪从不正面交战，只打几枪就赶紧开溜，不做抵抗。逊克县的浦拉口子是土匪的老巢，父亲率领部队在那儿和他们打了一场恶仗，我军牺牲了好几个同志，包括团政治处主任谢宝斋，还有

吴生开与夫人李振环晚年合影

五六名战士。在乌云河打了一仗后，又在孙吴东的协振屯打了一仗。这次打得比较激烈，张泉山同志所带的连队牺牲了 20 多人。

打来打去，这帮土匪见不是解放军的对手，就来了个假投降，等过了风头再把队伍拉出来。识破了这些土匪的诡计后，当他们又一次假投降时，我军就逼迫他们把队伍里的那些敌伪时期的警察、宪兵、特务全部交出来，转由地方处理。之后我军组织鄂伦春族的头头到哈尔滨、沈阳等地参观，很快就促使这次假投降变成了真投降。于是部队又负责给他们联系定居的村子、发给口粮、发给御寒的衣物，还给他们提供打猎的枪支弹药，并协助他们开办学校，让他们的子女能上学念书。

为了做好后续的维稳工作，父亲率领的队伍又派出人员到鄂伦春人居住下来的村落里当指导员，到1948年年底至1949年年初，呼玛、瑷珲、逊克、嘉荫的鄂伦春族人，都已完全安定下来了。

1949年春，父亲被任命为黑河军分区副司令员。此后，他带着警卫团的八个连队，继续在黑河负责当地的剿匪工作，南北征战，直到匪患被完全平息。

（本文作者：吴生开之子）

无悔初衷，继往开来
——缅怀父亲吴自立将军

吴 泓

吴自立（1898—1975），原名吴志立，湖南省平江县人。1928年加入中国共产党，1929年参加中国工农红军。

土地革命战争时期，任红五军第二纵队中队长、特务大队大队长、红三军团第八军六师团长、红五军军部副官长、红一方面军司令部四局科长、军委四局局长，参加了长征。抗日战争全面爆发至抗日战争胜利期间，任新四军军部副官处副处长、处长，中共湘鄂赣特委军事部部长，军委总后勤部经济建设部处长、副部长，陕甘宁边区物资局关中分局局长。解放战争时期，任东北行政委员会航务局局长。中华人民共和国成立后，任中南军区军运部部长、中南军区后勤部副部长、广东军区副司令员、湖南省军区副司令员。

1955年被授予少将军衔。荣获一级八一勋章、二级独立自由勋章、一级解放勋章。

在庆祝中国人民解放军建军 90 周年之际，我十分怀念我的老父亲。

父亲吴自立，1898 年 4 月 4 日出生在湖南省平江县的一个贫苦的木匠家庭。他 1917 年投身于国民革命军湘军第四十九标，参加了湘军、鄂军、粤军、滇军。1920 年，随湘军北伐，攻入长沙。1921 年加入湖南铁道警备队（年底改为湖南独立旅）。1922 年年初，投入了滇军、粤军。1924 年秋补入鄂军。1926 年参加了北伐战争，升任排长。1928 年 12 月加入共产党，1929 年参加中国工农红军。土地革命战争时期，他任红五军第二纵队中队长、特务大队大队长、红三军团第八军六师团长、红五军军部副官长、红一方面军司令部四局科长、军委四局局长，参加了红三军团两次攻打长沙的战斗和中央苏区历次反"围剿"斗争及红军长征。抗日战争全面爆发至抗日战争胜利期间，父亲历任新四军军部副官处副处长、处长，中共湘鄂赣特委军事部部长，军委总后勤部经济建设部处长、副部长，陕甘宁边区物资局局长。解放战争时期，他任东北行政委员会航务局局长。中华人民共和国成立后，任中南军区军运部部长、中南军区后勤部副部长、广东军区副司令员兼广东公安军司令员、湖南省军区副司令员。1930 年，父亲他以性格刚强耿直、作战英勇顽强著称，打过无数次恶仗、硬仗，立下了不少战功。他对党的事业无限忠诚，不论受到何种挫折，都坚决跟党走。

1932 年 10 月，由于受当时"左"倾教条主义的影响，父亲被开除党籍、撤销代理师参谋长与作战科科长的职务，被戴上反对政治委员制度的帽子，下到军团司令部当通信员。他身处逆境，受到不公正待遇，仍对革命充满胜利的信心，意志坚如磐石。父亲在自传中写道："只要革命胜

左起：吴自立、项英、张云逸、周子昆在新四军军部合影留念，时间大概在1939年—1940年之间

利，个人的存在与否丝毫没有关系"，"当时思想上并有过这样的准备，万一组织上要处决，只要是死在红旗子底下，死也甘心。这样就巩固了我的斗志和决心"。长征中父亲当了28天通信员，后改为管理员。他总是千方百计为军团司令部搞好后勤管理。

1936年，"双十二事变"之后，父亲随周恩来、叶剑英赴西安参加国共谈判，途经肤施（今延安），带领部队，打退了城里地方反动武装，解放了延安城，使党中央和军委得以由安寨迁入延安，安定了党中央和红军在陕北的落脚点。1939年6月，父亲在被任命为湘赣军事部长，离开新四军总部，到平江"嘉义新四军通信处"任湘赣特委军事部部长。到平江后，发生了6月12日的惨案，他躲过了叛徒的追捕，连夜逃至衡山，历经艰辛找到李涛，报告了嘉义惨案的经过，并通过重庆周恩来及时报告了党中央。

1953年,吴自立与子女六人合影

父亲出生入死,身经百战,奋勇当先;在血雨腥风、枪林弹雨里穿行,可真是提着脑袋干革命!在革命战争年代,他在荣誉、待遇、官职面前,不争不要,显示了一个无产者的广阔胸襟!1930年,红三军团攻打长沙之前,当时团长因事调离部队,父亲由副团长接任团长。当原团长回来时已没有了职位,父亲执意将团长职位让出,自己再任副团长。此事在军中很有影响,流传下来的顺口溜说:"吴自立呀呀唔,团长不当当团副!"这被人传为美谈。熟知这一段历史的下一代人至今还在传扬。

20世纪60年代,军队取消军龄补助,相应按规定套改级别。父亲当时是正军级,按规定可套地方行政七级。当组织上征求意见时,他说:"我的孩子去当兵了,我不困难,给其他人吧。"主动请求上级把给自己调级名额让给了别人,自己仍为行政八级。父亲是全国政协特邀代表,

1960年,他积极响应党中央的"老同志写回忆录教育下一代"号召,在征得总政治部领导同意后,专门请解放军八一电影制片厂编导郑洪,将自己亲身革命经历和回忆录整理编写并拍摄出电影《怒潮》,该影片于1962年在全国上映,得到了中央军委领导和老战友们的夸奖。结果在1964年父亲受到不公正的批判时,他又变成了"嚣张的反党分子"。1966年"文化大革命"一开始,父亲就被"运动"了。1967年我们家中又遭造反派抄家,他们在北京、湖南、广州各地搞了上百场的活动揪斗父亲……父亲被扭断一只胳膊、弄瞎了一只眼睛、被打断了6根肋骨!最后又因莫须有的罪名关被押达7年之久。1975年10月11日父亲恢复自由后,在一次去开会途中发生翻车事故,"因病"在湖南长沙逝世。1979年2月,中共中央、中央军委批准为父亲的冤案彻底平反、恢复名誉!他被授予革命烈士称号。父亲原任湖南省军区副司令员。

20世纪50年代,吴自立和女儿们在广州军区后勤大院的葡萄架下合影

1973年3月,吴自立住进北京301总医院治疗

父亲曾荣获一级八一勋章、二级独立自由勋章、一级解放勋章,1955年被授予少将军衔。

著名军旅作家王愿坚同志曾概括父亲的人品:"吴老将军是:一清见底,宁折不弯!"这八个字分量好重啊!父亲是用了毕生的光明磊落、英勇不屈和舍己为人,展示自己的人格魅力和优秀品质,这也是父亲留给我们的最珍贵的财富!

(本文作者:吴自立之女)

寄往星星的信札

吴南萍

吴咏湘(1914—1970),湖南省湘阴县人。1930年参加中国工农红军,1931年加入中国共产主义青年团,1932年转为中国共产党党员。

土地革命战争时期,任红十六军军部谍报员、湘鄂赣军区独立营连长、第四十七团参谋长、独立营营长、东北分区参谋长,坚持了南方3年游击战争。抗日战争全面爆发至抗日战争胜利期间,任新四军第一支队一团营长、参谋长,第一支队司令部作战参谋,新四军第六师十八旅五十四团团长兼政治委员,第一师十六旅四十六团团长、团政治委员。解放战争时期,任雪枫大学教育长、苏中军区第一军分区司令员、华东野战军第十纵队三十二旅旅长,第三野战军二十一军参谋长。中华人民共和国成立后,任中国人民解放军副军长、军长,中国人民志愿军军长。1953年3月率军赴朝鲜参战。

1955年被授予少将军衔。荣获二级八一勋章、二级独立自由勋章、二级解放勋章、朝鲜二级自由独立勋章。

1941年1月，皖南事变，吴咏湘与江渭清等战友成功化装突围。中排右二为吴咏湘，右三为江渭清

1970年3月16日，父亲走了，带着满身的战伤和病痛走了——其实对于他来说这是彻底的解脱，从此远离了癌痛的百般折磨。那15年对于父亲来说，实在太苦太苦了，活着的每一天都要和巨大的病痛抗争。女儿我实在不忍。女儿宁愿失去父亲也希望他到天堂去过无病无痛的好日子。真的，生不如死的境遇不是常人所能忍受、所能目睹的，难道上苍觉得他枪林弹雨、流血负伤的奋斗还不够吗？难道我的父亲注定要一生受尽苦痛折磨吗？谁说上帝是公平的？……

父亲，在你又一个诞辰周年即将到来的日子里，你的小女儿在这里与你天地对话，星空传书：

亲爱的父亲，星转斗移，岁月的年轮已经转到了21世纪，你与我天人相隔已经40多年了！40多年来，无论在遥远的从军旅途上，还是每当夏夜来临静坐在窗前，我总会举首仰望，越过眼前的景色，越过清透的云层，似乎可以清晰地看到：在高远的宇宙，在灿烂夜色的星空中，有一颗星星总是特别璀璨，特别明亮。这颗星散发着柔和、坚定又亲切的光芒。在我困惑迷茫时，这颗星会对我微笑，给我力量；在我取得成绩时，这颗星会焕发更明亮的光辉，与我分享喜悦与快乐。亲爱的父亲，无论走到哪里，无论时光穿梭，我知道，这颗星就是你，就是我的父亲——一颗闪闪发亮的将星。它是我灵魂永远的守护者与对话者，是我生命的时空里永不迷失的导航星。

亲爱的父亲，40多年来，我一次又一次在脑海里努力回想着从前懵懂记事起你那鲜活的形象。在这漫长的记忆中，我尝试着去更深入地思考和感知你是一个什么样的人，是怎样的信念和精神铸造了你，而你遗留给我们的最珍贵的又是什么。穿过漫长岁月，这些陪伴我长大成人并成为今日之我的思虑和记忆，这些交织着痛苦和幸福、悲伤与欢喜的心路历程，可以说，从来不需要特别记起，却一刻也不曾忘却！无论是对人生还是对时代的困惑，无论是身边的人事还是社会风气变迁，我总是在心里与你对话，从你的信仰和精神遗产里寻找答案。我用心灵跟我的星星沟通，并借无尽的祈愿把这些用心灵写就的信札寄往高远的星空，寄给你——我亲爱的父亲。

亲爱的父亲，时光飞转，岁月流逝，你的形象在我的心里越加清晰。

抗美援朝时期,吴咏湘任志愿军二十一军军长

我在你短暂一生里,看到的是一个真正的军人,一个毕生都在英勇奋战的将军。你像山丘一般伟岸的形象陪伴着我从一个懵懂的少女,走过而立和不惑之年,在从军和追求知识艺术的艰难攀登路上造就了今日之我。

亲爱的父亲,1970年,在你的追悼大会上,南京军区党委的悼词这样写道:"吴咏湘同志的一生是革命的一生,战斗的一生,光荣的一生。"如今,我更加理解了这些词语的含义,透过这些词语我再一次看到了遥远的湘鄂赣:幕阜山春天的满山野花和寂静山林里的小草棚,是你养伤的地方;泉水清澈的黄金洞,是你随着战斗的队伍回到根据地,洗掉满面征尘的地方;在这些词语里,我也看到了江南抗日的烽火、淮海殊死决战的硝烟、朝鲜东海岸的危情天空……是的，亲爱的父亲，古人说，将军都是天上的武将星宿下凡。我时常想，你是不是就是这样一颗为战争而生的战星？你参加过创建和保卫湘鄂赣苏区的战斗，参加过艰苦卓绝的3年游击战争。抗日的烽火燃起，你又和战友们奔赴江南，从此驰骋在大江南北的抗日战场。经过淮海战役的血火洗礼，你又参加了渡江战役、解放全中国的战斗。中华人民共和国成立，你征鞍未解，又率部入朝，抗美援朝，保家卫国。16岁，还是一个男人未成年的年龄，而你已经投身最激烈的生死战场；41岁，是一个男人开始享受奋斗成果的年龄，而你刚打完了那些仿佛注定要去厮杀的战役、刚配戴上将军的金星，却因为身患绝症不得不离职休养，退到火热时代的冷清角落，去独自开始人生另一场征战！母亲说，你在1953年率二十一军入朝后就发现鼻子分泌物中经常有血丝。1955年11月，你回国参加授衔仪式，才顺便到南京军区总院检查，当即就被诊断为鼻咽癌。从此，刚刚当上将军、才41岁的你就从浴血奋战25年的硝烟战场转战到了人生另一个与癌魔生死较量的前线。

1966年，吴咏湘出席南京军区学习毛主席著作积极分子代表大会做大会发言

亲爱的父亲，当我幼小的时候，就见到你用笔去深切地怀念战争年代的战友。在和平的年代里，我也深深为你和伯伯、叔叔们的战友深情感动。但在我的心里，你比你的战友们更不同——

你不仅跟他们一起参加了缔造共和国的漫长的战争,而是一个人面对了征服病魔的另一场战斗。在第一场战争里你六度身负重伤,左手致残,背上留下了永久的弹片;在第二场与癌魔的"战争"中,你独自奋战了整整15年,虽然最终付出了生命,但却始终保持看常人难以想象的勇气和力量!你从没有向病痛屈服,从没有失去一个军人的忠诚、尊严和对死亡的蔑视,你保持了一个真正革命者和共产党人的特殊本色。一生战斗,战斗一生——除了这几个简单明白却含义非凡的字眼,还有什么文辞可以形容你那永远值得骄傲的短暂一生呢?!

亲爱的父亲,你在血火硝烟的战场上的战争经历,我只是在文字中读到,在母亲和你的战友们的谈论中听到,并未目睹。但你在与癌魔15年的搏击中体现了怎样的品格和坚强,却是我亲眼见证,那是任何文字都无法形容的悲怆和壮烈!

我知道,1955年,对于你来说真是大悲大喜的一年:癌,还有我——你的小女儿,以及那颗闪闪的将星几乎同时降临到你的身边。我更知道,癌,这个令你走上人生新战场的名词从我一出生就紧紧尾随着我们的家庭,使我从小就目睹它的淫威和险恶。而与之相随的另一个名词——镭,在我很小很小的时候就不停地撞击着我的耳鼓。我相信,我比任何同龄的小朋友都更早地知道了这种化学元素。这是一个令我幼小的心灵感到又爱又恨的字眼。由于当时医疗水平的局限,在经受了无数次大剂量"镭"放射疗程之后,代表当时国内最高水准的北京肿瘤医院的医生宣布你体内的癌细胞被杀灭了,但与此同时,超大剂量、直接的放射性照射也彻底破坏了你全身的免疫系统以及头部和面部的正常细胞与肌肉组织。

渐渐地，你的面部变得暗黑起来，脸颊肌肉也逐渐萎缩。你那本不瘦削的面庞变得尖细，接着，下颚关节和口腔的张合度从四指变成三指、两指、一指，最后完全地闭合了——你的嘴再也张不开了！无情的镭射线摧毁了你的面部肌肉组织和牙床组织，也破坏了你的味蕾和吞咽功能。我可怜的父亲啊，你从此嘴不能张，牙不能咬，喉不能咽，味不能辨。医生拔掉了你的几颗门牙作为进食的通道。所有的食物必须打烂成泥，搅拌成糊，还要你以极大的毅力从拔掉的牙洞中送进嘴里，拼命吞下，如果稍不用力，食物就会立即从鼻孔里反流出来！吃，这件正常人极大的乐事，对于你这个饱经枪林弹雨创伤而终于可以享受和平生活的老战士，却成了每日必须以超人的意志和勇气去投入的战斗。看着这一切，你的战友、部下没有一个不是情不自禁地热泪盈眶。而你的妻子、儿女每日看着你如此受苦遭罪，怎忍目睹？怎不心痛？但是你却总是乐观地说，你每吃下一顿饭就等于打了一场胜仗。吃饭成了战斗，这是什么样的日子？十几年啊，父亲，你就是这样坚持着，顽强地坚持着……每当想到这些，我都泪流满面。

1966年，吴咏湘出席南京军区学习毛主席著作积极分子代表大会，与会议代表交流学习体会

1966年，"文化大革命"爆发后，你的身体状况越发差了，长期的低烧一直折磨

着你，对形势的困惑和不解也深深折磨着你。医院的搞斗争和闹"革命"破坏了正常的医疗秩序，你的治疗也受到了不应有的影响。从1967年起，病情逐渐恶化的你只能长期住在上海华东医院，很难再回到你钟爱的杭州西湖边上虎跑路1号的家了。

　　记得是1969年上半年，你的头部突然肿大得令人骇然——脑脓肿！华东医院立即为你进行了开放引流，引出的脓水有一大茶缸还多。为了避免脑脓肿的再次发生，医院提出切除你左侧颧骨以下的面部，切开气管——天啊！不能讲话，没有了半个脸颊，这对于你意味着什么？就算41年后，亲爱的父亲，如果不是你给我勇气，我将依然没有力量来写下这酷烈和残忍的文字！起初，你坚决不同意这样的治疗方案，你说与其这样活着，不如死！但医生和母亲轮番动员，老战友们也纷纷前来说服，母亲让我也去做你的工作，我天真地宽慰你说："父亲，没关系的，你开刀切开气管不能说话了，就用小石板写吧，我们会明白你要表达的意思的。"

　　就这样，在也许比枪炮的战争还要残酷的战场上，你接受了生平最残酷的手术。你永远失去了你的左脸颊，永远不能开口说话了！揭开盖在你脸上的纱布，一个巨大的创口，我直接看见了你的舌头在微微颤动，气管上的切口由一个金属套管插着，为的是便于随时吸出痰液以保证你呼吸的畅通。与此同时，我看到你肚子上也开了一个洞口，一根长长的胃管插到里面以输入维持生命的能量……就这样，我可怜至极的父亲啊，你已是伤痕累累，还身插数管，惨不忍睹啊！你知道吗？那时守在你身边的亲人们、赶来看望你的战友们，甚至每天医治你的医生护士们见着你受的苦难，都要承受巨大的心灵折磨和精神摧残，心中的不忍和心痛难以言表，更何况是你自己啊。我战斗一生、九死未悔的父亲啊，15 年与癌魔的殊死搏斗，你 6 处弹伤的躯体，面对杜冷丁都只能暂时控制的剧痛。你头上挂满黄豆般大小的汗珠，你总是握紧双拳咬牙坚持，但你带给我们和家庭的却不是呻吟和抱怨，而是乐观、积极和向上的情绪，癌魔、镭锭、剧痛从来没有夺走你的诙谐和幽默，也没有夺走你的朗朗笑声和铿锵话语，更没有夺走你那特殊材料制成的坚毅和刚强。

1970 年 3 月 16 日上午 11 时 22 分！

那是你打完了你毕生最后的一仗，再次告别患难与共的战友、部下，告别你眷恋的妻子、儿女，踏上新的征程的一刻。癌魔直到最后也没有令你屈服，没有夺取你比钢铁还要坚强的意志。已经很久不能说话的你在临终前用颤抖的手，拿着粉笔在你平常用来跟我们沟通的小石板上写下了你的遗愿：3600 元存款作为此生的最后一次党费，上缴党组织！遗体奉献给祖国的医学事业！

遵照你的遗愿，母亲代你向南京军区党委上缴了你此生的最后一笔党费。你的遗体由上海华东医院进行了医学探索解剖。当那些生前治疗护理你数年的医生、护士含着眼泪、满怀崇敬地对你进行医学解剖，看到你被切开的头颅时，他们被眼前的景象深深地震撼了：由于长期的大剂量镭射，你的脑组织和颅底骨因放射性照射后遗症已呈蜂窝状！精于医术的他们都知道，这样的情形要是在一般人身上，必定导致脑昏迷，可是我亲爱的英雄父亲不仅战胜了肆虐的癌魔，也战胜了无情的镭锭，你至死都是头脑清醒，记忆力超群。这令在场的医生、护士和学生们不由自主地赞叹：这是真正的奇迹，是"特殊材料制成的人"所创造的奇迹！

亲爱的父亲，每当这样的情景在我眼前放映一遍，我泪水的河堤都会再一次为你纵情打开。你用生命的最后一息实践了为革命事业奉献一切的誓言：在枪林弹雨中，你奉献无敌的英勇和奋战；在孤独的萧萧病榻上，你奉献最后的坚持和决心；而在你生命之火的最后一刻，你奉献了毕生的积蓄，甚至你的遗体；最后的最后，你献出了你宝贵的生命！

亲爱的父亲，身披战争和医疗累累创伤的你，那一米七的残破却不屈的身躯似最锋利的刀锋，在我心中永久地雕刻了一尊真正战士的伟岸、阳刚和大勇者的雕像，每当我仰望星空，跟你倾诉，我就可以感受到这尊不朽雕像所放射出的不朽的光辉，这是真正男子汉的光辉！正是在这种超越人性极限的光辉中，我第一次找到了在此直面和记述你所经过的炼狱的力量。愿你那历经烈火锻铸的勇气与形象为今日的人们所认识。我深信，这是值得人们分享的、来自过去血与火大时代的无上精神财富。

亲爱的父亲啊，我亲爱的父亲呀，请让我——你的小女儿，给你敬一个庄严的军礼，让我告诉你：我永远会为你感到骄傲，会努力向前，做令你骄傲的女儿。请漫漫的星光把一束弥漫我心香的信札带给你吧。

父亲英魂永在！父亲精神不朽！

（本文作者：吴咏湘之女）

鏖战在热河大地

吴时青

  吴烈（1915—2001），原名吴西元，江西萍乡人。1930年参加中国工农红军，同年加入中国共产党。

  土地革命战争时期，任中国工农红军总前委特务队队长、国家政治保卫大队大队长、闽西独立团团长、国家政治保卫团营长、国家政治保卫局科长兼保卫大队大队长等职，参加了中央苏区历次反"围剿"斗争和长征。抗日战争全面爆发至抗日战争胜利期间，任中央警卫教导大队大队长、中央警备团团长兼政委兼延安北区卫戍司令员。解放战争时期，任军分区司令员、中国人民公安中央纵队司令员等职。中华人民共和国成立后，历任中央军委公安部队参谋长、总参谋部警备部副部长、北京卫戍区司令员、中国人民公安部队副司令员兼参谋长、武汉军区政委、北京军区副政委兼北京卫戍区政委、北京军区顾问等职。为中国共产党第七次、九次全国代表大会代表，第三届、五届全国人大代表。

  1955年被授予少将军衔。荣获二级八一勋章、二级独立自由勋章、一级解放勋章。1988年被中央军委授予中国人民解放军一级红星功勋荣誉章。

他曾是安源煤矿的一名童工，小小年纪就参加了我党领导的安源煤矿工人大罢工斗争；之后又参加红军，经历了无数次血与火的战争考验，逐步成长为我军一名优秀的高级军事指挥员和政治工作领导者。

这位从安源煤矿走出去的老红军战士，就是我的父亲吴烈。

1936年，吴烈时任红七十八师参谋长，摄于陕北延安

1945年10月2日，时任中央警备团团长的父亲带领由中央警备团分出的先行中央警备团随中央副秘书长李富春同志出发前往承德，为党中央迁移承德做各方面的先期准备工作。

11月中旬到达承德后情况突变，蒋介石利用美国的飞机和军舰向东北加速运送他的国民党军队，占领交通要道和城市，抢占抗日战争的胜利果实，东北形势发生了急剧恶化，内战随时都有可能爆发。党中央和毛泽东主席根据这一变化，果断决定：改变原定计划，党中央不迁移承德了。同时决定让李富春同志到东北西满中央分局任书记，并电令先行中央警备团就地隶属冀察热辽中央分局书记兼军区司令员、政委程子华同志指挥，将电台和工作人员移交给中央分局。冀察热辽军区任命父亲为热东军分区副司令员。

1946年1月，蒋介石为了保住其战略通道北宁线，无视国共两党签定的停战令,以承德为主要目标,调其国民党第十三军的第四师、第五十四师和第五十二军的第二师、第一九五师,兵分三路向热河解放区大举进犯:一路由绥中经建昌向凌源、平泉、承德进犯,一路由锦州进犯义县、北票,一路由锦州进犯朝阳、叶柏寿、赤峰。

担任热东军分区副司令员的父亲得知敌人由锦州向朝阳进攻的消息时,敌人已离他们仅有几十里的路程了。当时,朝阳县城的兵力只有1个县支队、警卫营的2个连和1个侦通连,其余的部队由司令员刘兴隆率领到朝阳以南的羊山一带剿匪去了。然而,就连这点兵力也不能保全。由保安大队改编的朝阳县支队,见敌来势凶猛,加之内部有坏人挑拨离间,大部分叛变了。警卫营的2个连为了保卫地委、专署和军分区机关及全部物资的安全,与叛变的朝阳县支队激战起来。

大敌当前,不能久战,父亲立即决定撤出朝阳城,将机关人员和物资集中到朝阳火车站,准备向叶柏寿方向转移。他一面派出侦察分队侦察敌人向朝阳进攻的情况,一面命令警卫营立即在朝阳火车站构筑工事,做好战斗准备。同时,他派人准备好一个火车头,找来司机,挂上几节车厢。当时,机车上没有煤烧,只好烧车站上存放的枕木。很快,父亲便组织地委、专署、军分区的机关人员和家属300多人,及警卫营的2个连和侦通连上了火车。

火车一声长鸣,刚要向叶柏寿方向开动,机车和车厢就脱钩了。父亲即刻意识到找来的司机有问题,可能是个坏人。他马上命令侦察科科长曾绍东(中华人民共和国成立后曾任北京卫戍区副司令员)和警卫班班长王来音上了火车头,用枪逼着司机去挂车厢。同时,赶紧组织大家往车厢下边塞石头,以防车厢继续向后滑动。

这时,有人急躁地对父亲说:"咱们是不是下车边打边走呀?"父亲却坚定地说:"敌人离我们这么近了,只有把车厢挂上,开着火车向叶柏寿方向走,才能摆脱敌人。现在不能下车!如果我们实在走不了,就在火车上同敌人拼一场,战斗到底!"

1948年5月,吴烈任东北野战军第八纵第二十二师师长

就在这时,敌人的炮弹不时地在车站的周围爆炸,不巧,有一发炮弹打到了火车上,把车厢里的棉花、布匹燃着了。与此同时,叛变投敌的朝阳县支队向他们开枪,土匪的骑兵也向火车站这边迂回过来。情况万分危急,600多人的生命安全受到了严重的威胁。

恰在这时,火车头挂上了车厢。只听火车一声长鸣,喷着浓烟,喘着粗气,向前方驶去。父亲他们趁机边打边撤,离开了朝阳。

他们撤到了朝阳以西的平房车站。这个火车站较小,只有两三间房子。为了加水,火车在这个小车站停了一下。在这里已听不到敌人的枪声了,此时父亲那悬着的心才放下来。大家的心情非常激动:"好险呀!要不是吴副司令员指挥果断和有这列火车,我们很可能就撤不出来了……"

父亲他们于当天晚上到了叶柏寿，第二天来到凌源。敌人占领朝阳后，即向凌源逼近。为了阻止和迟缓敌军进犯，父亲立即组织小部队，抓住战机，出其不意地破袭了朝阳至凌源间的铁路，还炸毁了公营子至波罗赤、叶柏寿至凌源之间路段的大部分桥梁和隧道，截断了敌军的运输线。

1946年1月，国民党第十三军、第九十三军由朝阳进占凌源。父亲他们便由凌源撤到了山嘴子、三家子、汤道河、要路沟一带，发动群众，搞土改，剿土匪，筹粮筹款，扩军备战，同敌人展开了游击战。

3月，父亲率部有力地配合热河主力部队，在罗树地区围歼国民党第九十四军第五师，狠狠地打击了敌人。

6月26日，蒋介石撕毁了停战协议，悍然向我各个解放区发动了全面进攻。

冀察热辽军区根据党中央关于"让开大路，占领两厢"的指示精神，为了把热河地区建设成为巩固的革命根据地，并能及时动员和组织广大人民群众积极参加自卫战争，彻底击退国民党反动派的进攻，争取和平民主团结方针的实现，决定组建热南军分区以加强这一地区的对敌斗争，沟通冀东和热北的联系，发动组织人民群众筹粮筹款，开展对敌斗争，打击和消灭敌人。

6月底，遵照上级的指示，父亲带领热东军分区的一部分干部和热东独立团，来到青西县的宽城做组建热南军分区的工作。热南军分区由父亲从热东带来的一部分干部和热东独立团及军分区所辖的承德、兴隆、青西、平泉、青龙等县的 5 个县支队和地方民兵组建而成，全军分区约有兵力 4200 多人，下辖 2 个独立团、5 个县支队和三个领导机关。冀察热辽军区任命父亲为热南军分区司令员，政委由热南地委书记刘君达同志兼任。热南军分区驻在青西县的宽城。这个地方刚解放不久，粮食非常缺乏，当地人民群众的生活很苦，部队也面临着严峻的考验。

8 月，国民党军队占领了承德。平泉的敌保安团 1000 多人也气势汹汹地向热南的宽城扑来。父亲决定抓住战机，给敌人以有力的回击。于是，他选择了有利地形，并集中军分区的独立团和青西、平泉两个县支队的力量，埋伏在宽城附近。当扬扬得意的敌保安团进入父亲设伏的伏击圈时，一阵猛烈的射击将敌人打得晕头转向。溃敌见势不妙，扔下 200 多具尸体，狼狈地逃回了平泉县城。

为了进一步发动群众，建立党的各级组织和人民政权，热南军分区、地委和专署机关转移到了宽城东南的峪耳崖。同时决定，在军事上暂以游击战为主，不放松有利条件下的运动战，破坏敌人的交通和袭击敌人的据点，消灭和驱逐敌人，以收复失地。

在热南兴隆县境内有一座大山，因山的形状像人的五指，故名五指山。这一带群峰连绵、森林茂密、山高路陡、地势险要，是打游击的好地方。

当敌人由遵化向喜峰口、宽城、峪耳崖进犯时，父亲便带领独立团在承德以南的五指山一带和滦河两岸，同敌人展开了游击战。经过半年多的艰苦奋战，给了敌人以沉重的打击，巩固了热南革命根据地。

1946 年 12 月，父亲被调到乌丹二十二军分区任司令员。

乌丹位于赤峰和林西之间，南部有雄险的四道沟梁与赤峰相隔，是阻敌北上的天然屏障；北部有西拉木伦河与林西隔河相望；东部是万顷沙海；西部接塞罕高坝，是一个自成体系的战略要地。

敌人占领赤峰后，热东、热中和热辽等地区被敌分割，联络出现了困难，保住了乌丹地区，就保住了冀察热辽领导机关与这些地区联络的通道。同时，乌丹是敌由赤峰进攻林西的必经之路。对此，中央分局决定，加强乌丹的军事力量，阻止赤峰之敌越过四道沟梁，保卫由承德转移到林西的冀察热辽中央分局和军区领导机关的安全。所以，乌丹二十二军分区配备的干部比较强，主要领导干部除政治部副主任刘克同志是抗日初期参加革命的以外，其他的都是红军干部，都是从延安来的，多数在中央机关和中央军委机关工作过，副司令员何廷一（中华人民共和国成立后曾任军委空军副司令员）和参谋长夏新民（中华人民共和国成立后曾任山东省军区副司令员）原是中央军委作战部的科长和副科长，有丰富的作战经验。

在军事力量的配备上，冀察热辽军区下辖的军分区中，乌丹二十二军分区是兵力最多、配备最强的军分区，

1948年12月，吴烈任第四野战军第四十五军第一三三师师长

有3个骑兵团、1个警备团(步兵团)和5个县支队,全军分区有4500多人,武器装备也比较好。

来到乌丹后,父亲接连收到当地土匪抢劫群众财物、杀人放火、扰乱社会治安、袭击我县机关和地方工作队、破坏土地改革、抢劫我军车辆物资的报告。他震怒了,立即召集会议,确定了剿匪部署,并亲自带领3个骑兵团进行剿匪斗争。

剿匪对父亲来说可是轻车熟路,想当年,闽西的团匪和大刀会,哪个见了他不是望风而逃?哪个没领教过他的厉害?

围场城里的土匪"保安团"一向耀武扬威,无恶不作,人民群众对他们恨之入骨,可只和父亲的骑兵部队打了一个回合,就扔下数十具尸体,狼狈地逃回围场,再也不敢出来了。

就在这时,父亲得到情报,赤峰之敌有北进的企图,于是他立即率领3个骑兵团迅速赶到了乌丹以南的桥头、官地一带待机。四道沟梁地势险要,南坡陡峭,紧扼公路,北坡平缓,易守难攻,是乌丹的南大门。

一场大雪过后,国民党第九十三军暂编二十二师,出动约一个营的兵力,在土匪武装的配合下,沿公路向北进犯,企图占领我军四道沟梁防线,遭到警备四团顽强阻击。双方对峙了一天,经过多次冲杀,敌人未能前进一步。当时正赶上天气奇寒,气温为零下40度左右,敌人多是南方人,衣不防寒,被毙、冻死、冻伤许多人,造成严重伤亡,狼狈逃回了赤峰。

1947年的春天,赤峰之敌纠集驻扎在兴隆庄约一个团的兵力,向我四道沟梁再次进犯。战斗从拂晓开始,一直打到黄昏,我警备四团在骑兵团的配合下，毙伤俘敌 200 多人，阻敌未能越过四道沟梁。

至此，父亲胜利完成了阻击敌人北进，保卫中央分局、军区和热北的任务。

1947 年 8 月初，父亲奉命由乌丹二十二军分区到东北民主联军第八纵队二十二师任师长。不久，他便奉命率领刚组建的二十二师由赤峰以南地区开赴热东辽西，参加秋季对敌攻势作战。

这时，敌九十三军暂编第二十二师由锦州经虹螺岘、江家屯窜至新台边门一带。敌暂编第五十师的第一、第二团由绥中向西窜犯梨树沟门一线。根据这一情况，第八纵队首长决定：由父亲率领的二十二师第六十六团和二十四师担负歼灭该敌的任务。

9 月 9 日，父亲率领二十二师星夜兼程，跑步跨越了锦州承德路。9 月 14 日拂晓，师部进至作战指挥位置。父亲正在焦急地等待着第六十六团到达作战位置的联络信号。忽然，远处传来一阵激烈的枪声。原来是我第六十六团走错了路，在梨树沟门附近与敌第五十师的第二团遭遇了。我六十六团的一营和三营迅速占领梨树沟门西北山头阵地，与敌展开激战。敌以一个营的兵力连续发动进攻，激战 4 小时，敌大部被毙俘，少数逃窜。

父亲得知这一情况后，立即向八纵首长做了汇报。八纵决定，由父亲率领二十二师的第六十四、第六十五两个团进至建昌以北玲珑塔、十八台线集结待命，第六十六团一部钳制敌五十师的第一团，第六十六团的主力和第二十四师首先消灭敌五十师的第二团，而后再吃掉敌人的第一团。

战斗打响后，我军各路部队迅速向敌发起了猛烈攻击，很快攻占了敌人占据的322高地和梨树沟门，歼敌五十师第二团全部和第一团大部，共毙伤俘敌1500多人。

敌五十师在梨树沟门被我军重创后，敌暂编二十二师见势不妙，由新台边门逃至杨杖子及锦西一矿区。这个矿区是1946年我军撤离锦州后被敌占领的，筑有坚固的防御工事。为了歼灭该敌，第八纵队决定以父亲率领的二十二师配属纵队炮兵营为主力，攻夺杨杖子北山及毛祁屯西北高地。八纵二十三师负责占领杨杖子公路以南山地，然后向杨杖子进击。八纵二十四师于上下杂木林子一线待机打敌援兵。接到命令后，父亲笑着对师政委陈仁麒（中华人民共和国成立后，曾任成都军区第二政治委员）说："老陈，你说巧不巧，在直罗镇，我在二三二团和敌人的二三二团打；后来我调到了红七十八师，又和敌人的七十八师干；现在我到了二十二师，又和敌人的二十二师打。不过，前两个跟我对着干的，都让我们给打败了。"

陈政委诙谐地说："不用说，这敌人的二十二师又要倒霉了。"话音落地，两人不由得笑了起来。

9月15日拂晓，父亲指挥第六十四和第六十五两个团，由玲珑塔、十八台线东进，第六十六团由梨树沟门向新台边门守敌逼进。

第二天下午14时整，父亲一声令下，山炮营首先对杨杖子北山之敌的工事实施破坏射击。接着我第六十四团向敌发动了勇猛的攻击，仅用10分钟，就将敌堡炸毁，攻占了敌北山阵地。随后，向毛祁屯敌暂编二十二师师部攻击。在毛祁屯同敌人激战1小时，连续拿下了敌人的几个主要阵地。敌人全线崩溃，夺路东逃，我英勇的指战员们奋起直追，紧紧咬住敌人不放。因下雨路滑，有的战士跑掉了鞋子，就光着脚追歼溃敌，杀得敌人尸横遍野。

我第六十五团攻占杨杖子东北山后，即向白杨木沟、高和尚沟迂回，包围杨杖子之敌。第二十四师在杨杖子东南的旧门附近早已堵住了敌人东逃的去路。敌人进退不得，在我军的前后夹击下，大部被歼。这次战斗，俘敌少将副师长苏景泰、少将参谋长宁坚以下官兵2500余人，缴获各种火炮22门，轻机枪20挺，各种步马枪780多支，骡马90多匹。

9月16日，敌暂编二十二师大部在杨杖子被歼后，敌陈诚恼羞成怒，于9月17日急令其刚开到东北的第四十九军军长王铁汉率七十九师和一〇五师，共12000余人，由锦州向西第二次进占江家屯、杨杖子。为了诱敌深入，冀察热辽军区命令第八纵队向新台门西北方向转移，同时电令第九纵队急速向杨杖子以东地区开进，参加围歼该敌的战斗。

9月20日，敌四十九军全部进至杨杖子、毛祁屯地区。八纵决定，趁敌立足未稳，予以全歼，令第二十二师、第二十三师、独立一师担任主攻，第二十四师的第七十一团在江家屯打援，第二十四师的主力集结于兰家沟为预备队。此时，我第九纵队也从冀东赶来，在上下杂木沟、前家店一带，担任阻击锦州援敌和堵歼杨杖子溃逃之敌的任务。第二十二师的主攻方向，是向敌占领的杨杖子北山至上下富沟以西的地区进攻，而后由西向东攻击，歼灭杨杖子之敌。

根据这一任务，父亲立即发出命令：第六十四团钳制上下富沟的敌人，攻占榆树沟北山，夺取杨杖子以南高地，配合第六十六团攻击村内；

1964年4月,时任公安部队第一副司令员的吴烈(左三)视察部队研究岛屿作战和沿海边防工作

第六十六团占领杨杖子北平顶山和西北大山,然后向杨杖子突击;第六十五团夺取笔架山和南山碉堡。

21日下午,父亲指挥的二十二师各团向杨杖子、毛祁屯之敌发起了攻击。

第六十四团在江家屯,以一个营的兵力,同敌经过一场激战,占领了江家屯附近的牤牛山,相继攻占了榆树沟北山,夺取了杨杖子以南的高地。

第六十五团夺取了笔架山和南山碉堡后,一鼓作气,攻入了杨杖子街内。

第六十六团占领了杨杖子北大碉堡，将守敌歼灭，控制了杨杖子北山，开始向杨杖子街内突击。

此次战斗，共毙俘敌 2800 多人，缴获各种火炮 46 门，轻重机枪 133 挺，步马枪 925 支，骡马 47 匹，电台 2 部。

至此，父亲率领的第二十二师作为八纵的主力师，取得了对敌秋季攻势作战以来三战三捷的战绩。

敌陈诚为了挽回败局，急忙将其新六军、九十三军暂编十八师由阜新、义县调来锦州，企图用"挖肉补疮"的办法，巩固其交通线。

为了彻底粉碎敌人的图谋，9 月 28 日，父亲奉命率第二十二师破击敌人的铁路。到 10 月 18 日，仅用 20 天的时间，他们就先后切断了绥中至兴城、锦西至营盘、锦州至义县、义县至金岭寺等段的铁路。广大指战员在铁路线上，炸桥梁，翻铁轨，拆枕木，拔线杆，弄得北宁路支离破碎，使得敌人穷于应付。美蒋反动派急得大声惊呼："事态在严重的发展之中……"

10 月 29 日，敌第四十二师和第二十一师由义县进至朝阳寺、九关台门一线，与我军前哨部队稍有接触，便不敢前进了，原地构筑工事，控制 350 高地、夹山、六台东山等主要制高点。

这时父亲接到命令，上级要他率第二十二师先歼六台之敌，然后协同第二十四师攻占五台，而后向夹山、九关台门进攻。

11 月 1 日上午 9 时许，战斗打响了。父亲亲自指挥第六十四团集中火力，一举攻克了敌人占领的六台东山。接着父亲又指挥第六十四团转攻夹山，很快将敌防线突破，攻克了夹山，形成攻打与之相连的 350 高地的有利条件。与此同时，父亲指挥第六十六团协同独立一师攻敌 350 高地。

为了便于作战，父亲将第六十六团分为三个梯队，向 350 高地攻击。该团的二营投入战斗后，连续占领了敌前沿的两个山头。敌人为了夺回失去的山头，投入了数倍于我的兵力，疯狂地向二营四连坚守的阵地反扑。此时，二营六连的战士们同四连一起，英勇顽强地打退了敌人的多次反扑。六连副连长杨灵拴带领突击组猛打猛冲，很快攻占了敌腹心阵地。

这时，我第六十六团和兄弟部队一起，向敌占领的 350 高地发起了总攻。经过一场激烈的战斗，敌 350 高地被我军攻占。敌人见势已去，人心浮动，仓皇向义县逃窜。父亲见此情景，命令第六十五团，要"痛打落水狗"，追歼溃逃之敌。战斗于 11 月 2 日 3 时结束。

九关台门一战，父亲率领第二十二师共缴获敌人的步马枪 436 支，轻重机枪 17 挺，火炮 3 门，电台 2 部，战马 29 匹，各种枪弹 5 万余发，炮弹 800 多发，击毙敌第二十一师副师长李亦宗，毙伤俘敌 790 余人。

1976 年，吴烈在武汉军区家中

第六十六团由于作战迅速、勇敢、顽强，受到冀察热辽军区的通令嘉奖；第八纵队党委授予六十六团二营"英雄顽强营"锦旗一面，给第二营的四连与连中 19 名战士均记功一次。

12月10日，冬季攻势开始。父亲奉命率领第二十二师由朝阳出发，越过锦承铁路，跨过大凌河，翻过高山陡坡和大雪封路的老爷岭，向辽宁的北镇、黑山、新立屯、彰武一带行进。

12月15日，我第八纵队的第二十四师解放了北镇，第二和第七两个纵队包围了彰武之敌四十九军第七十九师。为了防止新立屯守敌四十九军第二十六师增援彰武或逃跑，父亲率第二十二师迅速包围了新立屯守敌。

1983年，吴烈时任北京军区顾问

当时，正值隆冬，飕飕的西北风像刀子割一样让人疼痛难忍，战士们冒着零下30多度的严寒，踏着没膝深的积雪，星夜兼程，战胜饥饿、严寒和疲劳，一昼夜行程120里，以奔袭的方式于12月27日拂晓前赶到新立屯，和随后赶到的第二十四师一道，将敌四十九军的第二十六师包围起来。彰武、新立屯等据点被我军包围后，敌人惧怕被歼，不敢出来增援。

1948年1月25日22时，父亲奉命扫清主攻方向敌外围据点后即转入攻城。根据当时的情况，父亲做了攻城布置：第六十四团为第一梯队，第六十六团为第二梯队，第六十五团于阿木土营子集结待命。

1月26日4时50分，父亲命令六十四团率先发起攻击。六十四团

1997年，吴烈给青年一代讲革命传统

的第一营首先从大八家子东北角向敌猛攻，仅用了10分钟，就将敌防线突破，第二和第三两个营随后迅速跟进，向城内猛攻。敌支持不住，窜入屯内。与此同时，我第一纵队的第二师先后攻占了兴隆台、小黄金台大地堡，独立二师攻占了寡妇山的制高点。

这时，城内的敌人见势不妙，仓皇向城东北方向逃窜。父亲立即指挥第六十六团紧追不放，战斗至26日7时，新立屯之敌除敌第二十六师师长带着300多人逃窜阜新外，其余守敌全部被歼。

此次战斗，父亲率领第二十二师歼敌500多人，缴获马枪390多支，轻重机枪11挺和一大批军用物资。

这时，一轮红日从东方冉冉升起，把整个热河大地照得一片金黄。望着这片被收回的土地，父亲脸上露出胜利的微笑……

（本文作者：吴烈之子）

红星闪闪照征程

张大军

  张元和（1920—2016），宁夏回族自治区海原县人。1936年参加中国工农红军，1938年加入中国共产党。

  土地革命战争时期，历任红二十五军七十三师七团四连传令兵、班长、排长，参加了红军西征。抗日战争全面爆发至抗日战争胜利期间，参加了平型关、张店、丁店、高平等战役。解放战争时期，任淮海军分区营长，华东野战军十二纵队三十五旅一〇四团副团长、代团长，一〇七团副团长，第三野战军第九兵团三十军八十九师二六六团团长。中华人民共和国成立后，曾任志愿军第二十六军八十八师二六六团团长、特务团团长，第二十六军七十七师参谋长、师长，江西省军区副司令员等职。是江西省军区唯一受邀参加2015年9月3日阅兵仪式的老战士。

  1955年被授予上校军衔，1965年晋升为大校军衔。荣获三级独立自由勋章、三级解放勋章、八一奖章、朝鲜民主主义人民共和国二级国旗勋章。1988年被中央军委授予中国人民解放军二级红星功勋荣誉章。

2015年9月，95岁高龄的离休老红军、原江西省军区副司令员，我们敬爱的父亲张元和，作为江西省唯一抗日战争老战士代表，赴京参加纪念中国人民抗日战争暨世界反法西斯战争胜利70周年大阅兵。

当抗日战争老兵代表的乘车方队缓缓通过天安门广场，接受党和国家领导人以及现场和正在观看电视直播的亿万民众检阅、致敬时，坐在车中的父亲与其他老兵代表一道，庄严地举手敬礼。此时此刻，让站在荣誉高峰的父亲难以忘怀的，是那曾生死与共的成千上万的战友身影，是他90多年一路走来的生命不息、战斗不止的深深足迹。

2015年9月3日，张元和（左三）参加纪念中国人民抗日战争暨世界反法西斯战争胜利70周年阅兵式

初战会宁城

那是在1936年8月底，为策应红四方面军北上会师，红十五军团奉命将第七十三师二一七团和军团直属骑兵团组成特别支队。9月下旬，二一七团在团长刘子炎、政委曹广林的率领下，比骑兵团提前两天出发，靠着两条腿徒步急行军。参加红军才3个多月的父亲生平第一次连续走这样长的路，而且是奔跑行军，十分艰难。还不满16岁的父亲咬紧牙关，一步不落地跟在连长身后，随时准备传达连首长的命令。

会宁县位于陇中地区北部，北靠靖远，西连定西、榆中，南接通渭，东邻静宁和今宁夏西吉县，是红二、四方面军北上的必经之地。县城坐落在祖厉河畔，有国民党新一军第十旅一部和县保安队共400余人防守。

红十五军团直属骑兵团作为特别支队的前卫，于10月2日凌晨抵达会宁县城外。红军兵临城下，但城内的守军尚未察觉。5时许，守军同往日一样，照常打开城门。骑兵团的指战员听到政委夏云飞一声令下，立即跃马扬鞭从西门和北门冲入城内。城中守军吓得不知所措，乱作一团。

这时，经过连续300多里急行军的红二一七团也赶到了会宁城下。他们顾不上喘口气，就迅速投入战斗。

二一七团虽然只有4个步兵连和1个机枪连，但官兵纪律严明，作战勇敢，战斗力很强。他们与骑兵团协同作战，配合默契。父亲所在的四连攻进城里后，登上城墙守护，其他连队则负责搜捕残余守军。经过一个多小时的战斗，国民党守军被全部歼灭，红军占领会宁城。这一着棋出其不意，抢在了国民党胡宗南部的前面，为红军三大主力会师创造了条件。

次日凌晨，前来准备增援会宁守军的邓宝珊新十一旅的两个团到达城西5公里处的曹家河（今属甘肃定西县），我骑兵团和二一七团立即抢占有利地形，阻击敌人。红二一七团的几个连分别守在会宁城的不同位置，其中四连在会宁城西门楼上坚守。当城下的邓宝珊组织部队攻城时，城墙上的红军战士就朝下扔手榴弹，迫使邓宝珊部不得不退下。

上午八九点钟，邓宝珊部又开始攻城。

人们常说："初生牛犊不怕虎。"父亲虽然年纪小，没有打过仗，但用他后来的话说，就是"那时不知道子弹的厉害"，因而从城垛女儿墙往下看到邓宝珊部的士兵，居然跳着喊："你打，你打！让你打！我们打死你！"突然，他的军帽掉在地上，还以为是被风吹掉的，仍继续跳着喊。班长赶紧制止他："张元和，你不能这样乱喊乱跳！"突然，他发现张元和的耳朵不对劲，就问："你的耳朵怎么啦？"父亲不以为然地回答："天气热，冒汗了。"边说着，边用手摸了一下耳朵，发现手上沾满热乎乎的鲜血，顿时哎哟一声，这才明白刚才自己的军帽是被城下敌人的子弹打掉的。好在只是擦伤了头皮，在班长的帮助下，父亲用毛巾简单包扎了一下，又继续战斗。这是父亲在战争年代6次负伤的第一次，只是轻伤，没过多长时间就痊愈了。

邓宝珊部没有甘心失败，仍企图夺回会宁城。他们依靠兵力和武器的优势，激战两天两夜，红十五军团特别支队被迫主动撤至城外高地阻击，国民党军攻入会宁城。此后，红一军团第一师主力、第二师第四团和骑兵第二团向会宁增援。邓宝珊部闻讯于6日晚撤出会宁向西逃窜，红十五军团特别支队和红一军团的部队重新占领会宁城。

红四方面军先头部队第四军于7日晨到达会宁，先后同红七十三师和红一军团会师。随后，会宁城防务交给红四军，红一师师长陈赓、政委杨勇率领主力移驻城郊，红一方面军主力相继撤离会宁县城。

10月9日，红军总司令朱德、总政委张国焘、红四方面军政委陈昌浩、总指挥徐向前等率红四方面军总部和四军、三十一军进入会宁城，红一、四方面军胜利会师，这就是闻名于世的红军"会宁会师"。

红一方面军各部队将筹集的一大批粮食、猪羊、手套、鞋袜和赶制的棉衣，以及官兵们自己准备的礼物，送给历尽艰辛刚刚到达的红四方面军的战友。父亲捐出了自己的一双鞋袜和一条毛巾。

平型关阻击

1937年9月，为了配合国民党军的对日作战，八路军总部决心组织平型关战役伏击歼灭日军。

此时的父亲经过了一年多的大小战斗考验，已成为八路军一一五师六八七团一营营部通讯员。他跟随着部队向平型关集结。

平型关位于山西省东北部，是晋冀两省相通的重要隘口。两侧峰峦迭起，陡峭险峻，左侧有东跑池、老爷庙等制高点，右侧是白崖台等山岭。

1951年，抗美援朝时期，张元和在朝鲜阵地留影

从平型关至灵丘的东河南镇，是一条由西南向东北延伸的狭窄谷道，其中，关口至东河南镇长约13公里，山沟最深处达数十丈，是地势最为险要的地段；沟谷内有一条公路蜿蜒其间，是伏击歼敌的理想之地，八路军一一五师选在这里设伏。

日军第五师团师团长坂垣征四郎自带队侵入华北以来，遇到的几乎都是国民党军队，因此气焰嚣张。他根本就不会想到八路军已经渡过黄河，到了他的眼皮底下。因此，他选择平型关作为迂回路线。

父亲所在三四四旅的任务，是占领平型关北面的蔡家峪、西沟村和东河南村一线阵地，截断日军退路，阻击日军增援，也就是"断尾"，以配合三四三旅伏击作战，取得整个平型关战役的胜利。

9月24日夜晚，六八七团向平型关开进。为了隐蔽，部队选择了难走的崎岖小路。天空乌云滚滚，大地越来越黑，瞬间狂风大作，大雨瓢泼而下，干部战士既无雨具，又缺乏御寒的衣物，单薄的灰色军装很快被淋透，一个个冻得直打哆嗦。突然吼叫的山洪从沟里冲了出来，水势凶猛。官兵们把枪和子弹挂在脖子上，手拉着手结成一条"人链"，从湍急的激流中淌过去。洪水寒冷刺骨，但父亲他们全然不顾，一心想着尽快赶到作战位置。

经过大半夜艰苦行军，拂晓前，部队按时进入阵地。各级领导向干部战士作了战前动员，大家忍受着饥饿和寒冷，趴在冰凉的阵地上隐蔽起来。这时雨虽然停了，但天还是阴沉沉的，冷风嗖嗖，淋湿的衣服贴在身上更加难受，大家都默默忍耐着，时刻准备投入战斗。

父亲所在的六八七团一营卡在深沟两边的山头上，准备夹击日军。一是堵截可能从北面增援的日军，二是防止被包围的日军从他们所守的山口逃跑，三是阻止日军抢去八路军占领的高地。

清晨7时许，日军第五师团第二十一旅团主力全部进入八路军的伏击圈，一一五师指挥所下达攻击命令，八路军战士居高临下，机枪、步枪、手榴弹和迫击炮一齐开火，打得日军人仰马翻。正在行驶的汽车有的中弹起火，有的轮胎被打爆。后面的汽车想掉头往回逃，但路太窄转不过弯来。车上的日本鬼子死的死，伤的伤，剩下的赶紧跳下车往沟上爬，被八路军的密集火力压住后，只得钻到车底下试图顽抗。还有大车、马匹相互撞击，夺路逃命的日军挤作一团，整个沟谷一片混乱。这时三四三旅发起冲锋，到沟底与日军展开近距离的肉搏战。

日军第五师团长坂垣征四郎发现二十一旅团的3个联队被伏击，急令驻涞源、蔚县的2个联队火速赶往平型关增援。三四四旅旅长徐海东亲自指挥六八七团断敌退路、阻敌增援的战斗。父亲所在的一营迅速占领了西沟村，与二营、三营共同形成夹击之势。

很快，从涞源方向来了400余日本鬼子。借着山间弥漫的大雾，徐海东等到鬼子离我们的伏击圈很近了才发令开火。第一次亲眼见到日本鬼子的我军战士早已红了眼睛，此时都呼喊着向山下鬼子扑去。日军派出飞机在空中配合作战,但两军混战在一起,最终也没能挽回败局。

一营三连守在靠北边的山上阻击敌人。日军见势不妙,转而组织多次进攻拼命突围,均被三连打退。营长命令:三连要守好口子,进来的不准跑出去,没有进来的一个也不能放进来!父亲跑步到三连阵地传达营长命令。三连在一条深沟的对面,人过去很费时间,但沟两边的声音互相听得见。父亲就隔着沟大声喊:"请连长赶快过来!"三连长在沟对面听了父亲传达的营长命令后大声说:"我们没有子弹了,赶快送子弹和手榴弹来,越快越好!"

父亲跑回来向营长报告了三连的情况,营长命令:"赶快报告后勤,马上给三连送弹药!"父亲在上山传达营长命令的路上,腰间的皮带扣被子弹打坏了,挎包被打了两个洞,衣角、裤脚也都被打出了洞,所幸没有伤着筋骨。三连及时得到弹药补充后,全歼了被围困的鬼子。

黄昏时分,平型关战役结束,共歼灭日军第五师团第二十一旅团一部1000余人,击毁汽车百余辆、大车200余辆,缴获各种枪支千余支和其他辎重物资。其中,六八七团歼敌数百人,缴获汽车20余辆。平型关战役是华北战场上中国军队第一个大胜仗,打破了日军不可战胜的神话,震惊中外,振奋人心。

父亲随一营派出的炊事员一起去了战场好几趟,拿回了不少战利品。其中最让父亲称心的是得到日军的一个大牛皮背包。这个包很轻巧,毛朝外,有背带,防雨防潮,里面有一个四方形的木头架子,用来固定物品。以后,这个背包陪伴了他好多年,直到他当了干部还在用。

坚守五圣山

1951年8月4日,时任特务团团长的父亲率领全团官兵,奉命参加平康、金化地区防御战,执行坚守五圣山的任务。

五圣山在朝鲜中部金化郡以北约5公里处,海拔1061.7米,美国人称其为"三角形山"。五圣山南麓有一个只有10余户人家的小村庄,名叫上甘岭。五圣山有5个高地,犹如张开的五指,一年后志愿军第十五军在上甘岭战役中与敌方殊死争夺的597.9和537.7高地就是其中的拇指和中指。因为经典影片《上甘岭》和著名插曲《我的祖国》,使上甘岭在中国几乎家喻户晓,而上甘岭的母体五圣山却鲜为人知。

其实张元和特务团的五圣山阻击战持续的时间和残酷程度并不亚于上甘岭战役。上甘岭战役历时43天,而五圣山阻击战前后达237个日日夜夜。这期间,丧心病狂的敌人投入了细菌弹这种令人毛骨悚然的生化武器。

五圣山西侧,是斗流峰和西方山,三山如唇齿相依,形成天然防线。五圣山是平康平原的门户,一旦落到敌人手中,那就意味着美军的装甲部队可以在平康平原上任意驰骋,志愿军将会在整个平康平原数百公里范围内无险可守。更重要的是,平康平原还位于朝鲜的中部,距离三八线很近,一旦平康平原失守,志愿军的整个防线都会在这里被一分为二,东线、西线将失去联系无法互相支援。完全可以这么说,五圣山、斗流峰和西方山一线,系整个朝鲜战争与朝鲜国家命运于一身。

特务团接防的阵地在五圣山南麓接上甘岭的西侧。比起部队刚入朝时无遮无拦的被动挨打，这时的五圣山阵地则已经有了防御工事，大大减少了伤亡。

敌人发现有新的部队接替阵地，立即增加了炮火攻击和飞机轰炸，敌人的炮弹铺天盖地地落到特务团的阵地上，每天数次，从未间断。白天敌人的侦察机发现阵地上的工事，随后就是炮兵校正机指示目标的猛烈炮击，如果敌人侦查发现了大一些的目标，则引来成群的轰炸机狂轰滥炸。晚上敌人的探照灯不停地在特务团阵地扫来扫去，发现异常立即用枪炮射击。入夜，特务团的官兵们从坑道钻出来维修被敌人破坏的工事。就这样，敌人白天炸，特务团夜里修，几乎天天如此。

为了减少敌人炮火和飞机轰炸所造成的伤亡，父亲采取了"在兵力配备上前轻后重，在火力配置上前重后轻"的防御战术。全团的战斗连分别部署在9个山头上。

10月10日清晨，五圣山被笼罩在浓浓的云雾之中，能见度极低。一连、三连阵地正面敌人的36门大炮，忽然震天撼地地吼叫起来，558.0高地及其前沿阵地瞬间被淹没在一片火海弹雨中。猛烈的炮击持续了50分钟，6000余发炮弹倾泻在一营的阵地上，火光四溅，土石翻滚，硝烟弥漫，遮住了太阳的光芒。

敌人的炮火过后，特务团一营阵地的工事和交通壕受到严重破坏，电话线也被炸断。激战2个多小时，一营2个班阵地相继失守。在团指挥所里，父亲得知这一情况后，立即命令一营趁敌立足未稳，迅速组织反击。在迫击炮火的掩护下，经过激烈争夺，终于收复并守住了失去的阵地。

抗美援朝回国后，张元和与战友同妻子、女儿的合影

敌人先后向特务团 12 处前沿阵地发起地面攻击，其中向 399.8 高地攻击 25 次，发起冲击 52 次，被歼 475 人；向 419 高地攻击 9 次，被歼 181 人。遭此失败后，敌人由正面频繁轮番进攻转为主要空袭特务团团营指挥所和后方，封锁交通，空、炮配合袭击阵地，在 3.8 平方公里面积上，每天落弹 30 余万发。地面部队没有再敢轻举妄动。

特务团在五圣山阵地防御中，还采取阻击、袭击、伏击、突击相结合的战术，经常出其不意，短促出击，大量杀伤敌人。父亲指挥部队实施反坦克作战，进入阵地后组建了无后坐力炮连，还在各阵地敌人坦克必经之地埋设地雷，大量使用步兵反坦克武器。

特务团最初进入五圣山阵地时，还是满山树木青绿，部队很容易隐

张元和讲述会宁战役时的情景

蔽运动。之后经过敌人的狂轰乱炸,阵地已是焦土一片,一个弹坑接着一个弹坑。399.8高地和420高地被敌人的炮火削去近2米,阵地上到处是被炸断和烧焦的残树,被击毁的敌坦克散乱在各处。

在坚守阵地的237个日日夜夜里,特务团秉着大无畏的精神与敌人英勇交锋、视死如归,取得了令人咋舌的丰厚的战果。为此,特务团受到军、师和志愿军司令部的通报表扬。

战后,父亲被朝鲜最高人民会议常任委员会授予朝鲜人民民主共和国二级国旗勋章。后来,父亲还分别被授予中国人民抗日战争胜利60周年荣誉章、中国抗日战争胜利70周年纪念章、中国工农红军长征胜利80周年纪念章。

(本文作者:张元和之子)

从宁都到瑞金

张渝明

张步峰（1914—1999），河南省安阳县人。1931年参加宁都起义，1935年加入中国共产党。

土地革命战争时期，任中国工农红军第五军团四十三师一二七团军医、红一军团第一师二团卫生队队长、第二师卫生队副队长、第四师卫生队队长，参加了长征。抗日战争全面爆发至抗日战争胜利期间，任八路军一一五师三四三旅六八六团卫生队队长、独立旅卫生处处长、鲁西军区卫生部副部长兼黄河支队卫生处处长、鲁西军区卫生部部长、冀鲁豫军区卫生部副部长、部长。解放战争时期，任冀鲁豫军区卫生部部长、晋冀鲁豫军区卫生部副部长、第十八兵团后勤部第一副部长。中华人民共和国成立后，任西南军区卫生部第二副部长、云南军区后勤部副部长、中国人民志愿军后勤部副部长兼卫生部部长、总后勤部卫生部部长、中国人民解放军第四军医大学校长等职。

1955年被授予少将军衔。荣获二级八一勋章、二级独立自由勋章、二级解放勋章、朝鲜二级国旗勋章。1988年被中央军委授予中国人民解放军一级红星功勋荣誉章。

1931年12月，从江西宁都传出了一个震撼整个华夏大地的消息：近2万名血气方刚的二十六路军官兵，由于不满国民党的反动统治和蒋介石对日本帝国主义的不抵抗政策，在共产党的领导下举行武装起义，毅然脱离国民党反动集团，集体参加了红军。

在这支起义队伍中，有一位才17岁的中尉司药官，他就是在路上改名，跟着部队从宁都走到瑞金，一直走到北京，后成为中国人民解放军总后勤部卫生部长、共和国将军的我的父亲张步峰。

霹雳一声暴动

"宁都暴动"开始仅仅几天，中国共产党就派遣了一批干部进驻二十六路军，开始对这支部队进行改编。进驻七十四旅的是一位姓黄的政委和几十名政治工作人员。他们的目的就是要通过政治教育，把这支西北军的劲旅变成红军的一支铁军。

七十四旅是冯玉祥的警卫旅，也是有名的手枪旅，在西北军里可以说是无人不知、无人不晓。1930年，蒋介石、冯玉祥、阎锡山在中原大战期间，蒋介石凭借"银弹"优势，夺得了战场主动权。大势已去的冯玉祥没有把这支劲旅用在战场上，而是交给了他最宠信的爱将孙连仲，要他带七十四旅去西北，以图"东山再起"。冯玉祥没有想到，孙连仲很快就投靠了蒋介石，并当上了国民革命军第二十六路军的总指挥，拿了蒋介石给的大批钱款，招兵买马扩充势力，开赴江西"剿共"；冯玉祥更不会想到，这支劲旅还没在战场上与红军交手，就参加了暴动，并加入到红军的行列。

按照上级的统一安排，七十四旅开赴瑞金附近进行整编。那时这段路程要走几天时间。在这支浩浩荡荡的队伍里，有一个满脸稚气的"娃娃兵"，那一年刚满17岁，高个圆脸，眉清目秀，他就是我的父亲——七十四旅卫生队的中尉司药官。那时他的名字叫张心成。

新加入红军的大队人马行进在赣南山间的土路上，这时几乎所有人都有说有笑，带着几分轻松的心情行军，队伍里不时还传来雄壮的歌声。和在旧军队时的行军相比，担惊受怕的紧张气氛早就烟消云散了。之前二十六路军开进江西时，每次行军所有人都会陷入高度紧张的状态，在这里看不见人，找不到路。在别处可以花钱雇人带路，但是在这里不行，钱有，就是找不到愿意带路的人。只要稍稍远离城镇驻地，就有遭袭扰、挨冷枪的可能。甚至有人看到窄路密林就腿软、心跳。一连串的败仗，更使士气低落到了极点。比吃败仗更可怕的是饿肚子。二十六路军基本保持了西北军军纪严明的特点，所属各部均不缺少经费，长官克扣军饷的事例也比其他部队少得多，但是在宁都却花钱买不到东西，日常生活所需的东西，如柴、菜、肉、油等，几乎都要拿军粮去换，结果每人每天的定量超过了两斤半，士兵们依旧饿肚子。有时连一天两顿饭都无法保障。长期饥饿必然导致营养不良，营养不良很快就使疾病蔓延，在旅军医处工作的父亲，每天都能看到被疾病夺去生命的士兵被掩埋在离驻地不远的山坡上。现在行军虽然也是山高林密，但再不用担心会送命了，心里当然会轻松许多。

行军一路温情

　　加入红军后的第一天行军，就给父亲来了个"下马威"：崎岖的山路，又湿又滑的路面，肩上的沉重背包。没走多久，脚上穿的布鞋鞋底就磨了个大洞，要不是出发前有人塞给父亲一双崭新的草鞋，此时真不知如何应对。父亲拿出那双草鞋，刚要往脚上穿，被一个操着浓重湖南口音的人拦住了。他说，一看你就没穿过草鞋，这样穿草鞋脚会很快打泡的。要把草鞋先蘸上水，再用石头把鞋底砸平，这样鞋才跟脚。他怕对方听不懂，就拿过草鞋，用石头蘸水把鞋底砸平，并帮助父亲把草鞋穿好。

　　父亲是河南安阳人，原本是大户人家出身，以前从没有穿过草鞋。现在，他却背着沉重的行囊，穿着草鞋步履艰难地行进在崎岖的山路上。已进入严冬季节的山区寒气袭人，此时张心成满脸是汗，不停地喘着粗气，肩上的背囊越来越重。他竭尽全力，努力使自己不掉队。尽管他老家在农村，只读过几年私塾，但从没有干过繁重的体力劳动，当兵之后也是如此。西北军虽说比其他军队要好一些，不过官、士、兵、夫之间同样等级森严，别说是军官，就连士兵也不会去做挑夫做的事。只是进了江西，所到之地如同到了外国，找不到夫役，找不到向导，甚至找不到健全的成年人。此时的父亲，才不得不和别人一起抬着沉重的药箱行军，负担再重也无人过问。

　　就在父亲渐渐体力不支的时候，身后传来了一声湖南口音："同志，把你背的东西分给我一些。"说话的人就是那个帮父亲穿草鞋的小谭同志,他是和黄政委一同派到七十四旅工作的。父亲看到他与自己年龄相仿,有着结实的身板、黝黑的面庞,脚下踩着草鞋,还以为他是过来帮忙的夫役呢。

小谭没再多说,只是默默地抓起父亲背上的粮袋背在自己身上。小谭把自己的毛巾递给父亲,关切地说:"路还远着呢,可别把自己累垮了。"寥寥数语犹如一股暖流,顿时涌上了父亲的心头。不错,自从离开家乡,这么多年了,还是第一次有人这样对他嘘寒问暖,第一次有人为他分担困难。几个月前进入江西时,同样是行军,表面上称兄道弟的战友,在合抬药箱时,还偷偷把重心向他抬的方向移几公分,目的是让自己这边轻一点。此时张心成真不知该说什么,想了老半天才挤出一句大白话:"兄弟,谢谢你!""莫要谢,我们是革命同志,是同志就要相互帮助嘛。你们从北方来,走不惯山路,背不动重东西,我们晓得。"

这一天的行军,小谭为父亲分去了多少负担,他们俩都没记清,反正快到宿营地时,父亲几乎是空着手走路。

第二天,天刚亮,小谭就来到宿营地,忙里忙外地照顾大家吃早饭,并叮嘱大家要多喝水。他说,出发前把水喝足,这一天都难得口渴。

上路之后,他们在一起行军,就好像是相交多年的老朋友,在一起聊了很多。从这个叫谭善和的小同志嘴里,父亲知道很多原先从来没听说过的新名词,什么无产阶级、共产主义、革命理想、苏维埃政权……谭善和依旧默默地把父亲所背的东西放在自己的肩上。

父亲从心底里感谢这位年轻人,但更想知道他到底是什么人,几次话到嘴边又咽了下去。小谭好像看出来父亲有话要说，就主动问道："你有事，就说嘛。"

父亲说："我只是想问问，你在红军里是个什么官？"

"我们红军没有官。"

"没有官？那谁指挥打仗？谁发号施令？"

"红军里指挥打仗的是指挥员，冲锋陷阵的是战斗员，还有司号员、炊事员、饲养员……这只是分工不同，政治上完全平等。"

"能做到平等吗？"

"当然能。生活上我们同吃同住，拿同样的'伙食尾子'，指挥员有错误还要到士兵委员会去接受批评。"

"伙食尾子"大概是中国军队的特有名词。它指的是伙食费结余后发给个人的那部分。按照当时的规定，在编的国民党军士兵每人每月的军饷是十元一毛五。伙食每日两毛计每月六元。这笔开销后，士兵能领四元一毛五月饷。那个年代物价低，一毛五分钱一天已经吃得很好了，每餐都有肉吃。此外，士兵每周能领三毛五分钱外快，这就被称为"伙食尾子"。但还有一条规定，在战场的缴获可以直接充作军饷，士兵为了能多分些"伙食尾子"，在作战区域甚至直接到老百姓家里抢粮，是司空见惯的。尽管西北军军纪严明，官长是不拿"伙食尾子"的，但是为了自己能有利可图，士兵也能多分点"伙食尾子"，往往对抢掠行动是"睁一只眼闭一只眼"。红军官兵能做到如此一致，张心成绝对无法想象。

快到宿营地时，小谭叫住父亲，说队里决定今晚开一个娱乐晚会，你也出个节目吧。

父亲答道:"我哪儿会演节目。"

小谭笑着说:"我可听说你不仅会唱京剧,而且能唱旦角。晚上你就唱一段吧。"

父亲会唱戏,卫生队里知道的人并不多。在那个年代里,旧军队都奉行"一口皮黄、四圈麻将"的交际往来,甚至还有吸食鸦片的恶习也被带进了军队交际圈。在西北军里是严禁抽大烟、赌钱的,但是听戏、捧角的情形却存在。此时小谭相约,肯定是有备而来,况且这话是从小谭嘴里说出,就更不好意思推脱。父亲就爽快地答道:"好,我唱。"

那天,父亲唱的是《苏三起解》,反串旦角,成了当天晚会中最受欢迎的节目。

改名一用终生

第三天的行军依旧是踏着露水出发。大家都知道红都瑞金城就在不远的前方。路上的大标语也逐渐多了起来,大道旁,山崖上,到处都有"热烈欢迎二十六路军""热烈欢迎宁都暴动勇士加入红军"等标语。看到这些振奋人心的标语,人们似乎忘却了赶路的疲劳。队伍中有人在喊:"同志们加油呀!翻过前面那座山,就能看见瑞金城了。"大家都不约而同地加快了脚步,恨不能马上就见到瑞金这座充满神奇色彩的赣南古城。

就在大家争先恐后上山的途中,有一位叫黄甦的政委叫住了父亲并亲切地问父亲叫什么名字,父亲回答了他。黄政委语重心长地对父亲说:

"加入红军后,很多人都把名字改了,你是不是也要改?"

父亲反问道:"大丈夫姓名受之父母,为啥要改名?"

黄政委说,红军和白军的斗争是极其残酷的,白军在战场上打不过红军,就去祸害他们的家属,我们队伍里的许多同志在白区的家属都被杀害了。你加入了革命阵营,我们就有责任保护你的家属。

在宁都,父亲也听说过许多类似的事情,只不过在被杀者前加了一个"匪"字。

黄政委接着说:"你的家乡在白区吧?改名是为了保护你的家人不被株连。"

父亲说:"既然是为了家人,那就改吧。叫什么呢?总不能叫'张上山'吧……"

因为当时正走在上山的路上,父亲就随口说了"上山"这两个字。

黄政委说:"这个也行嘛,咱们取个上山的意思,就叫作'步峰'吧。"

"好!我今后就叫张步峰。"

从那以后,张步峰这个名字就一直伴随着父亲。1934年父亲加入中国共产党,历任军医,团卫生队长,师卫生队长,旅卫生处长,军区卫生部副部长、部长,志愿军后勤部副部长,第四军医大学校长,总后卫生部长;1955年授予少将军衔,并荣获八一、独立自由、解放三枚二级勋章,直至逝世,都是用张步峰这个姓名。

(本文作者:张步峰之子)

毛泽东称为"井冈山"的人

张小军　张小康

张国华（1914—1972），原名张福桂，又名李亚霖，江西省永新县人。1929年参加中国工农红军，1930年加入共产主义青年团，1931年加入中国共产党。1951年被毛泽东亲切地称呼为"井冈山"。

土地革命战争时期，曾任红四军连政治指导员，红一军团巡视团主任，第二师六团总支书记，参加了历次反"围剿"斗争和长征。抗日战争全面爆发至抗日战争胜利期间，任八路军一一五师直属队政治处主任，鲁西军区第七支队政治委员，教导第四旅政治委员兼湖西军分区政治委员、冀鲁豫军区第九军分区政治委员等职。解放战争时期，任豫皖苏军区司令、第二野战军第五兵团第十八军军长等职。于1950年受命率部进军西藏，完成和平解放西藏任务。中华人民共和国成立后，历任西藏军区司令员、军区党委第一书记，1962年中印边境自卫反击作战前指司令员，西藏工委书记，西藏自治区党委第一书记，成都军区第一政治委员、党委第一书记，四川省委第一书记等职。1972年因公殉职，民政部批准为革命烈士。为中国共产党第八次全国代表大会代表、第九届中央委员，中华人民共和国第一届、二届、三届国防委员会委员，第一届、二届、三届全国人大代表。

1955年被授予中将军衔。荣获三等红星奖章、二级八一勋章、一级独立自由勋章、一级解放勋章。

他，出生于江西井冈山北麓的永新县一户农民家庭，经历了井冈山斗争的炮火考验，是一位在红军队伍中锻炼成长起来的人民解放军高级将领。中华人民共和国成立后，为了西藏的和平解放与建设，他为大业舍小我，付出了自己的全部心血，做出了巨大的贡献。

毛泽东主席曾亲切地称其为"井冈山"。他，就是我们的父亲张国华。

进军西藏前痛失爱女

中华人民共和国成立之初，为了祖国的统一，由中国人民解放军西南军区和西北军区派出部队，执行中央决策，从四川、青海、新疆、云南4个方向进军西藏。在被称为"生命禁区"的极其恶劣的自然条件下，他们徒步超负荷行进近3000公里，成为人类高原行军史上绝无仅有的奇迹。

我们从"老西藏"的叔叔、阿姨那里知道，当年在十八军进军西藏的动员大会上，大家好奇地发现台上有一个3岁左右的小女孩。这个孩子天真可爱，见大人在台上讲话，也站起来向台下敬礼，翘着小嘴说："叔叔，阿姨，我给你们唱支歌！"说着就咿咿呀呀唱起来。台下的人都欢喜地鼓起掌。有人交头接耳地问："这是谁家的孩子？"当官兵们知道这是军长张国华的女儿小难——我们的姐姐时，心里都明白了：军长把女儿带到动员大会会场，就是要让全军将士知道，我张国华"背女出征"，坚决进藏，义无反顾啊！

姐姐出生在革命战争年代。母亲临产时，村庄被敌人包围，她只好躲在老乡的牲口棚里分娩。后来母亲在日记里记述道："瞎灯黑火，冷风习习，举目无亲，一边是驴的叫声，一边是我疼痛欲绝的呻吟声，真是难呀！"父母给姐姐起名"小难"，就是要让孩子记住生她之难、带她之难，记住共产党人度过的那些艰难岁月。

就在进藏大军将行、万事繁忙的时候，警卫员接连报告父亲，小难病了，高烧不退，嘴里不停地叫"父亲……"催促他赶快去看看。正在主持会议的父亲只说了句"我抽不出身，你们去照顾一下"，会议继续进行。直到晚上父亲稍得点空，才赶往医院。当他赶到病床前时，小难姐姐已经永远闭上了眼睛……十八军的叔叔阿姨都说，小难是我们十八军进藏第一个牺牲的生命。

父亲把那种痛彻心扉的情感、那种难以割舍的亲情一直深深地埋在了心底。我们明白：在父亲心中，有着一个和3万进藏官兵共同的信念，那就是为了多数人的幸福，宁可牺牲个人的利益。

做藏族同胞的朋友

虽然我们从小在北京长大，可是在我们的心里，却有着与他人不同的梦，那就是西藏——我们魂牵梦绕的美丽地方。

从小我们一家就生活在与西藏有关的圈子里，家里除了几个孩子，父母亲、秘书、警卫员、炊事员，来来往往的客人都是老西藏。我们亲

张国华率部抵达拉萨

身体会到了父母这一辈为了祖国统一和西藏人民的幸福舍小家、顾国家所付出的巨大代价。为了民族团结、国家统一，他们殚精竭虑；看到贫苦农奴的悲惨境遇，他们痛苦流泪；听到藏族人民在历史上受到的歧视和不公正待遇，他们义愤填膺。当祖国需要的时候，他们把原本属于自己的生命权、健康权乃至情感权，都无条件地割舍，以换取民族团结和国家边防的安定。他们不是几个人，不是几个群体，而是整整一代人。这些事实和情感，从青少年时代起就深深地影响着我们。

作为老西藏的后代,我们有着和他人不同的经历。从事民族宗教工作的父亲,常常带着我们拜访民族宗教领袖和西藏上层人士,使我们从小了解藏族的风俗习惯。我们陪同他们的亲属子女出行访问,几十年来结下深厚的情谊。当然父亲并不是简单地带着我们玩,我上初中以后,他会有意识和我讨论所见所闻,引导我认识少数民族人士的特点。即使在"文化大革命"中,父亲受到群众组织围攻,处境困难,他仍然尽力保护藏族爱国人士,保护寺院、布达拉宫、罗布林卡,甚至连达赖喇嘛1959年出逃后留下的器物都得到了完整的保护。

父母亲从20世纪50年代初进藏,完成祖国大陆的统一。从那时起,我们一家就与西藏紧紧连在了一起。父亲去世已经37年了,作为老西藏的后代,我们没有忘记:西藏神奇美丽的土地,善良淳朴的各族人民,悠久的文明。我们觉得藏民就是我们的兄弟姐妹,我们同他们有着一样的喜悦欢乐,共同的忧愁困惑!

父亲从1951年进藏,在西藏工作了十几年。他深爱着那里的人民和美丽的雪山、广袤的草原。至今,藏族人民依然怀念他和十八军的战友们,藏族同胞称赞他们是"老西藏"。对

1951年西藏和平解放,张国华(前排左二)出席签订十七条协议

于我们来说，这也是对父亲最贴切的评价，深深地影响了我们家人，西藏成了我们几代人心中的梦，藏族人民是我们永远的朋友和亲人！

凡事多往深里想

父亲对我们向来有很高的要求、很多的规矩，只要他有一点时间，总会很认真地检查我们的学习、观察我们的品行。小时候总觉得父亲似乎永远都在思考问题，而他也常教我们凡事往"深"里想，形成正确的价值观。

在西藏工作期间，张国华（左二）到农村做调研（左一为阿沛·阿旺晋美）

"你必须做一个对国家有用的人。"这是父亲经常对我们说的话。父亲告诉我们："是国家和人民养活了你们，所以你们长大后，一定要做一个对国家有用的人，要报效国家。"同时又告诉我们，组织上给父亲配的司机、警卫员等都不是我们这些子女应该享受的，我们所享受的一切都是国家给的，并不是"理所当然"应该得到的。所以不管刮风下雨还是什么特殊情况，我们都没有想过要"蹭"父亲的车。在父亲的教育下，我们从小就懂得，将来要靠自己努力，不要把物质看得太重。

父亲很少跟我们讲他在过去那段艰苦岁月的经历及所获得的种种荣誉。1969年底我参军参加野营拉练时，大家都想超越一个目标，那就是——当年红一军团二师四团一天一夜步行240里，赶到了泸定桥。后

1962年，张国华（右）在中印自卫反击战前线指挥部

来我们才知道，原来父亲当时就在红六团，是紧跟着红四团到达泸定镇，又继续攻击前进的红军基层指挥员。长期以来心中的"偶像"就在身边。有时候问父亲"长征苦不苦"，他也只说："过草地时连着下了一个星期的雨，不能躺着……有时候一两天吃不上东西……"

小时候看电影，我们最喜欢看战争片。只不过，当我们兴高采烈地看着激烈的战斗场面，热烈地讨论着怎么怎么打仗时，父亲总是显得若有所思，并对我们说："你们别觉得看着高兴。打仗不是好玩的事，别把战争想得那么简单，那是用多少人的生命换来的胜利，你们才会有今天的安定生活。"

现在我们已能理解，父亲这辈真正经历了战争的人，为什么不喜欢看战争片。因为他们虽然不惧怕战争，但并不喜欢战争，他们有更多理性的思考。他们才真正懂得战争的意义。

多得近乎苛刻的规矩

父亲很喜欢孩子，也许深受传统文化影响，认为"严是爱，松是害"。因此，给我们定的规矩特别多，有些近乎"苛刻"。

上学时，每次放假前，父亲都会要求我们事先制订假期作息时间安排。他的理由是："放假了，不去学校就没有人管着你们了，所以你们要自己对自己有要求，事先规划好这个假期准备做多少事情。"

除了"自选内容"，每到假期父亲还会给我们布置许多"规定动作"。每天坚持练毛笔字，只要他在家，都会来检查我们的"习作"。早上起来，我们3个孩子要打扫院子、浇水，平时我们上学不在家的时候，这些活有人做，但一放假这些活儿就都归我们做了。父亲的手绢和袜子这时候也归我们洗了……家里种的葡萄树、桃树，每年要自己掏粪施肥，父亲要求我们必须参加。家里烧锅炉要拉煤，我们也必须参加劳动，还要负责倒炉渣……那时候，我们掏过大粪，扫过大街。从小打的"基础"让我们终生受益。

现在的人可能会觉得奇怪，按父亲的级别，身边的工作人员一大堆，

张国华（左一）与毛泽东在一起

为啥还要我们几个孩子动手？但这就是父亲的教育方式，在潜移默化中让我们养成爱劳动的习惯。父亲说："只有爱劳动，才会爱劳动人民。"

  记忆中，父亲从小就给我们列了一大堆"不许"，就连一些小事也有规矩。在他面前，我们不能跷二郎腿。有时候他看到我们的坐姿不好，就会要我们当即改过。他常讲"无规矩不成方圆"，必须站有站相、坐有坐相。吃饭时，如果有剩饭菜必须先吃剩的，一定要把碗里的饭菜吃干净，不允许浪费粮食。此外，父亲还规定我们"不许拿着冰棍在马路上边走边吃"，"不许吃零食"……现在想起来有些规定可能有点太严苛，可父亲当初就是这样要求我们的。让我们兄妹几个都很"服气"的是，父亲对我们要求严格，自己也以身作则。他从来都是昂首挺胸，衣装整洁。一个印象深刻的小细节是：每天晚上临睡前，父亲都会把自己脱下的衣物整齐地叠好。

父亲还给我们定了一个"特殊"的规矩——他的工作人员，不管实际年龄大小，我们几个都要喊他们"叔叔阿姨"，以示尊重。当时我们年龄虽然不大，但也很不甘心管比自己大不了多少的工作人员叫"叔叔阿姨"，时不时还会"反抗"一下。而每到这时，父亲总要说我们一顿。他告诉我们："所有的工作人员都是我的同事，按辈分就是比你长一辈，所以别管他们年岁多大，都是你们的叔叔阿姨。"有一次，我在父亲的办公桌边做功课，秘书进来问事，我只是坐着回答他。刚巧这时候父亲进来，当即让我起身："他是你的长辈，怎么可以他站着，你坐着？"直到现在我们见到年长的人都会主动站立起来打招呼。父亲的这种教育，深深地影响着我们日后待人接物的言行。

（本文作者：张国华子女）

一个参谋的长征回忆

张昭兴　张昭国

  张雄（1908—1963），原名张德仁，又名张冠英，江西省瑞金市人。1930年参加中国工农红军，同年加入中国共产党。
  土地革命战争时期，任红四军连政治委员办公厅秘书、军部特务营第三连政治委员、军野战医院政治委员、红一军团司令部第四科科长，参加历次反"围剿"斗争与长征。抗日战争全面爆发至抗日战争胜利期间，任八路军一一五师司令部第一科科长、七团政治处主任、团政治委员、师政治部秘书长兼统战部部长，军法处处长，滨海军区第二军分区政治委员。解放战争时期，任鲁南军区第一军分区司令员、山东军区第十师政治委员、鲁中南军区政治部主任、第三野战军三十五军副政治委员、海军舟山基地政治委员。中华人民共和国成立后，任中国人民解放军海军干部部部长、海军政治部副主任。
  1955年被授予少将军衔。荣获二级八一勋章、一级独立自由勋章，一级解放勋章。

史无前例的伟大长征，天上是敌人的飞机侦察轰炸，地上是敌人的围追堵截，一路充满了难以言说的艰难困苦，一路也留下了难以数计的生动故事……

而在亲历长征的父亲张雄，一个红军参谋的脑海里，印象最深的，是长征中3个时段的回忆，同样真实地展现了红军战士崇高的革命理想信念、坚忍不拔、视死如归的英雄气概和大无畏的革命乐观主义精神。

长征途中购食盐

中国苏区五次反"围剿"斗争期间，敌人对中央苏区实施了严密封锁，特别是到后期，一切物资都运不进来。这时红军的粮食和弹药固然很困难，但是最主要的困难是缺盐。盐价奇贵，一块银圆只能买到4两硝盐，偶尔碰到海盐，一块银圆只能买2两。每当战斗结束之后，战士们除了收集缴获敌人的枪炮、弹药之外，就是寻找敌人的伙食担子——搜索食盐。缺少食盐成了当时红军生活中的一个重要问题。

1934年8月底，我军第五次反"围剿"斗争中的最后一次战斗——兴国县高兴圩阻击战结束之后，经过短期的整训补充，于9月24日被迫开始了艰难的战略转移——长征。红军首先突破了敌人的包围圈，进到了白区的城口一带（韶关附近）。那里食盐比苏区便宜了，一块钱能买到海盐3斤。炊事班的同志买了好多食盐，经炒干后用油纸包扎保存，准备带回中央苏区食用。接着继续向前走了两天，食盐更便宜了，一块钱可买到5斤海盐。那时部队西进，许多人都产生了一个共同的疑问："我

1938年冬，山西省隰县苇沟村。左起：王秉璋、苏静、张雄、石新安、杨初振

们什么时候返回苏区？"炊事员老范同志问父亲："张参谋，我们班买了好多食盐，结果越挑越重，到底什么时候回苏区呀？"当时父亲在一军团司令部作战科任参谋，对当时的危险形势和一军团的行动路线及整个意图虽然知道一些，但是对老范同志却只能说："哪里好消灭敌人，我们就到哪里去消灭他们。等把他们消灭了，我们再回去……"实际上部队离开苏区，越走越远，已经踏上了万里征途。

  回忆起来，长征中的困难和艰险真是一言难尽。当时，作为军团司令部作战科的参谋人员，常常望着地图，设想着行军、作战中可能遇到的各种情况，但实际上，这一路将要经过怎样的曲折、坎坷，遇到怎样的凶险，根本无法想象。

不能停步爬雪山

经过了十来个月的行军作战,部队突破了天险乌江、金沙江和大渡河。1935年6月,到达川西北的宝兴县。

红军爬的第一座雪山,是懋功与宝兴两县之间的夹金山,此后还有虹桥山、梦笔山等。这些山都在海拔几千米以上,常年积雪、杳无人烟。其中夹金山是邛崃山脉的支脉,又叫九之山。九之山的含义是一个"之"字四个弯,九之山有四九三十六个拐弯,海拔4000多米。

部队向懋功前进,有与四方面军会师的任务。前一天住宿在距夹金山40里的一个山庄,第二天早晨,继续沿着前卫部队(第二师四团)行进的路线前进。长长的铁流向夹金山伸延,一条流淌着融化雪水的小河,出现在我们面前。队伍顺着小河右岸傍河的崎岖山道,坚定地向前行进。离夹金山越来越近,抬头就可以看见白雪皑皑耸入云霄的峰峦,终年不化的积雪给它戴上了一顶银白色的帽子,使一切都显得那么静谧与圣洁。我们来到山脚下,那里有个倒塌的小神庙,尚有稀疏可见的几根木杆,可作为雪地迷路人的标识。当地的向导说:"碰到狂风、大雪,常有人丢了性命,山上每年都有尸体无人收殓。"

部队慢慢接近主峰,踏上了九个"之"字的山道。"加油啊!"啦啦队按照通常行军的惯例,前呼后应,招呼着队伍继续往上爬。大家不知不觉地上到了半山腰,但越往上爬越感到憋气,浑身疲乏无力,呼吸急促。山上,白雪反射的阳光,刺得人睁不开眼。呼啸的寒风裹挟着冰冷的雪花扑打在人们脸上、脖子上,热汗很快变成了水气从头上冒出来,

1941年一一五师司令部、政治部部分处以上干部在山东莒南合影。左起：陈光、赖可可、萧华、罗荣桓、梁必业、王秉璋、陈士榘、王立人、杨尚儒、苏静、张雄

雪花融化成雪水顺着双腮、脖子直往下流，但谁也顾不上管它。再往上走，就再也看不见头上的热气了，汗湿的衣服贴在身上，只感到越来越冷。尽管出发前通知要多准备些防寒的衣物，但防寒衣物是很有限的。那时红军连粗布做的单军装都配发不齐，有的还穿着当老百姓时的破衣烂衫，防寒衣物就是有，防寒效果也大都比较差。战士们把能穿的、能披的全穿上、全披上，还是冻得发抖。山顶上空气更加稀薄，温度更低，大家都太累了，但谁也不敢坐下来休息，因为前卫部队传下来的经验是："一定不能坐，一旦坐下，手脚就会冻僵，就很难再站起来。"同志们顶着凛冽的寒风，艰难地向前迈进，遇到有的同志实在坚持不住，眼看就要倒下时，边上的同志就会赶紧上前搀扶，有时两三个人架着一个人

向前挪动。就这样，还是有不少战士因缺氧或体质虚弱，抵御不住奇寒，停止了呼吸。

队伍继续往前走。前面的积雪更厚，道旁的沟壑有深有浅，被积雪掩盖着，很难看出来。要掉进浅些的坑里，及时施救，还能把人拖上来；如果掉入冰雪覆盖的深渊，那就再也上不来了。警卫班的一个同志不慎滑落到雪里，就再也没有找到其踪影！同志们大声地呼喊着他的名字，空旷的山谷，除传来阵阵回声，再也没有一点动静，战友们悲痛得泪如雨下。

山北面的积雪冻得更加坚实，导致跌跤的人此起彼伏。部队的减员也在增加。过了山脊，向下走一两里路以后，道路上的积雪被踏成了泥浆，许多人的裤腿冻成了冰坨，使人很难迈步。军团的首长们也和大家一样，冒着风雪艰难地向前行走。

在翻越雪山的整个过程中，部队始终保持着钢铁的意志。为了革命，为了子孙后代的幸福，广大指战员视死如归，无怨无悔。很多同志壮烈地牺牲了，活着的同志揩干了眼泪，高唱着：

　　　　目前的中心任务，

　　　　要打日本兵；

　　　　收复华北东三省。

　　　　保卫民族，

　　　　红军越打越有劲。

团结像一人，

我们的伟大任务，

一定要完成！……

滚滚红军铁流，继续向懋功前进。

饿着肚子过草地

在未过草地之前，部队事先到波罗子（即拨六子）、黑水芦花一带准备粮食，之后返回半月前住过的毛儿盖。

8月23日，由毛儿盖出发到腊子塘，再由腊子塘向大草地进发。这股长征的铁流，一进入大草地，就仿佛进入了无边无际的大海，沿路没有人家，也没有高大的树木。偶尔见到几只飞鸟和小河沟，也使人感到特别亲切。红军所经过的草地，分干草地和湿草地两种。干草地的草仅四五寸高，湿草地的草一般都在一尺左右。所谓湿草地，就是土地很湿软，地面上一层泥浆没到脚面，遇到沼泽地带，人和马都会陷下去。后来发生的事实证明，具有大无畏革命英雄主义精神的红军官兵，是天下最好的军队。有的同志在自己深陷泥潭，泥浆既将没过头顶之时，怕连累他人，主动把战友推开；在病饿交加，咽下最后一口气之前，把自己的全部装具，甚至身上的衣服脱下来放好留给后面的同志。

第一天部队走了70里，基本上是干草地。这一天，大家不但带足了粮食，而且每个人都带着一把柴火。下午4点的样子，见到前卫部队钉的木牌："分水岭"，知道已到达露营地。军团司令部选择了一个地势较高的地方，为军团首长搭了一个牛毛织的帐篷，其他同志纷纷用自己带来的木棒架起帆布、油布，或就地挖出一人多长的浅坑露营，就这样熬过了草地上的第一个夜晚。

第二天早晨，按军团行军命令，准时到达集合地点。部队集合后，随即宣布了一件事："出发时按四路纵队行军。"为什么要这样？主要为便于应对那时藏族反动武装（骑兵）的袭扰。我军进入川西北期间，战斗比较频繁，既要和反动派武装打，还要和当地民团打。这些当地民团以为"官兵"（国民党）来了，手持土枪、长矛、三尖刀，三三五五地打红军的游击。这些人枪打得奇准，专门对付红军小股部队或掉队的同志，有时从山上往下扔石头，父亲也被击中一次，当时血流如注，后来就在头上留下一块疤。

出发号响了，起初四路纵队浩浩荡荡地向前开进，感觉挺好，一个人讲故事，许多人都能听得到。但走了不长一段路之后，便难以为继，因为草地毕竟不是操场，常有坑坑洼洼、高低不平的斜坡或水坑。走着走着，部队很自然地就由四路走成了三路，三路走成了两路，最后又恢复成原来的队形，像一条蜿蜒曲折的长龙在茫茫大草原上游动。

部队行进一段后，在一片较干的地方停下来休息。12点，吃饭号吹响，大家开始从干粮袋里取出先前准备好的干粮，有粘粑、酥油饼或炒麦等食物，起初还可以"奢侈"地饱餐一顿。父亲记得当时吃粘粑时，把嘴都糊住了，只好喝口凉水灌下去，一直凉到了心窝。饭后部队继续前进，到下午4点多钟，看到前卫队立的写着"后河"字样的木牌，便知又到露营地点了。在分出地段后，部队开始做露营准备，搭帐篷、挖土坑都有了比较好的办法，很短时间便完成了。

第三天和往常一样，按照命令规定的行军序列前进。这一天走的湿地较多，父亲穿的皮草鞋（用鼓皮自制的）泡得发胀，踩在泥浆上格外滑，"鞋码子"也失去作用，脚上的破口因感染化脓，走起路来硌得生痛，只好忍着疼痛，一跛一跛地随着队伍前进。心里暗想：今天只走70里地，大概不太远吧？可是实际上前面的路还很长很长，走了一段又一段，仿佛永远没有尽头。此刻，父亲会想到自己下定要使普天下穷苦人翻身解放的决心与信念；想到自己放弃优越的生活条件，离开福建长汀中学，毅然绝然地投奔红军，在党旗下宣誓，立下为共产主义奋斗终生的誓言；想到5年来，在部队受到的教育、遇到坎坷，经受的锻炼，只有一代一代人前赴后继、不怕困难、勇于牺牲才能取得革命的最后胜利，继续咬紧牙关跟着走……

天色已经很晚，终于在一个地图上没有名字的地方停了下来，布置露营。按预计的时间和行程，草地已经走了一半，正处在草地的中心。这里的草长得比别处都高，足足有1米。荒草下面全是烂泥浆，晚上天下着雨，战士们露营在一人多高的矮树林里，想找块干的地方歇宿都没有，根本不能躺下。露营的第二天早晨，常会看到几个人背靠背仍在一起睡觉，呼之不应；走过去一看，身体都已经僵硬了。

第四天的行军和前3天一样，只是经过3天的草地艰难行军，使人们感到很疲惫。粮食已经没有了，只能靠些野菜、野草充饥，最困难时，连自己的皮带、鞋底都煮熟吞了下去。很多战友就这样活生生地饿死了。

但是，这依然没有使红军指战员失去继续前进的信心，反而越是艰难困苦，越能激发大家的顽强斗志，增强克服困难的巨大能量。又向前走了80里，才到达露营地。前面部队的战士们，已动手搭建了许多营棚，并且用许多干树枝烧好了开水，石头"床"上还铺了树枝，条件已非常好了。忽然听到脚步声越来越近，原来是通讯员带来左权参谋长的通知，明天将到达班佑的宿营地，那里有房子……这个消息使大家高兴得半天难以入睡。

次日行军和前日一样，不同的是"到班佑有房子"的消息使同志们的精神更加振奋，士气更加高涨，因为这等于是在大家已极度疲惫、饥饿之时，告诉一个喜讯：离走出草地已经不远了！到达班佑只用了半天时间。在那里，果然看到一幢幢一人高、用牛粪晒干后砌起来的房子，那是藏民游牧时临时居住的地方。到达班佑后，前卫部队留下的同志说："到下一站巴西，还会有藏民正式居住的房子。"打开地图，看到我们离巴西只有20余里路。军团首长决定当晚就赶到巴西露营，部队继续前进。约莫下午4时左右终于到达巴西。

巴西，这是个多好的地方啊！——翠绿的豌豆苗、棕色出壳的苞谷穗被斜阳照得发亮，十分可爱，令人垂涎。

正当大家饿得眼睛发花之时，突然有人在一户民屋里，发现主人留下的2只母鸡和10多个鸡蛋。虽然同志们心里想一口把它们生吞下去，但都牢记红军铁纪律，何况这里是少数民族地区，做到了秋毫无犯，没有一人违纪。

（本文作者：张雄之子）

永远不能忘记的往事

陈延生

陈正人（1907—1972），原名陈林，字代伦，江西省遂川县人。1925年加入中国社会主义青年团，同年转为中国共产党党员。

土地革命战争时期，曾创建中共遂川地方党组织，参与领导组织"遂川劫牢"和"万安暴动"。1928年，投身井冈山的斗争，任中共遂川县委书记、湘赣边界特委副书记，被誉为"井冈之子"，是井冈山革命根据地的创始人之一。之后历任中华苏维埃共和国中央执行委员会执行委员、江西省委代理书记兼组织部部长、江西省苏维埃政府副主席兼党团书记等职，参加了中央苏区反"围剿"斗争。抗日战争全面爆发至抗日战争胜利期间，历任陕甘宁边区政府教育厅厅长、中央军委总政治部宣传部部长、中共中央西北局常委兼组织部部长。解放战争时期，历任东北人民自治军、东北民主联军总政治部主任、吉林省委书记兼军区政委、江西省委书记兼江西军区政委等职。中华人民共和国成立后，历任国家第一任建筑工程部部长、中共中央农村工作部副部长、国务院农林办公室常务副主任兼党组副书记、国家第一任农业机械部部长兼党组书记等职。为中国共产党第八届中央委员会候补委员，第三届全国人大代表，第二届、三届全国政协常委。

他在 1928 年 8 月加入中国共产党，是井冈山革命根据地土生土长的老党员、老红军，也是井冈山革命根据地创始人之一；他跟随毛泽东上了井冈山，在井冈山斗争最艰难困苦的岁月里，他是毛泽东患难与共的革命战友。

他就是我的父亲陈正人。

英雄的奶奶

在父亲的生命中，有两个最重要的人——一个是给予他生命并养育了他的母亲张龙秀，一个是他的革命导师毛泽东。

父亲的母亲也就是我们敬爱的奶奶，在我们现在这个大家庭中，除了父亲谁也没有见过她，但她却是我们最崇敬和难以忘怀的人。因为奶奶是一位英雄，是为了支持中国革命献出宝贵生命的众多烈士之一。

1928 年 2 月，毛委员率领工农革命军回师井冈山；我父亲时任遂川县委书记，要带领中共遂川县委一起迁往井冈山南麓黄坳。临走前的晚上，父亲回家看奶奶，奶奶小声地问他："怎样叫共产？"父亲说是为人民谋幸福的，她听后会心地笑了。父亲这一走不知什么时候才能回来，他对我奶奶千嘱咐万叮咛，部队离开县城后，让奶奶一定要找个安全地方躲起来。奶奶却反过来安慰我父亲，让他放心地走！

我想那时他们母子俩心里都很明白，他们都在面临着生离死别的考验，母子俩的心是相通的。但谁也想不到，这一别，真的成了最后的永别。

不久国民党反动派和土匪头子肖家璧、罗普权又回到了遂川县，扬言重金悬赏缉拿陈正人。因为他们抓不到我父亲就千方百计地要抓我奶奶。奶奶带着我小姑东躲西藏，在转移时被匪徒发现并跟踪，不幸在石罗坑的亲戚家被捕。匪徒们把奶奶绑起来严刑拷打，用枪托砸断了她的脚踝骨，逼奶奶说出我父亲到哪里去啦？奶奶咬紧牙关，硬是不说。匪徒当夜将奶奶押送到县城，关押在水南尚义祠暗室里。匪首罗普权连夜亲自审讯她，要她说出红军和遂川县党组织的去向，并让她出面劝说她儿子陈正人回家。罗普权又诱骗奶奶，只要说出来，就放了她，保证她今后有好日子过。奶奶却丝毫也不动心。匪徒们气急败坏，扯开她的上衣，用刀残忍地割下了奶奶的双乳。罗普权还恶狠狠地吼叫着："看你还敢养共匪仔！"顿时奶奶的胸前鲜血直流。她忍着剧痛怒斥匪徒："你们这群畜牲不得好死！共产党饶不了你们！"奶奶昏死了过去。匪首罗普权对奶奶无可奈何。2月12日匪徒

井冈山斗争时期的陈正人。这是陈正人在井冈山斗争时期唯一的一张照片

们将奶奶五花大绑从暗室押往刑场。奶奶穿着血迹斑斑的血衣，昂首挺胸，拖着被砸断脚踝骨的脚，一瘸一拐地走向刑场。闻讯赶来的乡亲们越挤越多，路两旁一下子就集满了众多的乡亲们，大家都不忍心看眼前的这一幕，有的乡亲忍不住泪水直流。奶奶见状，就不停地高呼："共

产党万岁！打倒罗普权！"罗普权一听肺都气炸了，慌了手脚，指使手下人赶紧把奶奶拖到水南洲背沙坝。匪徒们拿起梭标往奶奶身上狠狠地连刺了 28 下！罗普权见奶奶还有一口气，又上前给奶奶补了一颗罪恶的子弹……围观的乡亲们见状都失声痛哭！乡亲们是为奶奶的壮烈牺牲而痛哭，为土匪的凶狠残忍而愤恨，更为奶奶的坚贞不屈而震撼！奶奶的英雄事迹一直在井冈山麓和泉江河畔传颂着。

奶奶不是共产党员，也不懂得更多的革命道理。因为她坚信自己的

井冈山的荆竹山

儿子所从事的革命事业是为人民谋幸福的，没有错！所以她毅然决然地支持和掩护儿子革命。奶奶面对匪徒时大义凛然，面对死亡时，视死如归！

1949年6月，父亲奉中央之命主政江西工作。为稳定新生政权，他亲自率部队剿匪反霸，为江西人民除害。在遂川活捉、公审并枪毙了土匪头子肖家璧、罗普权，宣判死刑，立即枪毙。我父亲和解放军还有江西人民为奶奶和众多的烈士们报了血海深仇。

2006年，母亲率子女为奶奶撰写了一篇祭文，最后一段是这样写的："告慰母亲在天之灵：国家日益繁荣富强，人民奋发奔向小康；中华民族伟大复兴，定将舒天昭晖，磅礴东方。"

奶奶遭到土匪的残忍杀害，给父亲带来的是终生的愧疚。忠孝不能两全啊！奶奶的壮烈牺牲一直激励着父亲义无反顾地继续革命。

井冈鱼水情

1929年1月，红军主力3600余人下山向赣南闽西进军。红五军彭德怀部、红四军三十二团王佐部，湘赣边界特委陈正人等人和湘赣边界地方武装留守井冈山，领导群众坚持井冈山斗争。湘赣两省敌军18个团分五路进犯井冈山，经7天7夜激战，终因敌众我寡，井冈山五大哨所相继失守了，敌军的3个团进驻了茨坪，扬言："茅草要过火，石头要过刀，人要换种。"

在这次保卫战中，我父亲和母亲彭儒（母亲14岁参加革命，1928

1937年回到延安后,陈正人和彭儒合影

年参加湘南起义,后跟随朱德、陈毅上了井冈山,是参加井冈山斗争最后一个离世的老红军)开始没有在一起作战。井冈山失守了,部队损失很大,不得不组织分散撤退。撤退的那天下午,母亲在山脚的一个小村边遇见了我父亲,他们一起组织群众和部队撤退。黄昏时,部队和群众基本撤退完,正巧又与特委委员王佐农会合,这时特委的其他常委和同志已不知去向,与其他同志也联系不上,他们3人赶紧向山林转移。敌人像疯狗一样,不停地放枪,使劲地追赶他们,好在他们对山路熟悉,最终把敌人甩掉了,最后在山上的"草棚"里隐蔽下来。

1952年，陈正人（左五）与彭儒（右三）进京履新前专门回遂川县大屋村祭奠为革命英勇牺牲的奶奶张龙秀

我父亲对王佐农说："我们要迅速去找地方党组织开展工作，收容部队的散落人员，继续斗争。我们可不能在这束手待毙，住在草棚里喂野猪哟。"

几天后，王佐农提出要回遂川县找地方党组织，在一个夜晚，他下山了。

山上只剩下我父母两人，但他们坚守井冈山的决心没有动摇，因为井冈山革命根据地是在毛委员的领导下好不容易才建立起来的，这里是红军的家啊！井冈山根据地绝不能放弃，井冈山的革命红旗不能倒！我父亲是湘赣边界特委副书记,在保卫井冈山根据地的关键时刻,他必须带领群众继续坚持斗争!

我父母亲找到了一个年轻的老表,经耐心地说服,请他带路到荆竹山去找地方党组织。那年冬天出奇的冷,连下了40多天大雪,厚厚的积雪把山路全都盖住了,很难辨认方向。幸亏这位年轻人对山路很熟悉,他在前面带路,3个人每人拄一根竹棍,沿着崎岖的山路,绕过敌人的哨所,顶着寒风,踏着越下越大的雪,一步一步艰难地走着。那时母亲已有了身孕,行动很不方便,也不知摔了多少跤。终于在一座荒山里,找到了荆竹山的乡长和党支部书记刘苗,刘苗也是遂川人,他们此时相见,别提有多高兴啦!刘苗抓住我父亲的手说:"老陈,真没想到你们还在山上呀!这下可太好了,你在就等于特委在,我们与敌人斗争就有了主心骨了!"

(本文作者:陈正人之女)

浪迹祁连找红军
——父亲欧阳毅的坎坷革命路

欧阳海燕

欧阳毅（1909—2005），湖南省宜章县人。1927年加入中国共产主义青年团，1928年参加了湘南起义并转为中国共产党党员。

土地革命战争时期，曾任中国工农红军第四军二十八、二十九团党委秘书，第二十八团连政治委员；红四军教导大队政治委员、第一纵队政治委员。中华苏维埃国家政治保卫局秘书、执行科科长、秘书长，红五军团政治保卫分局局长、红四方面军政治保卫局秘书长，总指挥部一局局长，西路军总指挥部五局局长，参加了反"围剿"斗争和长征。抗日战争全面爆发至解放战争时期，任中国人民抗日军政大学总校秘书长，军委总政治部锄奸部副部长，陕甘宁晋绥联防军政治部保卫部部长。中华人民共和国成立后，任公安部队政治部主任，炮兵副政治委员。为第四届全国政协委员，第六届全国人大常委、外事委员会委员，中国共产党第十一次全国代表大会代表。

1955年被授予中将军衔。荣获一级八一勋章、一级独立自由勋章、一级解放勋章。1988年被中央军委授予中国人民解放军一级红星功勋荣誉章。

坚守信念，矢志不移。这是我父亲欧阳毅革命一生的真实写照。而在漫漫长征途中，父亲更是经历了常人难以想象的重重磨难与考验，印证了他对党和革命事业的一腔忠诚。

艰难突围

我父亲欧阳毅，1909年3月6日出生于湖南省宜章县麻田村。1928年1月，父亲在湖南宜章参加湘南暴动，4月跟随朱德、陈毅上井冈山后，在毛泽东、朱德、陈毅等领导人身边工作。1929年1月，父亲随红四军下井冈山转战赣南，和毛泽东、朱德等领导人一起同敌人浴血奋战，建立中华苏维埃根据地。他参加了"古田会议"，最先看到毛泽东批评林彪对革命存在悲观情绪的信，深受教益。他经常聆听毛泽东、朱德等领袖的教诲，成长较快。

在红军长征中，父亲担任红一方面军红五军团保卫局局长，一、四方面军会师后红五军团编入由张国焘、朱德率领的左路军。因父亲反对张国焘南下，扣压了他另立中央的文件没下发，而被他视为眼中钉，受到打击、排挤，并调离五军团到红四方面军，先后任总部保卫局秘书长、作战局局长和保卫局侦察部长。

1936年10月下旬，红四方面军一部奉中革军委指示西渡黄河执行宁夏战役计划。11月上旬中革军委决定，称过河部队为西路军。父亲调任西路军总指挥部五局局长。西路军孤军奋战4个月，歼敌2万余人，终因寡不敌众，于1937年3月惨败。21800多名红军将士，牺牲过半，

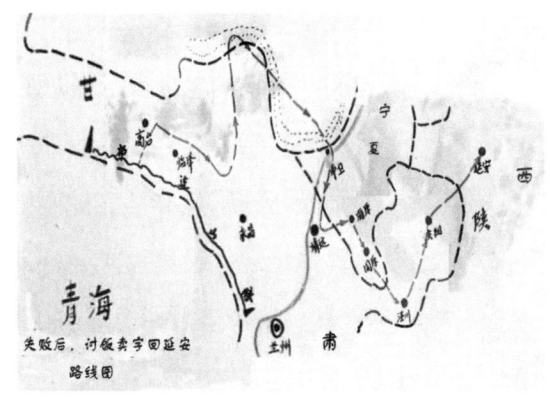

1937年，欧阳毅筹措路费回延安的路线图

最后只有4000多人回到延安。

西路军彻底失败后，成立了左支队、右支队、干部游击支队和若干小游击队，各找出路。西路军保卫局长曾传六把父亲分到干部游击支队，还发了10块法币做"遣散费"。

干部游击支队政委是曾日三，支队长是毕占云。父亲是支队军政委员会委员。支队里高级干部集中，多数是文职官员，士兵还不足一个连。当时，没有向导，没有钱，枪弹不足，冰天雪地，敌人又严密封锁了祁连山的每个山口，想突围出去几乎是不可能的！

不久，附近幸元林率领的小游击支队坚持不住了，要求归入干部支队。为争取多一个人突围，多为革命保存有生力量，政委曾日三派父亲去联系。当晚，父亲住下和幸元林商谈。就在这天晚上，干部支队不幸遭一个团的敌兵包围，只有百余人的干部支队寡不敌众而溃败，多数人被俘或牺牲。父亲被派公出，躲过一劫，政委曾日三不幸壮烈牺牲。父

曾日三烈士

亲和曾日三是 1928 年 1 月一起在湖南宜章参加湘南暴动的老战友、湖南宜章老乡。之前他多次和父亲商谈，并认为这次突围凶多吉少，要做最坏的思想准备。他们把小手枪换成驳壳枪，并约定：遇到敌人要拼死抵抗，留颗子弹给自己，绝不当俘虏。事后父亲得知：当天晚上，曾日三正是这样做的。抵抗到最后，驳壳枪里只剩一颗子弹了，他毫不犹豫地举枪对着自己的脑袋扣动扳机，可惜子弹卡壳、枪没打响，他气愤地用驳壳枪砸向敌人。敌人拥上来抓住他，把他绑到西宁，砍了头挂在电线杆上示众。

大浪淘沙

父亲和突围出来的张然和在祁连山过起一段"野人"般的生活。多亏张然和有盒火柴，白天，他俩用一只捡来的瘪罗锅，在山上找些牛羊骨头炖汤喝，晚上点起篝火取暖。火柴很快用完了，父亲想起在小学时学过燧人氏钻木取火，然而没有钻木工具；他就试着敲打石块取火，但只能打出火星，引不出明火。他突然想起还有 40 颗子弹，就试用子弹取火：先取下弹头，塞进棉絮，向干草、树叶射击，经反复调整火药量、易燃物和射击距离，试了 31 次，终于成功引出明火。他们用树皮绑成火把，精心保存珍贵的火种，一直用到他们下祁连山。

不久，父亲和张然和收留了三十军通信员小张和做保卫工作的团部周特派员。一天，父亲见有人情绪低落，就给大家鼓劲："我们这个战斗小组还是有战斗力的，只要我们同甘苦共患难，是能突围出去的。我身上有10块法币，从今天开始作为我们的共同财富，大家花……"后来的事实证明：因父亲坦诚，过早"露富"而付出了惨痛代价。

过河时，父亲特意安排个矮的张然和在中间。由于水流比较急，张然和走到水深齐胸处时不慎滑倒，把他前后的人也带倒了。父亲怕水深危险，决定退回河岸，另选渡河地点。张然和滑倒后受了惊吓而发起火来，赌气不跟大家行动，一个人走了。父亲感到很痛心，但他没想到随后又发生意外：周特派员巧设计策骗到父亲的枪，立刻推上子弹，将枪口对准父亲。父亲当时被惊呆了，先是好言劝说周："把枪放下，有话好说嘛！"周却冷冰冰地说："没什么好说的，你还是放明白点！"父亲猜想他一定是要钱，主动把钱包扔给他，说："钱，你保管着，放心了吧？钱是公家的，谁保管都一样，大家用嘛！"父亲仍然动员他一起走，周强硬地说："不，各走各的！"父亲又劝他把枪留下，周却说："不，枪还能卖价钱呢！"到底他是做保卫工作的，边说边倒退，到了安全距离才转身跑掉。

父亲非常懊悔和愤慨，感到失败真像是一面万能照妖镜，把隐藏坏人的丑恶灵魂照得原形毕露。这时，唯一的忠实伙伴小张伤心地哭起来，父亲又竭力安慰他："不要怕，有我，就有你，同生死，共患难，讨饭我们也要在一起。古人说：疾风知劲草，烈火见真金。就是爬我们也要爬到陕北，找党中央去！"过去父亲一直认为"共患易，共利难"是一句至理名言，现在看来也不尽然，共利难，共患也未必易。本来同处患难，可像周特派员之流还踢你一脚、剜你一刀，不惜为10块法币玷污自己的灵魂。更可恨的是，这样的败类，竟混进革命队伍的要害部门受到重用，多危险啊！

此后，父亲改成姓"张"，和小张两人以讨饭为生。他们先把身上的红军服换成老乡的破衣衫，父亲连眼镜也送给老乡，再捡根棍子拄着，成为一名十足的叫花子。西北的老乡心眼好，可多数人家穷得叮当响，不少人家自己都喝不上粥。他们去穷人家常要不到饭，有时冒险到地主家要。父亲曾被地主家的恶狗咬得鲜血淋漓。为了活命，他们也打过短工，因父亲不善干重体力活，还遭到监工的鞭打和辱骂。

为渡过黄河去陕北，父亲决定先穿过巴丹吉林沙漠到内蒙、宁夏。因父亲双眼高度近视，而小张眼睛好，两人互相配合：小张先把看到的情况报告父亲，父亲分析判断后作出行动决定。头脑和眼睛结合，把两人变成一人，增强了克服困难的力量。沙漠既是死亡之路，也是生存之路：沙漠里没水没吃的，人可能渴死饿死，但沙漠里没敌人，安全有保障。他们曾遇到好心的老乡，对他俩热情相待。但也有不顺之时：一次，天已黑，突然风沙弥漫，气温突降。父亲冻病了，发起高烧，站立不稳，小张搀扶着他摇摇晃晃地走向沙漠深处。他们不甘心向风沙屈服，两人轮流挖出一个沙坑，然后头挨头、背靠背坐进去取暖，但不敢合眼，生怕睡着了被风沙活埋。寒夜中，父亲回忆他从井冈山、古田会议、中央苏区直到长征的革命历程，悟出条真理：只有紧跟党中央、毛泽东，革命才能胜利！这更坚定了他要找到党中央、毛泽东的决心。

穿过沙漠，父亲和小张走近一堵长城关卡。这是甘肃通往宁夏的必经之地，有两名国民党兵盘查过往行人。身无分文、乞丐模样的父亲和小张坦然地排队等候检查。父亲不经意摸了下干粮袋，却惊出一身冷汗。原来，干粮袋中还有9发驳壳枪子弹，想扔掉已来不及了。如果为了个人活命，父亲完全可以不过这个关卡，但他这个来自井冈山的老战士，为了重新回到党中央和毛泽东身边，哪怕火海刀山也要上！于是他索性来个以攻为守，主动打开干粮袋子，递给哨兵检查。袋中发霉食物的馊霉味，熏得哨兵直恶心，他一把夺过去扔在地上，接着仔细搜查父亲的全身，没发现任何违禁品。正要放行时，另一哨兵说："我看这两人像'共党'，扣下吧！"父亲急忙辩解说他们是遭劫的生意人，不是"共党"。搜身的哨兵说："算了，放他们走吧，别的地方抓了也是放，如今讲'统战'了，我们何必过这道手呢？"父亲急忙捡起干粮袋拉小张走下哨卡，到僻静处埋下9发子弹，继续前行。

几天后，他们走到接近甘肃中卫地界，听老乡说，离黄河只有几十里了。父亲非常高兴，大声说："小张，快走吧！明天就可以过河了，过了河等于回到了红军队伍，咱们几十天的苦可没有白吃啊……"小张却不答话，仍然闷头走路，走着走着，岔上半山坡，和父亲拉开距离，怎么喊他也不回头，越走越快，不一会就从父亲的视线里消失了。

几十天来和父亲生死相依的最后一个忠实伙伴小张，临近黄河边却不辞而别，这对父亲真是个晴天霹雳！他原本高兴的心情马上凉了半截。但他深信小张不会叛变投敌，他只是动摇了，不愿再回革命队伍。也许是怕继续吃苦，也许是对革命前途失去信心。所以他陪父亲走近黄河边就悄悄离开了。

只因一念之差使小张断送了自己的革命前程,父亲也为没把小张带回革命队伍深感内疚。此时,父亲孤身一人,他感到恐惧、孤独与无助,但他找党中央和毛泽东的决心丝毫没动摇。于是,他独自走向黄河,可走了一天,不但没见黄河,反而又走进一片可怕的沙漠。原来,高度近视的父亲没人指引,像瞎子似的摸错了路,还险些葬身沙海:一次下暴雨,他挖沙洞避雨时,沙洞塌陷将他埋没。他拼尽全力才爬出来,死里逃生。

坚守信念

凭借坚定的信念和顽强的意志,父亲终于又走出这片沙漠。在颠沛流离中,父亲得到了善良乡亲们的帮助:在靠黄河边的中卫营盘水镇,他住在一老汉家。一次,马家军士兵冲进屋,指着父亲问老汉:"他是你什么人?"老汉机智地回答:"我儿子,是哑巴!"使父亲躲过一劫;走到黄河边,父亲遇到位好心船老板,免费让他上船过河。

过黄河后,父亲仍然乞讨。一天,他走到甘肃靖远县许家湾的农民许秉章家要饭。许秉章一眼认出父亲是流落红军,他说:"红军好啊,红军里有人才呀!张先生一定写得笔好字?"马上拿出纸笔让父亲写字。父亲高度近视,没有眼镜,凑近提笔写了副对联:"生意兴隆通四海,财源茂盛达三江。"许秉章连声称赞父亲字写得好,马上去镇里宣传,逢人就说:张先生字好,你们快拿纸请他写。乡亲们纷纷拿纸请父亲写字,父亲忙得不可开交。

这时,许秉章就为父亲出主意:张先生,你不用讨饭了,干脆在这里卖字,等筹足盘缠再回家。说完他立刻就请人来为父亲理发、化装。乡亲们有的送长衫,有的送短褂,还送了顶竹编博士帽、一根文明棍、一套文房四宝,使父亲马上由一名乞丐变成地道的卖字先生。热心的许秉章又和父亲商订卖字计划,交待收费标准。当地老乡无现钱,靠记烟土账,烟土下场,拿账本收烟土,再兑成现金。一切交待停当,父亲就化名"张明德",

欧阳毅在1937年时的留影

到周围村庄去卖字。父亲晚年说:"取名字也有讲究。'明德'取自五经四书的《大学》。其中有段话:'修身齐家治国平天下'的'在明明德'的大道理。我四处流落生涯,'齐家治国'都谈不上,但'明德'丝毫不能懈怠。"当时,为老乡写字,组词也重要,既要有思想意义,尽量写些抗日词汇,又不能暴露红军身份。卖字,已由被迫的求生方式,变为特定环境下的革命工作。因此,父亲感到充实。他幼年上私塾背诵的古文派上了用场。

不少老乡把父亲写的字在家里挂了几十年。"文化大革命"中,父亲受审查,专案组到许家湾调查,还买回父亲当年的墨迹。农民许秉章,当年为落魄潦倒的父亲指出一条生路;"文化大革命"时,他又给专案组如实写了"父亲当年在许家湾卖字"的证明,这就使得当时对父亲所谓"西路军失败后被俘变节"的诬陷无法成立。许秉章真是父亲的恩人啊!

卖字一个多月后,烟土下场了,父亲收了近30两烟土,兑换到30

多块钱。有了路费，身体也恢复了元气，他拜别了以许秉章为首的善良的乡亲们，继续寻找红军。虽然路上又遇到不少麻烦，但他都用自己的书法手艺逢凶化吉。可见，写字不但能赚钱，还成了他的"通行证"。父亲在庆阳驿马关，见到两个红军哨兵，终于找到了部队。他像见到久别的亲人，大喜过望，立刻兴奋地给毛泽东、朱德拍电报，说他劫后幸存回到庆阳。几天后，他到达延安。

到延安第二天，他就去看望毛泽东，详细汇报了西路军失败的经过和他乞讨、卖字东返延安的艰苦历程。毛泽东听得很认真，问得也很详细，最后高兴地站起来，走了几步，双手叉着腰，大声赞扬道："好啊，很好！欧阳毅同志，坚决！坚决！"

西路军失败后，父亲从祁连山开始乞讨、卖字，历时5个半月，步行几千里，只身回到延安，除了靠他坚定的理想、信念外，也离不开当地老百姓的支持和帮助。因此，我们全家非常感谢曾经支持和帮助过父亲的甘肃和宁夏人民！

1996年，父亲对记者说："永远坚守信念。共产党员，就是要永远忠于共产主义，忠于马列主义！"并当场写了"坚守信念，矢志不移"8个大字。这8个字就是父亲人生的座右铭，也是他革命一生的真实写照。

父亲一生坎坷，屡受磨难，但从不改变信仰，不变初心，因为井冈山精神早已融入他的血液。

（本文作者：欧阳毅之子）

战场猛将与生产英雄

罗海曦

罗章(1907—1993),江西省万载县人。1925年参加红色工会,1928年加入平江游击队,1929年转入中国工农红军,同年加入中国共产党。

土地革命战争时期,任红五军军医处事务员,中共平江县委机关总支书记、事务科长,万载县特派员兼区苏维埃主席,红十八军连党代表,红六军团营长、团政治委员、保卫局局长,军团卫生部政治委员,军团政治保卫局局长等职。参加了历次反"围剿"斗争和长征。抗日战争全面爆发至抗日战争胜利期间,曾任八路军一二○师"三五九旅"军法处兼警备区军法处处长、供给部政治委员,参加了忻口战役、百团大战和南泥湾大生产运动。在西北高干会议上毛主席亲授"以身作则"的奖状。解放战争时期,曾任西北野战军二纵队留守处主任、第一野战军一兵团留守处主任。中华人民共和国成立后,历任新疆军区驻兰州办事处主任、新疆军区军事法院院长等职。

1955年被授予少将军衔。荣获二级八一勋章,二级独立勋章,二级解放勋章。1988年被授予一级红星功勋荣誉章。

1943年初，党中央对陕甘宁边区大生产运动中被评为"生产英雄"的22名领导干部进行表彰，毛泽东主席为他们颁发亲笔题词的奖状，给予奖励。其中，毛泽东主席亲笔为三五九旅供给部政委题写了"以身作则"的奖状，他的事迹和奖状一并刊载于当时的《延安日报》上。

这位"以身作则"的生产英雄，更是一位冲锋陷阵的战场骁将，他就是我的父亲罗章。

陈家河——奋勇杀敌的战场

1935年2月初，国民党军对红军和湘鄂川黔革命根据地的"围剿"开始了。

2月13日凌晨，红二、六军团在田家坡及西北地区展开，准备攻击陈家河西面的庙凸和陈家湾山上的敌人，使敌位于陈家河、铜关槽大山上的主要阵地暴露出来，然后再各个歼灭铜关槽和蔡家坪、澧水两岸的敌人。

到了8时，正当红军准备发起攻击的时候，部署在庙凸山上的国民党军约1个营，沿着山脊向红五十一团阵地发起了进攻，企图先声夺人，破坏红军的部署。

当敌人冲到红五十一团预备队第三营阵地前时，担任营长的父亲抓住机会，将攻击的敌人放到手榴弹的有效杀伤距离内，然后突然猛烈开火，破坏了敌人的进攻。敌人受到这突如其来的沉重打击，纷纷向后溃逃。三营的指战员脸上洋溢着胜利的喜悦。此时正是中午时分，炊事员已经把香喷喷的大米饭送上了阵地。从军团部前出到红五十一团指挥部的红六军团政治委员王震,立即叫来了父亲。他指着对面的山头庙凸说:"罗营长,你能不能把对面那个山头拿下来?""行!"父亲毫不犹豫地回答。只见他袖子一卷,把头上帽子往腰间一别,对全营说:"同志们,我们把对面山头拿下来,再饱饱地吃这顿饭。"说着,高喊一声,"三营的勇士们,跟着我冲啊!"

罗章摄于 1965 年

然后,枪一举,第一个向庙凸发起冲击,趁敌混乱和回窜之机,一鼓作气攻占了庙凸、张家湾和吴家湾 3 个山头。

从庙凸溃逃的敌人没命般逃往陈家河镇,那里是他们的旅部所在地。红五十一团第三营指战员在父亲的带领下,越战越勇,一路穷追猛打,从河边开阔地这个最危险的地段,一直插向敌人的心脏——陈家河镇。镇上的敌人怎么也没有想到今天遇到的对手是这样的勇猛,顿时慌乱不堪。很快,设在陈家河镇上的敌第一七二旅旅部就被冲上来的罗营长他们捣毁了。仓皇逃出旅部的敌旅长李延龄在澧水河边被击毙,敌人的指挥系统完全瘫痪了,澧水两岸敌人的联系也被割裂开来。失去指挥的一七二旅完全处于混乱状态，纷纷向陈家河逃窜，正好被从两翼冲出来的红军部队消灭在山下的河谷里。战斗中，红六军团政委王震在率部冲锋时负伤。

与此同时，红二军团主力徒步蹚过澧水，向蔡家坪和玛瑙台的敌人进攻。一直奋战到黄昏，完全歼灭了国民党军第一七二旅。随后又乘胜追击，全歼陈耀汉的师部、一个旅（欠348团）和山炮营。红二、六军团以前没有缴获过山炮，这次一下缴获了两门，大家非常高兴。此后这两门山炮一直跟随着红军炮兵营转战南北。其中一门山炮进入了中国人民革命军事博物馆中陈列，成为唯一在长征途中缴获敌人重武器的历史证据。

红六军团部分人员合影

稻城——消除隔阂的吉祥地

位于四川省南部的稻城县，古名"稻坝"，藏语意为山谷沟口开阔地。1939年西康省成立，改名为"稻城"，县名沿用至今。

红二、六军团在北上的艰苦行军中，为争取藏民支援，沿途张贴布告，说明取道川康北上抗日的目的，并请藏民吃饭，开茶话会，宣传党的抗日救国主张；严格遵守三大纪律八项注意，凡取用藏民的粮食，均按价留下银圆和信件；严禁骡马闯入青苗，切实保护群众利益。

先头部队到达稻城时，已是下午5点左右了。湛蓝湛蓝的天空浮动着大块大块的白色云朵，在夕阳的辉映下呈现出淡淡的粉红色。此时，红六军团十八师五十三团供给主任杨宗胜顾不上别的事，立即准备带人去筹粮。自打部队进入这满目荒凉、人烟稀少的藏族地区，常常是吃了上顿没下顿，粮食成了大问题。看看天色还没黑下来，杨主任就带着通司（翻译）和几名战士朝一座小楼走去。他估计这小楼一定是当地土司的。上级要求，为了尊重藏民的风俗习惯，凡要办什么事都要通过土司。

楼下的门半开着，杨宗胜他们还没走近，就听"哐"的一声，门被关上了。大家你看我，我看你，心里凉了半截。杨宗胜想，看来今天搞到粮食的希望不大了。不过既然来了，就得试试。通司前去叩门，好半天楼上才出现一个衣着华丽的妇女。只见她穿着一领颜色鲜艳的紫缎长袍，系着绿绸腰带，袍边、袖口都镶着两寸多宽的滚龙锦边。这女人正是土司的老婆。

通司向她喊道："藏民耶莫耶莫（好）！"

那女人听后勉强笑了笑说:"汉民耶莫,藏民西拉西拉(不好)!"话是这么说,但那女人始终没有开门。

这时,天渐渐地黑了下来,大部队陆续赶到了。杨宗胜向担任团政委的父亲汇报刚才遇到的情况。父亲说:"藏民对我们还不了解,难免这样,部队先露营吧!"

"那粮食怎么办呢?"杨主任为难地问。

父亲若有所思地说:"粮食很重要,但党的政策更重要。他们不同意,任何东西也不要强买。"

说到这,父亲转过身去,看着空旷的原野说:"咱们红军是第一次到藏族区,要坚定地执行好党的民族政策,用实际行动扩大红军的影响,播下革命的种子。"

晚上,因为没有找到粮食,指战员们只好找些干牛粪烧点开水,喝后就纷纷倒下睡觉了。杨宗胜躺在地上,两眼望着夜空想着心事:自己是供给主任,却找不到粮食,让团首长和指战员们挨饿,真窝囊……

旷野起风了,凉飕飕的夜风冻得杨主任浑身直起鸡皮疙瘩,衣服也被露水打湿了。他不想再睡,就爬了起来,下意识地朝那座小楼看了看,见楼上还亮着灯,楼里传来一个男人断断续续的低沉念经声。窗前站立着一个黑影,看轮廓是个女的。杨宗胜心里挺纳闷,这么晚了,他们还不睡,难道是对我们不放心?

好不容易熬到天明,正准备出发时,接到上级的命令:原地休息两天后再走。杨主任想:要在这待上两天,怎么也不能再让大家挨饿受冻呀!他想再去叩门,碰碰运气。

这时，通司兴冲冲地跑过来对杨宗胜说："土司和他老婆说了，要迎接我们进去。"

杨宗胜真有点不敢相信自己的耳朵。他兴奋地说道："好，我这就去报告罗政委。"

他三步并做两步来到父亲面前，将情况说了。父亲一听很高兴，说："走，咱们一块儿去。"

来到土司家门前，还没叩门，土司已把门打开。他对父亲伸出大拇指，感叹地连说了几个"耶莫"，然后请父亲他们上了小楼。

楼上房间不大，两旁是雕龙刻凤的屏风，做工很精细；中间垂着红绸幔帐，里面是佛堂。

土司客气地请父亲坐下。大家按照藏族的习惯，盘坐在蒲团上，然后说道："感谢土司请我们进来。我们红军纪律严明，秋毫无犯，保护宗教信仰自由。这次路过此地北上抗日，还请你们给予帮助。"

土司说："我已经看到了，贵军宁可露宿，也不打扰百姓，很令人敬佩。我欢迎你们进部落里来。本来我与大家商议了请你们进来的四项条件，看来也不必说了。"

父亲一听，笑着说："还是说说吧，我们也想听听。"

土司笑了笑，说："这四项条件是：马不踏青稞，人不进经堂，走时要清扫，借物要奉还。现在看来，我们的担心没有必要，惭愧，惭愧！"

这时，女主人捧着糌粑、酥油进来，客气地请父亲他们吃。

父亲看着这些美食，想到战士们还空着肚子，真是咽不下去，又一想，按照藏民的习惯，给东西不吃是失礼的，就犹豫起来。土司看了很纳闷，便带着神秘的表情问:"你们都是神兵。"父亲听了不禁一愣,忙问:"此话从何说起?"

土司说:"从昨晚就没有看到你们做饭,现在还不想吃东西,不是神仙吗?"

父亲和杨宗胜一听,都忍不住笑了起来。父亲说:"我们都是肉体凡胎,哪能不吃饭呢?哪能不饿呢?我们现在是没有粮食了。"

土司听完,伸出大拇指说:"耶莫,这样和士兵同甘共苦的'大各旦'(官)实在少见。粮食问题,我给你们想办法。"

说完,他回过头和女主人嘀咕了几句,女主人答应着出去了。

父亲接着向土司介绍了红军长征以来的情况。土司听到红军爬过了险恶的雪山,很是佩服。正说着,忽听到外面传来吆喝牲口的声音。土司站起来朝窗外望了望,说:"咱们下去吧,粮食驮来了。"

杨宗胜高高兴兴地将粮食收下。由于银圆用完了,经请示父亲同意后,他就送给土司一些枪支和电筒等日用品。土司见到这些东西很中意,高兴地摆弄着,爱不释手。

这时,父亲牵着自己的马,走到土司跟前说:"感谢土司对红军的帮助,这匹马就送给你。"

说着,把缰绳递到土司的手里。土司看着这匹大黑马,浑身上下没有一根杂毛,黑得跟炭一样,就拍着马背连说:"好马!好马!"他拿着缰绳想了半天,又递给父亲说:"'大各旦'军务繁忙,需要征骑,我不敢收这厚礼。"

父亲再三劝土司将马收下,土司坚决不肯,最后只好作罢。出了小楼,土司送出很远,一再道歉说:"以前不了解大军,想到昨天的事,很是惭愧。以后红军再到,一定率领居民欢迎。"

有了粮食,指战员们不用再挨饿了,大家都非常感谢土司的真诚帮助。在稻城休息的两天里,红军指战员积极为藏民挑水、打扫卫生,一时间小小的稻城充满了欢歌笑语。

两天后的早晨,部队出发了。土司和藏族同胞很早就站在村头。他们端着糌粑、酥油,热情地欢送红军。土司十分庄重地向父亲献上哈达,父亲双手接过哈达,搭在自己的胸前。洁白的哈达在晨风中飘动着,犹如美丽的云朵。

"平山团"——优秀的人民子弟兵

父亲所在的红六军团,是当年毛泽东组织指挥秋收起义的湘鄂赣革命根据地的红十八军和湘赣革命根据地的红八军组建起来的。长征结束后的1937年8月,这支部队整编为八路军一二〇师三五九旅,开赴抗日战争前线。

1937年11月,在中共冀西特委负责人栗再温等的大力支持下,这支部队在华北抗日前线得到新兵补充。仅在三五九旅所辖的七一八团,就得到来自河北平山县补充的1500名新兵。由于这些新兵全部来自平山,编入七一八团后,仍然习惯地把他们称作"平山团",陈宗尧和我的父亲这两位红军时期的亲密战友和老搭档,分别担任该团的第一任团长和政治委员。

这支部队政治素质很高。作为部队骨干的干部，基本上都是经过长征的红军；而士兵中，党员的比例很高。在"平山团"的组建过程中，平山全县700多名党员中，就有200多名党员带头参军，青年党员几乎悉数参加，发挥了重要的模范带动作用。因此，这个团具有极强的战斗力。

1938年1月，平山新兵进入七一八团后在山西崞县上阳武整训刚结束，日寇的一个中队就从原平乘车开往崞县。得知这一敌情后，陈宗尧团长和我父亲率领"平山团"的二营和三营在田家庄设伏，前后夹击全歼敌人。缴获敌重机枪4挺，轻机枪3挺，长马枪120余支，短枪12支和一大批战利品。这是"平山团"打的第一仗，显示了平山新兵英勇顽强的战斗精神，为以后的连续胜仗开了一个好头。

不久，七一八团和一二〇师其他部队一道参加了收复"晋西北七城"战役。此次作战的胜利，不仅歼灭日本侵略军1500名，还缴获山炮1门、枪200余支、汽车12辆、马匹100余匹，光复了7座县城，并把日军的进攻战线由黄河东岸向东推至吕梁山麓。这是抗日战争全面爆发至抗日战争胜利期间，八路军第一二〇师在山西省西北部反击日军大规模围攻并收复失地的作战。

1939年5月9日，日军独立第三、第九旅团各一部共5000人企图合击晋察冀军区领导机关。三五九旅以七一七团和七一八团约3000兵力，在山西五台山与之周旋，然后在繁峙上下细腰涧南北夹击敌人。经过5天激战，歼敌1000余人，缴获步兵炮2门、迫击炮3门、重机枪6挺、步枪451支、战马百匹，这就是著名的上下细腰涧歼灭战。这一战全歼被围之敌，创造了三五九旅对日作战的辉煌战绩。1939年5月20日，聂荣臻发布命令嘉勉七一八团（平山团）。嘉勉令说："平山团历来作战勇敢，素有盛名……是平山人民的优秀武装，是边区人民的优秀武装，是太行山上铁的子弟兵。"

南泥湾——陕北的好江南

1939年8月，中共中央为加强延安防守兵力，电令三五九旅由华北前线冀中、雁北，27天行军750公里急返延安，沿黄河布防，驻守延安的东线和南大门，并开展大生产运动。

为了加强全旅对生产的组织领导，父亲调任三五九旅供给（后勤）部政治委员，专门负责组织全旅的开荒生产工作。他随身带着一个大镢头，走遍了全旅26万亩土地的各个生产点。当他看到南泥湾水源比较丰富，就把在家乡江西种水稻的经验搬到陕北并获得丰收。有位诗人看到南泥湾水稻成片，就写下了"如今的南泥湾是陕北好江南"的诗句。然而，我父亲为了这片陕北江南，却过于劳累，在一次巡察时不慎跌进深沟，受了重伤，无法行动。幸亏他心爱的战马独自跑回部队，带领着人们来到他被严重摔伤的地方。同志们用担架把他抬回驻地。王震旅长痛心地说："这个罗章，真是个无论打仗还是生产，什么事情干起来都不要命的硬汉子。"

三五九旅在大生产中，各级干部所起的模范带头作用，使战士们备受鼓舞，也受到毛泽东主席的高度赞扬。1943年初，党中央对陕甘宁边区被评为"生产英雄"的22名领导干部进行表彰，毛泽东主席为他们颁发亲笔题词的奖状,给予奖励。其中毛泽东主席亲笔为我父亲题写了"以身作则"的奖状,父亲的事迹和奖状一并刊载于当时的《解放日报》上,在解放区广为传扬。

(本文作者:罗章之子)

父亲的江西情结

罗小明

罗舜初（1914—1981），福建省上杭县人。1929年参加闽西农民武装暴动，同年加入中国共产主义青年团。1931年参加中国工农红军，1932年转为中国共产党党员。

土地革命战争时期，任红一方面军司令部参谋，红四方面军司令部二局科长、代局长，军委二局副局长。参加了第四、五次反"围剿"斗争和长征。抗日战争全面爆发至抗日战争胜利期间，任军委总参谋部二局局长、八路军总部作战科科长、八路军第一纵队参谋处处长、山东纵队参谋长、鲁中军区司令员兼政治委员。解放战争时期，任辽东军区副司令员兼参谋长，南满军区副司令员兼参谋长，东北民主联军第三纵队政治委员，第四野战军四十军政治委员、军长。中华人民共和国成立后，任海军参谋长、第二副司令员，国防部第十研究院院长，国务院国防工办副主任兼国防科委副主任、党委副书记，沈阳军区副司令员、顾问组组长。为第五届全国政协委员。

1955年被授予中将军衔。荣获二级八一勋章，一级独立自由勋章，一级解放勋章。

有这么一位老人，他是福建上杭人，却总是对不是故乡的江西有着一种割舍不断的深厚情感。虽说他在江西生活、工作和战斗的时间并不长，满打满算也只有两年零三个月，然而只要一提到江西，他就神采飞扬，饱经沧桑的脸上顿时绽放出异样的光彩，激动的心情久久不能平静。

这位老人，就是我的父亲罗舜初。

选送到江西学习

1932年夏天，不满18岁的父亲离开家乡福建，第一次来到江西。因为作战勇敢，工作积极，他被选送到位于江西瑞金的红军学校学习。这是一所在毛泽东倡导下成立的新型红色军校，为了表示战胜国民党反动派的坚定决心，毛泽东誓言要把这所军校办成"红埔"，以示与蒋介石倚重的黄埔军校针锋相对。红军学校的学制4个月为一期，学员毕业后，多数人返回部队，少数人留校工作。父亲因为作战负伤，比其他同学入学晚一个月。但是他学习刻苦，很快就跟了上来，学业没有掉队。他优异的学习成绩和出色的表现引起了校长刘伯承的注意。学习毕业后，父亲既没有返回部队，也没有留校参加工作，刘伯承校长点名，将他从步兵营转入政治营继续培养。父亲在政治营学习期间，经连指导员许兴介绍，由共青团员转为共产党员。

早在红军初创时期，朱德就十分重视参谋工作，他曾经说过："大兵团的作战，在现代的条件下，不能光靠个人的指挥，而要靠指挥机关来指挥，没有健全的参谋工作，就没有健全的指挥机关。""所以一开始我们就把品质最优秀的最有知识的人员来当参谋。"为了培养参谋人员，红军学校开办了参谋业务训练班。接替刘伯承担任校长的叶剑英一眼就相中了在政治营学习期间成绩优秀，各方面表现出色的父亲。政治营的学习结束后，叶剑英校长点名送父亲到参训班学习参谋业务。就这样，父亲在红军学校一连学习了3期，科科成绩优秀，成为红军中为数不多的军事、政治和参谋3门专业都受过正规训练的全科学员。而他后来所从事的工作恰好是在军事和政治这两大领域内交替进行，而在军事工作中尤以参谋素养见长。

严格的军校生活虽然前后只有10个月的时间，却彻底改变了父亲，使他完成了从一个普通老百姓到一名革命军人的转变，他把在军校养成的良好习惯保持了一生，不曾有丝毫改变。在他身上，军校教育留下的最明显的特征就是一个"快"字。在工作中，他思维缜密，处事干脆果断，从不拖泥带水。指挥作战他以快见长，不到两天就攻克了日伪军联合据守的山东沂水县城，全歼守敌近2000人。他带领的部队擅长奔袭，被对手称之为"像旋风一样"。就连他在战场上的对手也猜测：罗舜初早年经历不详，似曾受过正规的军事教育。在生活上，父亲仍是以"快"著称：他说话语速快，有时快得连周恩来总理都不得不急呼："慢一点，我还没记下来呢！"父亲吃起饭来如同打冲锋，即便是年夜饭也不例外，三五分钟解决战斗，独自一个人笑眯眯地坐在那里看着我们全家人慢腾腾地边聊边吃。他走起路来健步如飞，爬山如履平地。直到晚年，下部队，看地形，年轻的警卫员紧赶慢赶，气喘吁吁直冒大汗，还是感到吃力跟不上。问他为什么动作总是这样快，他平淡地回答说：在江西红军学校养成的习惯，改不了啦！

在巨人的身边成长

1933年春夏之际，为了加强各级司令部工作，红一方面军首长决定从参谋训练班中抽调一部分学员，充实到各军团司令部工作。已经担任红一方面军参谋长的刘伯承从参谋班学员名单中一眼就看到了父亲的名字，他极力举荐父亲到红一方面军司令部工作。接到调令，父亲提前结束了参谋班的学习，直接进入红一方面军司令部一局当了一名见习参谋，从此结束了学校生活。

朱德总司令十分重视参谋人员的作用，他把参谋工作比作"军队的脑筋"，而参谋人员是"首长唯一的代理人"。他和周恩来总政委用带徒弟的办法，耳提面命手把手地耐心教一局几个年轻稚嫩的参谋如何起草电报，如何制定作战方案，如何组织大兵团行动，如何全面思考问题。父亲进入红军学校学习之前只是地方红军部队中一个号称兵头将尾的班长，虽然被破格使用，毕竟在部队工作时间不长，战斗经验不足。现在到红军的最高指挥机关工作，遇上的各种困难可想而知。由于父亲勤奋好学，不懂就问，进步很快。加上他为人忠厚，工作细致，认真负责，很快就成为周恩来、朱德、刘伯承身边信得过的得力参谋。首长们对他的工作十分满意，都亲切地叫他"小罗"，从不严肃地叫他"罗参谋"。30多年以后，有一次周恩来总理主持会议，听取父亲汇报我国第一次氢弹全当量试验的准备情况。周总理满意地说：舜初同志是我的老战友了，办起事来我放心。父亲连忙说：我是总理领导下的一名小兵。周总理满怀深情地说：从江西中央苏区到长征路上，你和我吃在一起，住在一起，行军在一起，打仗在一起，我们就是战友嘛！这是历史。

进入毛泽东的视野

1934年春的一天，满腹心事的毛泽东独自一人漫步在瑞金城内的石板路上。

"毛主席，你好！"一声诚挚的问候打断了毛泽东的沉思。他抬眼望去，只见一名身材瘦小的小红军站在他的面前。

此时的毛泽东正处于他政治生涯的最低谷。自从"左"倾路线占据了党中央领导的地位以后，毛泽东的日子就越来越不好过了。在宁都会议上，他不仅被剥夺了发言权，也被剥夺了红一方面军的指挥权，打那时起，就少有人敢和他接近，用他自己的话说是鬼都不上门。

看着这个敢于主动上前问候自己的小红军，毛泽东高兴地问："你叫什么名字，是哪里人？"

"我叫罗舜初，福建上杭人。"操着一口浓重的上杭客家口音的父亲回答。

啊，闽西上杭，这是一块能引起毛泽东无限回忆的土地。在这里，他曾有过"收拾金瓯一片，分田分地真忙"的愉悦，也有过暂时不被同志们信任和理解，被迫离开红四军领导岗位的尴尬窘迫，然而最令他难忘的是闽西的淳朴民风。在那段倒霉的日子里，不论走到闽西哪个村庄，早上推开门,他经常能看到当地村民悄悄给他送来的一篮鸡蛋或新鲜蔬菜。只要见到闽西子弟,毛泽东总会油然产生一股亲切感。

"啊,上杭,那是个好地方。你是哪个乡,哪个村的?"对上杭十分熟悉的毛泽东接着问。

"溪口乡大阳坝。"父亲回答。

"大阳坝,熟悉,熟悉。我去过你的家乡。"毛泽东不由得回想起这个他曾经住过的小山村。

5年前,在中共红四军第七次代表大会上落选的毛泽东离开了红四军的领导岗位,到闽西特委指导地方工作。不久就被疟疾病击倒了,在前往永定养病的途中,他路经大阳坝,住在黄潭河畔一位名叫罗日新的农民家里。

"那一天,村苏维埃主席让我集合几名儿童团员,去执行重要任务。天一黑,我们就来到罗日新家,布下了岗哨。"得知毛泽东还记得当年曾住宿大阳坝,父亲的话多起来了。

"我从窗户悄悄往里看,一个个子高高,头发长长,穿身褪了色的灰布长衫的人正坐在油灯下读书。他看一会儿,又趴在桌上写一会儿,有时还站起来在屋里走来走去。直到天快亮才把灯熄灭。"

毛泽东微笑地听着父亲的回忆。不错,那天晚上夜幕降临的时候,正在昏暗的菜油灯下抱病夜读的毛泽东被房前屋后传来的一阵阵叽叽喳喳的说话声惊动了。他从窗户向外望去,原来是一群天真活泼的男女伢子,手执红樱枪,把自己住的房子围了个严严实实。当时正处在逆境中的毛泽东被这些天真质朴的儿童团员们的赤诚深深地感动了。

"直到他们离开大阳坝以后，村苏维埃主席才告诉我们，那个大高个子就是毛委员。"父亲颇有些遗憾地说，"早知道是他，我要多看几眼。"

毛泽东还记得，他在大阳坝小住的那几天，曾经参加了纪念八一南昌起义的大会，登台检阅了儿童团的队伍，那个带队的儿童团长充满自信的神情给他留下了深刻的印象。

1954年，罗舜初和夫人胡静、女儿罗小英、长子罗小明、次子罗炜彬合影

"那个儿童团长到哪里去了？"毛泽东关切地问。

"那就是我！"父亲不无骄傲地回答。

毛泽东全然没有想到，当年那个带领儿童团员们为自己彻夜站岗放哨的孩子头儿，那个站在台上指挥儿童团操练的儿童团长如今已经当了红军，而且就是眼前站在自己面前的这个名叫罗舜初的年轻人。

"我们是老熟人了，给我说一说你是怎么当上红军的。"看着已经成为红军战士的父亲，毛泽东高兴地问。

于是，父亲向毛泽东详细述说了自己参加红军的经过和参军后的经历：1931年秋天，已经当上区儿童局书记的父亲给少共上杭县委写信，要求参加红军。县委同意了他的要求，并要他动员100名青壮年一同参加红军。他不辞辛苦，东奔西走，很快就动员了家乡附近各村100多名青壮年，由他带队参加红军。参军后的第一次战斗，勇敢冲锋的父亲不幸腿部中弹，负了轻伤。伤愈后，他被选送到红军学校学习。因为各科成绩优秀，被送到参谋培训班深造。毕业后分配到红军总司令部一局，成为一名作战参谋。

听了我父亲的自我介绍，毛泽东的眉梢轻轻抖动了一下。自从第五次反"围剿"斗争以来，对军事毫无所知的中共临时中央负责人博古完全依赖共产国际派来的德国人李德指挥作战。他们放弃过去几次反"围剿"斗争中行之有效的积极防御方针，实行"两个拳头打人"，"不让敌人蹂躏一寸苏区"土地的方针，还说要进行"中国两条道路的决战"。结果红军主力多次强攻失利，陷于被动地位。

只能负责中央政府工作的毛泽东，眼看着红军在战场上节节失利，苏区在一天天缩小，心里非常焦急。可是他已经被排斥于党和红军的领导层之外，无权过问军事工作。特别急于了解战场态势的毛泽东，听说我父亲在军委一局工作，很想从他那里得到第一手的战况。

在父亲的眼里，毛泽东从来不是外人，他连想都没有想，就把他所了解的战况和敌我态势一五一十地向毛泽东毫无保留地做了介绍。毛泽东听得十分认真，还不时地向我父亲询问一些他所关心的情况。

这时的毛泽东正处于他政治生涯的低谷，逆境中的毛泽东表现出来的那种淡定和对革命事业的责任感，给我父亲留下了永不磨灭的印象。而毛泽东也从这个时候起，牢牢地记住了我父亲这个来自闽西的年轻人。几十年后，当我父亲身处逆境时，周恩来总理警告那些别有用心的人：罗舜初同志在毛主席那里是挂了号的人。的确，毛泽东一直没有忘记我父亲。当有人向他问起我父亲时，毛泽东笑着说：罗舜初，参谋出身。

随即掰着手指细说起我父亲长征期间在他身边当参谋的经历。

战略转移告别江西

1934年初夏，共产国际同意中共中央书记处5月间关于红军主力撤离江西苏区，实行战略转移的请示。于是，转移的准备工作就在少数中央领导人中间秘密地进行了。父亲和军委一局的几个参谋由于工作关系，比较早就知道了红军将要进行一次大规模战略转移，并在周恩来副主席领导下，参与了一些转移前的准备工作。由于这是一项高度机密的行动，周副主席再三叮嘱他们：不准多问，也不准向任何人透露一星半点消息，违反者要严肃处理。因此，即使在林彪、彭德怀这些军团首长面前，父亲也守口如瓶，绝不透露半点消息。

7月上旬，以红七军团组成的中国工农红军北上抗日先遣队从瑞金出发，向闽浙皖赣边出动，用以调动敌人。8月上旬，红六军团在任弼时、肖克、王震领导下，告别了休戚与共的湘赣苏区人民，向湖南中部挺进，为中央红军战略转移探路。

这两路红军出动不久，父亲和战友们遵照周副主席的指示，用了几天的时间，将军委机关所有的文件和电报仔细分类、整理，并用油纸打包，在一个漆黑的夜晚，秘密地送到瑞金附近的一个山洞里封存起来。工作完成后，他们把洞口用石块堵死，再堆上泥土进行伪装，同时还做了记号。南方雨水多，草木很快就长出来，覆盖了洞口，不知情的人绝不会发现其中的秘密。

1955年9月27日，毛泽东主席在北京中南海怀仁堂将一级独立自由勋章、一级解放勋章授予罗舜初

10月10日这天下午，日前刚刚动了大手术的江西军区司令员陈毅躺在担架上来到军委机关与周恩来告别。陈毅是周恩来在法国勤工俭学时的老熟人，平日里，他和李富春、蔡畅、聂荣臻、邓小平等一班留法同学经常到周恩来这里聚会。父亲因为经常被周副主席叫来抄抄写写做些秘书性质的工作，久而久之就和他们都认识了。陈司令见到我父亲非常高兴，主动对我父亲说："中央决定我留下坚持斗争。我考虑，我身边需要有一个熟悉情况的作战参谋，你愿不愿意留下和我一起干？"

"我听从组织安排。"父亲回答说。

过了一会儿，陈司令从周副主席那里出来，不无遗憾地对我父亲说："小罗呀，我向周胡子提出要求你留下，他不放，说他那里也需要你。看来，我们缘分不够，好好干吧，我们后会有期。"

当天晚上，父亲和一局的参谋们簇拥在周副主席和朱总司令身边，离开红都瑞金，踏上了漫漫长征之路。

而父亲在江西苏区的经历，在他的人生中具有不可磨灭的意义。江西，成了父亲一辈子魂牵梦绕的地方。

（本文作者：罗舜初之子）

长征路上的父亲

郑南东

郑效峰（1916—1994），原名郑德风，湖南省耒阳市人。1928年参加湘南起义，加入中国共产主义青年团。1932年转为中国共产党党员。

土地革命战争时期，曾任红四军十师二十八团司号员、十师政治部青年干事，军委后方政治部保卫科科长，参加了反"围剿"斗争和长征。抗日战争全面爆发至抗日战争胜利期间，任延安军政学院二队队长、陕甘宁晋绥联防军教导第一旅保卫科科长。解放战争时期，任辽宁军区第一军分区政治部主任、第四野战军独立第一师政治部主任。中华人民共和国成立后，历任中南军区公安部队干部部部长、广东军区干部部部长、湖南省军区政治委员、山西省军区政治委员等职。为第五届全国人大代表，山西省人大常委会副主任。

1955年被授予少将军衔。荣获二级八一勋章、二级独立自由勋章、一级解放勋章。1988年被中央军委授予中国人民解放军一级红星功勋荣誉章。

1981年，井冈山老战士合影，右起：郑效峰、朱良才、韩伟、王柴峰

充满艰难险阻的二万五千里长征，健康人能活着走到终点，就已经创造了人间奇迹。而一个被弹片击中左胸的年轻人，竟然历经千难万险，胜利到达陕北后，才取出心脏旁边的弹片，这就更是奇迹中的奇迹！

创造这一奇迹的人，就是我的父亲郑效峰。

赤水河畔负重伤

1934年9月，父亲郑效峰调任红一军团保卫局任侦察科长。10月开始长征。为保障总部的行军安全，父亲率队执行侦察开路任务。

1935年1月在赤水时，右纵队红一军团遭遇川军的截击，率队执行侦察任务的父亲首先与敌遭遇。在激战中,他组织部队向敌人发起反冲锋,击退了川军。可是他却身负重伤,被弹片击中左胸,当时就昏迷过去。有人认为生还的希望不大,主张就地留下。保卫局长罗瑞卿知道后,说:"还是先抬着走吧。"几天后,军团林彪、聂荣臻、左权等几位首长来看望父亲。父亲用期盼的眼光看着军团首长,表示不想留下,想和部队一起走。军团首长说:"你放心,当时没有留下,现在就更不会留了。""你从小就跟父亲和家人一起当红军,现在就剩下你一人了,只要有一口气,也不会把你丢下。"就这样,军团首长给父亲配了1个警卫员和4个担架员。

当时父亲的伤很重,伤口不断地流血,几天后开始化脓。由于没有药,就用一块麻袋片捂住,被脓血浸透后就再换一块。每到驻地,就用麻袋片蘸盐水清洗、放脓,一放就是两盘子。他先是在一军团卫生部,后来转到军委卫生部。

一次,部队通过封锁线去云南,在贵阳附近要爬一座山。当时部队拥挤在一条小路上,阻塞在那里走不动。为了让担架员休息,父亲下了担架,没想到左挤右挤,结果警卫员和担架队员都被挤散,相互失去了联系。后来部队都走了,只剩下他一人,父亲就咬紧牙慢慢往山上爬。正在这艰难时刻,恰好罗瑞卿骑骡子过来,看到了父亲,就和饲养员一起把父亲扶到骡子上,他自己赶在前面走了。父亲在饲养员的帮助下,骑着骡子走了40多里路,一直到宿营地才跟上了部队。在这期间,傅连璋先后给父亲做了两次手术,但都没有取出弹片。因为离心脏太近了,又没有X光机,确定不了弹片的位置,只能是清理清理伤口。

随着时间的推移，部队过了四川天泉以后，父亲基本上可以自己慢慢行走，这时可以不用担架抬，就给他配了一头骡子，主要靠骑着牲口走。

6月中旬，红军到达雪山脚下，因为只有翻过雪山才能和四方面军汇合。军委卫生部帮助大家准备了干粮和辣椒水，并告诫大家山顶上不能停留，不能大声喊（共振可能引起雪崩），不能猛跑（保存体力），不能骑牲口（会冻坏双脚），也不能坐（会站不起来）。一定要在下午2点以前过山顶。卫生部的朱良才政委还给父亲拿了一张羊皮，父亲把它简单地缝了一下，改成了背心。另外给的两张小皮子把脚给包上。准备翻山那天，先在山脚下过了一夜，第二天才翻越山顶。当时的山脚下正是酷暑天气，走不久就大汗淋漓，可是到了山上却冻得发抖，大家把所有的衣服还有毯子都裹在身上御寒。好在父亲的这件"羊皮衣"真起了很大作用。路上的雪没过膝盖，有1米多深。前面安排了部队开道，卫生部走在部队的后面，沿着前面人员蹚出来的路就好走多了。但是越往上走就感觉气越短，身体越软，头昏沉沉的，眼睛也不想睁，光想坐下来歇一会。警卫员对我父亲大声叫喊："不要坐，不要坐！""你拽着骡子尾巴呀！"一句话提醒了父亲，他就在后面咬着牙关拽着骡子的尾巴，警卫员在前面拉着骡子，就这么坚持着一步步地往上爬……越往上走呼吸越困难，由于肺部受了重伤，父亲感到出气不顺畅，只能大口大口地喘。到了下午2点左右，终于翻过了山顶，没敢停下来喘一口气，就拼命地往山下赶，沿着前面战士滑出的雪道，往下一坐就滑了下去，一直滑到滑不动为止，感觉也好多了。警卫员则牵着骡子，绕道下了山。在山上一路过来，看到一些不应有的人形"雪堆"，那都是一些因体弱而牺牲的红军战士。由于天正下着雪，慢慢地就成了一个个的"雪堆"。后来分析，父亲肺部受了重伤却爬过了雪山，和他当了几年司号兵不能说没有一点关系。

8月份，红军长征到了毛儿盖，还要穿过草地才能到达陕西和甘肃的南部。

过草地是红军长征中最艰难的路程。首先是行走难。在草地里行走，地是湿的，脚是湿的，一下雨浑身衣服也是湿的。给8月的太阳一晒，浑身就跟蒸笼似的冒着气。行走十分困难，关键是还要踩着草甸子走。稍不注意，一脚没踩着草甸子，人就陷进沼泽里了。第一天就有红军战士陷进去再也没有爬出来。一天只能走三四十里路。父亲身体虚弱，走得也慢，担架和骑牲口是根本不可能的。为了保证跟上部队，在警卫员的搀扶下，每天他们尽量提早动身，晚上赶到宿营地。但仍然在半道上被收容队收留。其次是御寒难。早晚温差大，中午烈日炎炎，可是晚上却是冷风飕飕，冻得人缩成一团。若是赶上下雨，往往冻得人直发抖，牙齿打颤。那张羊皮"衣服"一直随身穿着，真是功不可没。还有宿营难。每天都是在地上睡觉，能找到干的地方躺下就算是最美的事了。很多时间都是背靠背地坐着。碰上下雨，连遮风挡雨的支架也没有，红军队伍中很少能用树枝搭一搭或者用块雨布盖一下的。父亲第一天因没有跟上部队宿营，于是在草地里和警卫员背靠背蹲着淋了一夜。后来有了收容队，才每天跟着收容队行军。

最难的是吃不上饭。出发前大家要准备粮食，但由于部队已经在毛儿盖住了几天，当地的藏民都跑光了，现成的粮食也几乎没有了。当时是8月份，正好青稞熟了，大家就去收地里的青稞。可是哪有那么容易呀，没有镰刀也没有脱粒机，一切都靠双手。卫生部伤病员多，收不了多少，幸亏部队给军委卫生部支援了几麻袋青稞。父亲分到了七八斤青稞，另外还给了他一小袋炒面，大概也有三四斤，然后就上路了。普通战士每天只有晚上宿营时才煮青稞吃，白天一天是没有东西吃的。父亲却不一样，饿了可以吃把炒面，已经算是最好的待遇。两天后通知下来，说可能还要走10天！粮食要省着吃！到宿营地就要赶紧挖野菜，再以野菜为主外加一点青稞一起煮着吃。但哪些野菜可以吃呢？为了防止野菜中毒，不少红军战士专门试吃，保证大部队不中毒。而试吃的战士若是不慎吃了有毒的野菜，轻则拉肚子、脸上身上发肿，严重的就会头痛、发烧、昏迷，甚至再也起不来。跟着我父亲的警卫员就是因为先尝了采来的蘑菇，结果再也没有站起来。他从1935年1月开始跟着我父亲，是个四川籍的小战士。那时父亲才19岁，而他的年纪比父亲还小。这一路上搀扶、帮助、照顾我父亲，竟在1935年8月牺牲在草地上。

　　警卫员牺牲后，父亲只能跟着收容队。可以吃的越来越少，最后牲口也都杀了，牛皮之类的东西都加进去煮了。这时路上开始见到因饥饿而牺牲的战友，甚至有的还有一口气，也不愿再走了。劝他们走，他们就说："你们走吧，我们革命已经成功了。"他们都是饿得无法前行。给他们吃的，他们说算了，尽可能多保存革命力量吧，要不然都走不出去。看到这种情况，浑身无力的父亲拄着棍子，也想躺下不走了。但一想到军团首长说的话：只要他有口气就不丢下他，在他不能动时派人抬着他走。他就想：怎能自己丢下自己呢？如果以后见到母亲，还要告诉她，父亲埋在哪里了，姐夫是怎么牺牲的……就这样，我父亲咬着牙继续往前走，和收容队一起拼死拼活地跟着部队的踪迹追赶……

第八天，到了班佑。前面部队留下了一些吃的，父亲体能得到了补充，终于走出了草地。原来前面部队到了班佑时，一下倒下好几百人，再也走不动了。谁知再往前十来里就有人家，还有菜地，有其他吃的。部队立即派人把食物送回来。可是倒下去的人却一个也没有救起来。他们把食物堆在一起，留给后面的红军……后来父亲常和我们说：我们必须记住他们，不应该忘本。和那些牺牲的同志相比，我们有什么资格去要求那些个人利益，去计较个人得失呢。

现在班佑已经成了旅游景点，修了一座烈士纪念碑。就是让后来人不要忘记那些在草地上牺牲的烈士，不要忘记那些长眠在不毛之地的年轻生命：他们没有留下姓名，没有留下尸骨，没有留下财产，更没有留下后人。但是他们用生命换来我们今天快乐和平幸福的生活。我们不能忘记他们，不能忘记历史。

父亲走出草地后，伤口又突然恶化并发起高烧，但这时条件相对好了，最困难的时候已经过去。就这样，父亲在组织和领导的关怀下，在战友的帮助下，以自己的顽强毅力，坚持到1935年10月，终于到达了陕北根据地，走完了二万五千里长征路。

当时父亲是中央红军队伍中伤势最重的伤员之一。到达陕北后，又住了8个月的医院，傅连璋和一个日本大夫给他做了两次手术。用锯子锯断两根肋骨，在心脏的边沿取出了弹片。可是长征路上抬过他的担架队员和警卫员都先后在战斗中失散或牺牲了。

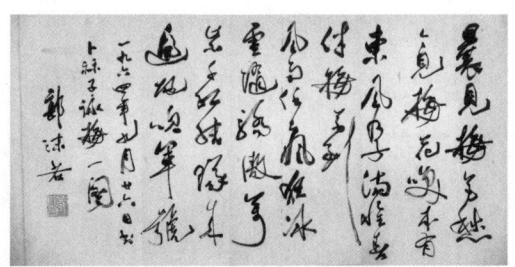

郭沫若为郑效峰题词的手迹

1964年在官厅大比武时,郭沫若先生见到我父亲——当年的红军小司号员。在井冈山朱毛会师时,我父亲是二十八团司号员,刚满12岁。欣喜之余,郭沫若先生特赠词一首:

曩见梅花愁,

今见梅花笑,

本有东风孕满怀,

春伴梅花到。

风雨任疯狂,

冰雪随骄傲,

万紫千红结对来,

遍地吹军号。

(本文作者:郑效峰之子)

一位信仰坚定的红军

赵晓宁

赵俊（1915—1994），原名赵诗元，安徽省六安市人。1931年参加中国工农红军，1933年加入中国共产党。

土地革命战争时期，曾任红四方面军第十二师三十四团营部书记、团供给处政治指导员，红九军第二十五师司令部作战科科长，第二十七师八十团作战参谋兼特务营营长，参加了历次反"围剿"斗争和长征。抗日战争全面爆发至抗日战争胜利期间，任新四军军部作战参谋，江北指挥部作战参谋，第四支队司令部参谋、副参谋长，新四军第二师司令部参谋处长，第五师十三旅参谋长。解放战争时期，任渤海军区司令部参谋处长，华东野战军第十纵队参谋长、第六纵队参谋长，第三野战军二十四军参谋长。中华人民共和国成立后，任第七兵团参谋长兼浙江军区参谋长、浙江军区副司令员兼参谋长、南京军区副参谋长、南京军区顾问等职。

1955年被授予少将军衔。荣获二级八一勋章、二级独立自由勋章、一级解放勋章。1988年被中央军委授予中国人民解放军一级红星功勋荣誉章。

他在少年时即加入革命斗争，不久即成为工农红军的一员；长征途中，他历尽艰难困苦，矢志不渝地寻找党和红军；重病缠身，仍念念不忘重返革命圣地，祭奠惨烈的战斗中牺牲的英勇的战友。

他，就是我的父亲赵俊。

闹翻身参加革命斗争

1926年第一次国共合作时期，在中国共产党积极主张和推动下，国民革命军正式出师北伐，一路所向披靡，势如破竹。北伐战争的爆发，大革命浪潮的迅速推动，使得皖西的革命运动空前高涨，农会组织如雨后春笋般发展起来。这时在杂货铺当学徒的父亲，经常听到老板的儿子裴如珍和常在店里住宿的冯晓山（中共地下党员，后为安徽红军游击队第一纵队队长、红三十三师一〇六团团长）议论怎么打土豪分田地、组织农会、推翻反动政府等。虽然年幼的父亲听不大明白，但觉得新奇，也很振奋。于是只要冯晓山来找裴如珍，父亲就找机会听他们的谈话。渐渐地，父亲明白了，组织农会、抗捐抗税等都是能让穷人翻身过上好日子的办法，这正是父亲一直以来弄不懂的问题。

1929年，在中共六安县委领导下，农民运动逐步由秘密转为公开。很多地方成立了农会，强行向地主借粮，进而发展为抗捐、抗税、抗债。父亲结束了学徒生涯，勇敢地参加了少先队。当时，少先队的主要任务是打菩萨，反对封建迷信，为农会活动站岗放哨。由于父亲机智灵活，积极性高，后来还当上了少先队小队长。同年11月8日，六霍地区爆发了声势浩大的农民起义，父亲和少先队员们也参加了起义活动，为起义地区的农会送情报、联络工作等，干得特别有劲。最终，在中国共产党的有力领导下，六霍起义取得了成功。

六霍农民起义的胜利，影响了周围地区的农民，乡亲们纷纷举行暴动，并相继建立了苏维埃政权，农民第一次当家做主行使自己的权利。但是反动势力不甘心失败，他们将原来的民团、自卫团、反共队、清乡队重新组织起来，向农民运动疯狂反扑，实行血腥镇压。许多共产党员被枪杀，党组织、农会和苏维埃政权遭到极大破坏。1930年6月，任乡苏维埃领导成员的祖父赵登成被国民党反动派枪杀身亡。祖父牺牲后，父亲和祖母十分悲痛。父亲对祖母说："我已经16岁了，我一定要为父亲报仇。"

1930年12月初，蒋（介石）冯（玉祥）阎（锡山）军阀中原混战结束不久，蒋介石便马不停蹄地调兵遣将，对鄂豫皖苏区进行"围剿"。红四军积极进行反"围剿"斗争，于1931年1月初一举攻下六安县城。红军连战连胜，声威大震。听到这个好消息后，父亲赶去六安找红军队伍。但当他经过艰苦跋涉来到六安时，却被告知因为自己的身材又瘦又小，还不能参军打仗。这时，父亲的家乡又恢复了苏维埃政权，父亲便到乡苏维埃政府合作社工作。同年6月，他因工作积极被调到县苏维埃警卫队，9月份调县保卫局看守所当班长。10月，父亲光荣地加入了共产主义青年团，并进入预审科当科员，后来因表现突出被提拔为副科长。

1932年6月，我军取得苏家埠战役胜利后，国民党反动派对苏区红军的"围剿"更加凶猛，蒋介石亲自出马担任鄂豫皖三省"剿匪"总司令，

战争年代与战友合影，右一为赵俊

指挥30万精锐部队全力进攻鄂豫皖苏区。皖西红军力量薄弱，抵挡不住敌人的重兵围攻，政府机关也无法正常工作，县保卫局与苏区保卫局跟随红军到处转移。9月，父亲再次报名参加红军，经红四军总部审查合格，父亲终于如愿以偿，成为一名光荣的红军战士。

父亲参军不久，祖母方少堂因积极参加苏维埃农会工作，儿子又参加了红军，不幸被敌人抓去活埋身亡。当父亲接到祖母牺牲的消息，如同晴天霹雳，痛不欲生。两年之内，双亲相继被反动派杀害，父亲擦干眼泪，暗下决心，一辈子当红军，永远跟党走。在他半个多世纪的军队生涯中，无论是长征途中两过雪山、三过草地，还是西渡黄河血溅河西走廊；无论是中原突围抗击日寇，还是驰骋江淮解放全中国；无论是强军建军刻苦深造，还是忍辱不屈坚持真理；他始终保持共产党员对党的事业的无限忠诚，对共产主义信仰的坚定不移。

找红军历经艰难困苦

1936年10月,红四方面军第五、第九、第三十军奉命西渡黄河,准备举行宁夏战役。11月8日,中央军委决定放弃宁夏战役计划,提出新部署,把已到河西的3个军组成西路军,要求在河西创立根据地,拟从新疆方向接通与苏联的联系。部队过河后立即遇到四马(马步芳、马步青、马鸿逵、马鸿宾)军阀的疯狂攻击。西路军经过5个多月的浴血奋战,特别是倪家营子两次防御战,历时近1个月,打得异常激烈残酷。全体指战员在优势敌军的进攻下,英勇杀敌,视死如归,给敌以巨大杀伤。但因我军作战指导上的失误,孤军深入新区,既无援兵又无补给,加之敌我兵力悬殊,缺乏对骑兵作战的经验,伤亡惨重,最后遭遇失败。这是我军发展史上最沉痛的教训之一。

长征时,父亲在红四方面军第九军第二十五师先后担任作战科长和侦察科长。1936年11月13日,二十五师袭占古浪,遭敌包围。这一仗未打好,损失1/3。因此,部队进行了缩编,父亲被调到第二十七师第八十一团任作战参谋兼特务营营长。两次倪家营子作战,伤亡更加惨重,红九军只剩下2个团1000余人。突出重围后,急行军到达梨园口,敌骑兵跟踪而来。为了掩护红三十军离开,红九军不顾疲劳,饿着肚子投入战斗,在梨园口两侧山头上与敌人展开激烈的争夺战。指战员们在春寒料峭的西北旷野上,有的光着膀子手挥大刀,同敌人展开肉搏;有的用枪托,与敌人拼杀。指战员们杀声震天,到处是血肉横飞,从上午拼到下午,红九军几乎全部拼光,军政委陈海松和二十五师政委杨朝礼都在这次战斗中壮烈牺牲。只有少数幸存者边打边撤,进入山里的康龙寺地区,父亲是其中之一。那时父亲脸部负伤未愈,在山上滞留了3天,从零星人员中得知,方面军总指挥徐向前、政委陈昌浩已离开部队,三十军军长程世才、政委李先念率一部分人往新疆方向去了。于是,父亲就同团部匡指导员商量,认为留在山上无粮缺水,迟早会被敌人发现,不走就是等死,要赶快想办法离开这里找红军去。

为了能够顺利地实现找到红军的愿望,父亲与匡指导员非常慎重地考虑了具体方案和应注意的问题。一是在永昌时曾听过关于西安事变的传达报告,估计红四方面军第四、第三十一军和中央红军在西安那边活动。因此,走的大方向是向东,第一个目标是兰州,第二个目标是西安。二是白天不走黑夜走,没有地图,没有指北针,就凭当兵后学到的一点辨别方向的知识分清东西南北,实在不行,就边走边问。三是为避免暴露身份,要想办法弄两套便衣化装。四是讨饭、问路只能找穷苦老百姓,不能找富人,防备他们告发。

两人商量好之后,就开始下山。这时他们又饥又渴,全身无力,走起路来腿都发软。没有别的东西吃,就每人弄两块马肉烤烤充饥,渴了就抠点冰块化水解渴。他们在茫茫无际的森林里艰难跋涉了一天一夜,终于在山脚下找到了一家老百姓,当时真是喜出望外。两人没有贸然闯进去,而是先仔细观察,从简陋的房子和室外摆设看,断定是户穷苦人家,这才轻轻敲门进了屋内。开始,房主人见两人带的驳壳枪有点紧张,父亲就如实告诉他:我们是工农红军,是穷人的队伍。现在要回家,为了走路方便,想用我们的军衣加上点钱,换两套便衣穿,并请给弄点吃的。

房主人听了父亲的一席话,有些同情地表示一定帮忙。于是他们一面烧饭给两人吃,一面找了两件老羊板皮袄、两条裤子和两顶小毡帽。父亲和匡指导员换了装,把军衣和银圆交给房主人。向他们告别之后,就开始了边赶路边乞讨的生活。为了不被敌人发现,两人只好把多年使用的驳壳枪埋于地下。

就这样夜行昼宿,沿着祁连山北麓的森林和荒山野岭,向兰州方向奔去。夜间走路常常搞错方向,有时走了一夜,天亮一看还在原地兜圈子;有时偏离了方向,走入青海境内。遇到这种情况,只好先找个地方藏身,趁白天判明方向,天黑了再走。

除了走路,吃饭睡觉也成了大难题,这是生理上无法用意志可以克服的两件麻烦事。就说讨饭,一般乞丐讨饭,都是白天向大户人家、富裕人家去讨,而父亲却不敢去讨。一怕他们告发,二是有土围子进不去,只能在夜间向穷苦人家敲门要点吃的。那时的老百姓都不富裕,尤其是贫苦的农牧民,连自己都吃不饱,哪有什么东西给别人吃呢?所以,每次乞讨之前,父亲都踌躇再三,如果不是怕被敌人发现,不是饿得支持不住,怎能忍心在半夜三更去敲穷苦人家的门与穷人争食呢。天下穷人是一家,每次两人敲门乞讨,只要他们家中还有可吃的东西,总是或多或少地给一点。父亲和匡指导员噙着泪水恭恭敬敬地接过食物,不管什么东西都狼吞虎咽地吃下肚去。

再说睡觉,也是难熬得很。为了不被敌人发现,也不给群众增加麻烦,他们从来不到群众家里投宿。天无绝人之路,大西北是牧羊的场所,有牧羊人和羊避风避雪的土洞,两人就经常睡在这种洞子里,有时也可钻

淮海战役期间赵俊骑马的照片

到草垛里去睡。寒冷、饥饿、虱子咬,把他们折磨得难受极了。那些老羊皮袄的毛绒上,密密麻麻地长满了虱子,赶路时不怎么感觉得到,但人一静下来,它就浑身爬,到处咬,痒得钻心,虱多不痒是假,捉不尽是真。有时吃饭不注意,竟掉进饭碗里。睡不着就聊天,多半是讲长征中发生的事,回忆爬雪山过草地。一、二方面军只有1次,四方面军却是3次。讲西路军的失败,觉得被马家军打垮了,不服气,有些窝囊。讲红军北上是为了抗日,可是反动派偏要打内战。西路军虽然失败了,但党中央和红军主力都还在,一定要设法找到红军,找到党,坚决抗日打鬼子。

在度日如年的日子里,两人互相安慰和鼓舞,意志更加坚定。他们有时也想家,梦中见到慈祥的父母为自己添饭加衣,但醒来时仍是饥肠辘辘,寒气袭人。有时想到祖父母被残杀的情景,就更加坚定了父亲革命到底的决心。

就这样,两人向东走了十七八天,一打听,距兰州已经不远了。说也凑巧，在兰州以西五六十里的一个农村，遇到了一个做小生意的人，一听口音，知他是河南人。匡指导员是河南光山县人，就主动与他拉呱，越拉越热乎，很快就拉上了老乡关系。接着又对他说，我们也想做点小生意，赚几个钱回家，并表示愿意出较高的价钱买他的挑子。当生意人探听到对家愿出4块银圆时，很高兴，就把挑子卖给父亲他们了。挑子里面主要是针、线和小日杂用品。当地还出产一种甜梨，就买了几十斤挑上。这样一来，两人不但有了生意挑子做掩护，还可以在大白天向兰州走去。边走边卖货物，饿了、渴了就啃梨充饥解渴。途中遇到敌人的部队，他们也不盘问，还买梨吃，当天就比较顺利地到达兰州东关，找到一个小店住下。

在小客店住下之后，父亲和匡指导员商量，第一件事是到当铺去买两套好一点的便衣；第二件事是到浴室洗个澡，清除一路把两人搞得心烦意乱、坐卧不安的虱子。经过一番清洗打扮，换上买来的衣服，又互相对视检查，还真像两个生意人。为了早日找到红军，两人立即起身沿着兰州往西安的大路急奔。

出兰州不远，有个飞机场，通西安的大路要经过那里。为避免麻烦，两人绕道通过。当天晚上，到达兰州以东百余里的一个叫乱草铺的小镇，住在一家小店里。真是无巧不成书，在这个店

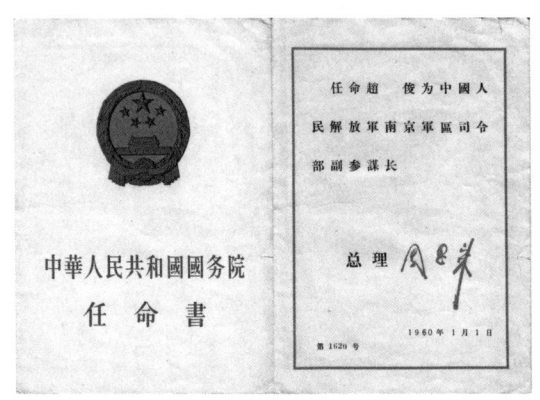

1960年1月，由周恩来签发的任命书，任命赵俊为南京军区司令部副参谋长

里又遇到一个河南老乡，匡指导员很快就和他寒暄起来。从谈话中得知他是从西安去兰州做小生意的，路过镇原时还见到过红军。老乡见老乡，讲话比较自然、随便，就有意识地问他西安那边太平不太平？老乡说不太平，前段时间红军与白军打得很厉害，最近好些了。又说，听说张学良、杨虎城在西安把蒋介石抓起来了，后来又放了，现在老蒋与朱毛红军和好了。还告诉两人，朱毛红军对老百姓可好了，平凉、镇原就驻了好多。说者无心，听者有意，两人在老乡面前尽量控制自己的感情，心却怦怦直跳，那个高兴劲就不用说了。人虽在小店，心早已飞到了红军队伍里，回到了党的怀抱中。两人相互告慰，好好休息，明天快些赶路，可这一夜谁也没睡着，盼着黑夜早点过去。

第二天天还没亮，两人就爬起来上路，直奔平凉、镇原而去。人逢喜事精神爽，走起路来腿轻步子快。连续3天，每天走六七十里。在走到镇原以西的十家沟口时见到了红军，一打听是红二十八军的部队。两

1955年，赵俊入南京军事学院战役系学习，二排左起第六人为赵俊

1958年，赵俊下连队当兵时在训练阵地挖战壕

人悲喜交集，热泪盈眶。

在十家沟休息了两天，两人就随部队到了镇原县城援西军司令部。首先来看望父亲他们的是援西军参谋长李达和政治部主任宋任穷。首长的安慰、鼓励，使两人非常感动，也消除了顾虑，唯独还放心不下的是党籍问题。于是就当面向首长提出：离开党一个多月了，党籍有没有问题？首长马上作了肯定的回答：这没有问题，好好休息几天，就分配你们工作。首长的话，像一股暖流传遍了他们的全身。父亲深深地感到，最了解自己关心自己的，是红军，是伟大的党。

患重病犹忆战火当年

父亲从没忘记他是西路军的一名战士。1988年1月，父亲写了一首《忆梨园口战斗》的小诗，以纪念他所走过的征程：

离休后的赵俊

平生难忘梨园口,腥风血雨枪声稠。

铁蹄踏碎壮士梦,马刀难断忠魂愁。

祭罢战友扮行乞,茫茫黑夜寻北斗。

老兵重温当年事,延水永在心中流。

1994年,父亲病重期间曾经对母亲说,等病好之后要带全家去看看延安抗大,那是我上过的第一所大学;要去河西走廊走走,那是我征战河西兵败祁连讨饭去延安的艰难路程。遗憾的是病魔过早地夺走了父亲的生命,没能实现他许下的愿望,父亲的遗愿后来便成为我们全家的宿愿。

2011年是父亲离开我们的第17个年头,我们陪着母亲终于走上了父亲西征的路途。短短的28天,我们从红军3个方面军会师的会宁开始行程,沿黄河虎豹口渡口和多处西路军战场遗址了解父亲那段悲壮的战斗历程,祭奠了那些留在西征途中的英雄魂灵,接受了一次灵魂的洗礼。

(本文作者:赵俊之女)

创建过"红军簿记学"的部长

赵沱州

赵镕（1899—1992），云南省宾川县人。1923年投身革命，1927年加入中国共产党。

早年参加了"五四"运动与北伐战争。1926年入朱德同志创办的南昌军官教育团，任副官、书记长，后又参加了南昌起义和湘南暴动。土地革命战争时期，任红军总部军需员、红十二军经理部会计科科长、中革军委总供给部会计科科长、红九军团供给部部长、红四方面军供给学校校长等。参加了历次反"围剿"斗争和长征。抗日战争全面爆发至抗日战争胜利期间，任八路军一二○师供给部副部长、冀热察挺进军供给部部长，晋察冀军区供给部副部长、部长。解放战争时期，任晋察冀军区涞源办事处主任、晋察冀军区兵站部政委、华北军区运输部政委。中华人民共和国成立后，任华北军区后勤部副部长。为第三届、四届、五届全国政协委员。

1955年被授予中将军衔。荣获一级八一勋章，一级独立勋章，一级解放勋章。1988年被中央军委授予一级红星功勋荣誉章。

他曾参加过北伐战争、南昌起义，又跟随朱德上井冈山；走完万里长征路后，又历经抗日战争和解放战争，直至中华人民共和国成立，其主要工作履历都是在军队的后勤部门。1955年他荣获一级八一勋章、一级独立勋章和一级解放勋章，1988年他又荣获一级红星功勋荣誉章。

这位人民军队后勤战线上的将军、晚年还担任中国会计学会顾问的传奇人物，就是我的父亲赵镕。

反帝斗争中初识朱德

父亲出生在一个农民家庭，在他伯父的资助下，到昆明先后就读于省立第一中学和政法学院。在蔡锷讨袁护国战争中，他受到反帝反封建的启蒙，当"五四"运动的风潮传到昆明时，他是省立第一中学爱国联合会干事，带领同学编印校刊"滇潮"，又组织宣传队上街游行和演讲。

一天，同学们又走上街头游行，高呼"打倒帝国主义""打倒军阀卖国贼"等口号。这时，父亲突然想起英帝国主义分子在滇西片马设有办事处，法国殖民在滇南组织筑路，日本人在若俐玛开设洋行，便对同学们说："大家跟我来，把帝国主义、殖民主义分子从我们云南赶出去。"

"好！"同学们立即齐声响应。

父亲带领同学们来到片马，把英国的办事处砸烂；然后日夜兼程，从滇西到滇南，把法国殖民主义者修路的机械设备砸坏，将雇用的农工遣散。再接着，把日本人开设的若俐玛洋行里的洋货搬到大街，并付之一炬。这下英国人气急败坏，法国人发出严厉警告，日本人疯狂叫嚣，

创建过"红军簿记学"的部长

赵镕1935年摄于长征路上的贵州

纷纷要求惩办凶手。省政府督办急了，下令昆明警察局逮捕参与打砸的学生。很快，有20多名学生被警察关押进牢房。同学们都十分着急，被抓的学生家长就更是着急。

"大家不要急，由学生联合会派代表到省会警察厅请愿，我带队。"父亲大义凛然，坚信当局不会不讲理。代表们来到省会警察厅门前，父亲带领大家高呼："我们要见朱厅长！我们要……"口号穿透窗户，一直传到警察厅长朱德的耳中。于是，朱德派人把请愿的学生带到办公室。

"你们为什么请愿？为什么要见我？"

"请问厅长先生，学生反帝反封建有何过错？"父亲质问。

"没有错哦！"

"那为什么警察局逮捕我们学生？"

"这事情我不知道哦。"

"请你马上问警察局，看有没有这回事。"

身为警察厅长的朱德深明大义，从心底里同情和赞赏学生们的爱国行动，立即摇通电话，问明了情况，当机立断作出指示："放了吧，都是一些学生娃，事情做得过火了些可以理解。再说由他们警告一下外国人也好，你我虽然对洋人那种救世主的傲慢态度很不满，却又不便出面。

学生娃帮我们出了口恶气,这也是件好事嘛。"

"是,厅长,我们马上放人。"

父亲和几位学生代表很满意,礼貌告退。

"不忙走呀,我还不知道你们的尊姓大名呢。"

"我叫赵镕。"

"我叫朱德。"

从此以后,"朱德"这个名字就深深地印刻在这个青年学生的脑海里。

精心创建"红军簿记学"

1928年4月,父亲跟随朱德、陈毅领导的湘南暴动部队登上井冈山,与毛泽东领导的秋收起义部队会师。他担任总部军需员不久,随着红军的迅速壮大,很快就相继升任红十二军会计科长,红一方面军会计科长、处长。

在工作的实践中,父亲深深体会到"兵马未动,粮草先行"的道理,清醒认识到军队供应工作先行官的重要性。然而当时部队的会计人员由于文化水平低,账记得五花八门,主管难以掌握准确的财务情况。毫无疑问,记账得有个标准、规矩,这个标准和规矩就是统一的簿记,建立财务制度管人、人按统一簿记做账。只有这样,才不会出现糊涂账,还能有效地防止经济犯罪。

"杨部长,我们得有个统一的簿记学,属于我们红军自己的。"经过深思后,父亲向总供给部部长杨至诚提出了自己的看法。

"不错,的确是个好主意。这样吧,你是个大学生,学过政治经济学,就由你负责编写这个提纲,再组织供给人员讨论补充。咱们再办个训练班,把各部队的司务长、会计都叫来学习。"

"由我?"父亲有些怀疑自己的耳朵。

杨部长见我父亲有些为难,就鼓励他说:"编写簿记学,困难肯定会有的,可我们共产党人,就是要干前人没有干过的事,你就带个头吧!"

赵镕摄于抗日战争时期

"好,我一定坚决完成任务!"

1934年1月8日,父亲经过4天4夜的紧张工作,凭着几年来的工作实践和学过的政治经济学基本理论,终于编写出了"红军簿记学"提纲,共分2篇8章20款。杨部长看后,又送给会计科讨论。经过大家补充,父亲进一步完善后,便开始正式备课。

1月15日,总部会计训练队开学。学员52人,仅有3人小学毕业,另外49人都是参加红军后才认识几个字,其中一位同志竟在账本上画出了箩筐图案,犹如古人用绳子结疙瘩记账一样。学员们笑了一阵之后,父亲便开讲簿记学的第一篇概论,说明簿记学的重要性。在讲到审核单据时,他讲了旧簿记学的种种弊端,新簿记学的特点。学员听了课,感到学习簿记学不仅眼下需要,将来革命成功了,建设新国家时更需要,都很兴奋,积极性也高涨起来。接着父亲又讲了什么是货币,货币有几

赵镕与政委左应槐及儿子赵沱州于1946年在莱州合影

种。学员问到粮食、布匹、子弹这些东西有没有主、辅之分时,父亲就结合当时的实际情况讲给学员听,比如粮食的"斤"是主要计量单位,其他的如两、钱或石、斗、升就是辅助单位。又比如云南迤西的1升等于4斤,一斗等于40斤,一石等于400斤;而在昆明,1升却等于12斤,一斗等于120斤,一石等于1200斤。在江西、湖南,又多以担为计算单位,一担等于100斤。如果你把握不住这个单位,不仅在账面上会造成混乱,无法准确统计,而且在给部队发粮食时会闹出笑话。

1936年,父亲任红四方面军供给学校校长兼教员。根据全校83名文盲或半文盲学员的现状,他从阿拉伯数字开始教起,逐步拓展到加、减、乘、除、斤、两的换算,进而按《红军簿记学》一步一步地讲课。父亲已成了人民军队的会计专家和后勤管理的专家。抗日战争全面爆发至抗日战争胜利期间,晋察冀军区开办会计训练班,请他讲"簿记学";1944年,他回延安办事，陕甘宁晋绥联防军教导二旅请他办会计训练班；1948年，中央军委在平山县西柏坡召开第一次全军后勤部长会议，大会指定华北军区代表团草拟一份《兵站运输工作条例》，又是他花了4个晚上的时间写出，并提交大会讨论，受到与会者一致好评。

胸有大局的好管家

1933年，苏区根据地的物资极为匮乏，特别是粮食和食盐，甚至医院给伤病员消毒所用的盐也成了大问题。

这年11月的一天，红九军团地方工作部朱明部长兴奋地问时任军团供给部长的我父亲："有件好事，你干不干？"

"那得看是什么事？"

"福建沙县的敌人仓库有几千斤盐，是给'围剿'我军的部队准备的。"

"这个好事咋不干呢？干！不过你们也得参加。"

"没问题，我们全力配合。"

作战计划上报给领导，军团长罗炳辉、政委蔡树藩很快批准了。

得到军团首长的支持，父亲特别兴奋，立马挑选了100名身强力壮的战士，组成一个连，又指定了连长、指导员，人人肩挑一副担子，踏上了征途。

军团驻地在江西广昌，距福建沙县400里，多为山路，且林木茂盛，正好隐蔽行动。在父亲带领下，穿密林、过沟壑，经赤水等地，用了三天两夜赶到沙县郊外，设了埋伏。地方工作部的同志与当地党组织取得联系，得知仓库只有两个哨兵把门，敌守备连住在仓库的外面。为了确保万无一失，父亲带上连长、指导员亲临现场侦察，制定出了攻取的办法。当晚派了两名乔装打扮的女同志，提着酒肉假装寻人。两名哨兵一看来的是女人，又带着酒肉，顿时高兴得不得了，二话不说抢过酒肉就吃喝起来，不到一个时辰便醉倒了。

"上！"父亲命令道。两个战士冲进哨所，立马解决了哨兵，扒下敌兵的衣服换上，把守好大门。其他指战员则迅速进入仓库，悄悄地把几千斤盐搬空后就迅速撤离了仓库，而旁边的敌守备连竟毫无觉察。

在返回驻地的路上，先后遇到了两股红枪会。在白莲镇外，肩挑盐担的队伍被100多个手持大刀、长矛的红枪会拦截，结果生擒了对方3个头目，打死了十几个会员，总算闯过去了。没走多久又有红枪会的二三百人，喊着"刀枪不入"的口号向挑盐的部队扑来。父亲让神枪手瞄准为首的几个头目连开几枪，吓得其他人抱头鼠窜，不见了踪影。

当挑着几千斤盐的连队回到广昌后，父亲向首长提出将一部分盐支援后方的建议，经军团领导同意后，又带着30名战士挑着30担食盐，走了两天来到瑞金，悉数交给总部。后来，红九军团在龙溪口缴获食盐2万斤，父亲根据军团首长的指示，将大部分食盐送到了瑞金。

1934年1月20日，在瑞金举办的娱乐晚会上，父亲见到了毛主席和朱总司令。毛主席当面表扬他：为苏区军民弄到了一批食盐，解决了大问题。

在长征路上，红九军团掩护主力渡过乌江后，声东击西，深入敌后打了几个胜仗。每次打扫战场，他都组织人员仔细搜集物资，四五个月下来，累计缴获银圆百余驮，烟土几十驮，白布百余驮，除上缴中央一批外，还按照军委命令调拨银洋3万元给红三军团，2万元给红一军团。对于我父亲这种胸有大局的无私精神，周恩来副主席赞扬道："赵镕顾全大局，是个好管家。"

身背布袋的后勤部长

长征途中，父亲肩上一直背着两个布袋，一个装满银圆银毫子，另一个装着账簿表册。之所以同时背两个布袋，是为了在部队急需开支时，能及时支付并及时记账。当时部队借住民房十分困难，但父亲从不因为自己随身携带了钱物而要求特殊照顾，总是把住房让给别人，自己常常用砖石和三根扁担搭成床，人就睡在扁担上，头枕银袋，脚压账本，坦然自得。

1938年，冀热察挺进军机关驻北平门头沟斋堂。冀东起义部队的部分领导前来与司令员兼政委肖克、参谋长程世才商议有关起义事项。其中有几个大队长看到一个戴眼镜的人，他身着灰色八路军军装，上衣的下摆仅到腰间。两肩一左一

赵镕全家1957年合影

右背两个大布袋，小腿上绑着裹腿带，而脚上的鞋用麻绳系着，装束真有些奇怪。

"哎！你们猜那个八路像干啥的？"有个队长问。

其他几个人都在猜。这个说："像个伙夫。"那个说："伙夫哪有戴眼镜的？"

正在瞎猜之际，跑过来两个小战士，各背着一个大布袋。

"小同志，前面那戴眼镜的同志是干啥的？"

"他呀，是我们挺进军的后勤部长，我俩是他的警卫员和通信员。"

"哎哟！还是个八路的大官，咋穿得那个样呢？"

"同志！你别小瞧我们的部长，在井冈山他就管军需，还是个大学生呢。"警卫员自豪地说。

"你们猜，他背的那两个布袋装的啥？"通信员看了看这些人迷惑的样子，就说，"猜不出来吧？我告诉你们，一个袋里装的账簿表册，一个袋里装的是钱。听老警卫员说，我们部长从井冈山到现在就是这样，白天两个布袋不离身，晚上睡觉用钱袋子当枕头，用脚压住账本布袋。"

"你们看他穿的军装，那是给部队发放后剩下的两件。上衣太短，他说没关系，夏天穿着凉快。我们的部长对别人特别照顾，唯独心里没有他自己。"

这就是我的父亲，一位在革命战争年代总是带头吃苦，身先士卒，为人民军队理财记账的将军。

（本文作者：赵镕之子）

无冕将军贺敏学

贺汪洋

贺敏学（1904—1988），江西省永新县人。1926年加入中国共产主义共青团，1927年转为中国共产党党员。

土地革命战争时期，参加了永新暴动，历任工农革命军第二团党委书记、永新县赤卫大队大队长，参加了中央苏区历次反"围剿"斗争。红军主力长征期间奉命在赣南坚持游击战三年。抗日战争全面爆发至抗日战争胜利期间，担任新四军皖南教导大队大队长、华东军政学校校长、苏浙军区第三分区司令员等职。解放战争时期，担任华野第一纵队参谋长、第四纵队十三师师长、第三野战军九兵团二十七军副军长兼参谋长等职。中华人民共和国成立后，任华东军区防空司令部司令兼政委、上海防空司令部副司令员。1952年受命率领华东军区3个师承担建设新上海的任务。后历任中共陕西省委委员、西北建筑工程总局局长、福建省副省长等职。为第五届、六届全国政协常委。

他在战争年代屡次负伤,是战功赫赫的开国元勋,毛泽东主席称赞他是"三个第一"(即武装暴动第一、上井冈山第一、渡长江第一),但当曾经的不少部下和同时代人将星闪耀时,他却与军衔失之交臂。转业地方后,虽然他是毛泽东的亲属,却从没利用自己特殊的身份和地位向党和人民有过任何索取。

他,就是我的父亲贺敏学。

耿直一生敢做敢为

记得小时候在上海时,我和姑姑贺子珍住在一起,常听到她说起小时候她最怕我父亲这个哥哥,又最爱我父亲这个哥哥。父亲年轻时很强悍,粗眉毛,暴脾气,富有反抗精神。从小看不惯人欺侮人、人压迫人的现象,性格豪放,宁折不弯,当学徒时还悄悄跟人学点武艺,好打抱不平。有一年闹元宵,当人们都在兴高采烈地看龙灯时,几个豪门子弟将鞭炮往几个乡下姑娘头上炸,从中取乐。父亲看了怒不可遏,叫上一帮意气相投的朋友,狠狠教训了这些豪门子弟。大革命前,父亲是永新中学的学生领袖,带领进步学生跟中学的国民党右派斗。父亲疾恶如仇、刚直不阿,以至于上了3年中学被迫调换了4所学校。

父亲生性倔强,勇于坚持真理,敢于承担责任。有时母亲埋怨父亲脾气不好,不该常和人顶嘴。父亲却豪爽地回答这要看和什么人顶,对错误的人和事就是要顶,天王老子我也不怕!看着父亲,母亲也忍不住笑了,她是最了解父亲的。母亲说,在战争年代好几次在制定作战方案时,父亲都和人争得脸红脖子粗。有一次，作为军部科长的父亲竟和参谋长"干"了起来，说："不信咱俩每人拉一个连去和日本鬼子打打试试，看谁的方案行得通。"当时任司令员的陈毅伯伯也笑了起来，最后还是肯定了父亲

贺敏学与贺麓成家人合影

的方案。在那令人难忘的"文化大革命"期间，父亲更是表现出了一个老红军战士、一个共产党人的优秀品格。

　　在那特殊政治环境的年代里，父亲始终坚信马列主义、坚信我们党的一贯政策，决不为了保全自己而忍气吞声、息事宁人，更不为了出人头地而趋炎附势，出卖他人。"文化大革命"开始不久，父亲就被作为当权派拉往，成为当时的省委书记叶飞的"陪斗"。父亲和叶飞叔叔在战争年代是战友，在和平建设时期又是同志。尽管为了共同的事业，他们也时有争论，但那完全是革命队伍内的正常现象。父亲始终认为他是党的好干部，和任何人一样有缺点，但绝不会反党反社会主义。事后一位也去"陪斗"的阿姨告诉我，父亲当时穿着一件黑大衣，迎风挺立，硬是不肯和别人一起喊打倒叶飞，硬是不肯低下父亲那不屈的头。几个红卫兵按不下父亲的头，便站上凳子从上往下狠命使劲，父亲还是一次又一次昂起了头。那几个红卫兵也无可奈何地嘀咕道："这老家伙也许是练过功的。"

贺敏学与妻子李立英、女儿贺小平以及贺子珍、李敏合影

由于父亲拒绝承认叶飞叔叔是"三反分子",不肯写所谓的揭发材料,再加上"中央文革小组"领导人江青的干预,我们家理所当然地被列入"三反"分子的嫌疑队伍。1968年初的一个寒冷夜晚,一辆军用吉普车停在我们家门口,几个穿军装、背着枪的人要带走父亲。母亲要他们讲清楚让父亲去哪里,他们不肯说。面对这几个全副武装的人,父亲毫无惧色地说:"算了,别问了。带我到哪里我也是这个样,不要怕!"父亲走之后便音讯全无,母亲带我到处找他。在这期间,造反派还不断来审问母亲,抄家,弄得家无宁日。造反派离去后,全家只剩下我和身有残疾的母亲相对垂泪。我们不是怕这些人,而是担心父亲的安全啊!坚强的母亲知道眼泪是救不出父亲的,她给敬爱的周总理写了一封亲笔

信，向他报告了父亲的情况，托靠得住的人辗转将信带到北京，再由我的哥哥姐姐们设法交给了总理。

这种不屈不挠的斗争性格贯穿着父亲的整个革命生涯，正是这种性格，使父亲克服了一个又一个困难，度过了许多生命的关口，迎来了革命胜利。父亲不是侥幸的战争幸存者，而是一直和紧跟他的死神战斗的胜利者！

记得我小时候多病，最怕打针吃药，是父亲为我擦去眼泪，告诉我在人生的道路上不能怕吃苦，要从小培养自己的毅力和刚强的性格。父亲拉起裤腿，让我看腿上的伤疤，那是战争时期被敌人的子弹打穿的。当时行军打仗，加上医疗条件差，伤口化脓了。为了避免恶化，父亲就用纱布蘸上盐水从这个枪眼塞进去，再从那个枪眼抽出来，来回拖几次，血和脓一下子都流了出来。虽然痛得浑身冒冷汗，但父亲硬是咬着牙顶住了，然后抓一把草药用嘴嚼烂放进伤口里，再用两块银圆一贴，包扎好又投入了战斗。在战争年代，父亲曾7次负伤，多数都是靠盐水和碘酒加上毅力治好的。在战争时期，父亲还得过肺结核和肝病，母亲说他当时得了黄疸，全身蜡黄，身边没有医药，大家都担心他过不了这一关。可父亲毫不在乎，用土办法给自己治，坚持指挥战斗，居然奇迹般地好了。

1984年，父亲的咳嗽加重了，偶尔还有血丝，但他也毫不在乎，自己吃点四环素了事。母亲不放心，催他去检查，连医生也被他对疾病豁达开朗的态度所感动，对他当时80高龄的体质表示佩服。父亲带着病体参加各种会议，为改革开放出谋献策，关心着福建省的经济发展，希望在自己的有生之年再为福建做几件实事。他说过自己已有80岁了，"在这能吃能走的时候就应该再跑跑，再做点事，让我躺在床上不动，即使多活几年我也不干"。

后来身体稍好些，父亲便要出去活动，年初一参加团拜，还在会上谈自己的见解，下午便又发起烧来。两周后烧退了，父亲又要下床，准备3月底赴京参加全国政协会议。我和大家再三劝他别去，他发了脾气，说："就是进八宝山也要去！这个会一定要参加！"看着父亲消瘦而坚毅的脸，我明白了他的心意。他的一生是战斗的一生，他的信念是生命不息，奋斗不止。他也早已把党的事业看成是自己的事业，是不会袖手旁观的。

战争年代"三个第一"

1954年，父亲从北京开会回到家，非常兴奋地告诉母亲，在中央苏区父亲同毛泽东一别20年，现在才在北京又见到他。姐姐李敏知道父亲到北京开会的事后，对毛主席说："舅舅来了。"主席说："请他到中南海来。"在菊香书屋，父亲应约到毛主席住处长谈了一次。事后，主席秘书对父亲说，他的车子开出很远了，主席还站立在门口目送着他。

在这次谈话中，主席详细询问了红军长征分手后，父亲20年的主要经历。最后，主席说"你贺敏学是老实人"，你是"三个第一"：武装暴动第一，上井冈山第一，渡过长江第一。那时我太小，不懂得这些历史，随着岁月的推移，我才渐渐明白。1927年，蒋介石发动"四一二"反革命政变，血腥屠杀共产党人。父亲当时任永新县党支部书记、县农

贺敏学与老战友在上海

民自卫军副指挥。大革命失败以后,永新"六一〇"事件,父亲和起义的农会骨干被俘关进永新监狱。父亲的5个叔伯兄弟姐妹贺敏亮、贺敏克等人都被杀害,永新陷入反革命白色恐怖之中。父亲丝毫没有畏惧屈服,在狱中组织临时党支部(任支书),为了尽快脱离险境,小姑姑贺仙圆巧借探监时带来的一把扇子,在竹管手柄里放了一封信。贺子珍姑姑见到父亲的复信,立即联系王新亚、袁文才、王佐,发动4县农军攻打永新,里应外合暴狱成功,解救了80名农会干部和狱友。后来,革命政权成立,父亲出任县革命委员会主席、农民自卫军指挥、县委书记等职。毛主席在《井冈山的斗争》一文中写道:"暴动队始于永新原是秘密的,夺取全县以后,公开了。"因此,主席说父亲武装暴动第一。

不久敌人反扑,他们随袁文才、王佐的部队撤回到井冈山,在茅坪打埋伏。1927年9月,秋收起义失败后,毛主席把革命队伍带到了井冈

贺小平参观贺子珍纪念馆

山下的永新三湾村。贺子珍姑姑曾亲口告诉我们，当时听说山下来了上千人的军队，不知是什么队伍，便派了侦察员下山。侦察员回来只报告说这支队伍不杀人放火，不抢百姓东西，但弄不清是谁的队伍。姑姑自告奋勇，化装成山民去三湾撕回几张标语，终于找到答案。随后，袁文才派秘书陈慕平（武汉农民讲习所学员）等3人下山送信，向毛主席汇报井冈山情况，毛主席才上了井冈山，从此井冈山的武装斗争翻开了中国革命崭新的一页。至今，井冈山上还流传着许多父亲和姑姑率先上井冈山的故事。

父亲的第三个"第一"还是我在小时候看电影《渡江侦察记》时才

知道的。记得电影在福州首映时，该片的军事顾问（即影片主角，我军侦查营长的原型）也是父亲的老部下紧紧握住父亲的手，激动地说："老首长，如果没有你就不会有今天的《渡江侦察记》！"1949年3月，百万雄师突破长江前夜，父亲任二十七军副军长兼参谋长，为了渡江战役的胜利，在军委会议上提议派一个营侦察部队过江，但是没有统一认识。最后，竟吵到陈老总那里，陈老总肯定了父亲的方案。会后父亲先派出数批侦察兵渡江，成功地抓了"舌头"还带回江南的蔬菜。军长、政委听了汇报并吃了蔬菜，赞叹道："好一个贺敏学，真有你的！"随即又召开军委会议，二十七军领导迅速统一了认识，决心派出300人的侦察部队。经报总前委批准，"渡江先遣队"分两队带着电台乘船渡过长江，先是偷渡，后因敌人发现改为强渡，有效地保证了渡江战役的胜利。1954年，父亲跟毛主席长谈时，提到他的部队于4月20日在安徽省无为县的泥汊和狄港渡江后，主席马上说他们是全军最早的一个过江部队。

举行武装暴动，进军井冈山，突破长江天堑，这些在中国革命历史上有着重大影响的事件，能有幸参加其一就不易了，而父亲竟然占了三个第一，我为他感到无比自豪和骄傲。在这几天整理父亲的遗物时，我才从他所写的自传中得知，永新暴动后，他投笔从戎，在枪林弹雨中出生入死，身经百战，血与火的洗礼使他成为一名英勇顽强、多谋善断、胆略过人的优秀军事指挥员，赢得了下属的拥戴、同级的敬重、上级的信任。母亲说，父亲在新四军和华野时期，工作调动较为频繁，但每换一处，他总能打开局面，出色地完成新的任务。令许多老同志至今难忘的解放战争时期山东解放区后方大转移，人们对父亲的工作都是有口皆碑的。1947年，为粉碎国民党反动派对山东的重点进攻并妄图以战争消耗拖垮解放区的阴谋，华野主力在孟良崮战役歼灭敌七十四师后，主动跳到蒋管区作战。华野及山东解放区后方的整个机关和干部家属，被国民党重兵压迫到渤海边一狭窄地区，几千名人员和大量物资准备用民船渡海向东北解放区转移，而可用于掩护的部队又远在外线作战，形势极为严峻，重任又一次落到父亲的肩上。二话没说，父亲就带着华野学兵训练处的学习人员展开工作，将所有后方零散的男同志按班、排、连组建成临时作战队伍。父亲亲自指挥，一方面利用地形，巧妙部署；另一方面迅速果断地将所有军需物资坚壁清野，并因陋就简，在没有码头设施的海滩上，日夜不停地调度大小民船抢运众多的干部家属撤退，终于胜利地将全部人员从海上撤往东北解放区。而父亲自己却没有撤，仅带着几个连的部队历经千难万险，突围找到华野主力部队。父亲在危机中表现出的优秀组织才能和对革命的忠诚，受到大家一致称赞。

在红军时期的1933年，父亲就是红二十三军参谋长，1934年任中央军区主力部队二十四师七十一团参谋长，经过艰苦卓绝

1984年8月，贺敏学与李立在三湾合影

的三年游击战争。1941年父亲是联抗部队第二任参谋长,解放战争,父亲所在的部队四纵十二师,是华东野战军的一支劲旅,黄桥之战与日军血战,歼灭黄伯韬兵团,围歼杜聿明集团屡立战功,陈毅说:"贺敏学不辱使命!"父亲军事指挥艺术高超,长于谋略,精于筹划,深得陈毅、粟裕等首长的赞赏。1949年5月,父亲参与指挥淞沪战役。人们熟悉的《战上海》也是根据父亲和二十七军战友们浴血奋战解放上海的事迹创作而成。父亲为中华人民共和国的诞生立下了不朽的功勋。父亲身经百战,7处负伤,一条腿险些不保,因他头部中弹和背部还有颗子弹尚未取出,组织上发给了他二级甲等残废证书。1955年,父亲虽然没有授军衔,但却是一位深受战友和人民群众爱戴尊敬的"无冕将军"。

和平时期建设城市

1952年,中央决定在全国将8个师转为建筑工程部队。父亲率领华东地区3个师开入上海,承担起中国最大城市的基建重任,并出任华东军政委员、建筑工业部部长、华东建筑局局长。从此,他又踏上了为中华人民共和国大厦添砖加瓦的新征程。他那时经常走街穿巷,视察市容。当他看到分散在上海各区的工人棚户区阴暗、潮湿、秽气冲天,不少家庭几代人挤在一间木屋中时,便心急如焚,马上向中央作了汇报。在得到迅速改造工人棚户区的批示后,父亲率领2万多人的建筑大军在沪北曹杨地区破土兴建我国第一个工人新村。当时在父亲身边工作的干部清楚地记得,他早上常常顾不得吃早点,把牛奶带到办公室用开水烫烫就喝，案桌上的墨汁不曾干涸过，每天批阅一大叠文件。父亲在桌上备了一把算盘，亲自核算工程进展和预算。白天办完事后，他夜晚还常去工地现场考察工程进展，及时掌握情况，发现问题马上解决，很快市里评出的1002户劳动模范搬进了有煤气、坐式冲水马桶的工人新村，从1952年下半年起至1954年底60万平方米26000户工人住宅小区在曹阳、甘泉、控江、宜川迅速崛起，中国工人开天辟地住进自己建设的新村。

父亲没有在成绩面前陶醉，又率领这支年轻的建筑新军向建筑艺术的王宫进军。他勇敢地承接全市最大的工程、面积达5万多平方米的中苏友好大厦的建设任务，自己挂帅任该工程建设委员会主任。在当时技术设备等条件极为简陋的情况下，向苏联专家学习，鼓励队伍开动脑子，勇于探索，知难而上，终于攻克了一个又一个的难点，建造了第一流工程。几十个春秋过去了，由父亲主持建设的中苏友好大楼被国家评为优质工程，直到1999年还被评为中华人民共和国50年"上海十大经典建筑金奖"，中苏友好大厦那雄伟高大的擎天柱上的红星依然闪烁在上海闹市的上空。这是父亲和中华人民共和国的建筑工人的一颗骄傲之星。1955年，中央为了确保156个重点项目建设，把父亲调到西北。父亲在那里又指挥完成了飞机、坦克等4个国家重点建设项目的施工、安装。像在部队的频繁调动一样，1957年父亲率领半个建筑师转战福建，担任分管工交和基建的副省长，具体组织领导了福州、厦门、三明等城市的许多基建工程，其中地处穷乡僻壤的贫困山区小县三明，变成了拥有钢铁、化工、纺织等骨干企业的新兴工业城市三明。在厦门兴建了食品、机械、纺织、电力等一大批重点骨干项目。还在福州亲自抓五一路、火车站、邮电大楼、华侨大厦等工程。我曾问父亲：你打了一辈子的仗，怎么对建筑那么在行？父亲淡淡地回答道：读书呗。

亲爱的父亲，你用自己的实践证明，我们党培养出来的南征北战、骁勇善战的红军指战员们并不是一群只会摆弄枪杆子的武夫，他们也同样可以在昔日战争的废墟上建造现代化城市，演出新的雄伟壮观的建设活剧来。

淡薄名利扎根群众

在60年的革命历程中，父亲的职务多次上上下下。他来自井冈山，井冈山的许多碑文中却没有他的名字。1957年干部调级，组织决定为父亲调一级，但他把这指标让了出去，说："给我只能调一级，而让出去给一般干部则可以调好几个人，这样更有利于调动干部积极性。"30年来，他的级别始终没有动过。

在关心战友和党的干部方面，父亲敢于承担责任。他关心他们的政治生命，敢于仗义执言。在父亲任华东区防空司令员的时候，正值"三反五反"之际，有一天，几名国家公安部的干部带着手铐要逮捕一个副司令员，因为他被人告发有贪污巨额黄金的嫌疑。当时父亲坚持要有事实，否则不同意逮捕。父亲提出可以协助公安部，由他派专人护送当事人到北京接受审查。来人怕当事人跑了。父亲拍拍胸脯说："出了事我负责！"不久，事实澄清了，这位同志回到部队，拉住父亲的手使劲地摇，激动得流下了热泪，说："老贺啊，要不是你顶住，我就给铐上了，我这辈子都忘不了你!"在父亲初到福建任副省长时,正处反"右"斗争的风头上,有两个处级干部因在党的会议上提了一些意见,就被定为"右派"。在讨论对他们的处分时,是父亲提出了不同意见,认为既然是党的会议,又是动员人家发言,说了几句心里话不应该就被视为右派,否则今后谁还敢说话?父亲的意见得到了大多数到会者的赞同,这两位同志才幸免被戴上"右派"帽子。父亲关心别人胜过自己,是出自深厚的无产阶级感情。为了革命,父亲全家献出了8个人的生命,所以父亲希望活着的家庭成员更幸福。解放后,父亲和贺子珍姑姑除了抚养贺怡姑姑留下的3个子女外,还收留了一些烈士的孩子,并培养他们读书。后来,他们各自走上工作岗位,父亲仍然继续关心着他们。

父亲来自群众,扎根于群众,希望生活在广大群众之中。自从调到福建,我们家便住在这位于居民住宅区内的旧房子里,整整30年了。"文化大革命"前,省府保卫部门就动员父亲搬家,怕住在这里不安全,被父亲拒绝了。父亲说:"哪里的话,在人民群众中最安全!""老百姓不管是在战争年代还是在和平年代,都是革命最忠实的支持者。"父亲对秘书说:"只要你不干坏事,群众还会保护你呢!共产党员本就该生活在群众之中。""文化大革命"后,省府为老干部盖了新住宅,请父亲搬过去,他还是拒绝了。父亲和周围的居民相处得十分融洽,每天出去散步都要和人打招呼,说得出哪个孩子是哪家的,知道谁家娶了媳妇、嫁了女儿。

在"文化大革命"中,省里的领导干部唯独父亲没有大字报,反而有群众的表扬信(他亲自帮助集体企业解决技术革新难题,从不扰民),

在"文化大革命"最乱的时候，家中只有两个老人，街道里有一对盲人夫妇主动听动静，为咱们家站岗放哨。父亲住地（福州市北后街）周围的居民说：还是共产党的省长好。父亲去世的第二天，许多街坊邻居来家致哀，那位93岁高龄的老太太，更是哭得捶胸顿足，说他这样的好人不该走在她的前面。这位老太太一句普通话也不懂，她是从父亲的所作所为看到了我们党的干部的优良作风。在工作中，父亲更是处处以革命的利益为重，从不利用职权培植亲信，编织所谓的关系网。父亲遵守组织原则，不搞任人唯亲。他宽以待人，却严于律己。他对自己的衣食住行历来很节俭，对于有困难的人却慷慨解囊，鼎力相助。他去世以后，我在清理他的遗物时，发现除了两套卡叽布外套及内衣裤外，他的存款仅有1000多元。别人都很吃惊，我们兄弟姐妹却能理解，父亲的钱大多给了家乡的人民，尽管他在家乡已没有一个直系亲人，但对那些来找他的老乡都尽量帮助，有的找他要求帮助落实政策，有的要钱盖房子，有的要来治病，有的牛死了无钱购买……他都尽量解决，每次除来回路费外，还资助几十至几百元不等。有一次同时来了几批，加上我们自己家3人，得分两桌吃饭。每年从江西家乡、老区来的人很多，父亲都热情接待，自费安排，还两次退还省委批准的补助。同志们说："跟贺老在一起，就不知道人间还有什么贪字。"父亲任福建省副省长时仍然与群众打成一片，从不脱离人民群众。他分管工业，下基层从不利用职权拿群众的一针一线，不拿紧俏商品。

对于我们兄弟姐妹，父亲一直十分严格，要我们从小养成勤俭节约、谦虚礼貌的习惯。在外不许我们打着父母和姑姑的旗号招摇撞骗，要和群众的孩子打成一片。我上小学时，父亲怕学校因我是省长的女儿，对我有特殊照顾，在家长姓名一栏中让我填上母亲的名字。在父亲的教育下，夏天上学我也和周围的小朋友一样打着赤脚，其乐无穷。放学时遇到父亲的汽车，我也从不上车，和同学们一起走回去。我们都长大了，父亲对我们仍然十分严格。家里安了程控电话，但不许我们随便使用；家里尽管有专车，但我们外出都骑自行车；遇上有人托我们转请父亲帮助"走后门"之事，更要受到父亲的批评。父亲从不把儿女看作是个人的私有财产，让我们在各自的岗位上努力工作。他过最后一个生日时，组织上把我们叫了回来，他知道后还坚持要自己出路费，不许增加组织的负担。

在父亲病逝后的追悼会上，省委书记陈光毅深情地念到："贺敏学同志一生是革命的一生；为共产主义事业百折不挠、英勇奋斗的一生；全心全意为人民服务，鞠躬尽瘁的一生。"叶飞叔叔特地为父亲送了挽联：上井冈赴疆场初显英雄本色，逢浩劫处逆境更见烈士高风。这是父亲一生的真实写照。

父亲走了，留给我们的是无限的哀思和无价的精神财富。在我们儿女眼里，他是一个有血有肉的慈父，更是一位忠诚的共产主义战士！

（本文作者：贺敏学之女）

血色征途

袁冬萍

袁耐冬（1913—1991），江西省瑞金县（今瑞金市）人。1929年投身革命，1933年参加中国工农红军，1935年加入中国共产党。

土地革命战争时期，曾任瑞金县板苍乡共青团支部书记、红一军团保卫局团特派员、中央军委直属机关特派员，参加了历次反"围剿"斗争和长征。抗日战争全面爆发至抗日战争胜利期间，任八路军总部政治部组织科科长、晋察冀军区政治部保卫部科长、冀东军区政治部保卫部部长等职。解放战争时期，任冀热辽军区政治部除奸部部长、晋察冀军区第八纵队二十三旅政委、六十五军一九四师政委等职。中华人民共和国成立后，任北京公安总队政委、广东省政府水上公安总局局长、湖北省劳改局副局长等职。

他出身于贫寒之家，少年时即参加革命工作，随后又参加工农红军，不久便踏上了漫漫长征路。从此他义无反顾地跟着共产党南征北战，在军队和地方留下了一串串闪光的足迹。

他，就是我的父亲袁耐冬。

多名亲属为革命牺牲

1913年8月10日，父亲出生于江西省瑞金县万田乡一个贫农家庭，幼年父母双亡，他自小跟着哥嫂生活。看到我父亲聪明懂事又吃苦耐劳，常年在外做木工的大爷爷省吃俭用将我父亲送进私塾读书。父亲非常珍惜这来之不易的读书机会，刻苦认真，两年不到就读完了其他同学4年的全部学习内容。因家庭困难，10岁不到的他辍学回家务农。

1929年12月，父亲在家乡还是白区时就参加了革命，利用年少又是当地人的便利，做一些到敌后侦查和传递情报的工作。1931年，红一方面军某部四连解放了他的家乡，帮助他们成立了乡苏维埃政府。父亲一家是积极分子，大爷爷袁上汝担任乡工会主席，大伯袁国柱是村苏维埃政府主席和村贫农团主任，他们俩是当地第一批中国共产党党员。父亲参加了中国共产主义青年团，并担任了乡共青团支部书记。

1934年底，红军北上抗日后，国民党军队的一个营把逃亡的地主"还乡团"送回来，组织了"反共义勇队"。他们白天搜山，夜晚围村，搜捕各级苏维埃干部、共产党员和疏散在各村的红军伤病员。大伯袁国柱为掩护其他人撤退在山中被捕，一路上被这些匪徒用枪托、棍子不停殴

解放战争时期,袁耐冬担任一九四师政委时做战前动员

打,回到村里时已不能动了。大伯母听说后连夜把他从关押的地方偷偷背回家,但天还没亮他就断了气。第二天,追过来的"反共义勇队"说我大伯是装死,用砍柴刀在尸体上一顿乱砍,不见鲜血流出才罢手。随后,将我家东西一抢而空,不能拿走的也全部砸个稀巴烂。他们把大伯母和她的4个孩子用一根绳子捆起来拖着就走。大爷爷已69岁了,他冲过来拦在门口,被他们踢倒在地并一顿殴打后拖出家门。大爷爷是基干(苏维埃干部组成)游击队的联络员,他坚持留守在村里,由于能吃的东西全部被抢走,讨饭也没人敢给,大爷爷最终被活活饿死。

大伯母和4个孩子被关押在乡公所的大牢里。大堂哥袁光炫那年不到16岁，被他们用棍棒打死；二堂哥袁光烘被当作壮丁送到南昌，体检时因年龄太小、身体又不合格被赶了出来，他一路要饭，数月后才回到家乡；三堂哥袁光焕那时才10岁，听看守说要斩草除根，趁他们不注意逃了出来，跑到外地当了放牛娃，一直不敢跟家里联系，直到解放后才回到家乡。关押数月后，看到实在榨不出什么油水，他们才把我大伯母和小堂姐给放了，无家可归的她们只好到处流浪，直到15年后的1949年中国人民解放军打回了家乡，他们一家才过上了好日子。

踏上漫漫长征路

1933年，父亲参加了工农红军，他年轻胆大、作战勇敢，战斗中总是冲在前面，又不懂利用地形，在攻打福建武平县和江西黎川县时两度受伤，后一次由于受伤过重被送进医院。养伤期间，医院指导员陈立福认为我父亲有地方工作经验、政治上可靠、有文化人也聪明，就推荐他去保卫局工作。出院后，父亲便到了红一军团保卫局受训，受军团直属侦查部长谢志群领导。至此以后几十年，父亲大多数时间从事的都是安全保卫工作。

1934年10月10日下午，红一军团下达命令，防守在兴国的部队全部撤出。父亲所在的保卫局训练班当时就在兴国县城南宿营。接到命令后，他们一整夜都在进行物质补充（每人一袋米、一床棉被、一套棉衣，两双布鞋、两双布草鞋、4个手榴弹、10排子弹、一把洋镐或铁铣），领来后捆好,大家忙了个通宵,都没有睡觉。第二天,训练班结业分配,父亲被分到三团。三团团长是黄礼胜,政委是邓华,特派员是他们训练班班长杨雄桂。父亲属于保卫局直属工作人员,协助特派员工作。当天晚上他们整队夜行军出发南行。

17日夜晚,天色漆黑,通过了宽大的于都河大浮桥后,作为前卫部队,三团6天6夜急行军到了敌人的第一道封锁线——新田镇。经过一场激烈的战斗,消灭了驻扎在大堡垒里的一个营的敌兵,附近的广东军阀部队闻讯溃逃,红军顺势急追,沿途都是敌军死尸和军用物资。

作为保卫局直属工作人员,父亲每天都到连队了解情况:战斗中有什么问题,队伍人员变动情况,干部战士思想情绪如何等。每个月回保卫局汇报一次,汇报之后,有时要换到其他团去,因此,6个团我父亲都工作过。但他在二团和三团的时间最多,因这两团的团长、政委和特派员都强烈要求他去。

遵义会议之后,红军在遵义城全歼国民党的2个师,然后摆出要打贵阳的架势,把敌军主力调到贵阳城后,红军掉头奔向云南,胜利渡过了金沙江。在抢渡金沙江的路上,红军日夜不停地赶路,一路上体弱和生病的战士有不少人掉队。一次父亲走着走着就睡着了,虽然脚步还是机械地跟着队伍走,大脑却没了意识,直到摔倒在田里才清醒过来。过了金沙江后,部队行军速度降了下来,经常白天休息,晚上行军,有时也会休息一天半天,让大家整理内务,洗衣、洗澡。这一路上,国民党的飞机在他们头上飞来飞去也没找到红军的行踪。

1935年5月10日,正在攻打会理城时,父亲被调到二师直属队任

袁耐冬担任北京市公安总队政委时留影

特派员。二师的师长是陈光，政委是刘亚楼，政治部主任是符竹亭。父亲受二师特派员谭政文直接领导，负责的单位有司令部、政治部、供给部、卫生部、电台、侦察连、工兵连等。

从会理出发到西昌，为迷惑敌人，六团被派往攻打大树堡，打下后找船只架浮桥做出红军要从这里渡河的势态，以期把敌军主力吸引过来。

因为侦察连、工兵连、电台和六团一起行动，所以父亲也参加了这次战斗。第六天他们接电报："主力部队在安顺场过了大渡河，六团立刻急行军从原路返回，跟上后卫部队。"接到命令后，六团立刻赶往安顺场。过大渡河时，当地老百姓对父亲说："过了七天七夜的兵了，你们红军真多呀。"

为大部队艰难探险

7月2日，父亲所在部队从康猫寺出发，翻过了第三座大雪山——长板山（亚克夏山）。再往前走，远远望去，一片灰绿色茫茫无垠，一些似馒头形状的小丘陵散落其中。没有树木，没有人烟，没有道路，鸟兽绝迹，后来才知道这就是草地的边沿。

二师六团是红一方面军左路军的先遣部队，一起行动的首长有军团政治部主任朱瑞、二师师长陈光、二师特派员谭政文等。同样，因为电台、侦察连、工兵连随六团行动，所以父亲也在这支先头部队里。

刚进草地，他们就发现远处有十几个骑兵，这伙骑兵看见红军部队掉头就跑了。父亲他们继续向草地深处前行，这天是晴一阵、雨一阵，地是干一段、湿一片。地上的水是铁锈红色的，水深处没膝，路上有草，踩到棵大草根脚可不沾水，所以战士们经常是一跳一跳地前行。他们沿着山边上走了一天，不见村庄也不见树林，这是长征以来没遇见过的。

太阳快落山了，"在哪里宿营？吃什么呢？"父亲边走边思考这个问题，忽然发现左前方山包后有一两千骑着马的敌军一字队形排列着，这时部队已过去一半。父亲急忙跑到首长面前指给他们看,陈光师长立即要号兵命令部队向右上山以抢占高地,敌兵看见红军要上山便驱马冲了过来。他们每人有3种武器,一支法制步枪、一支把上缠有铁片条的梭标、一把刀尖有勾的大刀。藏兵很少开枪,全用梭标和大刀。工兵连在后面,刚上山他们就冲到了,工兵连虽然有枪,但没有刺刀,子弹又少,被敌兵杀害不少。我父亲他们还没到山顶,急忙回头射击,敌兵是骑着马密集冲过来的,我军机关枪正好发挥威力。一阵密集的枪响,马被打倒一片,敌兵从马背上掉下来向山下滚去。父亲手持驳壳枪一枪一个,居高临下打马或打人,几十步的距离弹无虚发。敌兵看势头不好,急忙退下山跑了。

这时,天全黑了下来。我军部队全凭号音、哨音集结,夜色漆黑分不清方向,更找不到来时的道路,部队只能凭借北极星向南撤退。急行军中父亲被一棵大草萢绊倒栽进水中,爬起来马上跟上队伍继续走,也没时间拧干衣裤,冷得直打哆嗦,直到天亮了衣服才被身体烤干,原来灰白色的军衣已变成红色的了。

第二天8时左右下了一场倾盆大雨,河水大涨。部队被一条齐腰深小河挡住。河床不宽但水流湍急,我军战士因疲劳加饥饿,第一批过河的队伍被水冲走了十几个人,部队因此停留在河边。这时六团特派员钟天泽过来报告:"敌人的骑兵又追上来了,有100多人。"

这可能是敌人的侦察部队,怕的是后面还有敌军主力,如果追上来抢占山头我军就危险了,指挥部几位首长说要想办法尽快过河。

钟天泽看见战士们都不敢过河,说了一声"看我的"就下了河,他刚走到河中急流处，一个踉跄倒入水中。父亲站在河边看见后心急如焚，情急中冲到河里想去拉他，可钟天泽被水冲出十几米后就再也看不见身影了。

父亲在水中刚走几步就发现打着绑带的裤子因吃水而笨重，双腿在急流中会打漂，人很难站稳。他转身回到河岸把裤子、草鞋都脱掉捆在身上再下到河里，双脚沿着河底平移，踩实左脚之后才提起右脚。走到河中急流处，水冲击身上像铁丝抽打那么痛，他感觉头晕目眩，体温急剧下降，但他咬紧牙关走过去了。

过河后，父亲休息了一下，又蹚着水回来将过河的要领告诉了大家，并组织干部站在河边专门指挥。部队安全过河，再也没有一个人被水冲走。为此，朱瑞主任专门表扬了我父亲一番。

又走了一天多，到一个小山包旁露营，部队一点粮食都没有了，能吃的草也找不到，指挥部几个领导同志也没了粮食，只有父亲身上背着一袋一直没舍得吃的几斤玉米粉。

宿营后，看到大家饥寒交迫，父亲悄悄离开营地走了很远，发现了一个小灌木丛，他钻进去看见有一些草，就采摘了一些放嘴里嚼嚼，只要不苦的就带回到营地用茶缸子煮熟，再放些玉米粉，分给指挥部几位同志当了一餐饭。

晚上10点多钟，师部来电说已派运粮队送粮食过来了，是从师部、四团、五团抽调的粮食。师宣传科长舒同、青年干事王宗槐带着一个武装排和运粮队，从芦花出发走了两天半才到父亲他们的驻地，他们一到，先遣队的战士们欢呼雀跃，都称他们是"救命的人"。

穿越草地到陕北

返回到毛儿盖，主力部队开始做过草地的准备工作，首先进行缩编，司令部、政治部和电台合为一个单位，供给部和卫生部合为一个单位，这两个单位就是精简后的师直属队。工兵连和担架排2/3的人补充到各战斗部队，侦察连整体补充到五团为一个战斗连，父亲调到五团任副特派员。由于四团特派员周青山的强烈要求，我父亲在五团不到半个月又调到了四团。当时，四团团长是黄开湘，政委是杨成武。

第二项准备工作是要求每人带20斤干粮，一件军大衣，这些都是很不容易的事，我父亲费了好多功夫才弄到10斤炒麦子。

第三件准备工作是整顿纪律，军团保卫局侦察部副部长因摘了老百姓地里的辣椒，违犯了群众纪律被撤职，并开除党籍；军团教导营政委因所在部队非战斗减员人数多被撤职，并取消马匹；因在松潘战役中五团有5个战士投敌，五团特派员被枪决；侦察连六班长带一个班出去搞粮食未果，向四方面军磨坊要了十几斤炒粉吃了被枪毙。大家都感到这次整顿纪律要比以往严厉许多。

8月21日，天一亮，部队开始过草地。四团作为左翼军先遣队走在最前面，部队马不停蹄地走了一天。第二天在一个叫分水岭的山沟露营，这一夜，中雨未断，第三天早晨雨下得更大了，过了分水岭就进入了大草原。这天是父亲和敌工干事做收容工作，他们俩走在全团的最后面。刚下了分水岭，父亲就看见一个身材瘦小的战士倒在地上，他摇摇晃晃站起来，刚走两步又倒了下去，接着又站起又倒下，方圆丈把宽的草地

袁耐冬全家合影

一片狼藉,他也变成一个泥人。父亲急忙跑过去把他扶了起来,那时虽然是 8 月天,可比南方 12 月的天气还冷,他浑身是泥水,整个人都冻成了冰块,已挪不动脚步了。小战士用一双瘦得眼窝深陷的双眼看着我父亲,有气无力地说:"我不行了,你快走吧,不要管我了,雨大天冷,不要把你们冻坏了。我身上还有四块云南钱(四块云南钱抵一块银圆),你拿去交给党。"父亲对他说:"你坚持住,自己去交给党。"说着背起他就走。走了几十米,父亲感觉不对,放下一看,那位战士已停止了呼吸。这天,父亲在一路上看到有好几位战士牺牲在这片草地上。

第三天一天都在下雨,晚上,部队在一个小山坡上露营。雨还在不停地下,父亲将身上的包裹解下来放在地上垫坐,整个人缩成一团,将手里抱着的纸伞靠在肩上就睡着了。天明后,他感觉一身冰凉,浑身僵硬,脚已不能动了。好在这时雨停了,太阳升起,他自我按摩了好久后才勉强站起,可刚起身便觉得天旋地转,又跌坐在地上喘息了好一阵才再次站起。一些没有雨具的同志更是艰难,他们浑身湿透冻得直打哆嗦,有好几个人在睡梦中就停止了呼吸。

大多数人和父亲一样艰难起身,整个部队在太阳下原地活动了半个多小时才出发。走了几里路后,路过一个山口,一个靠边行走的战士陷入泥泞中,他急着想爬起来,没想到越陷越深,大家都想过去拉他,但无法靠近,只能眼睁睁地看着他没入泥水中。为此,部队向后传令要大家尽量靠着山边走。

8月26日一大早他们继续前行,这天,父亲和四团的前卫营一起走在部队的最前列。每到一个干燥点的开阔地,他们就会寻些枯树枝烧些雨水或河水喝,因为草地的水大多有毒,部队传令只能喝河水。他们会支起一些简单的木头架子留给后续部队,让后面的战士可以在此休息一会。

中午,前卫营到了一处高地,他们看到几间由木头支起、用牛粪糊的房子,再向北边看,远处有一片参天大树林,战士们都高兴得跳了起来,兴奋地议论说要走出草地了,后来知道这个地方就叫班佑。前卫营立即将此情况用口令向后传,好让后面的部队首长知道。这时,后方传来命令:"前卫部队放好警戒,原地休息待命。"父亲听说是张国焘派了一支部队阻拦红一方面军的去路，不准他们北上，毛主席正在做他的工作。

因为后面部队没有过来，四团在班佑住了一夜。这一夜大家都很担忧毛主席的安全，私底下议论纷纷。正在担心的时候，后面传来消息：毛主席说服了四方面军，部队已经过来了。这时父亲他们才放下心来休息。

第二天早晨，派到西北七八里路外山口担任警戒的一个排正好遇上甘肃军阀鲁大昌一个骑兵侦察排，双方发生战斗。四团团长黄开湘带着队伍跟着就追，一路都是下坡，到天快黑时才下到山下，发现这里有几个大村庄，经询问当地的老百姓，得知此地名叫巴西。这里的粮食、酥油、盐、羊皮衣等物资很丰富，部队在这里得到了物资补充。原计划要10天至15天才能通过的草地，由于敌人给红军当了向导，只用了7天就结束了。

为了不让逃跑的敌军通风报信而有所防范，四团在敌军后面紧追不舍。追到腊子口，敌军依仗有利地形挡住了红军的去路。经过研究，杨政委带六连正面夜袭，黄团长带一、二连攀登东边的陡峭石壁绕到敌人后方攻击，我父亲跟着黄团长一起行动，最终将敌军这两个营的兵力全部消灭，还缴获了大量的军械、服装和粮食。

翻越了岷山，部队于9月17日到达大草滩汉人区。因为无人或语言不通，父亲整整73天没有同老百姓说过话，这一天看到汉人感到特别亲切，一直和当地老百姓说笑不停。

打下哈达铺后，部队进行了休整。9月22日下午，父亲参加了在关帝庙召开的团以上干部会议，听取毛主席作的《关于形势和红军改编问题的报告》。之后，红一方面军改编为中国工农红军北上抗日陕甘支队，彭德怀任司令员，毛泽东兼任政委，林彪任副司令员，叶剑英任参谋长。红一军团和红三军团合编为5个大队，每个大队5个连，每连130人左右，原来的师长、政委担任大队长、政委。父亲任四大队副特派员。

一个月后，中国工农红军北上抗日陕甘支队到达陕北，完成了举世瞩目的二万五千里长征。

我们回顾红军长征的伟大壮举，不仅仅是为了了解那段离我们越来越远的历史，更为重要的是要学习老一辈革命者的伟大精神：对理想和事业忠贞不渝的精神，不怕牺牲、勇于奋斗、前赴后继的精神，严守纪律、不畏艰险、英勇向前的精神，团结互助、众志成城、顾全大局的精神。我们要把长征精神一代一代地传下去，大胆探索、奋发拼搏、开拓前进，不断创造更加美好的未来。

（本文作者：袁耐冬之女）

我的父亲母亲

莫 娴

莫昌富（1921—1976），安徽省庐江县人。1938年7月参加安徽省庐江县新四军游击队，1939年加入中国共产党。

抗日战争全面爆发至抗日战争胜利期间，曾任安徽新四军四支队九团政治处警卫员，安徽新四军四支队九团五连排长、新四军二师四旅警卫连排长、十二团一连连长。解放战争时期，任新四军二师四旅十二团一营营长，二十一军六十一师一八三团参谋长、副团长等职。中华人民共和国成立后，参加抗美援朝战争，历任志愿军暂编二团团长、二十军五十八师一七四团团长等职。归国后历任二十军五十九师副师长；1955年9月在南京军事学院基本系学习，1959年12月任中国人民解放军守备七师副师长、师长等职。

1955年被授予上校军衔，1961年晋升大校军衔。荣获三级独立自由勋章、二级解放勋章、国际金日成奖章、朝鲜荣誉奖章勋章。

父辈的勋章

1950年1月，莫昌富荣获华东"二级人民英雄"称号

在安徽省庐江县笏山乡原先有个莫家庄，解放初期改名为育英村。更改村名的原因是这里出了一位人们引以自豪的著名战斗英雄。

这位战斗英雄，就是我的父亲——在抗日战争和解放战争年代屡立战功的莫昌富。

立志参军的苦孩子

1921年4月，父亲出生在莫家庄一个贫困的农民家庭。爷爷是一个老实巴交的庄稼汉，整日在地主的五亩租地上辛勤劳动，奶奶长年给富人家当佣人。为了让孩子们过上好日子，爷爷借钱请来算命先生给他三个儿子起了响亮的大号——"昌文、昌富、昌银"。但是，全家人仍然摆脱不了生活的厄运，父亲7岁那年重病卧床的爷爷含恨离开了人世，奶奶也病倒了。家中除了两间草房，值钱的东西和二亩风沙地全卖光了。为了给奶奶讨口吃的，父亲背着不满2岁的叔叔，扯着邻居张奶奶的衣衫四处乞讨。

父亲经常问奶奶，穷人为什么这样苦？得到的回答总是："咱们的命不好。"1936年5月，红军来到了他的家乡。父亲从他四叔那里得知红军是穷人的队伍，能给老百姓分田地。他高兴极了，整天缠着红军要求参军。连长见他又瘦又小，怕他跟不上队伍说什么也不答应。队伍一出发，父亲又悄悄地跟上去，最后还是被连长派人送了回来。

转眼又过了一年。一天上午，父亲挑着稻谷去罗埠镇上换豆腐。一进镇子，他看见几个穿灰布军装的人正在贴标语。父亲向周围的人一打听，知道是新四军庐江游击队。"可找到了！"他问明部队驻地，挑起担子就快步奔去，找到了游击支队长何泽洲。

"队长，留下我吧！本来我早该是咱队伍上的人了，可他们说我年龄小不收，这次我说啥也不走了。"父亲说着就一屁股坐在板凳上。

何队长看着这个脸庞清瘦、身板单薄的年轻人说："当兵打仗可苦了，你行吗？"

"没问题，我能挑百八十斤呢。"父亲转身指着院里的稻谷，"只要能吃饱肚子能给穷人分田地，再苦我也不怕！"

"那这些稻谷？"何队长又问。

"这是地主刘家兴的，就算我给咱队伍送的军粮好了。"他这一句话把屋里的人都逗乐了。

谁知，父亲参军没几天就遇上了麻烦事。村里的人捎话说奶奶病重，得赶紧回去看看。父亲回到家一问，原来是他参加新四军的消息被地主得知后，地主来莫家要人，要稻谷，把他家折腾了个底朝天。胆小怕事的奶奶哄他回来，流着泪劝他别当兵了。父亲的牛脾气一下就上来了："我当兵当定了，谁也别想扭回来！"然后拔脚迈出家门，连夜跑回了部队。

男扮女装巧入敌后

父亲入伍时，个头不足一米七，身板单薄，却生得眉清目秀，队里的同志都开玩笑叫他"大姑娘"。可巧,父亲的"先天条件"还派上用场了。他第一次执行战斗任务就是男扮女装抓俘虏。庐江县的伪军仗着自己有2000多人,不光欺压百姓,还经常和新四军搞摩擦。挺进皖江敌后的新四军四支队决定消灭这伙乌合之众。庐江支队接受了侦察敌情的任务。

这天晌午,在罗埠镇通往县城的大路上走来一对农民打扮的年轻夫妻。他们后边不远处跟着三四个挑夫。这些人在县城东门外的大树下歇息了片刻,其中的小媳妇便迈着碎步向城壕边走过去。壕沟对面有几个伪军正在催促一些人修工事。

"老总,给碗水喝吧?"小媳妇细声细气地开了腔。

听到喊声,几个伪军都凑了过来。看到这个头围花头巾,身穿小红褂的俊俏女子,那几个家伙顿时起了坏心眼。一个被称为张队副的敌军官嘴里嘟囔了几句,就带着个敌兵走过来。小媳妇眼看他俩快到跟前,撒腿就往回跑。"别跑呀!别跑呀!"两个家伙也跑了起来,没等他们明白过来,就已经成了新四军的俘虏。第二天夜里,四支队根据庐江支队的情报,全歼了庐江县城的伪军。父亲在这次战斗中立了头功,支队奖给他一支钢笔。

1939年初,庐江游击支队编入四支队九团,父亲成了五连的战士。同年10月,他在庄严的党旗下宣誓:要为劳苦大众的解放事业贡献自己的一切。在抗日战争和解放战争中,父亲用他火一般的青春,努力实践着自己的誓言,逐步成长为一名战斗英雄。

罗司令夸奖的"小老虎"

日本鬼子投降后，妄图篡夺抗日战争胜利果实的国民党蒋介石在美帝国主义的支持下，派遣大批飞机、军舰运往军队，抢占大城市及交通要道，并在敌伪军策应下疯狂向我解放军区进犯。我军根据毛主席提出的"针锋相对，寸土必争"的方针，开始了自卫反击作战。

1945年11月26日夜晚，寒风嗖嗖，天空飘落着雨点，四下黑蒙蒙的。担任突击任务的一连二排在连长莫昌富的率领下，端着闪光的刺刀一个跟着一个朝着后性义村扑去。运动接敌中他们被敌人发觉了，圩墙处的两个地堡喷射出密集的子弹。父亲迅速指挥二排长派出两个小组架起机枪，一面掩护部队突击，一面从正面吸引敌堡的火力，他亲率爆破组从侧翼向地堡逼进。可是，第一个爆破员刚上去就牺牲了。爆破组长张全清把帽子一甩，抡起第二个炸药包又飞奔上去。眼看着要接近地堡了，突然倒下了。这时，只见已负重伤的张全清从地上爬起来，跟跟跄跄地向地堡靠近，随着一声巨响，右边的地堡飞上了天。紧接着又是一阵烟尘，第二个地堡也被跟进的战士报销了。

"冲啊！"父亲一挥步枪，带着战士们跃身跳入圩壕，圩墙上敌人惊慌失措，一个劲向下甩手榴弹。他眼明手快，接连将3个手榴弹"回敬"给敌人。跃过壕沟后父亲从人梯上第一个冲上圩墙。墙头上的敌人见只有他一个人，一起蜂拥而至。4个敌兵端着刺刀从两边夹击父亲，他一个闪身，奋力跃起，接连捅倒了两个敌兵。没容他转身，背后的刺刀已猛刺过来，他的右小臂被划开一条半尺多长的血口。只见他大喝一声，转身臂刺，第三个敌兵也成了刀下鬼。这时跟着爬上圩墙的战士们一片喊杀声冲了过来。敌人支持不住，纷纷向圩内逃跑。父亲和战士们猛追猛打，抓了32个俘虏，还缴获了两挺机关枪。这时，围歼后性义村的兄弟连队也从四面八方冲进村子。村内的残敌拔腿就往韩庄镇逃窜，父亲又追向镇子，直到把敌人全部消灭。

不久，父亲带领一个排顽强阻击敌人进攻，配合主力部队全歼敌人一个团。战斗结束后，团的小报上登载了父亲和一连的英雄事迹。当时正在鲁南地区指挥作战的山东野战军第二纵队司令员罗炳辉从十二团团报上看到了父亲的事迹，亲自写信给团领导。信中说："你团是一支刚组织起来的新部队，像莫昌富那样攻攻得好，守又守得不差的小老虎，实不愧为钢铁般的意志。"十二团团报由此改为《钢铁报》，父亲的英勇行为也同《钢铁报》一起，在全团指战员心中留下了深刻印象。

由于伤口没有得到及时治疗，父亲的右手臂从此落下了残疾，再也无法伸直了。

生死关头显英雄

在粉碎敌人对山东解放区的重点进攻中，父亲率领一营执行孟良崮外围阻止战和南麻攻坚战时，两次舍生忘死掩护大部队行动。

在歼灭国民党五大主力之一——整编七十四师的孟良崮战役中，一营奉命在高柱山阻击西进增援的敌人。高柱山位于孟良崮东南约10公里处，是一条东西狭长、南陡北缓的孤山，是我军东线防御、阻止敌人的重要制高点。阵地由主峰、无名高地以及两峰间相连的鞍部组成,主峰四周有两道高约 3 米的石围子。因高柱山阵地是当日拂晓才被我军攻占的,所以山上的防御工事基本被破坏。

白天,一营连续打退了敌整编八十三师十九旅在飞机掩护下向高柱山一线阵地发起的 4 次进攻后,接到上级撤退的命令。这时天色渐渐暗了下来,任副营长的父亲下到山底,点了根烟正准备抽,突然听到一阵激烈的枪声和喊叫声从无名高地骤然传

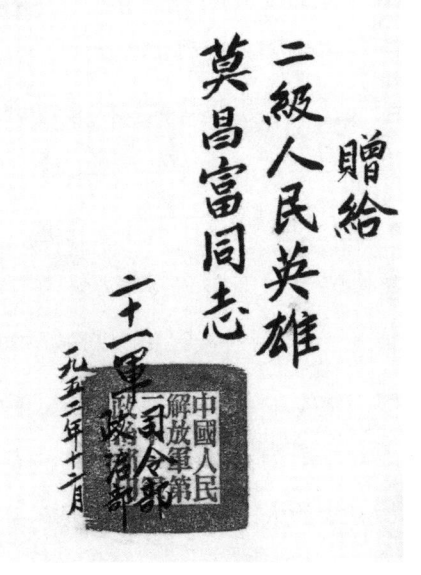

1952 年 12 月,莫昌富被二十一军授予"二级人民英雄"光荣称号

来。父亲敏锐判明:坚守无名高地的一连没有撤下来。他心中一阵紧张:一连三面受敌,将要遭到毁灭性打击!情况万分危急,刻不容缓,而二连已经走远。身边没有部队怎么去救一连?父亲心急如焚。

正在这时,父亲看到团侦察队转移经过山脚下,他立即飞身向前,从一个战士手中夺过一挺轻机枪大声命令:"谁也不准走!都跟我冲上去救一连!"

父亲一马当先带着 30 多个战士,不顾一切地向主峰冲去。这时一个排的敌人刚刚登上主峰阵地,正撅着屁股向无名高地射击。父亲和战士们接连跃过两道石围子,如旋风一般冲到敌人背后。他搂住扳机一阵猛扫,侦察队的几十条火舌也一起吐焰,接着又是 30 多枚手榴弹,没等

敌人反应过来就把他们全歼灭了。

"一个班跟我去无名高地，其余的由陈队长指挥，用侧射火力阻止敌人，一定要坚持到我们撤过来！"父亲说罢又端起机枪冲向无名高地。

在主峰通往无名高地的鞍部上，连接着一条200多米长的堑壕，是一连经过主峰下山的唯一通道。此时，壕沟内已经挤满了敌人，正在拥挤中慌乱地射击。父亲一心想的是救一连，早把危险抛脑后去了。敌人越乱他跑得越快，端着机枪猛冲猛打，一下子靠了上去。敌人虽然人多，但在堑壕中无法施展，加之父亲他们距敌近、动作猛，很快便短兵相接，展开了白刃格斗。一阵激烈的金属碰击声和敌人的惨叫声之后，残余的敌人招架不住，纷纷爬出堑壕向山下逃命。在他们拼死争夺堑壕的同时，主峰阵地上的7挺轻重机枪一个劲猛打，阻止了敌人的后续部队增援。

道路终于开通了！在父亲和侦察队的及时接应下，一连安全撤离了无名高地，当夜就赶上了大部队，又投入新的战斗。事后才知道一连没有撤出，是因为当时派去无名高地传达命令的通讯员被敌人流弹打中牺牲了。

不久，一营又奉命参加南麻攻坚战斗。激烈的战斗进行了3天后，十二团奉命撤出战斗，向东面的路庄、南坡地区转移，由父亲率一连担任掩护任务。

战斗一开始，敌人就以密集的炮火轰击，两个营的敌人在猛烈火力掩护下，不断向一连阵地发起冲锋。但在一连的英勇阻击下，敌人的3次进攻都失败了，阵地前躺着200多具敌人的尸体。而一连也付出了巨大的代价，全连包括伤员在内只有四十几个人了。

当夜22时，一连的阻击任务已经完成，该是转移的时候了。但是敌人仍然在不断地冲锋。怎么转移？谁来掩护？伤员怎么带走？父亲与连长梁中、二排长刘存法等同志商量办法。

父亲说："我们把转移的行动确定一下。我带几个同志掩护，由梁连长带其余同志和伤员先走！"

"不，我不同意！"梁中一下子打断了父亲的话，"在昨天的战斗中郑营长已经牺牲了，副营长要负责指挥全营。你必须先走，我留下来掩护！"

"我们排还有11个人，我们……"刘存法也抢着说。

"别争了！"父亲喘了一口粗气，铁青的脸上闪现着坚毅的神情，"就这样决定了！二排留下，大家分头行动吧！"

随着一阵激烈的枪炮声和喊叫声，敌人又冲过来了。200多敌兵从西南、西北两个方向同时涌来。父亲一拍胸膛站起来，喊了声："同志们，拼啊！"就用机枪朝着敌人猛扫过去。老战士张新川正抓着枪射击，一扭身看见十几个敌人已冲上左边的壕沟。他把枪一推，抓起几个手榴弹甩过去，自己也中弹牺牲。父亲端起身旁的步枪，大叫着冲进敌群，接连捅倒两个敌兵，自己的右腿和左手也被敌人刺伤了。正当他不顾一切地拼杀时，一颗子弹飞来，他"噗"地栽倒在地。刘存

抗美援朝期间，莫昌富在朝鲜战场

法见副营长倒下了，抡着机枪发疯似地奔杀过来。敌人又一次被击退了。刘排长抱起父亲，只见他左胸部不断往外冒血，一缕缕殷红的血顺着刘存法的手臂流淌下来。刘排长一边抹去脸颊上的泪水，一边为副营长包扎伤口，然后背起父亲，带着幸存的3个战士离开了阵地。

生命垂危的父亲在团部包扎所里紧急处置后，立即被送往黄河以北的后方医院抢救。他在病床上连续昏迷了14天后才又睁开了眼睛。

1948年月11月，伟大的淮海战役开始了。父亲所在部队日夜兼程进军淮北，追歼敌孙良诚第一〇七军。淮海战役胜利结束后，一营一连被军授予"一等战功连"。二连被师授予"战斗模范连"和"英勇顽强连"光荣称号。一营获得的战果和荣誉与父亲机智果敢的指挥分不开。

此后，父亲参加了渡江战役，千里奔袭解放杭州、温州等。1949年7月，他被提升为团参谋长，在指挥渡海作战、解放舟山群岛中发挥了重要作用。

1950年10月，在战场上屡立战功、身上伤痕累累的父亲，被华东野战军授予"二级人民英雄"光荣称号。

1951年1月，父亲自愿参加中国人民志愿军，被派调到二十军五十八师一七四团任团长，赴朝参战。1953年回国后，任五十九师副师长。1955年"五一"国际劳动节时，父亲作为战斗英雄代表，光荣地到北京参加了天安门观礼活动，受到党和国家领导人亲切接见。1955年至1959年，父亲在南京军事学院学习，1959年12月任守备七师师长。1964年因病离开了工作岗位休养，1976年8月14日病逝。

她嫁给了人民英雄

正当父亲在解放战争的硝烟战火中冲锋陷阵的时候，在浙江省台州地区师范学校，有一位来自浙江省黄岩县的青年女学生，参加了中国人民解放军二十一军举办的文化教育学习班（文干班）。她，就是我的母亲何苏。

1949年8月，二十一军由温州移驻临海。同年9月，军部进驻临海县后，先后到各个中学和师范学校，号召有知识的青年学生入伍。各个学校的学生积极响应。母亲放弃了学业，瞒着外婆在学校报名参加了解放军。这样，母亲在共和国成立之前成为了一名革命军人，同年参加了二十一军的文干班。

在文干班，军事化训练非常严格，训练的科目也很多，每天早上5点就起床出操。当时正值隆冬季节，鼻子和手冻得生痛。每个星期天都要进行会操比赛，比赛后进行评比。

更艰苦的还是台州到奉化的负重行军，一路上有不少掉队的。当地居民都说："平时看你们女兵挺神气的，行军起来就一副狼狈样。"同时也很同情她们。就这样，部队打到哪，文干班就跟到哪。

到达营地后有3件事："挑水泡、泡脚、敷药"，然后美美地睡上一觉，第二天还要继续行军。母亲是平脚板，又有夜盲症，晚上行军一脚高、一脚低的看不见，每次都比别人走得慢。一到晚上，战友们都早早进入了梦乡，

年轻时的何苏

1951年1月19日，莫昌富与何苏赴朝前的结婚照

她却老是睡不着。但无论多艰苦，最终她还是咬着牙坚持完成了训练。

经过7个月的刻苦学习和艰苦训练，母亲从文干班拿到了毕业证书，1950年5月分配到一八三团教导队当文化教员，负责文化教育和宣传工作。母亲因为有文化，歌也唱得好，一到团里就成为文艺骨干，自编、自导文艺节目，组织团里战士演出。又因她的毛笔字写得好，所以团里的会议室、食堂的大小标语都是她写的。

母亲的工作得到全团上下的一致好评。也许就是从那时候开始，父亲悄悄地在注意和打听母亲的情况，对母亲的爱情也许就是在那时悄悄萌发了。

1950年7月，二十一军正筹备召开第二届英模大会。母亲被抽调到军部负责收集和整理英模事迹材料，在收集材料过程中认识了许多英模。她仔细收集和认真阅读英模的事迹材料，心中涌动了对英模的崇拜之情。其中有一篇战报详细描述了父亲在战斗中的情形，更是引起了母亲的注意！

1951年初，二十一军开展了"向文化大进军"活动。营连干部战士集中上课，重点扫盲。团以上干部则采取"一对一"的方式教学。当时组织上把有文化的女战士都"分配"给各师、团级干部教授文化，同时也想顺便解决一些大龄营、团干部的婚姻问题。因此，母亲怀着对英模的崇拜，来到时任六十一师一八三团副团长的父亲身边，负责帮他学习文化。

当时，母亲拿出师范生的教学方法认真地教。父亲出身于贫农家庭，在部队虽然学过文化，但没有受过正规教育，所以学起来也非常认真。有一次，团宣传干事向母亲询问父亲的学习情况，母亲很认真地汇报说："他学习很认真，进步也比较快。"在日复一日的帮学过程中，母亲对父亲的那份爱慕之情油然而生。

有一天上课时，父亲关心地问："你参军这么久了，黄岩离温岭只有40多公里，你想回家看看吗？"母亲当兵时没和家里讲，当兵后虽然离家近也没回去过，部队随时都有可能换防，以后不一定有机会回去，就回答说："想呀！"于是，组织上研究决定，派团警卫排排长陪母亲回去探亲，顺便调查了解母亲的家庭情况。

回到部队后，警卫排排长向师、团领导汇报了情况。组织上很快得出结论："家庭成分是没落地主。哥哥、妹妹都参加了革命。政审通过，可以交往并发展恋爱关系！"当时母亲还不知道这事，结婚多年后才听父亲回忆说："警卫排排长当时是带着任务去的。"母亲这时才知道。

1951年1月，二十军在朝鲜战场上伤亡较大。遵照上级部署，二十一军从各师、团抽调一部分干部、

1974年4月，莫昌富、何苏与家人合影

2006年，何苏80岁生日照

战士补充到二十军。父亲临危受命，被抽调到二十军，赴朝鲜参战。

出征前，师、团领导建议父母把婚事先办了。开始母亲觉得自己还年轻，想多为党工作，争取早日入党，不想这么早结婚。但考虑到组织的决定，她还是坚决地同意了。

就这样，在出征前的1月19日，师、团为父亲、母亲举办了隆重的婚礼。军、师、团三级领导和战友们都来祝贺。当天，团干事还为他们照了很多相片。

1月27日，结婚只有7天的父亲告别新婚的妻子，离开战斗和工作了13年的二十一军，与二十一军其他83名干部和2160位战士一起赴朝参战，同年3月编入二十军五十八师一七四团，父亲任团长。

父亲一到朝鲜就投入了紧张激烈的战斗。同年，母亲也跨过鸭绿江，来到一七四团团部工作。由于在抗日战争和解放战争中多次负伤，前线坑道内又十分潮湿寒冷，父亲胸部和肺部伤口发作，风湿还导致他患了风湿性心脏病。

母亲在潮湿的坑道里，边工作边陪伴着父亲，他们在极其艰苦的环境下完成了各项任务。1953年3月，二十一军接替二十军赴朝参战，父母回到祖国。从此父亲和母亲开始了和平年代的军旅生活。

（本文作者：莫昌富之女）

将军·严师·慈父
——深切缅怀我的父亲

高林枫

高维嵩（1916—1985），陕西省安定镇（今子长县）人。1933年加入中国共产党，次年参加中国工农红军。

土地革命战争时期，曾任红三十军第二六三团政治委员、第二六四团政治委员。抗日战争全面爆发至抗日战争胜利期间，任保安司令部第二团团长、陕甘宁边区保安司令部作战科科长、陕甘宁晋绥联防军警备第三旅八团政委、旅政治部主任。解放战争时期，任陕甘宁晋绥联防军警备第三旅政治部主任、西北野战军第四纵队第十一师政治委员、纵队党委委员，第一野战军四军十一师政治委员。中华人民共和国成立后，任西北军区政治部组织部部长、甘南合作剿匪指挥部政委、青海省军区政治委员、青海省委常务委员、陕西省军区第二政治委员、兰州军区党委常务委员、兰州军区党委副书记、副政治委员等职。为中国共产党第七次全国代表大会候补代表，第九届中央委员，第十届全国人大代表。

1955年被授予少将军衔。荣获二级八一勋章、二级独立自由勋章、一级解放勋章。

穷苦的放羊娃走向革命道路

我的父亲1916年11月1日诞生在陕北一个极其贫苦的农民家庭里,祖祖辈辈给地主富农当长工,家里没有一间房,一亩田。在父亲7岁的时候,因遭受严重旱灾,家庭无法生活,便随爷爷奶奶背井离乡,由陕北米脂县逃难到现在的子长县的黑疙瘩村,在这个穷山僻壤的黄土坡,做了地主的佃户。由于家境贫寒,父亲很小就帮助家里干一些零活,如放羊、砍柴、拾粪等,但生活仍然没有保障,吃糠咽菜,衣不遮体,白天干活,晚上三兄弟盖一床破棉絮,你拉我扯,冻得睡不着觉。父亲曾多次给我们讲过,我奶奶身上穿的棉袄破烂不堪,没有钱买布换新的,用自己制作的毛线绳缝来补去,硬得不能着身,也没有舍得扔掉,在奶奶身上整整穿了30多年。父亲还常给我们讲,小时候他穿的布鞋是奶奶自己做的,为了省鞋,用麻绳在鞋帮上缝很多针,敲起来当当响。父亲就是在这样饥寒交迫的苦难生活中度过了自己的童年。

在青少年时期,由于父亲受革命的启蒙教育,逐步对推翻旧社会,建立中华人民共和国,投身于革命运动产生了坚定的信念,在当地共产党的影响下,16岁就参加了革命,于1933年11月光荣地加入了中国共产党,从此真正走上了革命道路。参加革命后,父亲身经百战,参加过著名的宜川瓦子街、扶眉战役,解放兰州时,参加指挥著名的沈家岭战斗等。经历了战争年代艰难岁月的磨难和考验,是一个对党、对革命事业无限忠诚,具有钢铁意志的指挥员、战斗员。在异常艰苦的战争年代,饱尝了艰难生活及战争创伤,以致身患多种疾病,如慢性胃炎、胃下垂、

1938年，八路军各留守兵团暨陕甘宁边区保安部队第二次军政首长会议合影

神经衰弱，在兰州战役中炮弹炸伤了右耳而致耳聋。在和平环境中，父亲主动要求到最艰苦的青海省军区工作，患了支气管炎、哮喘病、肾结核、肺心病等疾病，在西北地区整整战斗了52年。但是不论在任何艰难困苦的环境中，父亲始终忠于党，忠于人民，忠于共产主义事业。革命道路塑造了父亲，使他成为一个思想品质高尚，具有坚定的党性原则，光明磊落，襟怀坦白，作风正派，工作认真严谨，从不计较个人得失和名利，把自己毕生精力和心血都献给了西北国防事业的坚强的共产主义战士。

以党的事业为重，长期抱病在西北地区工作

父亲于1957年从南京军事学院毕业后，主动向组织上要求到西北艰苦地区青海省军区工作。一上任父亲就组织部队搞建设，为减轻人民的负担，他亲自去柴达木、玉树等地区带领官兵挖石棉、种油菜，深入一

20世纪50年代初,高维嵩(左四)与战友合影

线了解情况,解决问题。由于气候恶劣,工作繁忙,不久父亲得了肾结核,当时尿血,尿道疼痛,排尿困难,每次要费很长时间才能排出尿来,非常痛苦。记得父亲每上厕所出来,手捂着肚子,头发湿淋淋的,面色苍白,但他一声不吭。因一直坚持工作,没有得到及时、有效的治疗,后来在一次作报告休息时晕倒在厕所里,在这种情况下,才被迫住进了医院。父亲因肾结核先后做了两次大手术,遭受了疾病的痛苦和折磨,身体亏损很大,在青海又患了支气管哮喘病,气喘,经常感冒、发烧,带病坚持工作。虽然病魔给他老人家的身体带来了很大的痛苦,但他一直抱病坚持在最艰苦的地区工作。尽管父亲身体条件差,但在工作调动问题上,他坚决服从组织的分配和安排。病情严重时住院,一出院马上投入到紧张的工作中去。父亲工作热情很高,又很投入,很认真,而且是个意志非常坚强的人,从来不向困难、病魔、恶运低头屈服。70年代末,他的

哮喘病已经发展为肺气肿,肺功能很差。兰州海拔高,上二三楼时气喘得不能行动,需要休息好几次才能继续上楼,但他坚持不让别人搀扶。1976年,父亲患了严重的白内障,眼睛几乎失明,去上海华东医院手术治疗。由于麻醉剂对肺部疾患及大脑神经有影响,只得用少量的局部麻醉。在手术过程中,他为了配合医务人员做好手术,疼痛时不吭一声,咬着牙坚持做完手术,待手术后发现不但他身上穿的衬衣湿透了,而且外面的棉衣都几乎湿透了,在场的医务人员深受感动。父亲的这种精神和意志给我留下了非常深刻的印象,激励我在工作、生活中像父亲那样敢于面对疾病,面对现实和困难,做一个意志坚强的人。

光辉的榜样,做人的楷模

从我记事起,已是和平环境,当时我的父亲已是军队的高级将领,担任着重要的领导工作。父亲从小教育我们,6个孩子不论在什么时候都不要搞特殊化,要和工农子弟打成一片。父亲经常通俗地给我们讲:"我是农民的儿子,放牛娃,如果我早年不当兵,不参加革命,在老家种地,我也是个农民,你们不就是农民的儿子、女儿吗?"父亲的职务变了,地位变了,但是他这一生可以说从来没有忘记劳动人民的本色。他言传身教,首先从自己做起,给我们树立了光辉的榜样和做人的楷模。例如,我母亲是1943年参加革命的老同志,转业前在西北军区政治部组织部任干事,1955年部队实行军衔制,要动员一批女同志转业到地方工作,那时候我父亲是西北军区政治部组织部长,他首先动员我母亲响应组织号召转业到地方工作。母亲很不情愿脱下军装,心里有情绪。父亲耐心、细致地做思想工作,使我母亲成为组织部转业到地方的第一个女同志。母亲在地方上工作了23年,1983年离休时按规定行政级别才调整到17级,属于县(处)级干部。原本着父亲在兰州军区的职务和在西北地区的影响,完全有条件和机会给省委领导同志打个招呼,说个情,对我母亲的职务和级别做出更好的安排,但是父亲坚持党性原则,执行党的各项政策,不搞特殊化,顾全大局,因此我母亲在地方几十年来,从没有利用父亲的权势搞过特殊化,而是踏踏实实,认真地做好自己的工作。

1984年,父亲因患肺部感染住进了西安323医院干部病房。当时有一间病房是条件最好的,按照待遇父亲应该住这间病房,但原总后勤部驻西安办事处主任白辛夫同志因病住进这间病房好几天了,白主任得知我父亲要来住院,再三提出来要换房间,但父亲坚持不换,说:"我是来治病的,不是来住房子的,我是病人,住医院后一切由医院来安排。"一再推辞下,父亲住进了另一间病房,此后白主任多次见到我,都要提到这件事,对父亲的为人和品质深表敬佩。

父亲平时生活简朴,不吸烟,不喝酒,衣着朴素,简单,时常穿着带补丁的衬衣、衬裤,他的一件毛背心,破了七八个洞,用针线补好又穿在身上。母亲多次给我们讲过,有一次我父亲去北京开会,穿着带补丁的布鞋和衬衣,北京京西宾馆的服务员见到后感慨地说:"高副政委,真没有想到您这样大的首长还穿带补丁的鞋。"父亲笑一笑,风趣地说:"我这个鞋穿上凉快,透气,不得脚气。"解放十几年来,虽然我们的生活水平发生了巨大的变化,但是父亲艰苦朴素的生活作风没有变,还

1957年,高维嵩(前排左三)在南京军事学院与同班同学毕业合影

经常教育我们在生活上要低标准,在工作学习上要高标准严要求。父亲有专车,但他经常教育我们:"这个车是组织配给我工作用的,没有我的许可谁也不准要车办自己的事。"当时我在兰州军区总医院工作,离家里还比较远,但从来没有私自坐过父亲的专车为自己办事。我的父亲有一个习惯,每天晚上7点整必须要看中央电视台新闻节目,8点钟听小收音机里的新闻,关心国内外大事。他随身带的小收音机是南京生产的"咏梅牌",已用了五六年了,音色不好,外观很陈旧,我多次提出来要给父亲买一个新的进口货,他坚决不同意。他说:"有个收音机听一听就行了,国产的东西就很好,为什么一定要买外国的?"就这样一直到临终前我的父亲仍然听着这么一个旧旧的国产小收音机。父亲离我们而去已经许多年了,每当看到这个小收音机,我都会感到内疚和不安,多少次地自责,为什么当年不给父亲买一个好的进口的收录机呢?

父亲为人民做过很多好事,但他从来不宣扬。例如:在"文化大革命"中,很多地方和军队的领导干部犯了所谓的"错误"而靠边站,他们的子女受到株连,就业和当兵遇到阻力,这些孩子抱着一线希望到兰州找我父亲解决出路问题。当时我父亲在兰州军区正受到"四大"的冲击和批判,在这种情况下,父亲坚信这些所谓的"犯错误"

解放初期,高维嵩(前排左二)任十一师政委时与第四军部分领导合影

的老同志是党的好同志,一时靠边站,相信党中央会对他们做出公正的处理,要真正体现党的政策,认真对待这些子女,凡是符合条件的可以当兵,安排就业。当时在下面办事的同志说:"政委,这样做事要担风险的!"但是父亲并没有以此推诿,而是给这些干部子女做工作,要他们暂时受点委屈,教育他们坚信党的领导,相信党的政策。

严格要求,耐心教导

父母亲养育了我们6个子女,从小到大我们的成长和进步,无不渗透着父母亲对我们的爱和关心。我的父亲既是慈父,又是严师,他利用一切机会和条件给我们讲旧社会穷人的疾苦,战争的艰难,人生道路的曲折,讲历史,讲善恶,讲忠奸,讲穷人翻身解放的喜悦和不易,讲今日幸福生活是无数先烈用鲜血和生命换来的，字字句句都充满了对党和毛主席的无限热爱和忠诚。如困难时期带我们全家去延安参观毛主席住过的杨家岭、王家坪，参观七大会址，给我们讲"刘志丹的大衣"的故事，进行革命历史传统教育。粉碎"四人帮"以后，引导我们正确对待毛主席晚年的错误，正确看待我们党执政后出现的一些错误和社会上的一些腐败现象，坚信我们党能够纠正自己的缺点和错误。父亲对我们的爱，真正体现在政治上的关怀和严格要求。我们几个孩子先后当过兵，受过严格的军队训练，当过电话兵、炮兵、卫生员、炊事员，喂过猪，吃过苦，受过部队紧张生活的磨炼，在部队里也产生过各种想法。就拿我大哥来讲吧，当兵后在兰州军区文工团工作，为了更好地接受锻炼，父亲主动提出来让大哥去甘肃甘南骑兵师当兵。那里的条件非常艰苦，气候恶劣，连绵不断的风沙、风雪天，一年四季离不开棉衣、棉裤，住的是帐篷，吃的是青稞、土豆，没有蔬菜、水果，不要说洗澡，就是平时洗脸也是几个人一盆水。这个盆既是洗脸、洗脚盆，又是打饭盆，尿盆，在这样艰苦的条件下，我大哥坚持当普通一兵一年多，没有向组织提出任何非分的要求。今天，当我大哥走向领导岗位，脚踏实地干一番事业的时候，他没有忘记父亲的谆谆教导，也没有忘记甘南骑兵师当普通一兵的艰苦磨炼，真正体会和感受到父亲对我们严格要求之中渗透的那份爱心。我的小弟弟是父亲最喜爱的小儿子，上小学时在西安南郊八一小学住校，每星期六回家一次，因此弟弟时常想家。有一次自己从几十里外的学校偷跑回家来，下午父亲下班回到家，拉着弟弟的手，耐心细致地给他讲道理。父亲讲，战争年代，部队也有严格的纪律，如果当逃兵，那是一件非常可耻的事,要受到严厉的军纪处罚,你是一个学生,在学校里要遵守学校的一切规章制度,不能因为你是军区政委的儿子(当时父亲任陕西省军区政委),就可以搞特殊化,你要比其他同学更加严格要求自己,做得更好。为了让弟弟记住这一次教训,到了吃晚饭的时间,父亲没有让他留下来,怕他有一丝留恋家庭的想法,而不去学校,立即让勤务员用自行车送他回学校吃饭,就这样弟弟流着泪回到了学校。此后,弟弟在学校里安心学习,再没有类似的情况发生。

记得上小学时,我和姐姐在青海省军区子弟小学上学。当时国家正处在困难时期,我们住在学校里,吃的是面糊糊煮土豆、白菜,不好吃,但肚子饿,硬是咬着牙往下咽,吃完饭后一会儿就吐酸水,肚子很快就饿了,那个滋味现在想起来都会感到胃里一阵阵发酸。星期六回到家里向父亲、母亲诉苦,而且提出来第二天返校时要带上一些好吃的东西回去。当时我记得父亲耐心地开导我们:"国家有困难,大家都要克服,这个大家中就包括你们姐妹俩,别的同学都能吃下去,你们难道就不行吗?学校不可能给你们单独做饭,这样老师和同学们怎样看待我们?造成的影响有多大?不要搞特殊化,要和同学们打成一片。"父亲的一席话我牢牢记在心里,因此我们几个孩子从小学到初中一直在学校里同普通学生一样吃、住,过集体生活,同工农子弟一起生活、学习,对我们的思想改造和世界观的形成起了很大的促进作用。父亲对我们的学习也抓得很紧,只要有机会和时间,总要询问我们的学习成绩、政治表现,及时与老师取得联系。父亲由于工作忙,与我们子女相处的时间很有限,但总是利用节假日、吃饭、看电视、书信、电话等形式和机会,无微不至地关心我们的成长和进步。旧社会，因为家庭很贫寒，父亲上不起学，在非常艰苦的条件下只上了3年小学。他经常给我们和孙子讲他小时候怎样背着小米、炒面去上学，闻到学校里老师用大葱炒豆腐的香味，馋得直流口水，没有衣服换，在河沟里将脏衣服脱下洗干净后铺地上，太阳晒干后再穿上，没有钱买笔墨纸砚，就用黄土拌成泥水当墨水，用棍子捆成麻刷子蘸着泥水在石板上练字，晒干后抹掉再写。当时我们听后感到惊奇，不可思议，特别对今天的孩子们来说，就更想象不到当时我父亲那种艰辛、贫穷、饥寒交迫的苦难生活。因此，父亲经常教导我们要珍惜今天的幸福生活，要努力学习，不要忘记幸福生活是怎样得来的。

对儿女的殷切希望和教诲

父亲在旧社会只上过几年小学，但他求学、求知的欲望很迫切。不论在战争年代，还是和平环境，他都抓紧一切时间学习，提高自己的文化水平。他开会作报告总是亲自写发言稿，因此文章水平和书法很有造诣。到了晚年，他仍然不放松对自己的要求，他说："等我离休后，我还想学点英语。"我的父亲对自己要求标准高，对新的事物很敏感，非常好学。当年，我初学英语时，因要上班无法看白天的电视英语节目，是父亲每天亲自用录音机给我录制中央电视台的英语学习节目，父亲对学习的热情和执着精神，使我终身难以忘怀。我们兄弟姐妹生活在中华人民共和国，相继上了小学、中学，而且有机会上了大学。我和姐姐参军一年多就加入了中国共产党，父亲听到这个消息后非常高兴，经常写信鼓励我们。当我们姐妹跨入军医大学的校门后,父亲正好因病在北京301医院治病,在住院期间,他不顾自己身患疾病,给我们俩写的第一封信长达10页纸,父亲在这封信中写道:"在旧社会,咱家祖祖辈辈是穷光蛋,是老贫农,你老爷爷是一辈子拉长工的,你爷爷也是一辈子拉长工和当佃户的,咱们家里没有一亩田、一间房,一切都是地主的,不要谈什么中学、大学,更谈不上有什么政治地位,连吃饱穿暖的生活都很难维持。今天我们有了伟大领袖毛主席的英明领导,才过上了幸福的生活,你们才有了上中学、上大学的机会,你们上大学不是为了成名成家,更不是为了做官,而是为了学一点科学技术,更好地为人民服务。"在这封信中,父亲语重心长地从政治思想、学习方法、待人接物、团结同志、谦虚谨慎、锻炼身体等9个方面给我们提出了要求,希望我们在各个方面不断进步。这封珍贵的书信我一直保存到现在,当我再次打开这封26年前父亲写给我们的长信,细细地阅读时,思绪万千,热泪滚滚,泪水止不住地往下流,这泪水中饱含着对父亲深深的怀念、深深的爱。父亲在患病中,在百忙中从来没有忘记对我们的教育和培养。

有一件事情让我至今记忆犹新,那是我上小学六年级的时候,眼睛已经开始近视,上课看不清黑板上老师写的字,学习很吃力。父亲知道这个情况后说:"我无论如何要抽出一点时间上街给你配个眼镜。"我记得是一个中午休息时间,同学叫我,说我父亲来了,我急忙从宿舍中出来,看到真的是父亲来了,我特别高兴。父亲说:"今天中午不休息,我带你上街配眼镜,下午我还要开会。"就这样大概用了一个多小时,父亲上街给我配好了眼镜,而他不顾身体虚弱和工作劳累,放弃了自己宝贵的午休时间。这是件看起来是微不足道的小事情，但在这件小事情中凝聚着父亲的爱。1983年，我从兰州军区总医院调到西安323医院工作，刚到医院，因工作需要我被安排到老干部病房。从内心来讲我很不情愿，觉得一天到晚和老头子打交道，真没意思。我把这种想法告诉父亲后，他耐心地开导我："老干部工作很光荣，这些老同志在战争年代出生入死，积劳成疾，都是对人民、对国家做出了重要贡献的人，是党和国家的宝贵财富。党和人民对他们的关怀，一方面体现在政治和生活待遇上，另外很重要的方面是体现在老同志看病住院上，你们这些医务人员对他们要关怀、照顾，要服务好，对他们要热情，要有耐心。不要急躁，虚心学习，慢慢就会适应这种工作环境的。"并告诫我不要摆高干子女的架子，要谦虚谨慎，踏踏实实地为老干部服务。我在干部病房工作已经14年了，在这么多年的工作实践中，我遵循父亲的谆谆教导，把老干部看作是自己的父辈一样，尊敬他们，热爱他们，对工作认真负责，一丝不苟，用自己多年的工作经验和技术去解除他们的病痛，使他们愉快地、健康地度过晚年。

父亲平时教育我们生活要勤俭、节约，不要搞铺张浪费。我们几个孩子结婚时没有在外面摆酒席请客吃饭，搞排场，而是在家里做一顿便饭，请亲朋好友在一起聚一聚，就算举行了婚礼。1968年，我大哥在西安结婚，当时父母亲给了他30块钱，就操办了婚礼。我三弟和平从北京带着爱人来到西安临潼陆军疗养院（当时父亲在这里疗养），没有大摆宴席，而是简简单单吃了一顿饭，就完成了他们的婚姻大事。

亲密战友，恩爱夫妻

父亲和母亲郭瑞云于1942年在陕北老家结婚，当时我父亲是一个老实巴交农民的儿子，一个八路军团长，而我的母亲是子长县城小学校长的长女，父母亲是同学。旧中国，三座大山压在劳苦大众的头上，包办、买卖婚姻的封建思想非常浓厚，为了摆脱贫困，我的外婆想把自己的长女嫁给一个商人，图的是将来能过上好日子。但是母亲心中很早很早就埋藏着对贫苦人家出身的父亲的一种执着的爱，因为我父亲是学校里刻苦学习、品学兼优的好学生，是校长最喜爱的学生之一。这位校长就是我的外公郭朗亭，他是大革命时期的共产党员。在外公的引导下，我父亲早年就参加了革命，加入了游击队。我母亲坚决反对外婆的选择，一心看上了我父亲这个贫苦家庭出身的同学，这个穷八路。父母亲的婚姻拖延了4年之久，于1942年春节，他们才终于结合在一起。他们恩恩爱爱，风雨同舟，共同生活了42年之久，不论在战争年代，还是和平环境，或是逆境中，我的母亲始终支撑着我们这个大家庭，对我们子女的成长、教育，奉献了自己整整一生。母亲常常给我们讲："过去战争年代，你父亲上前线一走少则几天，多则几个月，甚至一年半载我们不能团聚，而且天天提心吊胆，牵肠挂肚，我带着孩子，生活很艰难，真是有苦往肚子里咽，能熬到解放的这一天真是不容易啊！"当时在战火纷飞的年代，家属随着后方部队行动，饿了吃几口干馍、炒面，渴了喝几口河水，我的哥哥姐姐因条件困难，有病硬是挺着，少医无药，几乎丧失了生命。母亲讲："那时候我们简直不像个人样，进了城，老百姓都说我们像叫

高维嵩与郭瑞云合影

花子。"母亲非常留恋战争年代的艰苦生活。虽然很苦,但生活得很自在,很充实。父亲非常珍惜与母亲患难与共的夫妻生活。解放后部队中一部分领导同志进了大城市,嫌弃自己农村的结发妻子,在城市里找洋学生为妻。虽然我母亲小时候读过几年书,受其父亲的影响很早就接受了革命思想的启蒙,参加革命后又在延安上了女大,也是有相当水平的党的干部,但在文化知识、穿衣打扮方面远远不如城市的洋学生,我父亲并没有嫌弃她,而是在共同的生活中帮助她,关心体贴她,使我们的家庭始终充满爱,充满着温暖。我母亲是一个善良、厚道、老实、刚强的好人,自从父亲去世以后,以坚强的毅力克制自己失去亲人的悲痛和不幸,克服重重困难和阻力,振作精神,用自己有限的精力,带病搜集父亲的资料,采访老同志,核实资料,亲自动手撰写我父亲革命战斗的一生。母亲说:

"虽然我的文字水平不高,写作能力较差,但我终于自己完成了这本具有纪念意义的回忆录,把它作为精神财富留给后人和我们的儿女,也了却了我的一桩心事,我感到欣慰,同时这也是我对维嵩同志深深的追思和怀念。"父亲去世已经许多年了,母亲现在生活得很好,我们这个大家庭儿孙满堂,每逢过年、过节全家人欢聚在一起,热热闹闹,祝福母亲健康长寿,愉快地度过晚年,我想父亲的在天之灵也会得到安慰的。

热爱生活,喜爱孩子

父亲像千千万万的普通人一样,热爱生活,喜爱孩子。他性情开朗,脾气温和,特别善解人意,不仅是我们几个孩子,就是他周围的工作人员平时也愿意同父亲交谈,说说心里话,这也许是长期做政治工作的特点。父亲平易近人,谈话幽默风趣,思想活跃、敏捷,只要父亲在家里,我们全家人总是谈笑风生,家庭里充满了温馨,使我们从小到大感到无限幸福和快乐。父亲的慈爱无所不在,那么细致,那么深沉,这种慈爱既表现在对我们生活上的关心备至,又体现在政治上的严格要求,他处处善诱教诲,总是给人以温暖、奋进和力量。1968年,我参军当了一名普通战士,开始了我的军旅生活。父亲为了鼓励我,亲笔在我的日记本上写了3点希望和要求,当兵半年后担心我在部队不习惯、想家,到西安开会或者路过西安时总要到医院(当时我在临潼26医院当兵)看看我,让我安心工作和学习。父亲平时考虑问题、办事非常细致,操心我在部队有没有地方放自己的衣物,还专门给我买了一个小箱子。在父亲的关心和鼓励下,我严格要求自己,进步很快,参军一年就光荣地加入了中国共产党,并被选送到军医大学深造学习。去上海学习时,父亲亲自送我上火车。父亲对我学习的期望很高,旧社会他没有条件念更多的书、去学习科学文化知识,深感自己文化程度低的苦恼,把希望寄托在我们这一代身上。有一次父亲去上海看病,我提出来想要一本《新英汉字典》,父亲不顾自己身体有病,亲自上街给我买回来,并且在封面上还写好了我的名字,希望我好好努力,学习外语。

我们几个子女在父母温暖的怀抱中长大成人,先后又成家立业,紧接着下一代又陆续诞生在我们这个家庭中。父母特别珍爱他们的孙儿们,尤其是我父亲喜爱孙子的方式很特别。一下班回到家,不顾疲劳抱起孙子,就嘴里念叨着"就坐在爷爷这个臭窝窝里",有时小孙子尿了,拉了,他高兴地哈哈一笑说:"不要紧,不要紧。"父亲尽情地享受着天伦之乐,他那种快乐的神情和动作,简直就像个孩子,使我永远不能忘怀。1984年,父亲离休后到西安干休所,曾经有一张照片是父亲和3个孙儿打扑克的彩色照片。看着这张照片,多少往事涌上心头,有幸福的回忆,也有痛苦悲哀的回忆。父亲慈祥忘情地望着3个孙儿,头顶上吊着陕北的大南瓜,他那发自内心甜美的微笑,那一刻是多么幸福喜悦。这是一张珍贵的照片,是真实的生活写照。任何人都向往美好幸福的生活,我父亲也不例外。

离休生活

1983年,组织上让我父亲离休,地点选择在西安,因为当时我们家有4个孩子在西安工作,另外重要的原因是西安海拔低,气候条件适合我父亲的身体状况。父亲离休仍然关心着国家大事,经常看报学习,阅读有关文件。他还时常关心陕北老区人民的疾苦和建设,他说:"我有机会还想回陕北老家看一看,给家乡的同志出谋献策,贡献自己一点微薄的力量,以改善老区人民的生活和困难。"我父亲是十一师的第一任政委,这支光荣的部队南征北战,战绩辉煌,父亲与原十一师的老同志徐斌、李兴亚等一起座谈,共同研究撰写十一师的革命回忆录,并想回老部队看一看。在西安时,父亲亲自上门拜访西安的老同志,关心他们的身体状况、困难,并在一起商讨干休所的建设问题。父亲时常还关心我们在西安几个子女的政治思想进步和家庭生活等。父亲执着的学习精神一直在激励着我们,他说:"过去因为工作忙没有时间坐下来系统学习点东西,现在休息了,我要系统地学习点历史,看点世界名著,写点回忆录,练练书法……"父亲的这一生可以说没有停止工作和学习,他把自己的全部身心都献给了党和军队的事业,他的这种崇高思想和敬业精神是我永远学习的榜样。

永远的怀念

1985年1月,天气非常寒冷,西安的老人讲这是西安20多年来最冷的一个冬天。父亲患了感冒,开始咳嗽,咳黄脓痰,发烧,但他执意不去医院治疗,在医生的再三劝告下才住进了第四军医大学西京医院,因为当时323医院没有床位。父亲因抵抗力太差由感冒发展成了肺部感染，喘得很厉害，不能平卧，由于大量使用激素，又不能用镇静剂。父亲患病几天来一直坐在床上，彻夜难眠，精神食欲状况很差，再加上西京医院干部病房的条件和一些情况限制，住院4天病情仍不见好转，后又转到323医院治疗。由于天气寒冷，在转院的过程中可能受了风寒，父亲的病情开始加重，已发展成了Ⅱ型呼吸衰竭，不得不进行气管切开手术，但是父亲动了这一刀病情仍然没有好转，一直处于昏迷状态，于1985年1月18日18时终因抢救无效病逝，享年68岁。面对这样突然的残酷事实，我的精神几乎要崩溃了，是我同意让父亲转到323医院的，我感到自己犯了一个很大的错误，我多少次地自责，怨恨自己。但是父亲永远地离开了我们，他一定是带着遗憾离开了我们，这是一件多么悲哀的事情，我潸然泪下，千百次地呼唤，呼唤我的父亲，真希望这是一场梦，让我可敬可亲的父亲走出梦魇回到真实的空间来。但它毕竟是梦幻。当我写这篇回忆文章的时候，多少次泪水浸湿了稿纸，我是多么想念我的父亲，敬仰我的父亲，他是那样的慈祥、善良、温和、善解人意，又是那样的关心、体贴、爱护我们。当我们突然失去了这样的父亲时，才刻骨铭心地感受到父亲挚爱的深切。在我深深地怀念父亲的同时，我不能忘记和父亲在一起生活、谈笑、下棋、散步

1983年，高维嵩夫妇在兰州军区东教场六幢房居住地合影

的情景，更不能忘记母亲给我们谈起在战火纷飞的战争年代她和父亲在一起的生活片断，虽然很苦，很艰难，但是在母亲的心中永远感到往事是那么的亲切，那么的难以忘怀，那么的留恋……记得有一天晚上我们全家人坐在电视旁，观看中央电视台"心连心"艺术团赴延安慰问演出节目，母亲边看电视边激动地说："如果你们的父亲能活到今天，看看你们现在的生活多幸福，想想我们在陕北战争年代的艰苦生活，变化简直是太大了，真是想也不敢想会有今天这样的日子。"她的感慨中无疑包含着对亲爱的父亲的无限深切的怀念。

亲爱的父亲离开了我们，永远地去了。虽然病魔夺走了他的身躯，但是永远夺不走他活在我们心中的高大形象。我亲爱的可敬的父亲，您没有离开我们，您永远活在我们心中，永远，永远同我们在一起。

我们要以父亲为楷模，学习他老老实实、清清白白地做人，学习他不为名、不为利的无私奉献精神，学习他实事求是、严谨认真的工作作风，学习他光明磊落、坦荡无私的一生。并要教育我们的子女，认真学习爷爷所走过的革命道路，珍惜今天的幸福生活，不辜负他老人家对我们的殷切希望和教诲，做一个对社会、对人民有益的人。

（本文作者：高维嵩之女）

女儿心中的丰碑
——忆父亲唐亮和母亲张锐

唐东原 唐军凯

唐亮（1910—1986），原名唐昌贤，湖南省浏阳市人。1926年投身革命，1930年参加中国工农红军，同年加入中国共产党。

土地革命战争时期，曾任乡苏维埃政府宣传文化委员、红三军团第二师六团政治委员、红一军团第二师政治部副主任、主任。参加了中央苏区历次反"围剿"斗争与长征。抗日战争全面爆发至抗日战争胜利期间，任八路军一一五师政治部组织科科长、八路军第二纵队政治部副主任、冀鲁豫军区政治部主任、山东滨海军区政治委员兼中共滨海区委书记等职。解放战争时期，任新四军兼山东军区政治部副主任，山东野战军、华东野战军、第三野战军政治部主任，中共华野前委委员兼华野第三兵团政治委员，中共三野前委委员等职。中华人民共和国成立后，历任华东军区政治部主任、副政治委员，上海军管会军政接管委员会副主任，南京市军管会副主任，中共南京市委书记，南京军区政治委员，军政大学政治委员，政治学院院长、政治委员等职。为第一届、二届、三届国防委员会委员，中国共产党第八届、九届、十届、十一届中央候补委员，中央顾问委员会委员。

1955年被授予上将军衔。荣获二级八一勋章、一级独立自由勋章、一级解放勋章。

我们的父亲唐亮和母亲张锐结为连理40余载,他们相知、相爱、相敬,给我们留下了深刻的记忆。

杨得志伯伯做媒,父亲母亲喜结连理

我们爱听父母亲年轻时的恋爱故事。每当问及此事时,母亲总是深情地望着父亲说:"那时我们恋爱哪像你们现在这样浪漫——1940年,我在冀鲁豫边区任生活改善部部长,你们的父亲在冀鲁豫军区任政治部主任。是你们的杨伯伯(杨得志)为我们当的月下老人。初见面时,我拘谨、紧张,连话都说不出来。你们的父亲比我大7岁,总是关心、体贴我,像个大哥哥。"我们望着含笑不语的父亲,追问他看到母亲时的第一印象如何。"那时她还是一个走路蹦蹦跳跳,嘴里哼哼叽叽唱个不停的小姑娘嘛!"说得我们哈哈大笑起来。

1946年,张锐和孩子们(左起:军辉、军凯、东原)在滨海

解放初期,父亲由农村战场转入城市工作。南京,这个国民党反动派长期统治的中心,政治形势十分复杂,经济上也面临着百废待兴的局面。父亲入居闹市,身处险境,经常收到匿名信,还收到过包着子弹的威胁信。他工作十分

1954年，唐亮和张锐在南京颐和路34号

繁忙，常常很晚回家，有时甚至夜宿办公室。这对体质本不太好的父亲来说无疑是过重的负担。母亲为父亲的安全担心，也为他的身体忧虑。夜阑人静时，我一觉醒来，在昏暗的夜光下，依稀可见母亲的身影微微晃动。孩童的我不知母亲为何深更半夜还不睡觉？我起身轻轻走到母亲身边，扯扯她的衣角问："这么晚了，怎么还不睡？"母亲示意我不要说话，悄悄告诉我："不要吵醒了你父亲，他太累，太疲劳了。"我瞪大眼睛看着母亲：啊，多可敬的母亲啊——她为了不让刚出生的小弟弟的哭声吵醒父亲，竟抱着小弟弟光着脚站在地板上，直到他完全入睡。我的眼睛湿润了，突然明白了，这就是爱，这就是母亲对父亲深切的爱！

1955年,唐亮被授予上将军衔时和张锐合影

父母要求我们做普通劳动者

母亲尊重父亲。在家里,她总是父亲号召的最踊跃的响应者、最积极的执行者。3年自然灾害时期,粮食配给不足。父亲对我们说:"全国情况都是这样。我们应该理解中央的难处,和全国人民一道,度过这个暂时的难关。"那时父亲每餐下饭菜常常只是一盘苦瓜、一碟辣椒。一天,一大盘苦瓜端上了餐桌。父亲用审视的眼光把我们挨个瞅了一遍,幽默地说:"怎么样,都学着吃点苦吧,不吃苦不能干革命嘛!"我们面面相觑,谁也不肯第一个伸出筷子。是母亲打破了僵局,她夹起了第

一片苦瓜。只见她微微皱了皱眉头,但很快又不动声色地将苦瓜咽了下去,还一个劲地说好吃。其实我们很清楚,作为北方人的母亲根本吃不惯苦瓜,她是在帮助父亲,是在为我们带头。在母亲的感召下,我们纷纷夹起了苦瓜。尽管我们有的吐舌头,有的皱眉头,可谁都没有把苦瓜吐出来。在困难时期我们尝到了苦,并悟出了苦尽甘来的滋味。"不吃苦不能干革命"也成为我们永远铭记的格言。

父母平常总是要求我们做普通劳动者,母亲也从不以首长夫人自居。20世纪五六十年代,她到医院看病都是挤公共汽车,自己排队挂号,拿药。

1960年,唐亮和张锐与子女们在南京拍摄的全家福

临别赠言

1961年6月,唐亮和张锐与女儿唐东原合影

1965年,军凯考入西安第四军医大学。临离开南京时,父亲和军凯进行了一次长谈。这次长谈使军凯受益匪浅,同时改变了她对父亲的一些误解。

40多年过去了,很多内容已记不清了,但一些至理名言仍记忆犹新。军凯记得当时听说父亲要跟自己谈话,如怀揣小兔一样,忐忑不安,不知又犯了哪条戒律,又要挨批了。但父亲一脸和气地说:"我今天和你谈话,算是临别赠言吧——你们从小生活在父母身边,没出过远门,独立生活能力较差。现在进了军校,进了解放军这座大熔炉,希望你在这座大熔炉里,能经得起千锤百炼,炼成优质钢!"

他继续说道:"我们这些从战争年代过来的人,吃尽千辛万苦,能活到现在已属不易,有多少年龄比我轻、能力比我强的人都在我面前牺牲了。我们就像一棵饱经风霜的大树,外表看上去很苍劲,实际上里面都朽了,都空了,不知什么时候就会倒下。祖国的未来要靠你们,你们要学会政治上自觉、工作上自强、经济上独立、生活上自理……"

父亲当时的心脏情况不太好,经常感到胸闷,说到这里已是气喘吁吁了。父亲还不到60岁,却已是两鬓白发。军凯突然感到一阵心酸,热泪盈眶。军凯一直认为父亲不喜欢自己,平时又一脸严肃,不苟言笑,

1968年，唐亮和张锐与子女们在南京

让人望而生畏。父亲似乎看透了军凯的心思，长吁了一口气后接着说："你们3个大孩子是在战争年代出生的，多少受了一点苦，所以我们做父母的特别珍惜你们，对你们也多一份责任心。平时对你们要求严些，是为了你们更好地成长，也为了给弟妹们起个模范带头作用。"

通过长谈，军凯感受到父亲身上的柔情和对我们的期望。军凯暗下决心，到部队一定好好锻炼自己，争取成为"优质钢"！

最后，父亲还在一张纸上写了"百炼成钢"几个字给军凯作为临别赠言，这幅赠言至今军凯仍珍藏在身边。

20世纪80年代，唐亮和张锐在北京

人贵有自知之明

父亲虽说是军队高级干部，但他为人处事低调，从不张扬。他常对我们说，人贵有自知之明，一个人的素质从他（她）的言行一看便知。

他常向我们介绍他的行事之道：如到北京开会时，他从不抢前几排的位子坐，总是老老实实坐在七八排的座位。他常说，要正确看待自己，看清自己的位置，不该自己享受的待遇不要去争，不要贪天之功，要有自知之明的心。对我们，他要求我们不要以高干子女自居，因为父母的功劳是他们的，我们只是社会中的沧海一粟，要学会融于社会、融于劳动人民中，一切要靠自己的努力，而不是在父母的光环下取得。

他还常教导我们，凡事要多考虑集体的利益，不要总强调自己的客观情况。比如开会，宁愿你先到场等别人，不要叫别人等你。这说明你遵守会场纪律，也是尊重发言人的表现。他是这样说，也是这样做的。

父亲讲的这些道理时时萦绕在我们的脑海里，他教会我们怎样做人，怎样尊重别人的劳动果实，怎样看待自己，怎样以自知之明的心态对待荣誉和待遇。

我们现在都已退休，因为父亲的教诲已牢固扎根于我们的心底，所以我们都能以平常人的心对待生活，也能在普通人的生活中体会到平平淡淡才是真的哲理。

情深如海

在父亲病重的那些日子，最焦急的要算母亲了，她常常处在"念君常悲苦，夜夜不能寐"的境地。为了父亲病情好转，她竭尽全力：伺候父亲大小便，为父亲按摩不灵活的肢体，亲自上街购买父亲喜爱吃的菜食和水果……一天又一天，一月又一月，母亲瘦了，皱纹又多了几条，白发又添了数根。母亲为了鼓起父亲战胜疾病的信心，曾赠诗与他："人生在世磨难多，各种灾难来折磨。做人定要意志坚，不给病魔留情面。斗，斗，和它斗到底！最后一定能胜利！"当我们把这首并不押韵的诗念给父亲听时，父亲很感动，也很振奋。在我们的要求下，他同意和我们共唱一曲。父亲最爱唱《游击队员之歌》。我们打着拍子，我们引吭高歌。父亲的眼睛睁开了，闪烁着明亮而美好的光。他断断续续费力地唱着。我们和母亲泪流满面地和着。终于，母亲忍不住了，伏在父亲肩上伤心地哭了起来。我们心乱如麻，不知该说什么。父母患难与共，心心相印，地久天长，现在就要分别了。他们有多少话要说，却不知怎么说。半晌，父亲费力地睁开眼睛，深情地看着母亲："老张，我们结婚快50年了，你对我是恩重如山，我永远忘不掉！"这是父亲的肺腑之言。我看到父亲的眼角闪着晶莹的泪花，多么深厚的感情！

1986年11月20日，父亲走了，这对母亲的打击是难以形容的。她常常凝视着远方，陷入深深的抹不去的回忆中。此后，她的健康每况愈下，于1996年也追随父亲去了。

父亲和母亲的感情深如大海，他们铸成了我们温馨的家庭。在生活中，他们的言行我们耳濡目染，使我们学会了怎么对待工作和生活，怎样做人，这是父母留给我们最宝贵的精神财富。

父亲和母亲，你们在子女心目中是一座永恒的丰碑。

（本文作者：唐亮子女）

不同寻常的三个建军节

萧南溪

  萧锋（1916—1991），原名萧忠谓，江西省泰和县人。1927年加入中国共产主义青年团，1928年参加中国工农红军，1930年转为中国共产党党员。
  土地革命战争时期，历任红军总政治部组织部干事，红一军团一师三团总支书记、政治委员等职，参加了长征。1934年荣获红军三等红星奖章。抗日战争全面爆发至抗日战争胜利期间，历任八路军一一五师骑兵团政委，晋察冀军区一分区三团政委，四分区五团政委、团长，军分区副参谋长等职。解放战争时期，历任渤海军区警六旅旅长兼二分区司令员，山东军区七师副师长，华东野战军十一师师长，二十九师师长，第三野战军二十八军副军长、代军长等职。中华人民共和国成立后，曾任华东军区装甲兵副司令员，第一、三坦克学校校长，北京军区装甲兵副司令员、顾问等职。
  1955年被授予大校军衔，1961年晋升为少将军衔。荣获三级八一勋章、二级独立自由勋章、一级解放勋章。1988年被中央军委授予中国人民解放军一级红星功勋荣誉章。

我的父亲萧锋不满 12 岁时，就参加了著名的万安农民暴动，后来经历了二万五千里长征、抗日战争和解放战争，并"魂系坦克三十载"，为创建一支革命化、现代化的装甲兵倾注了自己的全部心血。

正值中国人民解放军建军 90 周年之际，我根据父亲萧锋的日记而整理的回忆材料，记述了 3 个不同时期他们纪念"八一"的情形，从一个侧面真实反映了红军从旧军队脱胎换骨并成长、发展、壮大的过程。

1928 年的"八一"

1927 年 8 月 1 日南昌起义后，中国革命暂时处于低潮。但是，过了不到 8 个月，我党中央在武汉就召开了"八七"紧急会议，确定了土地革命战争时期走武装夺取政权的道路。从这以后，在湘、鄂、赣、粤、闽等地方，先后爆发了很多工农暴动和起义，著名的有广州起义、湘南起义等，工农武装暴动，成功地打下了革命根据地的地盘。在井冈山、东固山，有大片地区建立了工农兵苏维埃政权。在红军的影响下，各地还相继成立了地方武装和游击队。

我的家乡泰和县西部，有井冈山朱德、毛泽东领导的红四军，东部有东固山李文林等领导的红军独立第二、四团积极活动。正因为有东、西两地红军撑腰，泰和也闹起了暴动，打土豪，除恶霸，分田地，建立苏维埃政权。1928 年的"八一"这一天，我父亲参加的紫瑶山游击队就是在固陂圩同白军靖卫团的战斗中度过的。

固陂圩是泰和县东的一个大圩镇，风景秀美。圩上有任善书院，还

1976年，萧锋在写日记

有40家商店、一家当铺，一个供农民赶圩摆摊的广场。在这里，国民党区公所的官吏和靖卫团的团匪以盘查为名，狠狠地敲诈赶圩的农民。靖卫团丁在圩上巡查，看着谁不顺眼，就给谁扣上一顶"土匪""通匪"的帽子，关押在区公所里。那个区公所的刘区长，谷壳壳大的官，说抓谁就抓谁，说没收谁的东西就没收谁的东西，还经常调戏妇女，作恶多端，是个恶霸土皇帝。老表们心里恨透了他们，可势单力薄，不敢公开反抗，只能把仇恨埋在心里。

自从1927年9月，游击队成立并进攻泰和城后，广大工农群众都变了，有了游击队撑腰，穷人们不再忍气吞声，强烈要求游击队收拾这帮子害人精,有的老表独自跑到紫瑶山游击队的驻地,报告了靖卫团的人数、枪支、活动范围,连刘区长在哪嫖娼,在哪间房子抽大烟都"侦查"得一清二楚,甚至还画出了地图。

紫瑶山游击队队长袁邦福、党代表王曰群等人一起研究,制定了作战方案,首先提交士兵委员会群众讨论。会上,大家群情激昂,一致表示要攻打固陂圩。固陂圩一位战士说:"那里情况我们十分熟悉,要打,我们做前卫。"一位岁数略大点的战士说:"要打,就要打胜。去年'八一'这一天,在周恩来同志的领导下,中国共产党在南昌向国民党打响了第一枪,今年八一该我们戳国民党几个窟窿了。我们今天戳,明天戳,这儿戳,那儿戳,要不了多少年,国民党就要让工农大众给戳垮了。"他讲得很风趣,又很在理,得到大家共同赞许,游击队员们异口同声地说:"对!打掉固陂圩的靖卫团,给泰和县的国民党戳上几个大窟窿!"

要想打掉120人的靖卫团,非常不容易。敌人有70支快枪,子弹带里装满了子弹。而我们125人的游击队,只有40支土枪,什么单响枪、五响枪、七响枪,五花八门,子弹也很少,每人平均10发,就是班长、副班长才有15发,全队还有三分之二的人,仍然用马刀梭标。那么这个仗怎么打呢?在游击队初创时期,采用了"三子战法",即:第一发子弹接近敌人(夜间可节省),第二发子弹向敌人冲锋,第三发子弹就要解决战斗。

8月1日凌晨,固陂圩的战斗打响了,由圩上地下党刘洪桥等同志带路,趁黑悄悄地摸进了敌人的驻地,三小队的战士抔死了敌人哨兵,游击队的各小队从四面跳进了作为靖卫团驻地的任善书院。趁着敌人没有发觉，父亲带领第一小队的两个班，迅速冲进敌人住的平房，对着床板猛戳猛砍，三小队长张开嘴大喊着："冲呀！""杀呀！"猛扑两排平房，杀得敌人连衣服都来不及穿，就做了刀下鬼。战斗进行了20分钟，两间平房内的敌人全部被消灭了。父亲命令三班长黄福春等人，把敌人尸体上和平房内的子弹、步枪、手榴弹全部拿走。这时，还有一间平房内的敌人有了准备，正在负隅顽抗，而战士们手中只有两三发子弹，不能恋战。于是袁队长命令："让他们多活几天吧，撤退！"我们就安全快速地撤出了战斗。

这次战斗，共缴获快枪20支，子弹1万发，450套军服，银圆450块，还抓了25个俘虏。父亲他们用战利品装备了一个小队，班长孙炳芳、贺英等同志高兴地说："这下我们可不是15发子弹了，今后的日子可好过了！"王党代表经验老到地说："今后仗会越打越多，我们还是要节约子弹。"游击队将缴获的衣服和银圆，除留下一部分外，其余全部救济了桃花洞被敌人烧光抢光的贫苦农民。雏型的游击队就是这个样子，游击队来自人民，靠老百姓养活，游击队要用打土豪、劣绅、反动派缴获的战利品，自觉地拿出来救济被害的老表。那时战士们穷得想抽烟无钱，也不敢将银圆落入私入腰包，严格执行"三大纪律，六项注意"。

经过"八一"固陂圩的战斗，紫瑶山游击队不断发展壮大，升级为泰和县独立营，父亲由小队长成长为独立营营长。独立营经常配合东固山红二、四团打仗，往井冈山送粮。父亲带赤少队员二三百名4次挑粮上井冈，为朱毛红军贡献了十几万担稻谷。打下了一片红色根据地，使国民党在固陂圩被戳了一个洞。那个区公所的刘区长吓得逃到了外地，

1986年夏，萧锋和作者在西山合影

不敢回来。固陂圩上那些靖卫团丁，多数都被游击队抓过，经教育放了回来，也没有像过去那样耀武扬威了。土豪劣绅被杀的杀，跑的跑，没有跑的也不敢乱说乱动了。老百姓一改往日的忍气吞声，腰杆也直了起来，愁容变成了笑容。集市上买卖兴隆，人们熙熙攘攘。

1930年的"八一"

不知不觉到了1930年的"八一"。

为了保卫泰和县东、西两地的红色政权，苏维埃自觉地将翻身工农输送到红四军、红三军、红二十军，同时地方武装也迅猛扩大，陆续成立了县独立团、独立营和几个区游击队。父亲已由1928年1月的紫瑶山游击队一小队队长升任为县独立团团长。这年的8月1日,父亲接到通知,参加县委召开的区游击队队长以上人员会议,到会的主要人员有陈洪峙、曾龙福、陈少生、萧忠渭(萧锋原名)等。

当时的父亲才15岁,大字不识几个,在战友萧曼玉的帮助和督促下,文化提高很快,但毕竟很有限,而说到要打仗,几天几夜不合眼都不困。只是一开会就犯困,眼皮直打架,硬是睁不开。不过这个"八一"召开的会议,内容是陈洪峙书记传达红四军第九次党代表会议的精神,即毛主席起草的"关于纠正党内的错误思想"的决议。决议中指出:"红军决不是单纯的打仗的,它除了打仗消灭敌人军事力量之外,还要负担宣传群众、组织群众、武装群众、帮助群众建立政权以至建立共产党的组织等项重大的任务。"

听着陈书记的传达,父亲的瞌睡顿消,聚精会神地听,认真地记录,感觉这个决议就像针对泰和县独立团中出现的问题写的:

★要打仗了,有的营、连干部就问我,是打吉安还是泰和?如果是打大仗就情绪高涨,要是打小仗,就不高兴,嘟囔着说,还是交给区游击队去干吧!

★有一次,分伙食尾子,有的连分得多,有的连分得少,为此,就有的干部骂了娘,硬是搅乱了重分。还好王政委发现加以制止,避免了连队间的冲突的发生。

★战士小王"摸了"老表家的两个鸡蛋,三小队长(相当于班长)上去就是两记耳光,士兵委员会主席知道后,坚持要打屁股,将三小队长打了50大板，硬是打得起不了床，躺了3天3夜，小王也受到了打屁股的处分。

★六小队邱秋洪同志放哨丢了3发子弹，士兵委员会发现后，决定要打15大板，处罚时专找那些平时对他有意见的战士执行，打得屁股痛得站不起来。

过去父亲他们为这些事伤透了脑筋，道理说不明白，也讲不透。现在可好了，"决议"讲得清清楚楚，批评了这些"单纯军事观点""绝对平均主义"、军队管理中"坚决地废止肉刑"，批评了一些干部中的军阀主义、流寇主义。决议是我们战胜一切错误思想的强大的思想武器，是我们提高革命性、科学性和组织纪律性的法宝。借助这次会议，研究解决了泰和县地方武装的编制、连队党支部的思想组织建设和纪律整顿问题。

会议结束后，大家兴奋地围住陈书记问："这个决议是谁写的？"陈说："是毛委员重回红四军后，和朱德军长、陈毅政治部主任一起深入调查、认真研究后起草的。"一听说是毛委员写的，父亲就高兴地说："我见过毛委员呀！我们游击队两次送粮上井冈山时，都见到了他。长着高高的个子，长长的头发，说起话来和蔼可亲，脸上总带着笑。有一次，他刚从湖南打仗回到茅坪，还给我们送粮的游击队讲了许多建军的道理，当时朱军长也在。"

从冠朝圩回到独立团驻地，父亲顾不得旅途的疲劳，拿着"决议"读了一遍又一遍，几乎把有关的条文都背了下来，心里也越来越亮堂了。

1935年的"八一"

1934年10月，第五次反"围剿"斗争失败了，红军不得不仓促进行长征。离开中央苏区根据地，以惨重的代价突破了4道封锁线，经过10个月的长途跋涉，于第二年的6月中旬，在川西北的懋功与红四方面军胜利会师，而后继续北上，准备到川陕甘边界创建新的抗日反蒋革命根据地。这时父亲已由红一军团一师三团团政委调任军团直属队任总支书记。

7月30日，父亲他们已经走进了渺无人烟的草地。天气变化无常，刚才还是晴空万里，忽然变成风雪交加。泥泞的草地像个吃人的恶魔，侦查连一名叫崔明义的班长，走在草地上不小心陷入了沼泽。战友们围过去，伸出长枪要救他。他喘着粗气，严厉喝道："傻瓜，别过来，我一个还不够吗？还要再搭一个？！"说完便闭上了眼睛，父亲他们不禁痛哭失声。在这短短的一天里，直属队就有好几个同志被无情的泥潭吞噬了。

这天，父亲他们突然接到军团司令部的命令：停止过草地，返回毛儿盖。他们带着满肚子的狐疑，改变了行进方向。不走草地这条路，炊事班长黄皆富最高兴，在草地上寻找可供食用的野菜、蘑菇以供大家充饥，是一件十分伤脑筋的差事，不过草地南返，这下可用不着了。

7月31日下午两三点钟，部队返回了毛儿盖。指战员们赶紧忙着打扫卫生，派出小分队四处找粮。父亲和管理科长陈士榘一起，抓紧收集各连干部、战士们的思想反映。

第二天，正好军团政治部主任朱瑞来到，两人就向他反映几天来部队的政治思想情况，特别是存在的一些疑问。朱主任说："今天是8月1日，自1931年11月11日，在红都瑞金的叶坪召开的全国苏维埃第一次代表大会上，毛主席宣布八一为红军诞生纪念日，到今年已经是第四个年头了。"停顿了会儿，他又说道："我们军团参加南昌起义的还有45人，其中聂荣臻政委还是南昌起义的领导人之一。我们一致同意，在这特殊的时间、特殊的地点召开军团直属全体军人大会，纪念这个伟大的日子。"

晚饭时，大家喝了顿青稞麦稀饭，外加野菜炖野蘑菇。晚上7点，五六百指战员列队来到毛儿盖南面的一块较平坦的草地上，主席台上放了几块石头，权当座椅。林彪军团长、聂荣臻政委、左权参谋长、朱瑞主任、罗荣桓副主任都提前到了会场。陈士榘科长一声口令，全体指战员立正向军团首长致敬，而后席地坐下。

朱瑞主任在热烈的掌声中讲话。他操着洪亮的苏北普通话说："同志们！今天是红军诞生7周年的纪念日。红军从无到有，从小到大，由弱变强，首先要有革命必胜的坚定信念，要有党中央的正确领导，要团结各种力量共同反蒋抗日。"接着他神情凝重地说："1935年6月中旬，中央两大红军主力在懋功会师后，在懋功以北的两河口召开了政治局会议。会议作出《关于一、四方面军会合后的战略方针》的决定，指出：红军集中主力向北进攻，在运动中大量消灭敌人，首先取得甘肃南部，以创建川陕甘苏区根据地。据此，红军总部将红军分为左、右两路军北

征战笔耕六十载

风范长存感后人

肖锋将军

迟浩田 一九九一年二月吉

原中共中央政治局委员、中央军委副主席迟浩田上将为萧锋题词

上,右路军由红一方面军的红一、三军团和红四方面军的四军、三十军组成,中央机关和前敌指挥部随右路军行动。左路军由红四方面军的第九、三十一、三十三军和红一方面军的五军、三十二军组成,红军总司令朱德、总政委张国焘和总参谋长刘伯承随左路军行动。正当我们按预定方针进入草地时,四方面军没有跟上来。张国焘在会议上表示同意北上,会后却处处作梗,暗中酝酿南下四川、西康。在这紧要关头,毛主席、周副主席以大局为重,认为革命还是人多一些好,要争取两个方面军共同北上,因此总部命令红一军团南返毛儿盖。"

而后,朱主任又针对部队中普遍存在的不愿走草地的思想顾虑,认真解释道:国民党胡宗南、刘湘、鲁大昌军阀部署了几十万围堵大军,在松潘、黄胜关、毛牛岭,以及甘南的武都、天水一带,重兵把守,层层封锁。为了减少不必要的牺牲,要北上,只有走草地,这里敌人兵力部署薄弱。接着他指示部队,在毛尔盖的黑水地域等地休整、筹粮,准备等待红四方面军一起过草地。最后,朱主任号召一方面军利用这段时间,进行统一思想、整顿纪律的教育,用实际行动纪念八一建军节。

是啊，的确该"突击"整顿一下军容和纪律了。大家穿的灰布军装，还是在中央苏区的兵站发的。这10个月里，衣服被汗水浸、战火熏，已经看不出它原来的模样颜色，不少已破得衣不遮体了。另外，这里是藏族同胞聚居的地方，喇嘛寺是不能随便出入的，藏民把它看得非常神圣，我们有的战士是不是未经允许，硬闯寺庙找粮？有没有人拿了藏民的青稞没给钱？等等，都需要做一番清理、整顿和检查。

黑水流域的婆罗子小溪流，变成了洗脸盆、洗衣盆，战士们在那里洗呀，涮呀，光着身子泡在水里戏耍，好不热闹！经过"突击"休整，大家变得"焕然一新"。红一军团决不像张国焘一伙说的，是"叫花子"军队，"没有战斗力"，不！这是一支拖不垮、打不烂的人民军队，在毛主席、党中央的正确领导下，不管是国民党的围堵大军，不管是草地、天险腊子口，还是分裂党、分裂军队的张国焘的阴谋，都没有阻挡住红军北上，走向抗日反蒋的胜利道路！

（本文作者：萧锋之女）

彭清云将军故事三则

彭少江

  彭清云（1918—1995），江西省永新县人。1930年加入中国共产主义青年团，1933年参加中国工农红军，1934年转为中国共产党党员。

  土地革命战争时期，任红六军团第十八师五十三团连政治指导员、第十六师四十七团营政治教导员、第十八师政治部组织科科长，参与了湘鄂川黔苏区反"围剿"斗争和长征。抗日战争全面爆发至抗日战争胜利期间，任八路军一二〇师三五九旅七一九团营政治教导员，教导营政治处主任，团政治委员。解放战争时期，任东北民主联军第十纵队二十八师十四团政治委员、第四野战军四十七军一六〇师政治委员。中华人民共和国成立后，历任中国人民志愿军师政治委员、军政治部主任、中国人民解放军军副政治委员，总参谋部政治部主任、通信部政治委员、纪律检查委员会副书记，中央军委纪律检查委员会委员等职。为第五届全国人大代表，第十二届中央纪委委员，第七届全国政协委员。

  1955年被授予少将军衔。荣获二级八一勋章、二级独立自由勋章、二级解放勋章。1988年被中央军委授予中国人民解放军一级红星功勋荣誉章。

12岁参加革命，15岁参加红军，跟随红六军团两度长征。抗日战争时亲手击毙日军少将；在战斗中负伤，白求恩大夫为他献血并做手术，20岁时失去右臂。抗美援朝出国作战，浴血奋战在前线。驰骋疆场数十年，于1955年被授予中国人民解放军少将军衔。

他，就是我的父亲彭清云。

红六军团的第一门大炮

1935年4月，会师后的红六军团在北进的过程中遇到国民党白军李延龄旅的"围剿"，决计要吃掉红军。贺龙总指挥果断命令："踢开绊脚石，继续向北挺进！"

我六军团部队在王震政委的指挥下，在桃子溪打了一个大胜仗。4月13日战斗开始，但红军一连组织6次冲击，都被白军顶回来，双方形成胶着状态。在这次战斗中，六军团的五十一团由后卫变前卫，在桃子溪同敌人对峙了一天一夜。

当时父亲在红十七师五十一团一连任政治指导员，他所在的连队冲在最前面，正好遇到敌人的步炮营，敌人占据了一块叫庙凸的小高地，修筑了严密的战壕，两门美式大炮伸着脖子寒光凛凛地戳在正中，不时地向红军阵地轰击。彭清云第一次这么近距离地看到大炮，感受到了它的厉害及威力，心里想：这家伙要是能弄过来为红军所用该多好呀。

翌日破晓，红军发起总攻，父亲的连队率先攻破了庙凸防线，守防的敌人招架不住丢盔弃甲，向桑植县城方向逃跑，将两门大炮连推带拉

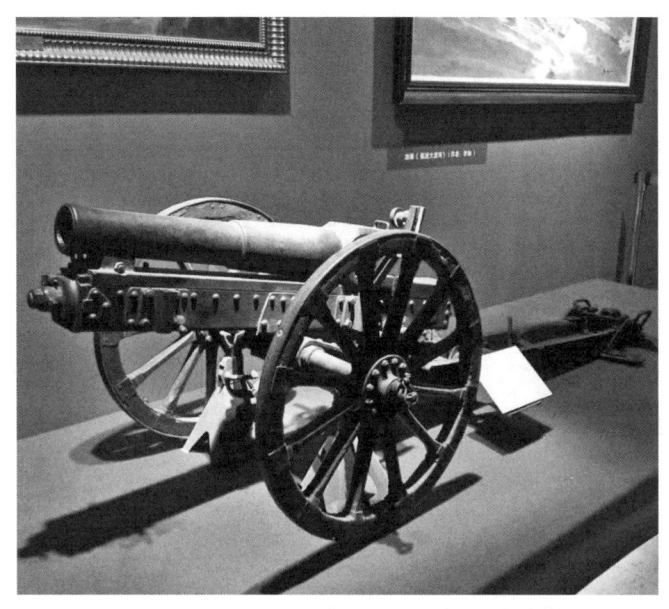

1935年4月，红军缴获的第一门大炮

地带上逃跑了。军团首长命令五十一团立即进行追击。就这样，敌人在前面逃，五十一团战士在后面追，追到过了桑植县城10多里路时，敌人准备宿营休息，前卫连不顾疲劳，跑步追击敌人，接近敌人后，一阵猛打猛冲就把敌人冲垮了。接着，五十一团后续部队陆续赶了上来，把敌人分割包围在几个山头上。在红军强大攻击下，敌人乱作一团，纷纷弃枪逃命。敌营长溃逃到仓关峪时，回头看不到红军，以为将红军甩掉了，于是命令士兵休息造饭。

看到敌人跑了，红军穷追不舍。父亲一心想缴获这两门炮，灵机一动，对连长说："你带二、三排从右侧上，我带一排从左侧上。"连长马上意会："好，包饺子。"

父亲原本就是山里长大的孩子，那年才 16 岁，正是能跑善爬、身手敏捷的年纪，于是他纵身抓住山腰一根下垂的藤条，三攀二跃登上了山腰，但有一个陡坡上不去。父亲环顾四周后冲着几个正在逃跑的敌人，大喊："缴枪不杀！赶快把我拉上去，把枪缴给我！"这几个国民党兵还真"听话"，乖乖地把彭清云拉了上去，向他缴了枪。"红军优待俘虏，愿干的留下，不愿干的发路费回家！"父亲大声对他们说。

敌营长躲在炮身后尖叫："别听他们的鬼话，要顶住，不顶住我就毙了你们！"

父亲眼疾手快，"叭"的一声枪响，敌营长再也不嚷了。一看营长死了，敌人纷纷举手投降。红军顺利缴获了两门大炮和 4 发炮弹。

"你们谁是炮手，站过来。"

白军的炮手站到了父亲指定的地方。

父亲又问："你们中谁是富汉？"

俘虏低头不语。

"大家都是穷苦人家的子弟，是为了吃口饭才被逼出来的。红军是穷人的队伍，打土豪，分田地，反对打骂、压榨，穷人当家做主……"

父亲给俘虏们交代了红军优待俘虏的政策，讲述共产党为了穷人闹革命、让穷人当家做主人的道理。朴实的语言，深刻的道理，句句锤打着俘虏的心灵。

"我宣布，愿意留下的跟我走，不愿意的发路费回家！"这些俘虏大部是穷苦出身，他们像输了理的孩子似地轻声说："愿意。"

"好，那就拉炮跟我们走！"

红六军团有炮了，大家欢呼雀跃奔走相告，很快就传遍了全军。这两门炮跟随红军打的第一仗就是构皮岭战斗，各发射两炮，4发3中，首战告捷，摧毁了白军张振汉的师指挥部，炸死了敌人的师参谋长，炸伤了张振汉。

这两门炮的其中之一也是长征中红军带到陕北唯一的一门山炮。此炮名为"七生五过"的山炮，今天被保存在中国人民革命军事博物馆里，编号587。

击毙日寇常冈宽治少将

1938年，抗日战争进入关键而艰苦的阶段。7月开始日军驻华北方面军5万余人（含独立第二混成旅团），分25路围攻以五台山为中心的晋察冀地区，沿平绥铁路东段、同蒲铁路北段、正太铁路沿线分进合击，规模空前。日军在河北广灵地区同样重兵把守，9月拉开攻势。10月26日，根据情报，日军北线指挥官独立第二混成旅团长常冈宽治少将，将带领步兵一个中队，重机枪、炮兵各一个小队及通信分队共200余人，从张家口出发，到蔚县、广灵、灵丘等地"视察"，鼓舞士气。

获悉敌情后，王震旅长立即在旅部所在地灵丘县上寨村召开团以上干部作战会议，决定利用邵家庄当地的有利地形，集中兵力打一个漂亮的伏击战，并亲自点将，任命我父亲为突击队队长。于是父亲带领部队隐蔽在公路东西两侧，战士们个个斗志高昂，摩拳擦掌，等待着激战的到来。

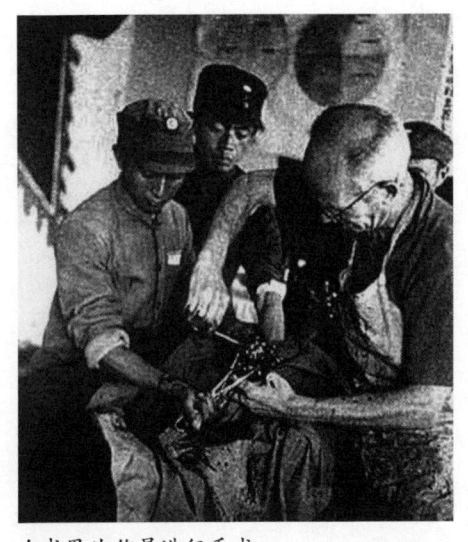
白求恩为伤员进行手术

当时父亲任三五九旅七一九团一营教导员，团长是贺庆积同志。为什么王震旅长要任命一个政工干部作为突击队长？这有两个原因：一是因为父亲在当时部队里还算有点文化，打起仗来有勇有谋，多次受到王震旅长的夸奖；二是那时父亲的军事基本功比较过硬，当时在部队称得上神枪手。因此，王震旅长有意锻炼一下我父亲，他说："彭清云同志打仗非常勇敢，脑子也很灵，现在他是教导员，等他打完这一仗，让他当营长。"军事主官？！这可是每一个军人梦寐以求的呀。

那是个难忘的日子，10月28日上午，大约上午10时，敌人大约有10多辆汽车，进入伏击圈。父亲率领突击队迅速扑向敌人，利用水渠作掩护，从侧后接近敌人，冲锋枪、机关枪、步枪一齐向敌人猛烈射击，打得敌人晕头转向，鬼哭狼嚎。敌人逃跑不成，利用河滩里的大石头和汽车作掩护进行抵抗，意图拖延时间，等待援兵。父亲很快识破了敌人的意图，决定迅速解决战斗。他们利用干河沟、田埂作掩护，冲到离敌人汽车不到二三十米的一排矮墙下，利用有利地形，向敌人猛烈射击。这时，从第二辆汽车里钻出来一个很胖的鬼子，穿着呢子衣服，戴着金灿灿的肩章。父亲看见刚才那个胖鬼子缩在汽车底下张牙舞爪地指挥他的部队进行反击，素有神枪手之称的父亲拿过身旁战友的一支德国造步枪，沉着地瞄准，一枪就把这个胖鬼子给击毙了。事后查明，被父亲亲手击毙的胖鬼子，就是日军北线指挥官、独立第二混成旅团长常冈宽治少将。

常冈宽治被击毙后，敌人陷入更加混乱的状态，但仍疯狂抵抗。因邵家庄距广灵和灵丘敌人的据点很近，为避免遭遇敌人的援军，我军必须尽快结束这里的战斗，不能恋战。于是父亲将2个连稍事集中后，便又杀向敌人，同敌人展开了肉搏战。几百米的河滩里，战士们杀声震天，刺刀寒光逼人。敌人一下子就被我军打了下去，死尸横七竖八地躺在河滩里，全部被消灭了。

大约一小时，广灵增援的敌人赶到了。埋伏在邵家庄以北山地的三营为掩护突击队的撤离而打响了阻击战。阻击战很激烈，伤亡也很大。面对几百名增援日军的凶猛攻势，父亲果断地把部队带到两侧山上，急速撤出战场。紧跟在父亲身后的战士们一边往后撤，一边打扫战场，汽车带不走就全部烧毁；每个人肩上都背了五六支枪。有个战士想去拉走敌人的一门小炮，结果被敌人击中，临死时还死死地抱着那门炮；为了一挺重机枪，已经牺牲了2名战士。这时，增援的敌人已从三面向父亲他们包围过来，大约只有20多米的距离。父亲带着一个步兵班和卫生班长、两个卫生员一面阻击敌人，一面往山上撤退。当撤到半山腰时，接到团长命令：务必将那挺重机枪抢回来。敌人越来越近了，父亲将胳膊靠在土坎上观察，一边指挥拖运重机枪，一边组织撤退。为了掩护战友，突然他的右臂肘关节被一颗子弹打中，血一下子涌了出来，卫生员立刻给他做了简单包扎。虽然伤口非常疼痛，但这时候已经顾不得这些了，他忍痛指挥部队战斗,一口气跑了10多里路,终于摆脱了敌人。

邵家庄伏击战取得了重大胜利,共歼灭日军500余名,击毙日酋常冈宽治少将和诸森炮兵大尉、山峙少佐,毁敌汽车10多辆,缴获山炮1门、轻重机枪7挺、步枪百余支。这次伏击战,为巩固以恒山为中心的抗日根据地做出了重要贡献,受到晋察冀军区聂荣臻司令员的通报嘉奖和中央军委的高度赞扬。

白求恩做手术,父亲断臂重生

邵家庄伏击战后,父亲被送到三五九旅前方医院救治。由于八路军缺医少药条件差,伤员得不到及时治疗,半个月后父亲伤口严重糜烂,整个右臂肿大鼓胀,最后动脉破裂导致大出血,生命垂危。医院临时用土办法即一层层硬币加纱布止住血,此后再无医药抢救,只能组织民兵用门板将他抬到70里外的灵丘县河浙村三五九旅后方医院第一卫生所,请白求恩大夫治疗。在几度昏迷后,父亲自己已经感到死神正一步步走近。于是他便向通信员交代后事:"如果我牺牲了,请你把我的驳壳枪和战马交给七一九团首长……"

当父亲被送到第一卫生所时,不巧白求恩到前方去了。旅卫生部政委潘世征心急如焚,只得向王震旅长电话告急。王震同志果断决定:立即送彭清云到前方找白求恩大夫手术治疗,并亲自致电白求恩大夫:彭清云是个红军干部,身负重伤,现生命垂危。

这时,父亲由于大出血,生命已危在旦夕。11月16日,天还不太亮,

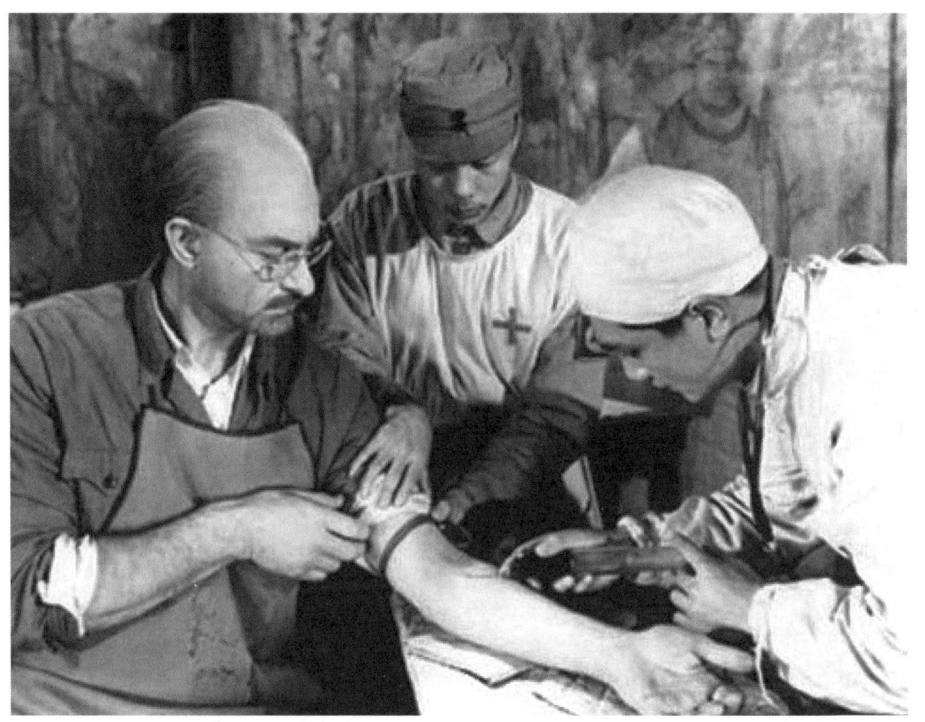

战争年代,白求恩为伤病员献血

卫生所所长李朝选让同志们用两条木棍和麻绳绑成一副担架,由他和卫生所的颜义泉等抬着我父亲,护送他离开河浙村,去前方医院找白求恩大夫。当时,刚下过一场大雪,天气十分寒冷,父亲躺在担架上,离村不久就昏迷过去,李朝选等同志只能把他放在一棵大柳树下进行紧急抢救。正在危急时刻,在皑皑白雪中,一匹棕红色战马沿着狭窄的山路飞奔而来,白求恩大夫连夜赶到了。他们立即回到原卫生所开始抢救。然而,此时已是动脉爆裂的第六天,伤口已经错过了抢救时间。面对昏迷不醒的父亲,白求恩认为:他失血过多,为保其生命,首先要立即输血,然后尽快手术。白求恩知道父亲是击毙日旅团长常冈宽治的英雄，被他的事迹所感动，不容大家劝阻，坚定地说："来不及验血了，我是 O 型血，万能输血者，赶紧抽我的血，抢救伤员要紧。"说着就挽起了袖子。同志们望着他那严峻的眼神，知道无法改变这位倔强老人的决定，只好把针头插进了他的血管里。然后，白求恩又亲自把针头插进了父亲的血管里。就这样，加拿大人民的优秀儿子、伟大的国际主义战士诺尔曼·白求恩的鲜血，徐徐地流进我父亲的身体，两个民族的血液融合在一起了。

刚刚献了血的白求恩顾不上休息又开始为父亲检查伤口，感到伤情十分严重，必须尽快手术。手术开始，白求恩大夫仔细地剥离腐烂的肌肉，聚精会神地寻找损伤的血管。当第一次找到血管断头准备缝合时，血管断了，这说明血管已经坏死。白求恩大夫毫不灰心，一次、二次、三次，当第四次挟住血管缝合完毕，白求恩大夫刚要直起腰时，血管又一次断开了。这时候，他难过地说："为了挽救彭的生命，只得截肢。"

截肢手术首先就遇到了手术器械问题。截肢要用手术锯，当时整个旅卫生部没有一把像样的手术锯。情急之中，李朝选同志找来一把从日军手中缴获的工兵锯，修整、消毒之后做手术锯用。

截肢手术开始了。白求恩原想尽量把截肢的位置截得低一些以便将来有可能安装假肢，先从肘关节以上稍高位置截起，手术锯锯在骨头上，发出"嘶啦嘶啦"的声响，声声刺痛同志们的心。截开之后发现肌肉组织已严重坏死，也就是说切除的部位还得往上移。可是移到什么位置才适当，只能从表面的肌肉腐烂情况判断，就这样又截了两次，都发现肌肉腐烂了。第四次截肢定位是齐胳膊切起，也就是从腋窝处截起。此时白求恩大夫双眉聚拢，眼睛湿润了，额头上已渗出汗水，白求恩大夫知道如果这次再不成功，我父亲的生命就危险了。颜义泉同志为他擦了擦汗，他又开始第四次截肢，很幸运这次终于成功了。

手术从上午10点一直进行到下午4点，在长达6个小时里，白求恩大夫没有吃一粒饭，没有喝一口水，他的烟瘾本来是很大的，却连一口烟也没有抽。

手术结束后，随着麻药作用的逐渐消失，父亲右肩部开始剧烈疼痛，他咬紧牙关坚持着。这时候，白求恩大夫走过来给他注射吗啡镇痛。疼痛逐渐减轻，父亲的神智开始清醒了，他把左手伸到右胳膊疼痛的地方摸了摸是空的，这时父亲才知道自己的右臂已被锯掉了。

手术以后，白求恩大夫并没有马上离开，而是一直守在父亲的身边。深夜，当剧痛把父亲弄醒时，他看到白求恩大夫正在为自己倒水，然后试了试温度喂自己喝下去；中间白求恩大夫又给彭清云打了一针吗啡镇痛入睡。也不知道过了多长时间，当父亲再次睁开眼睛时，白求恩大夫仍坐在他的旁边，好像正在写字。看见父亲再次醒来，白大夫一边给他喂水，一边询问身体情况。没多久，父亲又迷迷糊糊地昏睡过去。当父亲第三次醒来时，已经是几天后的清晨，白求恩大夫仍然坐在他身旁守护着他。

早晨醒来，父亲的伤口已不那么钻心地痛了，精神也好多了。白求恩大夫从火炉旁站起来，端着碗在炕边上坐下。这时候父亲仔细端详，白求恩大夫眼窝下陷，双眼布满血丝，面孔更加消瘦了。白求恩大夫见我父亲的精神好转，显得特别兴奋，他慢慢地把一只粗瓷碗送到父亲嘴边,亲切地说:"喝吧,这是专门为你熬的参汤。"啊,参汤!父亲不由得一阵激动。他知道,卫生部仅有的一点人参,还是长征时带过来的,它是何等珍贵呀!父亲哽咽着说不出话来,泪水夺眶而出。白求恩大夫一边为他擦眼泪,一边安慰他。

白求恩大夫又要到前方去了,临行前他再次仔细检查了父亲的伤口并嘱咐医护人员要细心看护。白求恩大夫离开后,医护小颜一直守护照顾在父亲身边,直到第八天,白求恩大夫又专门从前线回来看望父亲,为他做伤口复查,并亲自换了药,最后面带笑容说:"你脱离危险了。伤好以后,就可以重返前线,继续同法西斯作战了,希望你在战斗中消灭更多的敌人,杀死更多的法西斯。"

父亲眼含热泪地对他说:"白大夫,你给了我第二次生命啊!"检查完以后,白求恩大夫就离开了后方医院。这是父亲最后一次见到白求恩大夫。

1939年11月的某一天,当父亲听到白求恩大夫以身殉职的消息时,如同晴天霹雳,悲痛万分。毛泽东主席为国际主义战士白求恩大夫专门写了《纪念白求恩》一文,其中高度概括了白求恩精神:"白求恩同志毫不利己,专门利人的精神,表现在他对工作的极端的负责任,对同志对人民的极端的热忱。每个共产党员都要学习他。"这句话成了父亲此后人生的座右铭,他一直被白求恩的这种国际主义的精神所感动,这种精神激励着他后来50多年的独臂生涯,直至终生。

断臂那年,父亲刚满20岁。一个风华正茂、积极要求进步的年轻人在即将升为军事主官时,失去了右臂,这对他是多么大的打击呀,他日后的人生何去何从？他还能留在部队吗？他还能打仗杀鬼子吗？"伤愈后希望你在战斗中消灭更多的敌人，杀死更多的法西斯！"这是白求恩大夫与父亲话别时鼓励他的话。这句话常常在父亲耳边回响，激励着他，鼓舞着他。

半个世纪后的1988年5月，有人采访父亲时曾问："你刚满20岁就失去了右臂，你苦恼过、悲观过吗？"父亲认真地回答："不，一点也不。因为在战场上，我亲眼看到过断了双臂的战士用牙咬掉鬼子的耳朵、用脚踢死鬼子的场面，我和那些战友相比，只失去了一条胳膊，比他们幸运多了。"

战争年代很多伤残军人都退伍回乡，或转入二线部队等待组织照顾安置。而父亲为了能继续打仗，克服了心理、生理等多方面的困难，从吃饭、穿衣到写字、打绑带、打枪等，都是自己独立完成，在生活上和工作上力争自理。他说，他的这条命是白求恩大夫给的，是党组织给的，所以他从不给组织上添麻烦，不伸手向组织提要求，绝对服从党的安排。1939年5月，五台山的上下细腰涧战斗是父亲失去右臂后参加的第一场战斗，激战中父亲冒着枪林弹雨深入基层宣传鼓动、出谋划策，协助营长指挥战斗。上下细腰涧战斗在王震旅长的直接指挥下取得了重大胜利，共消灭日军1000多人。这场战斗对父亲来说更是意义非凡，极大地鼓舞了父亲的斗志，增强了自信心，因为它证明了一只胳膊的人照样可以在战斗部队发挥作用，他的左手、双腿和嘴一样可以参加战斗，更重要的是他能用自己的大脑、智慧、信念参加战斗，以不辜负党和人民以及白求恩大夫的期望。

1990年，彭清云在白求恩画像前留影

从此，父亲一直精神抖擞地驰骋在疆场上，从抗日战争全面爆发到解放战争，再到抗美援朝，他凭着坚强的意志克服了常人难以克服的困难，始终拼杀在战场上，不但从未离开过战斗部队，而且不断成长进步，最终成为中华人民共和国的一名将军。他曾感慨地说过："我是从井冈山走出来的红军战士，在中国共产党的培养教育下，在人民军队这所大学校里，经过革命战争的考验，经过了一次又一次血与火的洗礼，有幸成长为人民共和国的将军。"

（本文作者：彭清云之子）

父亲的故事

彭宏远

  彭富九（1918—2011），江西省永新县人。1931年加入中国共产主义青年团，1932年参加中国工农红军，1933年转为中国共产党党员。

  土地革命战争时期，任红二军团报务主任、红六军团电台队长，参加了湘赣、湘鄂川黔苏区反"围剿"斗争和长征。抗日战争全面爆发至抗日战争胜利期间，任军委二局电台台长、股长、副处长。解放战争时期，任晋察冀军区二局副局长，华北军区、中南军区二局局长。中华人民共和国成立后，历任中央军委技术部局长、副部长，总参谋部三部部长兼解放军外语学院院长，军事科学院副政委，总参谋部三部部长、第一政委等职。为第四届全国人大代表。

  1955年被授予少将军衔。荣获二级八一勋章、二级独立自由勋章、一级解放勋章。1988年被中央军委授予中国人民解放军一级红星功勋荣誉章。

不曾面对面厮杀,依然战功赫赫;未曾潜伏敌营,却一直掐着对手脉搏……他们被毛泽东誉为长征中"走夜路的灯笼"。红军时代,我的父亲彭富九是这支无名英雄队伍中的一员。中华人民共和国成立后,曾长期担任这支特殊部队的主官。可谓:领军千万,率兵"无名"。

从红小鬼到电台队长

父亲出生在江西省永新县一个小山村。1927年腊月的一个夜晚,他正与家人围着灶火取暖,忽然从后山下来两位带枪的不速之客,身背驳壳枪的客人到父亲堂兄的屋里密谈了约一个时辰,离开时向家人叮嘱:我来的事,不要对外人讲。以后每隔十天半月,神秘客人总要来家里找人密谈。一来二去,父亲与他混熟了,便壮着胆子问:"你是不是井冈山上的土匪?"客人笑答:"我不是土匪,是为穷人办事的。你要说我是'土匪',以后你长大了也会当这样的'土匪'。"当时,百姓只知井冈山有王佐、袁文才,还不清楚毛泽东带领的队伍也上了山。

毛泽东1928年写下名篇《井冈山的斗争》,文中提到"暴动队始于永新"。那位预言父亲会当"土匪"的人,正是1927年7月率先在永新组织暴动的共产党人刘作述。此刻,他正根据毛泽东的指示在永新西乡发动群众,组织新的暴动,而彭家祖屋则是他的一个秘密联络点。父亲当年10岁,我的爷爷是农会的粮食委员,同住一栋祖屋的堂伯父彭福九已经秘密加入了共产党。

1928年,父亲担任乡儿童团团长,在大人的指导下组织儿童团员站岗放哨、带路送信，开展禁烟禁赌活动。因为识字，他还兼任过乡苏维埃主席的文书。1930年5月，父亲奉调去永新县潞江区担任儿童团团长。这也是他在干部履历表中参加革命的日期，他认为，只有离开家过集体生活，才算正式参加革命。不论怎样，父亲的前程的确被刘作述的那句玩笑话言中，而这位革命先驱却在1930年红军第二次攻打长沙时牺牲了，时任红六军三纵政委。父亲晚年谈起刘作述，依然充满崇敬之情。

1932年年底，已经担任少共永新县委儿童局书记的父亲应召入伍，进入湘赣军区第一期无线电训练班学习。他以优异成绩毕业，开始从事无线电通信和电台侦察工作。

1934年8月，父亲随红六军团踏上长征之路。红六军团在贵州与贺龙领导的红二军团会师后，开辟了新的根据地，父亲被任命为红二、六军团前方电台的队长，随总指挥贺龙、副总指挥萧克在外线作战。

为牵制围堵的敌军，配合中央红军长征，红二、六军团于1934年12月向湘西、湘中发起攻势。中央红军强渡湘江时遭受重创，不得不缩编重组，加上日夜行军作战，中革军委的电台难以保持正常联络。父亲所在的电台积压了六七份给军委的电报发不过去，即使偶尔叫通军委台，对方又告："情况紧急，立即撤机。"父亲心急如焚，跑去向贺龙报告。一向爱开玩笑的贺龙听后严肃地说："小鬼呀，这可是件大事啊，若与中央失去联络是要杀头的呀！我从洪湖苏区撤退时丢了电台，与中央失去了联系，吃了几年的苦头。你无论如何要尽快把电报发出去并保持联络！"

父亲回忆："当时确实感到非常紧张，假如在我手上失去与中央的联络，后果不堪设想。于是我采取昼夜轮班守听的措施，无论是不是规定的联络时间，只要听到军委台出来工作就不停地呼叫。如此坚持了六七天，饭吃不下，眼睛熬红了。终于，在一天晚上 11 时左右，军委电台有了回音。我怕再失去联络，破例用明码告诉对方：我是 26 分队。"

26 分队，是全军统一的电台编号。这次通联，父亲将积压的电报一口气都发了出去，同时还收到军委的来电。

第二天一早，父亲跑去向贺龙报告喜讯。贺龙总指挥高兴极了："好哇，我就知道你有办法。"随后冲着住在楼上的李达喊："参谋长，马上给彭富九做件大衣。"说完又掏出一块日产铁壳怀表，塞到父亲手上。大衣是蓝呢子做的，十分扎眼，父亲骑马行军时，战斗部队的同志说："瞧，电台的大少爷可真抖呀。"其实多数人并不知道这件大衣所承载的分量——大部队休息的时候，往往就是电台紧张工作的时间。

雪中架电台，隐语诉衷情

1935 年 11 月，红二、六军团从湘鄂川黔根据地出发继续长征，行至湘西晃县、玉屏一带，敌陶广、李觉纵队一直紧追不舍。1936 年 1 月 3 日，侦知敌一部孤军向晃县某地开进，指挥部决定杀个回马枪。

是夜，六军团政委王震带领军团部隐蔽在一个山头上，发现敌人在山下燃起火把，鱼贯进村宿营。王震亲自率侦察兵下山抓舌头，搞清了敌军实力，判定是一个歼敌机会。但军团部当时仅有一个营的兵力，王震当即令父亲架电台联络主力。

时值严冬,天降大雪,山头既无房屋又无树木。父亲让警卫班、运输班把扁担串绑起来架设天线,自己将雨布铺在雪地里,趴在地上工作了近1个小时,双手被冻肿,终于

1936年1月,彭富九(右二)与战友在长征途中

联络上主力部队。是役,消灭敌军一个营。

父亲讲,如此"雪中架台",只有红军才能办到,国民党的电台人员吃不了这份苦,更没有克服一切困难的决心。红军把电台看得比自己的生命还重。作为电台队长,父亲反复向技术人员强调:工作时如突遇飞机轰炸,不可贸然搬动设备,以防烧坏器件,必须先用自己的身体罩在电台上,然后根据情况关机收线;转移电台时也必须用身体保护。红军没有飞机,国民党军也不缺设备,所以他们没有这种规矩。电台遇到空袭,一个叫赖渊的原国民党电台人员总是只顾自己躲炸弹,置电台于不顾,最后反而葬身敌机轰炸。

1936年4月,红二、六军团行至金沙江边,离家越来越远,父亲意识到也许从此难以回家了。回想一年多前从湘赣苏区出发时,家乡梅花村已被敌人占领,挨户团疯狂叫嚣:"山过火,石过刀,人换种。"家

里祖屋被烧毁，爷爷因参加过赤卫队，又是红军家属，被民团抓去吊打。家里现在怎样了？父母是否还活着？作为家中的独生子，疑问和惦念时时萦绕在他心头。不过此时父亲明白，自己的生死荣辱已经同共产党和红军紧密联系在一起，忠孝不可能两全，不过他并不甘心屈服于严酷的现实。父亲想，至少应设法让家人知道他还活着，也应当让家乡人民知道红军还存在。于是，他抱着一丝希望，在云南鹤庆发出一封家书。为了不致牵连家人，信寄给离家20多里的表哥，措辞也煞费苦心：

  我和原来的一批朋友在云南跑买卖，景况不大好，但生意还可以做下去。我的身体很好，短期内不能回家，请父母不要挂念。建议留一个妹妹在家招婿，以便父母年迈时有人照料。

  父亲写这封家书的时候，刚年满18岁。

  1949年12月广西战役结束，父亲获准回乡探亲，这才知道13年前发出的那封信家里居然收到了，而且真按他的建议招了一个上门女婿。这次探亲，父亲还得知原湘赣省苏维埃主席谭余保曾来家里住过一晚，他对家人说："彭富九，我知道，他在任弼时、萧克身边搞无线电，问题不大，以后会回来的。"红军离开苏区时，谭余保奉命留下坚持斗争，省委主要领导叛变了，敌人长年累月地围困追剿，他毫不动摇，带领几百名战士在深山老林中坚持游击战。每每谈及此事，父亲都唏嘘不已："后来谭余保也当面向我证实了这件事。在那样恶劣的环境中，他自己失去了与党的联系，还来安慰红军的家属，真让人感动。"

  走出草地之后，父亲担任了红二方面军侦察台台长，从此专门从事无线电侦察工作。部队进驻甘肃徽县的第二天，贺龙到侦察台布置任务。

1962年，彭富九向朱德汇报工作

他听到耳机里声音很大，问这是谁的电台，父亲回答：何柱国的骑兵军。贺老总交代：东北军可以放一放，要掌握好当面的毛炳文和刚进陕西的胡宗南，准备打大仗。贺龙还问有什么困难，父亲答道：工作没有问题，就是白天行军夜晚工作太疲倦，老想睡觉。贺龙说："那还不耽误工作？！"他交代：把刚刚缴到的那匹好马给他，再给他们送烟，并说："白天行军你可以在马上休息，晚上困了你们可以吸烟提神。"香烟是罐头装的，当时很稀罕；马是徽县县长的坐骑，枣红色，肥壮漂亮。不过这匹马也让并不善骑的父亲吃了苦头。

一个微风细雨的清晨,父亲骑在马上睡着了,滑落的雨衣使枣红马受了惊,往前一窜,把他摔了下来,腰部重重地硌在一块石头上,疼得说不出话来。宿营后父亲把马拴在树上,用鞭子抽了一顿,从此这匹马再也不让他靠近。骑兵连早就盯上了这匹枣红马,乘机用一匹骡子换走了。行军时贺龙见父亲骑了一匹不起眼的骡子,便问:"给你的那匹马呢?"父亲说给骑兵连换走了。贺老总嘿嘿一笑:"你上当了,那可是一匹难得的好马呀!"父亲知道贺龙懂马、爱马,可又难于道出原委,从此就骑着骡子行军,直到与红一方面军会师。

讲述这件未向贺老总"坦白"的故事时,父亲脸上露出了孩子般的调皮。

破解"无字天书"的奥秘

参军伊始便从事技术工作的父亲,深感自己知识的匮乏,在延安这块宝地,如饥似渴地汲取各种知识。他读语文,啃数学,听董必武讲党史,师从留学回国的屠廷容突击日语。日文训练班结束时,父亲代表学员用日语作毕业致词,曾留学日本的周恩来副主席听后夸奖说:"噢,学了6个月,讲得不错嘛!"父亲拜技术能手王永浚为师,入伍前仅有高小程度的父亲,靠勤奋和悟性很快掌握了破解"天书"这门克敌制胜的本领。

1939年,父亲出任我军第一届破译训练班的队长,教员由时任军委二局局长的曹祥仁和破译科科长的王永浚兼任,他们两位技艺超群,屡立战功。这届训练班的学员毕业后在战争中发挥了重要作用,不少人成为专家,有的后来担任军队和政府部门的重要职务。

解放战争时期,父亲先后在晋察冀军区、华北军区、四野暨中南军区司令部担任二局局长,多次率部圆满完成情报保障任务。

1947年10月的清风店战役,是我军一次大获全胜的围点打援战例。这次围的是徐水,打的是从石家庄出发增援的罗历戎第三军。战役开始前及整个进程中,父亲领导的二局连续上报了敌人的部署和动向。同时,他本人还向聂荣臻司令员进言:"石门之敌孤军北进,是我歼灭该敌之极好战机。"并就预定战场、迟滞敌人的办法等具体事项附上了建议电。聂司令阅后回电:建议很好,部队已星夜南下。10月22日,我军向被围困在清风店地区西南合(音:格)子村的敌军发起总攻,全歼13000余人,从军长到伙夫一个都没有漏网。战后,晋察冀二局集体立功,军区还给予了现金奖励,另有多名个人立功。

1949年1月,傅作义刚刚在和平解放北平的协议上签字,我军还没有进城,父亲便带一名警卫员闯进并非傅作义管辖的国民党驻平保密机关,向敌方同行宣布解放军的政策,勒令他们保护设备,听候接管。大部队进城后,包括外国专业人员在内的这30多人一个都没有跑,连同机器设备一起被接管。忆起这段经历,父亲说:"当时好像吃了豹子胆,事后想起来还真有点后怕。我们就2个人,3条枪,他们30多人,身上都有枪,要是先动手,我连个回去报信的人都没有。"

真真假假,虚虚实实,用兵之道!

1950年,美军在朝鲜仁川登陆之后,父亲接到北上抗美援朝的任务,中南军区参谋长赵尔陆在汉口为父亲送行。赵参谋长的一席话,一直令父亲难忘:"我在长征时就听说过你们的工作,在那样艰难困苦的情况下,为保存自己、消灭敌人起过非常重要的作用,但没有亲身体会。后来我担任晋察冀军区、华北军区,特别是中南军区参谋长期间,才一步一步地认识到你们的工作比我想象的要重要得多。多少次战役、战斗的胜利,是有你们这样准确及时的情报这个重要因素才取得的。你们的工作成败直接影响到战争的进程。写《西游记》的人是用虚幻的想象描绘孙悟空钻进牛魔王肚子里,你们是用智慧和科学钻进了蒋介石的肚子里。前方的战士是流鲜血,你们是流白血啊!(指用脑子)你们是真正的无名英雄。"

情报无和平,攀登无止境

父亲常说:"情报工作无和平,大脑时刻得绷着弦。"他时常在深夜被紧急召走,忙起来往往后半夜才能休息,上级的电话也随时可能追到家里。

1955年万隆会议召开之前,台湾特务制定了谋害周恩来总理的计划。周总理启程之前直接打电话到家里,他问父亲:"远方的计划有变化吗?"父亲急切地回答:"没有变化。总理呀,危险哪!"周总理冷静地说:"知道了。我已经改变了。"

怎样改变?总理不说,父亲不会去问。事后得知,周总理改变了自己的行程和路线,但台湾方面为了破坏中华人民共和国的外交,仍下令在香港的特务执行爆炸案。父亲和同事们得到"克什米尔公主号"客机在海上爆炸，机上8名中国同志牺牲的消息之后，一面感叹国家还不够强大，一面对和平年代内部的麻痹现象表示愤慨。

技术情报工作必须紧跟科技的发展，要不断学习新知识，适应新变化。"50年代你就知道什么是二进制，当时在将军里面应该屈指可数吧？"我问。父亲想了一下："可以这么说，不过压力也大呀。"他接着举了一个例子。有一次汇报科研装备问题，中办主任杨尚昆问："你能给我解释什么是'时间多路'和'频率多路'吗？"父亲原以为对高层领导讲讲概念就可以了，没料到杨主任会问得这么细，一时语塞。杨尚昆笑着对身边的李涛说："哈哈，胖子，这回我可把彭富九给问住了吧。"大家一笑而过，父亲第二天赶紧请教专家。

父亲1955年被授予少将军衔，去世前对社会上兴起的"将军热"有自己的见解："现在动不动就说某某开国将军，某某开国将军，对此我不以为然。我们这些'芝麻将'，怎么能算开国将军？真正的开国将军是谁，元帅、大将以上的，我觉得可以称'开国'。"

他进一步解释："战争年代牺牲了多少同志啊！还有好多比我们资格老，贡献比我们大，因为转到地方工作，或者因为别的原因，没有授衔。再说周总理，军事上的功劳也非常大。我们清楚得很，许多大的战役，虽然是主席下的决心，但真正组织、实施是周总理他们。他们才算得上是开国，我们是搞具体工作的，算是个情报参谋，虽然也有点功劳，有点苦劳吧，但讲开国将军，我觉得不合适。"

经历丰富的老人，看问题自然会把一生的往事全部联系起来。值得

彭富九在88岁时重操电键

羡慕的是，父亲进入古稀之年，脑子依然十分清楚。他说："我是被革命浪潮卷到革命队伍里来的，觉悟和境界是后来一点一点提高的。要是有人自吹从小便先知先觉，我可不相信。要不是红军在江西建立根据地，我很可能一辈子在家种田，最多学点手艺，做个农村的工匠。要不是参军就搞无线电，也许早就死在长征路上了。"

提及一辈子主要从事的情报技术工作，父亲说："成绩肯定是有的，从毛主席直到战功显赫的将帅们，对这项工作都有很高的评价。我们难免会有骄傲情绪，我自己就检讨过好多次。但说功成名就，我一直没有这个感觉。干这行，实际上如履薄冰，因为高峰一座连着一座，攀登永无止境。"

（本文作者：彭富九之子）

迟来的勋章

韩京京

韩伟(1906—1992),湖北省黄陂县人,1924年加入中国社会主义青年团,1926年转为中国共产党党员。

土地革命战争时期,任工农革命军第一师一团排长、副连长,中国工农红军第四军三纵队教导大队中队长,第二纵队四支队十一大队大队长,红二十一军第二纵队五支队支队长,福建军区独立第一团团长,独立第八师师长,军区参谋长,红三十四师第一〇〇团团长。参加了长征。抗日战争全面爆发至抗日战争胜利期间,任晋察冀军区军政干部学校军事教育主任,第二军分区四团团长,冀中军区警备旅副旅长,第九军分区司令员,雁北支队司令员。解放战争时期,任热河军区司令员,晋察冀野战军第二纵队副司令员兼参谋长,第二十兵团六十七军军长。中华人民共和国成立后,任中国人民解放军军事师范学校校长,华北军区副参谋长,北京军区副司令员兼参谋长,北京军区副司令员。

1955年被授予中将军衔。为第三届、四届、五届全国政协委员,中国共产党第七次全国代表大会代表。

我父亲韩伟被授予了3枚一级勋章，但1955年只获得了两枚。那枚最珍贵的一级八一勋章是1957年才获得的。

从1985年到1988年，在总参谋部军务部工作的我，参加了中国人民解放军第二次授衔的准备工作。为了完成我军革命化、现代化、正规化建设中的这一重大步骤，中央军委部署三总部和军事科学院的有关部门，对第一次授勋、授衔进行了回顾，对第二次授衔进行了周密的计划和运筹。由于工作关系，我们这些参谋人员查阅了大量历史资料和外军军衔制资料。我也带着疑问搞清了1955年我军授勋、授衔的情况，其中包括父亲为什么1957年才被授予一级八一勋章。

我军1955年第一次实行军衔制的准备工作可以认为始于1950年9月，那年成立了"总干部管理部"（简称总干部部），该部与总参谋部、总政治部、总后勤部并称为"四总部"。从秋收起义就参加了中国工农红军前身——中国工农革命军的罗荣桓同志兼任了第一任部长（罗荣桓同志时任总政治部主任）。赖传珠和徐立清同志分任第一、第二副部长。

总干部部下设5个处，其中就有掌管军衔和奖励工作的专门机构：军衔奖励处。1951年底该处调整名称为军衔奖励局，1952年8月又调整为军衔奖励部。

1951年2月15日，中央人民政府革命军事委员会发布《关于干部评级工作的指示》，这可以被认为是解放军的军衔评定工作正式开始了。1952年全军官兵首先按9等21级的标准，评定了级别。

评定军衔是一项全面复杂的系统工程，1955年第一次全国人民代表大会后，正式决定我军实行"军衔制""兵役制"和"薪金制"，史称"三大制度"。而这时，许多在革命战争年代指挥千军万马、出生入死的革命军人却因为国家、民族的需要，已经"转业"做其他工作，不再在军队中任职，因此，也不会再为他们评定军衔，但他们的功勋应该铭记。鉴于此，1955年2月12日，第一届全国人大常委会第七次会议通过了《关于规定勋章奖章授予中国人民解放军在中国人民革命战争时期有功人员的决议》以及《中华人民共和国授予中国人民解放军在中国人民革命战争时期有功人员的勋章奖章条例》，并颁布实行。

1955年9月23日，第一届全国人大常委会第二十二次会议通过了《授予朱德等131人以一级八一勋章》《授予朱德等117人以一级独立自由勋章》和《授予朱德等570人以一级解放勋章》的决定，同时通过的还有《授予朱德等10名中国人民解放军高级将领以中华人民共和国元帅军衔》的决定。

1955年9月27日下午，盛大的中华人民共和国授勋仪式在首都北京中南海怀仁堂举行。那一天的盛况大家在纪录影片中都能看到。今天，人们把1965年以前的将军们称为"共和国将军"或"开国将军"，为什么会这样？他们和今天的将军不一样吗？确实不一样，他们的勋章是中华人民共和国颁发的，是毛主席亲手把勋章授予他们的。

记得母亲生前曾向我描述过那一天，她说，授勋授衔仪式后，在京参加典礼的元帅、将军们和毛主席、周总理、刘委员长等党和国家领导人一起来到了怀仁堂后面的草坪上，在那里等待他们的是一群元帅、将军的夫人们。周总理十分细致，让这些与将帅们相濡以沫的革命伴侣向她们的爱人祝贺。记得母亲说，她十分惊讶地看到父亲的礼服上只佩挂了一级独立自由勋章和一级解放勋章，正要发问，又看到杨成武伯伯也是只佩挂了这两枚一级勋章，他们应该得到的那枚一级八一勋章哪儿去了？

原来，授予勋章的工作比授予军衔的工作更加细致、复杂。按照授勋条例规定：一级八一勋章授予中国工农红军时期的师级以上干部。

在那个久远的战争年代，人民军队的初创时期，一切制度都是在探索中建立和完善。特别是在举世闻名的中国工农红军长征中，由于环境的恶劣，党和军队散失了大量历史资料。到全国解放后，只能靠自己的回忆、战友的证明来确定有幸存活下来并被授予勋章和军衔的将领们的任职情况了。

父亲在1932年曾担任福建军区独立第八师师长兼杭、永、岩、武、新指挥分部指挥官（类似今天的龙岩军分区司令员），下辖4个团。据一批闽西籍的老将军回忆，每个团其实只有4—5个连，连队有大有小，总之1个团也只有200人左右，算下来，全师只有1000人左右。这一点也不奇怪，红四军1929年3月在长汀整编时只有3000人，1930年的福建红二十军只有1200人左右。这样的师只能算"小师"，即小的作战师。按授勋前的规定，"小师""教导师"和"补充师"的师长只按团职干部计。但20世纪50年代在机关工作的同志们却不知道红军中曾有一支番号仅存在了3个月的红十九军。

红十九军是1933年3月，由福建军区独立第七、第八、第九、第十四个师整编并经扩红组建的，军长由叶剑英兼任，政委由杨尚昆兼任，全军6000余人。红十九军辖五十五、五十六师（一说辖五十六、五十七师），父亲担任了五十五师（一说五十七师）师长，陈树湘伯伯担任五十六师师长，每师3000人左右，在当时这就是"大师"了。红十九军在1933年6月的红一方面军大整编中缩编为红三十四师。红三十四师长征时担任中央红军总后卫，在湘江战役中为掩护党中央、中革军委和主力红军，全师几乎全部壮烈牺牲，"为中国人民的解放事业建立了不朽的功勋"（《红一方面军史》语）。父亲当时任红三十四师一〇〇团团长，完成任务后带领几个同志跳崖后幸存，成为极少数活下来的红军之一。

经过近两年的调研，包括咨询了刘伯承、叶剑英、杨尚昆伯伯，四总部有关部门最终认定了父亲应授予一级八一勋章。

近两年的时间里，父亲的心里是怎么想的已经无从知晓。我在20世纪80年代父亲被中央军委批准按大军区正职待遇离休时曾询问过母亲：父亲那两年里不觉得委屈吗？母亲告诉我，她从未听见过父亲提起授勋的事。倒是母亲在他面前问起何时补发勋章时，他平静地回答母亲：这不是个人该操心的事，要相信组织。

1986年，父亲如约完成了他泣血写就的回忆文章《红三十四师浴血奋战湘江之侧》（收录于中国人民解放军历史资料丛书，长征卷，回忆史料第一辑）。当我读完这篇文章，我似乎感悟到了父亲的心思。他在文中这样写到：……52年过去了，每当我想起在湘江战役中为革命献身的师长、政委、挚友和亲人们，心情久久不能平静，我这个红三十四师的幸存者，有责任将红三十四师这段悲壮的史绩写出来，除了寄托我对先烈们的深深怀念和哀思外，也希望对我们年轻和不那么年轻的后辈们有所启迪：革命的成果来之不易啊！

幸存者，仅仅是幸存者！这是父亲对自己征战一生的评价。在父亲心里，"为苏维埃流尽最后一滴血"的陈树湘伯伯、程翠林伯伯、蔡中伯伯以及侯中辉、彭竹峰、梅林、吕官印，还有红三十四师那6000名没有留下姓名的闽西子弟兵们，他们才是真正的功臣。

父亲1992年去世后，中央军委批复的生平中有这样一句话：……在湘江战役中他率部顽强阻击3天4夜，完成了掩护党中央、中革军委的任务，创立了历史功勋。直到这时我才真正领悟到，为什么父亲在"文化大革命"中遭遇诬陷和迫害时总是说要"相信组织"。他心里每每想起牺牲的战友们，怎么可能还会向组织伸手呢。

1957年6月18日，根据全国人民代表大会常务委员会的决定，中华人民共和国主席毛泽东发布授勋命令，给杨成武（包括父亲）等47人授予一级八一勋章，给黄永胜等196人授予一级独立自由勋章，给王建安等421人授予一级解放勋章。

那一年的八一建军节前夕，在总部和驻京部队联合举行的授勋仪式上，国防部副部长李达上将宣读了毛主席的授勋命令，国务院副总理贺龙元帅代表毛主席把勋章授予394位将军，其中就有杨成武、父亲等47位获得一级八一勋章的共和国将军。

这一年年底，在母亲的提议下，父亲穿上礼服，佩上3枚人民共和国授予的一级勋章，全家到中国照相馆照了张"全家福"。那年，我5岁。

（本文作者：韩伟之子）

隐形将军韩练成

韩 兢

韩练成（1909—1984），原名韩圭璋，宁夏回族自治区固原市人。原国民党军高级将领，是中国共产党深入龙潭虎穴的四大传奇将军之一，被蒋经国称为"在总统身边隐藏时间最长的隐形将军"。1948年，脱离国民党部队，参加中国人民解放军。1950年加入中国共产党。

中华人民共和国成立后，历任兰州军事管制委员会副主任、西北军区副参谋长、兰州军区第一副司令员、训练总监部科学和条令部副部长、军事科学院战史研究部部长、甘肃省副省长等职。为第一届、二届国防委员会委员，第一届、三届、四届全国人大代表，第五届全国政协常委，第六届全国政协委员。

1955年被授予中将军衔。荣获一级解放勋章。

在中国共产党情报战线上曾有这样一位传奇人物,毛泽东曾对他说:"蒋委员长身边有你们这些人,我这个小小的指挥部,不仅指挥解放军,也调动得了国民党的百万大军哪!"周恩来称赞他:"要党员身份,不要上将军衔。"李克农上将称他为"隐形人",而蒋介石的儿子蒋纬国却说他是"潜伏在'老总统'身边时间最长、最危险的共谍"。

他就是开国中将、被誉为"隐形将军"的我的父亲韩练成。

在北伐和中原大战中脱颖而出

1909年,父亲出生于宁夏南部山区,家境贫寒,只念过7年私塾。1924年底,父亲借了甘肃省立第二中学毕业生韩圭璋的文凭、用"韩圭璋"的名字报考黄埔军校,被招生老师送入西北军马鸿逵部军官教导队,随军北伐。1926年,父亲接受了军政治处处长、共产党人刘志丹"救国、革命"的启蒙教育,刘志丹给他指定了加入共产党的联系人。1927年"四一二"政变以后,西北军也开始联蒋、清党,驱逐公开身份的共产党员,已经晋升营长的"韩圭璋"还没有来得及入党,就和刘志丹中断了联系。

1929年初,冯、阎、桂这三大军系对蒋介石建议缩减其他军系部队的编遣方案很不满意。冯玉祥率先通电讨伐蒋介石,但他没想到,部下韩复榘、石友三、马鸿逵等部先后被蒋介石用重金收买,调转枪口打自己。马鸿逵归附蒋介石后,升任讨逆军十五路军总指挥,驻守徐州。当时是马鸿逵部下的"韩圭璋"也随部队到了徐州。

1930年5月的中原大战中,蒋、冯主力鏖战豫东,蒋介石乘坐"总司令列车行营"亲自指挥。"韩圭璋"时任马鸿逵部六十四师独立团团长，守备归德。5月31日夜，冯军郑大章骑兵军派出一支部队突袭归德附近的蒋军飞机场，炸掉了蒋军的15架飞机，俘虏了全部飞行员和地勤人员。冯军骑兵撤离时途经火车站，看见停靠在归德火车站上的蒋军"总司令列车行营"。因天黑看不清，他们误以为是一列货车，心想：飞机场的任务完成了，咱们搂草打兔子，顺便在这列货车上捞着什么都合算！巧的是，那天"总司令列车行营"的火车头开出去检修，总司令行营车厢被冯军骑兵围在站台上猛打。参谋长杨杰摸黑摇着电话大喊离火车站最近的部队："六十四师独立团！""韩圭璋"立即率部增援，击溃冯部骑兵后，进入总司令行营车厢。蒋介石握手称赞："韩圭璋？你很好。你是哪一期学生？"见他不知如何作答，杨杰解释道："总司令问你是军校几期？"他就照实回答："本来是要去黄埔的，结果就近投考了西北军教导队。"蒋介石当即下了一道手令："六十四师独立团团长韩圭璋，见危受命，忠勇可嘉，特许军校三期毕业，列入学籍，内部通令知晓。"

1932年，父亲被蒋介石调入黄埔系，用回本名"韩练成"，西北军中的那个"韩圭璋"不再存在了。

1935年，父亲考入陆军大学，教育长就是中原大战时的参谋长杨杰。1936年12月西安事变，父亲认为这次事变是因政治而起，必须通过政治途径解决。他力排众议，与杨杰"和平解决"之上策不谋而合。当年"归德救蒋"时，杨杰曾认为父亲是一个"有战术头脑的勇将"，但此时则视父亲为"有战略眼光的将才"了。

1937年抗日战争全面爆发，父亲被副参谋总长白崇禧调入桂系，对日军作战。1939年底父亲在昆仑关战役中负伤，共产党办的《救亡日报》刊登了特稿《访带花归来的韩副师长》。战后，由于协助师长指挥有方，父亲升任第一七〇师师长（桂系）。

《救亡日报》特稿《访带花归来的韩副师长》

由周恩来介绍加入中共情报工作系统

1942年，父亲进入国防研究院第一期当研究员。他综合各种情报、数据分析，清晰地看到：抗日战争全面爆发4年多来，中国战场牵制着日军陆军35个师团，接近日本全国陆军51个师团的七成。国民党正在大分裂，其中国民党革命派宋庆龄、何香凝坚持三民主义、坚决抗战；国民党投降派汪精卫在南京建立伪政府，带走了70万部队，成为伪军；国民党实力派蒋介石的国策是"安内攘外"，实行"一面抗战、一面剿共"，对战役的指导思想是"逐次抵抗"。共产党的军队包括地方游击队虽然只有50万人，却在沦陷区开辟了15个抗日民主根据地，有着1亿人口，对60%的侵华日军和90%的伪军作战。他认为：当前世界，是一场各国各方都在两面作战的大混战，只有中国共产党坚持了抗战、救国这一正确方向。

父亲一边潜心研究，一边筹划秘密联络共产党。当年5月，父亲与周恩来第一次单独会面，向周恩来简要通报了军事、政治形势之后，明确表示要投身革命，加入共产党。周恩来坦诚地告诉我父亲：中共中央决定在抗战期间不在国民党高层军政人员中发展党员，他希望父亲无论是参与战场指挥，还是研究国防战略，只要永远保持北伐的革命精神，一样能够为国为民做出贡献。当周恩来得知父亲就是刘志丹亲自培养的那个入党积极分子"韩圭璋"时，马上确定了与父亲的同志关系。由周恩来介绍，父亲正式加入了中共情报工作系统。周恩来要求他"从整体战略高度、以人民解放事业的大战略为目标，直接参与制定或影响国民党的既定战略"。此后，父亲严格遵照周恩来的指示，除了周恩来及其指定的董必武、李克农、潘汉年之外，绝不接触党的地下组织及党领导下的各种武装力量。

1945年，韩练成（左）指挥第四十六军对日反攻

1943年，父亲从国防研究院毕业，被蒋介石调入国民党军事委员会委员长侍从室担任高级参谋。1944年，任第十六集团军副总司令兼参谋长（桂系）。1945年初，任第四十六军军长（桂系），率部反击日军。

1945年9月，父亲率部登陆海南岛，接受日军投降。在此期间，曾受周恩来的委托，保护琼崖党组织，使琼崖党组织没有受到大的损失。

1946年10月,第四十六军已整编为整编第四十六师,父亲列席了由蒋介石主持的有白崇禧、陈诚等人参加的最高级军事会议,了解到蒋介石发动全面内战的战略计划和西北、山东两战场的战略部署。会后,父亲试图通过秘密渠道向周恩来报告。周恩来转告他:"速去上海找董老谈。"父亲立即转赴上海,趁白崇禧不在,将董必武接到白公馆秘密见面,把全部情报交董老速转党中央,并约定了与华东解放军联络的暗号为"洪为济"。

当年年底,整编第四十六师到山东不久,解放军华东野战军派新四军干部陈子谷持"洪为济"的信来找父亲,随之又有华东局秘书长魏文伯、华中军区政治部主任舒同来联络,并在父亲身边留下了两名联络员杨斯德、解魁。

按照蒋介石"以临沂为主战场,歼灭共军陈毅主力"进行临沂决战的设想,父亲率领的整编第四十六师加入北线集团,由绥靖区副司令李仙洲指挥,配合南线集团,"在临沂会歼解放军华野主力,或迫解放军退入沂蒙山区而歼之"。

1947年2月中旬,华野放弃临沂,秘密北上求歼李仙洲集团。父亲故意坚持蒋介石、陈诚"共军主力溃败西窜"的错误判断,一再干扰绥靖区司令王耀武、副司令李仙洲等人的作战部署。李仙洲2月21日夜下令"由莱芜向吐丝口突围"时,父亲仍强调"未部署妥当",硬是推迟行动一天。23日晨,李仙洲集团突围开始,父亲即放弃对整编第四十六师的指挥,使李仙洲集团陷于混乱。是役,解放军歼灭国民党军7个整编师,俘李仙洲以下21名将级军官,史称莱芜战役。当日下午,父亲由联络员引导到达解放军华野指挥部，与司令员陈毅、政治部主任唐亮相见甚欢。

在征得周恩来同意之后，父亲带另一联络员张保祥日夜兼程赶往青岛，经上海回到南京。在国防部召开的战役汇报会上，父亲和王耀武一起"据实"报告。因父亲"忠实"地执行了蒋介石、陈诚的指令而战败，蒋介石非但没有怀疑，反而称赞他"一俟跑出，即刻返京，极其忠勇可嘉"。

1947年3月底，蒋介石亲自下令，调父亲入国民政府参军处任参军。蒋介石举行军事会议、研究战局、飞赴各个战场，父亲时时在侧；送蒋介石看的战报最后经父亲过手，蒋介石批出的命令最先经父亲过目。这正是周恩来的"高谋——在战役、战略的层面上为党起作用"的最佳位置。

1948年4月，蒋介石派父亲担任甘肃省保安司令，要他在兰州建立一个独立作战地带。但当父亲向西北军政长官公署长官张治中报到时，接到的国防部任命居然是"西北行营副参谋长、甘肃省保安旅旅长兼兰州保安司令"。

1948年10月，国防部长何应钦认定父亲有"通共"嫌疑，但碍于蒋介石对父亲的信任，不便公开抓捕，便密电张治中立即派人"送"父亲回南京。张治中并未照办，却交给父亲一个未封口的信件，要他立即赴南京直接面呈蒋介石。父亲在飞机上看"信"时，发现只是一份当天报纸！他悟到这是张治中给自己抉择的机会，趁飞机在西安加油时通知总统府：有要事面见校长。父亲一落地就被总统府专车接走，国防部派来"接"机的人无从下手。几天后，父亲只身去了上海，由潘汉年接应，乘飞机转移到香港。

"没有办理过正式入党手续的共产党员"

1949年1月,父亲辗转到达河北平山中共中央社会部驻地,和李克农住在一起,先后受到朱德、周恩来、毛泽东的单独接见。朱德称赞他"为党、为革命立了大功、立了奇功"。毛泽东说:"蒋委员长身边有你们这些人,我这个小小的指挥部,不仅指挥解放军,也调动得了国民党的百万大军哪!"

8月以后,父亲历任解放军第一野战军副参谋长、兰州军事管制委员会副主任、西北军政委员会委员(主席彭德怀,副主席习仲勋、张治中)。此时此地见到张治中,父亲仍然口称"张老师"。张治中对彭德怀、习仲勋等人说:"在何应钦向蒋介石报告韩练成已到了解放区时,蒋介石一把打落了桌上的玻璃杯,指着何应钦大喊:'都是你们逼的!如果不是你们贬他一个中将当旅长,他怎么会走?'"张治中曾问过周恩来:"韩练成是蒋介石身边的红人,并非'杂牌'军人,也不是受排挤、没出路的人,这样的人为什么会跟了共产党走?"周恩来回答:"这正是信仰的力量。"

周恩来作为证明人,向父亲的入党介绍人、西北军区副司令员张宗逊和副政委兼政治部主任甘泗淇交了底。他说:"这么多年以来,韩练成一直是一个没有办理过正式入党手续的共产党员,他的行动是对党的最忠诚的誓言。"1950年5月,父亲正式加入中国共产党。

1955年9月,父亲被授予中将军衔、一级解放勋章。授衔前,周恩来曾征求过父亲的意见，根据他的条件和贡献，如果按起义的国军军长对待，完全可以授上将军衔，可父亲却明确表态，坚持按入党时的职务、级别，接受中将军衔。周恩来因此常说："韩练成要党员身份，不要上将军衔。"

1984年春天，父亲病逝于北京。当时的中共中央政治局全体常委都送了花圈，高度评价父亲"高谋一着潜渊府，淡泊半生掩吴钩"的传奇一生。

（本文作者：韩练成之子）

一位有文学情怀的军人

谢子展

谢雪畴（1920—2017），湖南省宁乡市人。1938年3月于湖北黄安参加新四军，同年10月加入中国共产党。

抗日战争全面爆发至抗日战争胜利期间，曾任新四军第四支队挺进纵队政治指导员，第四支队第十四团政治处宣传股股长，第二师兼淮南军区政治部宣传部教育科科长，第二师第六旅宣传科科长，第二师第五旅兼路西军分区政治部宣教科科长，第十五团政治处主任、政治委员。解放战争时期，任华东野战军第七纵队第二十师第十六团政治委员，参加了兖州攻城战役、淮海战役、渡江战役等战役。中华人民共和国成立后，历任师副政治委员、空军高级航空学校政治委员、兰州军区空军副政委、兰州军区政治部主任等职。为中国作家协会会员、陕西省作家协会名誉理事，出版了《团指挥员》《古塔的神话及其他》《中国空军击落"U-2"纪实》《东海冲击波——三军首次联合渡海登陆战纪实》等数十部作品。

1955年被授予上校军衔，1960年晋升为大校军衔。荣获二级独立自由勋章、二级解放勋章。1988年被中央军委授予独立功勋荣誉章。

父辈的勋章

他是一名曾率领部队参加多次战役，在战火中夺取了诸多胜利的新四军战士；他也是一名心中燃烧着文学激情，有着文学情怀的军人。

他就是我的父亲，堪称"儒将"的谢雪畴。

父亲工作怎么样，我说不清楚，但我知道，他过去在战争年代打仗很勇敢。他的下级写文章提到他，说他打仗很"有种"！后来搞领导工作多年，讲话稿大都是自己写。他工作很认真，对下级要求很严，培养了很多人才。

父亲为人很正派，很清廉，公家的东西一点都不肯沾。他一直配有专车，但他的车子我们子女是不能用的，过去上班时候连我母亲也不能用。当时部队内部处理军装、飞行服等东西，他都不肯让我们买，甚至连电影票都没多给过我们一张。我弟弟在兰州空军当兵，工作表现、资历样样都好，赶上要从副职提个正职，别人走关系，我弟弟没走关系。其实最大的关系就是我父亲，兰州空军政治部管干部的都是我父亲下级，只需一个电话的事，可我父亲就是没管，我弟弟一生气干脆转业了。

1986年，父亲离休，我和父亲住在一起，才对他有了更进一步的了解。

从骨子里讲，父亲是个文人。虽然指挥过部队，能打仗，但更爱写文章。他是中国作家协会会员，手稿有好几箱子，都是他的心血！上面满满的字，勾勾画画，不知改过几许。我清楚的是他的封笔之作《穿破硝烟的战场》，改了起码二三十稿！要我肯定没那耐心了。他一生写了几十部文稿，从十八九岁时开始写文艺作品，一直写到九十几岁，笔耕不辍。他们部队打过的仗，他都写遍了。他那个年代，工农干部多，有文化的少，像他这样能写的的确不多。那个时候，没有计算机，全凭手写，

一位有文学情怀的军人

谢雪畴（右二）晚年离休后，给客人介绍院子里的花木

连纸张都短缺，钢笔是奢侈品，写文章真的不容易。现在的孩子是没法想象以前的人是怎么写文章的。不能有错别字，一篇文章要反复改，反复抄，很烦很烦的。"文化大革命"前，文化部曾有意将我父亲从部队调到地方，专门从事写作，空军领导刘亚楼没同意。如果当时他一点头，我父亲军装就没了。

小时候，我们部队的孩子喜欢看打仗的小说。我父亲的小说也写打仗，但我不太喜欢，因为里面的描写不那么激烈刺激。等成年了才知道，我父亲他们部队打的才是真正的恶仗。

解放战争时期的一战涟水，父亲所在的成钧五旅防守，国民党整编七十四师进攻。前后打了十来天，最后国民党也没打下涟水。徐东阻击战，父亲所在的部队和国民党新五军的二〇〇师在大平原上对着干，人家是机械化部队呀！前后打了11天。在大王庄，直接灭了黄维十八军的三十三团。这3仗，都是直接正面对抗国民党的主力。和国民党5大主力中间的3个干过仗的，可能只有他们这支部队。徐东阻击战，他们部队得到了上级嘉奖，嘉奖令现在还在淮海战役纪念馆。他们部队叫"谢谢团"，团长、政委都姓谢。真实的战争，没有那么多奇迹，只有活生生的人用命在拼。淮海战役纪念馆中，介绍了一位英雄排长的事迹。一个排长为什

谢雪畴写《东海冲击波》，到海边实地考察

么要介绍？一般人不知道，纪念馆的人也不知道。我看了资料和老干部们写的回忆录才搞清，那是一个营的几百人全打光了，就剩下那一个排！我父亲的文章，都是素描、写实。他的文章中最得意的是《白云深处有人家》，讲一位红军伤员在艰难困苦的环境下不屈不挠的故事。这篇东西其实是一位红军战士真实经历的记录，我父亲被深深感动了，才写下这篇文章。后来他有些文章比这篇东西影响大得多，比如《团指挥员》，当时文化部长周扬都很看重；《老虎团的结局》进了中学语文课本，此外还有很多得奖的作品。但对我父亲来说，最有分量的还是《白云深处有人家》，那里面包含的感情不一样！

离休后，我父亲的生活主要就是写作。他比别人有有利条件，可以从部队机要部门直接调档案材料。所以他写了《东海冲击波》，就是当年解放沿海岛屿的战斗，还有打美国U2飞机、原子弹试爆等文章。内容很细，很多都是询问过亲身经历过战斗和参加过投弹的干部，然后才定稿的。写《东海冲击波》，他还专门跑了趟海边。

他不睡懒觉，也不喜欢别人睡懒觉。他刚离休那会儿，我们上班，一周只有一天休息，想多睡会儿，不行。他早上6点就起来，在我们窗户底下听收音机，打太极拳。后来他的收音机有点小毛病，让我修，我趁机就把他的机子灭了，从此太平。

他有老毛病，腰痛。战争年代，有一次，他拿望远镜观察敌情，不幸中了敌人的冷枪，打在腰上，此后就怕天阴。干休所这些老干部，几乎人人带伤，真不容易。

我父亲还喜欢书法，这应当是私塾教育的结果。他喜欢用毛笔写字写信。我们从小就见他练毛笔字。几十年了，以前条件差，用报纸练，后来有钱了，买毛边纸练。他最喜欢怀素的字，弯弯绕绕，拐啊拐的，让别人半天认不出一个字来。家里字帖买了一大堆，厚厚的书法大字典一模一样的买了3本，还交了好多位书法家朋友。最有名的书法家是陕西师大的卫俊秀，我父亲挺欣赏他的人品。卫俊秀来过我家好多次，每次来，总要在客厅边抽着烟，边把林散之的一幅字默默看上半天。还有一位台湾书法家叫郭瑞琛，6岁写字，写到九十几岁。他们3个在一起谈书法，一谈就谈很长时间，挺投缘。我挺喜欢郭瑞琛的字，我房间挂的就是他的字。我父亲为林散之的字和卫俊秀的字还写过文章，当然还有故事，登在杂志上。

有一次，我父亲和卫俊秀讲起岳阳楼上牌匾的历史故事。卫俊秀听得兴起，叫着拿笔来，奋笔疾书"楼观岳阳尽，川回洞庭开"，于是我家客厅就多了一副大对联。

我父亲特爱花，院子里的花谁都不能碰，就是碰掉一片叶子也不行，连他孙子也不行。但他种花也有毛病,就是只要是他喜欢的花,就拼命种。比如牡丹,一个小院子种了几十棵,满满当当!养兰花,养上几盆不就行了?不行!他拼命养,最多时我家

谢雪畴带小孙女种花

兰花有100多盆!还有香樟树,香樟是南方树种,原来西安是不种香樟的。那年部队某单位搞了一批香樟树苗,他闻讯要了一棵,别人的树苗没种活,他把树苗种活了。后来他逢人便讲西安最早的香樟树是他种的,连西安市长董军也来看了树,据说还把园林的人训了一顿:"你们说西安种不活香樟,可我在一个老干部家看过,香樟长得很好!"再后来,西安香樟越来越多,变成大白菜了,但我父亲一如既往地和别人讲他的香樟。他在院子里种了七八棵香樟树,我看着实在难受,悄悄砍了两棵,怕他看了生气,就把树桩用个花盆扣上。第二天,他把我喊到院子里:"树呢?"然后花盆被拐棍一下拨翻了几个跟头,"你要气死我!"

我母亲在的时候,只给他口袋放50块钱。他对钱没多少概念,在外面见到花就走不动路,一盆盆往家搬。后来我母亲不在了,本来我们延续过去的管理方法,但他不干了,要"解放",一个月要1000块零花。这下好,什么治疗仪、纪念章之类几千几千地买,总是超支,事前不露口风,都是既成事实,管都管不住。保姆家生活困难,他就给保姆悄悄

发红包，几千几千发，七八年了，他小金库里还是只有五六千块。钱去了哪里？一问他就哑火。

我父亲记性很好，几十年前的事情，时间、地点、人物记得清清楚楚，放我们身上早忘干净了。他有个习惯，一件事，反复和别人讲，讲多了，这件事就再也不会忘了。他过去部队里的事，和我们讲了不下几十遍，以至于后来他一开口，后面要说什么我们全知道。我们家的保姆在他的教育下，对过去的战斗历史，都能数落得七七八八。

他有件憾事。我母亲是北大毕业的，我有个弟弟也是北大毕业的，但孙子辈没有上北大的。他叨叨过许多次。他喜欢读书，也希望后辈如此。他的藏书很多，这对小时候的我们很有利。我小学三年级就通读了《红旗飘飘》《星火燎原》，到六年级已经巴金、茅盾等人的作品包括外国名著通通过了一遍。他到老了还不断买书看书，奇怪的是他不喜欢金庸的书，买了二套，都读不下去扔一边了。

他生命的最后一年，是在医院度过的。眼睛不好，天天要人给他读报。为找一个能读报的保姆，让我们不知操碎了多少心！西安的保姆介绍所，我们跑了十几个，保姆前前后后换也换了几十个，出来当保姆的，有几个文化高的？最后给他找的保姆挺好，在我家干了好几年。她天天读报，政治觉悟理论水平都大有提高，我们开玩笑，说她回村当个妇女主任绰绰有余。

病床上的最后几个月，父亲时有犯糊，总是叫他过去老首长老战友的名字。临去世的前几天，晚上突然挣扎着要下床，说刘亚楼、刘懋功来了，要打仗了！他一听打仗就兴奋，到底是军人。父亲于 2017 年 1 月

22日去世,走得很急,在睡梦中走的,没痛苦,活了97岁。

他老了,和我们讲得最多的就是,人是社会的人,要做事回报社会。其实,我知道他在说什么。他年轻的时候,看过苏联小说《钢铁是怎样炼成的》,我们也都看过。书中的主人公保尔·柯察金有段名言,父亲年纪大了,背不出来。这段话是:

人最宝贵的是生命,生命每个人只有一次。人的一生应当这样度过:当回忆往事的时候,他不会因为虚度年华而悔恨,也不会因为碌碌无为而羞愧;在临死的时候,他能够说:"我的整个生命和全部精力,都已经献给了世界上最壮丽的事业——为人类的解放而斗争。"

(本文作者:谢雪畴之子)

斗智斗勇,以弱胜强

谢勇武

谢曙光(1910-2003),江西省永新县人。1926年投身革命,1928年加入中国共产主义青年团,1932年转为中国共产党党员。

土地革命战争时期,曾任乡苏维埃政府主席、县委巡视员,红六军团连、营政治指导员,游击大队政治委员,独立营营长兼政治委员,红二方面军模范师宣传队长,参加了长征。抗日战争全面爆发至抗日战争胜利期间,任中心区委书记,新四军民运股股长、支队教导大队队长、营政治教导员,团政治处副主任、代主任,师民运部部长,淮南军区六支队政治委员、独立旅团政治委员等职。解放战争时期,历任华中野战军支队政治委员、纵队政治部组织部部长,师副政治委员兼政治部主任等职,参加了莱芜、孟良崮、济南、淮海等战役。中华人民共和国成立后,历任福建军区第三军分区副政治委员、福建省公安总队政治委员、福州军区工程兵副政治委员。

1955年被授予大校军衔。荣获二级八一勋章、二级独立自由勋章、二级解放勋章。1988年被中央军委授予中国人民解放军二级红星功勋荣誉章。

回顾人民军队所走过的道路便可发现，我军一直是凭着坚定的革命信念和顽强的斗争意志，以少胜多，以弱胜强，与敌人斗智斗勇，才一次又一次打败了貌似强大的对手，取得一次又一次看似不可能的胜利。

在这无数次的胜利中，有两场堪称范例的战斗，是由我父亲谢曙光和他的战友指挥的。

羊山头巧打伏击战

在抗日战争的烽火硝烟中，新四军淮南军区来（安）六（合）支队在羊山头伏击战中，前后仅用50分钟，就全歼了汪伪警卫三师一个整营及日军一个小队。

汪伪"首都"警卫部队有3个师，分别驻扎在南京、江宁、句容、江浦、六合等地。1944年12月初，来六支队得知伪警卫三师将与驻扎在六合、江浦、程驾桥一带的伪警卫一师换防。时任政委的我父亲与几个支队领导研究后认为：敌人换防，正是我们消灭敌人的好机会。

决心定下后，立即动员部队，加紧做好战前准备。首先，将支队5个主力连（二、五、六、七及特务连）集中到支队司令部附近进行突击训练，并从各连抽调党团员和战斗骨干共30多人，组成一支"敢死突击队"，每人配8枚手榴弹和一支梭镖。当时支队只有五六挺老式的捷克轻机枪，其余的多为"老套筒"，没有刺刀，子弹也不多。为了改变不利于同敌人拼刺刀的武器劣势，队里决定打造一批梭镖。只用了一个星期，就赶制了近300把。铁梭镖头打好后，没有木梭镖棍，驻地群众就

1944年，羊山头伏击战敢死突击队队员战后与缴获的战利品

想方设法帮助筹集。有的将房前屋后栽的小树砍掉，做成梭镖棍；有的干脆把自己用的锄头、铁耙棍卸下送到部队。这些土制武器梭镖，在接下来的羊山头战斗中还确实发挥了很大作用呢！

一切准备就绪，单等敌人来换防上钩，可一连几天敌人都毫无动静。

直到21日中午，才接到便衣侦察员送来的情报：伪警卫三师一个营在日军一个小队的跟护下，将于22日从六合县城去程驾桥换防。此时，支队司令员程启文接到调路西四旅十二团工作的命令，已去军区了，我父亲因兼任了来六县委书记因事外出了。留守的唐元田参谋长接到情报后，一面集合部队按预定方案向伏击地区隐蔽运动，一面立即派人送信通知我父亲。接到通知后，父亲立即追赶部队，于半路上与唐参谋长会合。

22日凌晨1时多，部队到达预定埋伏地域，迅速按预定方案展开，

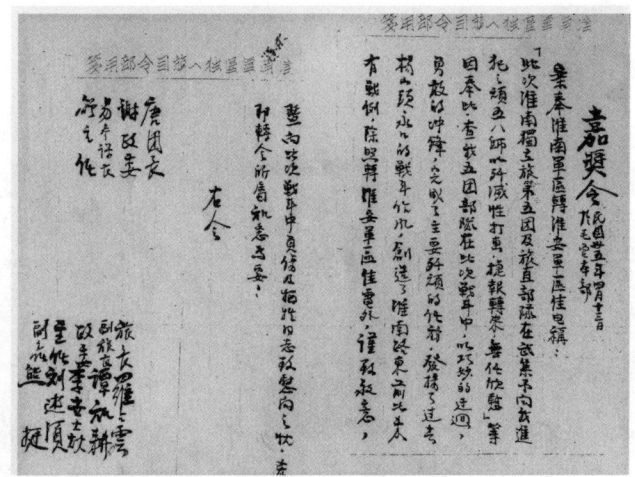

独五团在武集战斗后荣获的嘉奖令

并立即封锁消息,控制一切来往人员,只准进,不准出。担任观察敌情和上下联络的人员一律化装行动。

部队从凌晨1时进入埋伏区,等到下午1时半仍不见敌人出来。唐参谋长向我父亲建议:"政委,快到下午2点了,还不见敌人来。估计敌人今天不会来了,我们收兵回去吧。"父亲思考了一会儿说:"我们再等它一两个钟头收兵也不迟。"

到了下午3点时,父亲用望远镜向六合方向观察,发现敌人的身影在小胡营东边的小山岗上出现了。敌人排成二路纵队,在六合公路上大摇大摆地向埋伏圈走来,枪上的刺刀在夕阳照射下一闪一闪地发出亮光。伪军的后面是一个小队的日军。3时半,骄横的敌人已全部进入我军包围圈,他们根本没有发觉末日已经来临。突然,日军小队的身后传来3枚手榴弹的爆炸声。这是担任截尾任务的五连发出敌人已全部进入包围圈的信号。指挥所立即吹响冲锋号,部队从四面八方一跃而起,冲向敌人。五、六连乘势冲向敌人后卫与日军小队厮杀,给了鬼子一个下马威。二连从小王营一跃杀出,挡住敌人的去路。突击队员一个个像小老虎似的手持发出寒光的梭镖,向敌人杀去。一时间枪声四起,震耳欲聋。手榴弹爆炸声,军号声,战士们冲杀的呐喊声响彻云霄。这突如其来的"天兵"把敌人吓得蒙头转向,手足无措。伪军营长眼看退路被截断,

谢曙光在战争年代的留影

便想纠集部队全力向程驾桥据点逃窜,被二连一个冲锋赶了回来。他们又企图抢夺羊山头小高地顽抗,刚爬到半山坡,就被早有准备预伏在山头的我特务连用手榴弹一阵狠揍,只得连滚带爬地退到坡下洼地里。

这时,我突击队在二、五、六连和特务连的积极配合下,迅速跨过公路,端着梭镖向敌冲杀过去。紧接着,几个连队迅速合围。短兵相接就轮到梭镖显示威力了。只见战士们手持梭镖将洼地里的敌人团团围住,顽抗的敌人当场被刺死,其余的纷纷跪下求饶:"'四大爷'(伪军对新四军的尊称)饶命啊!'四大爷'饶命啊!"伪营长平时的威风一扫而尽,偷偷抬头一看,四周都是手持梭镖的新四军战士,雪白明亮的梭镖对准了他,吓得全身发抖牙齿打颤,无奈地说:"我下令缴枪投降。"这时才刚过4时不久,整个战斗不到50分钟就结束了。我军仅以22人轻伤、消耗子弹数百发、手榴弹近百枚的代价,全歼汪伪军一个营及日军一个小队。共计毙伤日伪军110余人(其中击毙日军10人,逃脱1人),

戎马倥偬的谢曙光

俘虏汪伪军280余人。缴获步兵曲射炮1门,九二式重机枪3挺,轻机枪9挺,掷弹筒7具,长短枪200余支,各种子弹近10万发,还有敌一个营的全部辎重及各种物资,仅军毯就有800余条。

羊山头战斗是来六支队组建以来的又一次痛歼日伪军的大胜利,也是淮南军区地方武装独立作战以来首创全歼敌人一个整营的战例,受到了新四军淮南军区的传令嘉奖。战后,新四军二师兼淮南军区文工团创作了戏剧《羊山头》,在淮南根据地各地演出。

二级八一勋章　　　　　　二级独立自由勋章　　　　　　二级解放勋章

武集麦地智胜"御林军"

抗日战争胜利后，新四军二师兼淮南军区决定组建淮南军区独立旅第五团。由我父亲谢曙光任政委，唐元田任代团长。

独五团的前身就是来六支队，抗日战争全面爆发至抗日战争胜利期间一直战斗在江浦、六合、浦镇一带，对周边的地理环境相当熟悉，但武器装备落后。

而在独五团正面的，是蒋介石的"御林军"——张灵甫的整编七十四师五十八旅（即原来的七十四军五十八师）。相比我军，敌人无论从兵力还是装备上，都拥有极大的优势。仅一个连的自动火器，就远远超过独五团的全部火力。至于大口径火炮，那就更没法比。

在强敌面前，首先要在气势上压倒它，并讲究斗争方法。虽然我军的火力处于劣势，但能否设法取得某一局部的优势呢？父亲经过深思熟虑，提出将全团的轻机枪、掷弹筒和枪榴弹集中起来，组成一个火力连；

再抽调十几名枪法精准的同志组成一个特等射手班，加强配备于火力连，在战斗中专打敌人的指挥官。火力连由团首长直接掌握，灵活使用。这样，我们虽然在整体上处于劣势，但在战斗中的某一节点上，则可以形成拳头，集中所有火力猛烈攻击，把整体劣势变为局部优势，就能把握战斗的主动权。

1946年4月6日清晨，我军驻地南面传来一阵阵零星枪声。早饭时，侦察员报告：敌一七四团一营倾巢出动，向我来安县武集进犯，企图抢粮抢东西。

独五团立即将情况向旅部报告，同时命令部队紧急集合。还没等到旅部的批准命令正式下达，各连都已开始接敌运动。

接到旅部批准的战斗方案后，部队已运动到李庄附近。这时，地方干部前来报告：敌人正在武集附近的大块麦地里埋锅做饭。从望远镜中可以看到，敌人正在东一堆、西一堆地休息，枪支架在一起。整支部队连个瞭望哨都没设。

敌人越骄横，对我军的近战就越有利。独五团利用小山岗上枝叶茂密的桃树林作掩护，隐蔽运动到离敌不到200米处，将其置于我有效射程之内。火力连首先突然开火，十几挺轻机枪，还有掷弹筒和枪榴弹，突然猛烈地射击。再加上全团十几支冲锋号一起吹响。冲锋号声和战士们的喊杀声响彻云霄。一营3个连的战士们都端着刺刀，在王书庆营长的带领下，如同猛虎一般杀向敌群。接近敌阵后，先是猛甩一通手榴弹，炸得敌人血肉横飞，丢盔弃甲，到处乱窜。一时兵找不到官，官指挥不了兵，队伍慌成一团，战斗力大减。

这时,二营从西面包围过来。敌人死的死,伤的伤,还有更多的没等明白过来就成了俘虏。敌中校营长见我侦察队已迂回控制住其退路,便甩掉部下向南骑马狂奔,企图孤身一人逃跑。我军神枪手一枪将其击毙,敌营长便滚下马鞍,尸横田埂。

敌军失去了指挥官,众官兵更是狼奔豕突,抱头鼠窜。他们脚上穿的是日军的翻毛牛皮靴,根本跑不动路。而我们的战士脚穿麻织草鞋,健步如飞,追上敌人就是一刺刀,杀得敌人哭爹喊娘,无处可逃。因我侦察队早已牢牢地扼守住其退路上的那座小桥,敌兵只得跪在地上求饶,乖乖地举手投降当俘虏。

谢曙光晚年留影

打扫战场时,父亲走到一块麦地里,仔细清点了一下。在不到一亩大的地里,横七竖八地倒着27具尸体;另有六七个活着的伤兵,正痛苦地发出哀嚎。父亲要通讯员传令,让包扎所派人替他们包扎伤口。

这次战斗,共毙伤敌中校营长以下近200人,俘虏240余人,其中包括3个连长和7个排长,只有敌副营长带了六十来名残兵从西南角小河沟里潜逃漏网。另外缴获敌人八二迫击炮2门、六零炮4门、重机枪3挺、轻机枪17挺、加拿大产汤姆式冲锋枪80多支、美式步枪180多支、子弹4万多发,还有其他军用品。

从俘虏口中得知,被歼的这个营是原中国远征军的标准模范营,在印度、缅甸同日寇作战时曾屡立战功。后被蒋介石、张灵甫树为整编第七十四师五十八旅的标准模范主力营。该营营长曾获得3枚勋章，刚被提升为一七四团副团长。当时国共两党的谈判仍在进行。我军主动把被击毙的敌中校营长尸首，连同他的3枚勋章，由被俘的该营一名连长带4名士兵抬着送回其驻地大英集，并以团长、政委的名义，给敌七十四师副师长蔡仁杰写了一封信，指出他们不断向解放区挑衅骚扰，破坏国共停战谈判的错误。严正告诫他们：挑动内战是不得人心的，这次失败就是明证！父亲还特地对送尸的敌连长说："回去后，告诉你们上峰，新四军奉劝你们不要继续做蒋介石挑动内战的帮凶，应该悬崖勒马，停止挑衅。如果执迷不悟，继续与人民为敌，你们营长的下场在等着你们！"

武集战斗，是独五团组建以来战果最大的一次。独五团以牺牲2人、轻伤22人，消耗子弹2000余发、手榴弹300余枚的代价，取得歼灭蒋介石"御林军"整编第七十四师一个标准模范营的胜利。

战后，独五团受到了华中军区的通令嘉奖。全团指战员士气高涨，为独立五团向野战军主力团队迈进打下了良好的基础。

（本文作者：谢曙光之子）

铸剑为民开太平

谭 斌

谭政文（1910—1961），湖南省资兴市人，1926年投身革命，1927年加入中国共产党。

1928年参加湘南起义，后随军上井冈山。先后任红九军团政治保卫局执行科科长、红一军团第二师特派员、红一军团政治保卫局执行科科长，参加了历次反"围剿"斗争和长征。抗日战争全面爆发至解放战争时期，任陕甘宁边区政府保安处副处长兼地方部部长、政治处主任，中共中央社会部地方部部长兼指导处处长，中共中央敌区工作委员会委员，晋西北边区政府公安局局长，中共中央社会部副部长，北平市人民政府公安局局长，北平市委常委兼社会部部长。中华人民共和国成立后，先后任中共中央华南分局社会部部长兼广东省人民政府委员、公安厅厅长及广州市公安局局长，中共广州市委书记，广州警备司令部第一政治委员，最高人民检察署副检察长，最高人民检察院副检察长等职。

作为中国共产党、中华人民共和国保卫、公安、司法战线第一代领导人之一，1926年他刚16岁便投身革命，1927年7月加入共产党，1928年参加湘南起义上井冈山，参加了历次反"围剿"斗争和两万五千里长征。他长期从事党的保卫工作，在中华人民共和国建国之初，曾为顺利接管大城市、有效管理大城市做出过重要贡献。毛主席曾称赞他"文武双全"。

他，就是我的父亲谭政文。

"黄堽一期"，精英育才

解放战争后期，如何顺利接管大城市、有效管理大城市，对建立中华人民共和国、巩固新生的人民政权是个必须妥善解决的崭新难题。为此，1948年，中共中央社会部在中央所在地河北平山县西柏坡开办了接管大城市的公安集训班。

那时，中社部长李克农属下唯一的副部长是我父亲，当年他38岁。除协助克农伯伯兼顾中社部的日常工作之外，父亲的主要精力几乎都投入到公安集训班上。这个班精挑细选了108位学员，全是从县团级以上、具有初中以上文化、身体健康的优秀保卫干部中选拔出来的精英。父亲亲自兼任训练班的班主任。当年，中社部在平山滹沱河畔东黄堽，训练班设在西黄堽。我父亲与报到的学员交谈时，诙谐地说："你们是黄堽警校第一期，好比黄埔军校第一期，很重要噢！"训练班开学时，中央书记处5位书记中，刘少奇、朱德和任弼时都亲临会场，作了重要讲话，表明中央的高度重视。

革命形势的发展比人们预料的快得多,原定一年学期的训练班刚开了不足3个月,即面临解放北平、接管北平的新任务。当时,中央决定由我父亲主持北平公安工作。父亲向中央请求,将训练班为全国培训的公安精英全部带往北平,既是继续"以战代训",又是"集中兵力打歼灭战",不但为将来的首都公安建设奠定坚实的基础,也为全国其他各大城市的接管开个好头,闯条路子。这就有了共和国公安史上"谭政文率领'一百单八将'接管北平"的一段佳话。

1949年2月,谭政文在北平时留影

实际上,除父亲从西柏坡带出来的这108名干部外,还从中社部机关抽调了20名干部,加上进京途中不断归建的中社部直属平津情报站及各大区、军区在华北的情报站共100多名干部,都会师在我父亲麾下。父亲一是抓住训练班,二是抓住情报站,使公安系统对北平的接管有了坚实的基础和得力的骨干队伍。各情报站的工作结合地下党提供的情报,使市局基本掌握了北平的敌情、社情,以至进城后能够立即按照门牌号码和具体名单去搜捕敌特分子。

奠基首都,保卫中央

在解放大军举行入城仪式的前一天,以父亲为首的军管会即接管了北平的旧警局。

中央决定,北平首届市委委员11人,包括市委书记彭真,第一副书记、军管会主任兼市长叶剑英等,我父亲被任命为公安局长,是市委7名常委之一。当时没有副局长,就由他一个局长,带着不足10名处长、十几个科长和20个分局长等40多员干将,团结一致,共同努力,经过不到1年的时间,就在首都完成了整顿战后混乱状态、建立正常社会秩序的艰巨任务,为中央创造了一个安全稳定的工作环境,为后续接收和管理大城市树立了学习的榜样。

父亲在接管中创造性地贯彻执行市委的"赶毛驴"政策,即进城后的行政、事务性工作,可以继续使用原有人员挑担子,由我们掌握方向。其间,父亲特别善于做好关键人物的工作。旧警局代理局长徐澍是一个有15年警龄的职业警官,由于比较廉正,威望较高,当原局长畏罪潜逃后被推到代理局长的位置上。在解放前夕的混乱状态中,他命令各级警官将警局里的文件、档案完整保存,并在移交前对人员、武器、财物等都造册登记,父亲对此十分满意。对徐进行全面分析后,父亲决定继续发挥他的积极作用,要他负责一些行政组织工作。为充分尊重他的人格和专业知识,还专门因人设事,成立了一个业务研究组,任命他当组长,并说:"你这个组长由我亲自领导。"后来,父亲奉命南调,还盛邀他一同南下。徐备感知遇之恩,毫不犹豫地随同前往。回忆起这段历史,

谭政文的工作照

徐澍感慨地说:"谭政文同志热情诚恳,与人为善。共产党好,我就是从谭局长身上首先体会到的!"

当年的北京市公安局,除要行使社会治安和城市管理的职能外,还承担着直接保卫党中央的重任。那时,国民党特务活动十分猖獗,不断策划暗杀我中央领导、高级民主人士和国际友人,甚至阴谋组织武装暴乱,妄图颠覆新生的人民政权。所以,对于直接保卫党中央的工作,我父亲总是亲临一线,一丝不苟,竭尽心力。

有一次,李克农部长让秘书打电话通报我父亲,毛主席和政治局领导同志当晚要到长安戏院观看梅兰芳的京剧。父亲放下电话,便紧急部

1951年，谭政文及夫人姜鹏在广州合影

署，派人把长安戏院控制起来，并将包厢全部包下——当然，包赔所有退票损失——在戏楼上设立了一圈安全带。他自己穿着便衣，拿着手电，亲自在戏院门口迎候。其他同志见他连随员、警卫都不带，很不放心。他却说："今天还管我干什么！你派个人跟着我，不是反倒暴露了吗？"直到散戏，观众也不知道那晚与往常有什么不同。毛主席和其他中央领导同志高高兴兴地看完戏并安全退场后，父亲提着的一颗心才算放下来。父亲常讲："警卫工作的功力，在于内紧外松。有再大的压力，也只能由保卫人员担当，不能把它传递给保卫对象，更不能把它传递给群众。剑拔弩张，是懒人的笨办法——它脱离群众，群众会反感；它把领导同群众隔开，领导也不高兴。不能干这种两面不讨好的蠢事。"

有30万人参加的开国大典的保卫工作，父亲同样肩负着重大的历史责任。除主席台的警卫由公安部直接负责外，其余的大会保卫任务几乎全部由市局承担。为了永载史册的开国大典万无一失，父亲在局里专门召开了两天会，研究、布置大会内外的各项安全保卫工作。仅观礼台周围，就从公安部队调派了1000多名便衣警卫。从白天的大典，到晚上的狂欢，都没有发生重大事故。北京市公安局不负党中央和全国人民的重托，光荣地完成了开国大典的安全保卫任务，得到中央和北京市委的表彰；同时，也为以后历年的国庆保卫工作积累了最初的宝贵经验。

父亲那一代人身上体现出的革命者、创业者那种拼命、忘我的工作精神，感人至深。父亲的思想作风和工作作风，对北京市公安局干部的影响至深至远。虽然他在北京市只工作了一年，但作为奠基人，他却给首都公安锻炼了一支好队伍，缔造了一派好作风，留下了一个好传统。

"港澳镇反"，威震南天

1949年8月，叶剑英南下广州，主持中共中央华南分局，任华南分局书记兼广东省人民政府主席和广州市市委书记、市长。那时，广州是直辖市。叶帅点将，要求中央把我父亲调去做他的助手。1949年底，中央任命我父亲为华南分局常委、社会部长、广东省公安厅长、广州市公安局长兼广州警备区政委，协助叶帅在祖国南大门的前哨阵地开展公安工作和情报工作。那时期，随父亲南下的干部约300多人，日后成为广东及华南政法系统的骨干和公、检、法、司各部门的领导。

父亲赴广州履新，面临严峻的形势。广州作为敌人在大陆的最后据点，各地、各系统的特务汇聚于此。那时，广东全省的散兵游勇就有5万之众。仅1949年底至1950年上半年，全省就发现土匪337股，计4万余人，发生反革命暴乱、袭击、爆炸、抢劫、纵火、投毒、暗杀事件349宗。广州市内土匪横行，公开抢劫。敌特甚至堵在市公安局治安处门口，公然与警方对射。

面对这样的危局和乱局，父亲雷厉风行地连出重拳，短期内迅速扭转了局面，掌握了主动。他的工作节奏非常紧张，经常是在华南分局开完会，回到办公室就立即召集副厅长、副局长、处长们开会，有时通宵达旦。这样夜以继日连轴转地忘我工作，不少干部都感到吃不消。但他总是说："敌人搞破坏，难道分什么昼夜吗？"他坚持认为："搞公安工作，就是要这样拼命工作，要抢在敌人前面！"

在公安建设上，父亲一手抓"文"，刻不容缓地成立省公安干校；另一手抓"武"，尽快组建广东公安部队。他本人尚未到广州，已令先遣干部开始了干校的筹建和招生工作。首批学员招收了千余名广州的社会青年和大中学生，从中挑选出200多人办速成班，40天结业即分配各处。后来还专门成立了女生队。此举对于加强公安队伍建设、迅速打开工作局面起到了至关重要的作用。且不论日后的长远意义，仅讲南下干部如果没有这些青年知识分子新干部的配合，沟通语言就是急死人的难题。这举重若轻的一招，至今还为许多老同志所钦佩、称道。在由京南下的同时，父亲即已下令从广东各地方部队调员，尽快组建公安19师。1950年初改为广州公安总队。有了这样一支专业化的威武之师，广州乃至广东的大局立即稳定下来。

在隐蔽战线上，父亲一方面加强国内侦查，严打"钻进来"；另一方面加强向外派遣，主动打出去。他力主不放松长线派遣，同时采取各种措施，坚持短线派遣和专案派遣。父亲开辟的情报工作前哨阵地，不但为广东服务、为华南服务，而且为全国、为中央服务。这种深具战略眼光的长期经营，使构筑和巩固共和国无形长城获得了无法估量的收益，为巩固新生政权和加速国家建设做出了重大贡献。

1950年3月3日，敌机临空，特务的信号弹满天飞，几乎将黄沙火车站炸平。"三·三大轰炸"的各类损失和政治影响都很大。面对巨大的政治压力，父亲精心策划，周密部署，亲自指挥，决定打掉敌特在港澳的指挥机构，给敌人一次"釜底抽薪"的致命反击。经请示叶剑英批准，展开了代号为"港澳镇反"的特别行动。首先，原广州伪侦缉处长临出走西班牙的前两天，被击毙在澳门的街道上。不久，又处决了军统澳门站站长和军统港澳穗站站长。敌特全线震骇，活动大为收敛。不到两个月，华南、广东的治安迅速好转。1950年过了个安稳祥和的"五一"节，党、政、军、民无不称赞。半年后，继续执行"港澳镇反"第二阶段任务，在香港处决了军统华南站站长。至此，一连剪除了国民党保密局在港澳的3名少将级特务头子，"港澳镇反"的计划全部胜利完成，使原来比广州公安机关编制还大的港澳特务机关，遭到摧毁性的打击，从根本上改善了东南沿海各省的政治环境和治安状况。

在积极进行对敌斗争的同时，父亲还领导广东及华南公安机关开展了声势浩大的禁赌、禁毒、禁娼斗争，涤荡旧社会留下来的污泥浊水。这些严重危害人民群众身心健康的社会痼疾，这些旧社会无法克服、资本主义国家无法避免的丑恶现象，被新生的人民政权一扫而光。当时那种鼓舞人心、有口皆碑的德政，不仅使人民群众、各民主党派及对新政权持观望态度的"中间势力"对共产党为人民的宗旨有了初步的认识，而且使全世界人民和各国政府感性地认识到了共产党执政的正义性，看到了人民政权执政的超能力和高水平。

　　接管大城市，除旧布新，重整乾坤。北京和广东，这一头一尾，两个最重的任务压在父亲身上，说明党中央对他的高度信任。北京这个头开得好，广东这个尾收得顺，证明中央确实遣将有方，同时，也体现了父亲对党和人民的忠诚以及他在险恶斗争中的大智大勇。

（本文作者：谭政文之子）

绵绵无尽的西藏情

谭戎生

谭冠三（1908—1985），原名谭才儒，湖南省耒阳市人。1926年加入中国共产主义青年团，同年转为中国共产党党员。

土地革命战争时期，参加了秋收起义和湘南起义。曾任中国工农红军第十二军一纵队政治部宣传科科长，红三军第九师二十五团政治委员、师政治部组织科科长，红一军团政治部巡视员，陕甘支队第四大队政治部主任，参加了中央苏区历次反"围剿"斗争和长征。抗日战争全面爆发至抗日战争胜利期间，任冀中军区、八路军第三纵队政治部副主任，第一军分区兼七支队政治委员，南进支队政治委员。解放战争时期，任冀中纵队政治部主任，第二野战军十八军政治委员。中华人民共和国成立后，任西藏军区政治委员，中共西藏工作委员会第二书记，最高人民法院第一副院长。为第四届、五届、六届全国政协常委，中国共产党第七次、八次全国代表大会代表。

1955年被授予中将军衔。荣获二级八一勋章、一级独立自由勋章、一级解放勋章。

他1925年投身革命，亲历"大革命"与"湘南起义"，率领赤卫队跟随朱德、陈毅上井冈山与毛泽东会师，开辟与坚持井冈山斗争，长征后参加了抗日战争和解放战争；中华人民共和国成立不久，即受命与张国华一道率领3万部队进军西藏。从此，他的一生就与这片雪域高原结下不解之缘，临终前的唯一请求，就是将自己的骨灰埋葬在西藏这块土地上。

他，就是我的父亲谭冠三。

进军西藏，义无反顾

1950年1月10日，人民解放军十八军张国华军长和我父亲谭冠三政委从泸州乘船赶赴重庆，接受刘伯承、邓小平传达的党中央毛主席进军西藏的指示和西南局的决定，张、谭当即表示"坚决完成任务"。当时正准备在富饶的"天府之国"川南安家的广大指战员，得知即将进军西藏后，在思想上产生了很大震动，个别干部甚至不服从军令不愿归队。

针对部队的思想波动情况，军党委在乐山召开扩大会议，会后军师领导干部分头到部队做思想政治动员。

父亲首先把当时接受进军西藏的情况给我母亲作了介绍。我母亲说："二万五千里长征我们走过来了，抗日战争那么艰苦、残酷的年代我们也熬过来了，我不怕任何困难。现在的西藏实行的还是农奴制度，我从小给人家当牛做马，知道当奴隶是什么滋味！为了西藏人民的解放，我为能同你一起参加'第二次长征'而感到自豪。"进军路上，我母亲不

1952年，张国华与谭冠三代表西南军政委员会主席刘伯承、西南军区司令员贺龙、政委邓小平向十世班禅赠送礼品，前右为谭冠三

幸流产，她硬是拖着病体完成了进军西藏的"第二次长征"。当时她才29岁，一直未能再生育。

在军领导的带头下，全军上下形成了踊跃要求进军西藏的高潮。在乐山誓师大会上，张军长和我父亲做了动员，张军长带领全体指战员庄严宣誓："一定要把五星红旗和八一军旗插在喜马拉雅山。"我父亲坚定地向全体官兵动员说："你们记住，此去西藏，如果我为祖国献身了，请一定要把我的骨头埋在西藏。""把骨头埋在西藏"这一铿锵有力的话语，成为支撑父亲为解放和建设西藏而奉献终生的座右铭。

昌都战役胜利后，西藏噶厦（地方政府）被迫派阿沛代表到北京和谈，签订了和平解放西藏的《十七条协议》。

按照《十七条协议》，人民解放军很快到达指定位置，把五星红旗插到了喜马拉雅山上，西藏顺利实现了中央驻军。

建设西藏，殚精竭虑

部队进抵西藏以后，上层反动分子不卖给我军粮食，大肆叫嚣："饿肚子比打败仗还难受！"妄想饿死、赶跑解放军。军党委立即成立以我父亲为主任的生产委员会，在拉萨西郊用高价从西藏噶厦手中买下约5000余亩的河滩地，在尚未消除几千里行军疲劳的情况下，部队立即投

部分参加秋收起义的同志合影（前排右二为谭冠三）

入到开荒生产中去，并提出"开荒生产，自力更生，站稳脚跟，建设西藏保卫边防"的口号。父亲对官兵们说："咱们在风雪高原搞生产，撒下的不仅是萝卜种子、白菜种子，更是希望的种子、团结的种子，富裕繁荣的种子。"

父亲发现拉萨城里有大量的人畜粪便，牛羊角和骨头堆在大街小巷。在父亲的带领下，部队最终把八廓街、布达拉宫前后堆积如山的粪便、垃圾清扫一空，整个城市的面貌焕然一新。还在拉萨修建了第一批公共厕所，为建设现代文明秀丽的新拉萨开启了先河。

春季，拉萨河堤出现了几处决口。父亲闻讯后，率先跳进齐腰深冰冷的激流中，和官兵们一道奋战一夜，终于把决口堵住了。

父亲又和西藏噶厦商妥，收留了拉萨几百名流浪孤儿进入八一农场做农工，他们成了西藏第一代有先进生产技能的农业工人、管理干部、拖拉机手，成为建设新西藏的骨干力量。

第二年秋天是收获的季节，大白萝卜有的长到30斤重，圆白菜有几十斤重，还有大南瓜、元根等都有20多斤重。

父亲特意邀请当地的藏族群众、西藏上层爱国人士、贵族喇嘛包括达赖的母亲等，到八一农场参观并设宴招待他们。看到昔日的荒石滩长出的累累果实，藏族同胞们感慨万千，纷纷伸出大拇指，称赞"金珠玛米解放军了不起"！解放军是"新汉人""西藏的红军"，是"菩萨兵"，越来越多的藏民开始知道了共产党和毛主席。

八一农场的建立，为西藏带去了内地先进的农业生产技术，十八军官兵被誉为"西藏现代新农业的奠基人"。

谭冠三种的苹果树

为解决官兵维生素缺乏的问题,父亲引导大家在高原上大面积引进种植和培育苹果树。苹果种植成功,结出苹果,被大家亲切地称为"将军红""谭苹果"。

父亲还带领部队大量植树造林,取得了很好的效果。他说:要多种树。树多氧气就多,就会改变高原的气候。气候改变了,我们的汉族女同志就可以在这里生娃娃了,孩子也可以养活了。

1952年初,西藏工委、军区创办藏文藏语训练班,后改为军区干部学校(藏干校)。父亲亲自担任党委书记兼校长。他指示各部队要优先选送藏族战士来学习，特别招收上层人士的子女到藏干校学校，专门成立"社教班"，并通过他们去做上层人士的工作，取得了很好的效果。至1985年，已建成为多学科、现代化的综合性西藏大学。

1953年，为加快康藏公路的建设速度，西藏工委和军区与西藏噶厦成立了以我父亲为主任的联合筑路委员会。当地派出8000民工，和部队官兵共同参加筑路工程。我筑路部队还采取了各种有效的办法，规避反动分子的干扰、破坏，保障藏族民工利益，增进民族团结。民工破天荒地第一次拿到在封建农奴主压迫下从来没有拿到过的劳动所得，满载生活物资返回家乡，发自内心地宣传共产党、解放军"亚格都"，有效地扩大了党和部队在西藏的影响。

1954年10月，康藏、青藏两条公路胜利通车，雪域高原结束了没有现代公路的历史，3000多名将士和民工却为此献出了宝贵的生命。在康藏公路上，平均每一公里都留下了一座烈士的坟茔，西藏人民看了8年，比了8年，认识到还是共产党好，解放军好，毛主席是伟大的活菩萨。

平定叛乱，勇猛果断

1957年，中央确定西藏民主改革"6年不改"的方针。上层分裂主义分子认为时机来了，于是变本加厉地扩大叛乱规模。1958年春，四川、云南、甘肃、青海藏区发生了大规模的武装叛乱，约5000名叛匪流窜到了西藏拉萨地区。

1958年下半年，中央代表张经武、司令员张国华都在内地，我父亲主持西藏工委和军区全面工作，任中央驻藏代理代表。

1959年2月，在拉萨传召祈福大法会期间，西藏噶厦制造了一连串挑衅事件，同时造谣惑众，公开叫嚣"西藏独立"。此时，全区叛乱武装已达两三万人，仅拉萨市区就达7000余人。

3月10日，原定达赖去军区观看文工团演出。根据约定，我父亲做好了迎接达赖的一切准备。这天，突然拉萨街头谣言四起："军区要毒死达赖。""把达赖劫持到北京。"鼓动不明真相的群众去罗布林卡请愿，不能让达赖喇嘛去军区。筹委会委员、爱国人士索朗降措被叛匪用石头砸死，并拖在马尾后面游街示众，军区副司令员桑颇被打伤，千余名叛匪在市区和军区门前示威游行，形势急剧恶化。父亲即刻召开紧急会议，要求加强戒备，迎接新的挑衅和战斗。

这个时候，父亲作为中央代理代表，最关心的还是达赖喇嘛的安全和动态。3月10日，父亲给达赖写了第一封信，根据当前的局势，劝达赖可"暂时不来"。11日达赖回了信，我父亲立即给他写了第二封信，指出叛匪犯下的罪行，要求他出面制止。3月12日，达赖又回了信，表面答应"正尽一切可能设法处理"。父亲把与达赖的往来信件及时上报中央。14日，邓小平总书记亲自拟定了给达赖的第三封信，以我父亲的名义于15日传给了达赖。信中阐明了中央的态度和立场："如果藏政府再不负起平叛责任，中央只有自己出面来维护祖国的团结和统一。"毛主席在此电报上批示：以谭冠三名义，答复达赖的一封信很好。政治上使我处于主动。看他反应如何，如有复信，无论态度怎样，均应再复一信，以后礼尚往来可再给信，这些信件将来要发表。同一天，毛主席在武汉召见张经武、张国华说："天要下雨，娘要嫁人。阶级本质决定他们要闹事，他们总以为还有资本，总是手中发痒。"他指示部队"不打第一枪，无论达赖到哪里都不要阻拦"。到了17日晚，达赖在叛乱武装和随行人员保护下，出逃拉萨。我军没有阻拦。达赖出逃，拉萨局势骤然紧张。形势突变，我父亲及时将情况上报中央，于19日召开紧急会议，做好应急作战准备和政治动员。

20日凌晨3时40分，盘踞在拉萨西郊牛尾山的叛匪向我军猛烈射击，接着城区叛匪向我全面疯狂进攻，4点10分军区向军委报告：今日我东、西郊区均和叛匪打响，特报。

5时，父亲召集各部队指挥员紧急会议，他对大家说："达赖逃走后，留在拉萨的叛匪武装力量逐渐减少。为防敌继续向山南转移，我应立即对叛乱武装进行反击。虽然我们只有2个团12个连队，不过千人，敌多我10倍，但我军是久经考验能攻善守的坚强部队，不打则已，打则必胜；我们一定打好，向党负责，向全国人民负责。"会议决定上午10时向叛匪反击，并于6时将反击预案上报中

谭冠三（左一）指挥平叛战斗

央军委。按照常规很快会得到回复,但电台出现故障,到 10 时仍未得到军委的复电。我父亲经过慎重权衡,命令部队按照军区上报的作战方案,于上午 10 点 05 分开始对药王山炮火准备。直至 11 点 10 分才收到军委 9 点半发来的电报指示:"全力固守现在据点。""以待主力到达然后聚歼。" 然而这时部队反击已经进行 1 个多小时。部队打得非常顺利,如果停下来将会放走更多的叛匪,达不到聚歼的目的。

父亲和邓少东、詹化雨 3 位将军看了电报后,都很踌躇。父亲反复思考后,还是下了打的决心。他斩钉截铁地对邓、詹说:"打!继续打!坚决打好这一仗,一切后果由我向中央负责!"邓、詹赞同。随即留少数部队占据药王山制高点,集中兵力围攻罗布林卡,摧毁叛匪总部,继而分割、分块消灭了盘踞在市区的叛匪。我平叛部队得到西藏广大群众的支持和热烈响应,大昭寺、小昭寺等叛匪据点先后被攻下,直到 22 日上午 9 时,布达拉宫的叛匪从南面的窗口打出了白旗,以示投降。拉萨的战斗于当日的 11 点半全部结束。

拉萨叛乱只用了三天两夜即被平息,俘虏、击伤、击毙自叛匪总司令拉鲁以下 5360 人,缴获大量武器弹药装备。重点文物、古建筑、寺庙均得到了很好的保护。拉萨平叛战斗一结束,父亲首先向中央发电报检讨说:自己没有坚决执行中央关于"凡是需请示报告者,必须及时请示报告,不要在中央未同意前即采取行动"的指示,表示"愿意接受党组织给予的任何处分和处理"。3 月 28 日,军委复电:"拉萨战役,仗打得很好,检讨也很深刻,特免于追究责任和处理。"

张司令员于 3 月底返回拉萨,与我父亲一起指挥了山南战役,直至

1962年3月平叛斗争取得全面胜利。

1959年3月28日,周恩来总理宣布撤销西藏地方政府(噶厦),由自治区筹委会行使职权,宣布了落后、腐朽、黑暗的西藏政教合一的封建农奴制度的彻底灭亡。

4月下旬,父亲到中央汇报平叛情况,受到中央及军委领导的热烈欢迎。邓小平总书记在会上赞扬我父亲说:"这次平息拉萨叛乱,你谭冠三指挥得很果断嘛!12个连的兵力对上万个叛匪,没用三天就解决了。你给达赖的三封信,是做政治争取工作的,毛主席都赞扬。"小平同志诙谐地说:"在高原做政治工作,你真是高屋建瓴啊。"

1962年10月,我父亲和张国华一起在中央领导决策指挥下,进行了中印边界自卫反击作战。张国华在前线指挥,我父亲负责后方支援等工作,为中印边界自卫反击作战取得重大胜利做出了重要贡献。

情系高原,心在西藏

中印自卫反击战结束,父亲因劳累过度,眼底出血,心脏病发。中央派飞机接他回北京治疗,他才恋恋不舍地离开他坚守13年、任职近20年的倾注了无尽心血的西藏。

临行前,父亲的秘书金良平请他题词留念,于是他留下了一首五言诗:"将军百战衣,绣金又绣珠。悼念战场骨,莫忘艰苦风。"他认为,荣誉和赞赏是党和人民给予的鼓励,真正的英雄应该是那些英勇牺牲的烈士们,我们活着的人,要永远保持共产党员艰苦奋斗的精神,不能有丝毫懈怠。

"文化大革命"后,聂荣臻元帅曾找他征求工作安排意见。父亲说:"我还要回西藏。"聂帅说:"你年纪大了就不要去了。"但父亲固执地说:"我还要回西藏。"虽然最终因为身体原因未能遂愿,但他的心一直牵挂着西藏。

1985年底,父亲的病情恶化,在他临终之前,对党组织提出的唯一请求就是把他的骨灰送回西藏埋葬。他对一生的革命伴侣,也是战友和妻子李光明说:"把我埋在八一农场的苹果园里,让我化作肥料,最后再为西藏人民做一点贡献吧。"他一生中说的最后一个词还是"西藏"。

父亲去世后,中央军委批准了他的请求,成都军区在西藏为他修建了纪念碑。1986年8月1日,成都军区和西藏党政军领导、各界人士、驻藏官兵和藏族群众举行了隆重的谭冠三骨灰安放仪式。国家主席杨尚昆题写了碑名,全国人大副委员长阿沛·阿旺晋美题词。

(本文作者:谭冠三之子)

革命的领袖，杰出的文人

瞿独伊

瞿秋白（1899—1935），江苏省常州市人。中国共产党早期主要领导人，伟大的马克思主义者，卓越的无产阶级革命家、理论家和宣传家，中国革命文学事业的重要奠基者之一。

1917年秋考入北京俄文专修馆学习。1922年春，正式加入中国共产党。1923年，主编中央的另一机关刊物《前锋》，参加编辑《向导》。1925年，先后在中共第四次、五次、六次全国代表大会上，当选为中央委员、中央局委员和中央政治局委员，成为中共领袖之一。1927年2月7日，自编《瞿秋白论文集》。1934年，任中华苏维埃共和国中央执委会委员、人民教育委员会委员、中华苏维埃共和国中央政府教育部部长等职。

1935年2月在福建长汀县被国民党军逮捕，6月18日慷慨就义，时年36岁。

他是中国共产党早期的主要领导人之一，伟大的马克思主义者，卓越的无产阶级革命家、理论家和宣传家，中国革命文学事业的重要奠基者之一。他以36岁的有生之年，留下了500多万字的文学作品和政论文章，却长期蒙受"叛徒"罪名的不白之冤。直至"文化大革命"结束后才正本清源，恢复了他文人、革命家、烈士的真相。

这位曾因《多余的话》使很多人误解，以致一度英名被诬的伟人，就是我的父亲瞿秋白。

远赴异域，采访报道苏俄

1920年下半年，北京《晨报》和上海《时事新报》为直接采访和报道世界各国大势，决定派出一批驻外记者，分赴英、美、法、德、俄诸国。父亲作为北京《晨报》的特派记者前往苏俄的首都莫斯科。

1920年10月16日，父亲从北京火车站出发，直至第二年1月25日晚11时，父亲一行才抵达莫斯科的火车站，耗时近4个月。

在苏俄，父亲会见了《真理报》的主编美舍利亚科夫，还有著名诗人马雅可夫斯基，以及苏俄教育人民委员会委员长卢那察尔斯基等，认识了列夫·托尔斯泰的孙女，并受邀瞻仰了托尔斯泰的故居陈列馆。

1921年3月8日至16日，俄共第十次代表大会在莫斯科举行，列宁作了关于用实物税代替余粮收集制的报告。父亲作为记者，采访了大会。由于交通延时的原因，从6月22日至9月23日，在北京《晨报》连载了27次，新闻标题是《共产主义之人间化——第十次全俄共产党大会》，通过长达 3 万字的文章，介绍了苏俄的方方面面情况。

1921 年 6 月 22 日，召开共产国际第三次代表大会。父亲同样作了采访，并热情洋溢地报道了这次大会的盛况。会议期间，父亲曾在走廊追上列宁要求采访。列宁没有挥手拒绝，而是停下步子与我父亲进行了简短交谈。由于列宁实在太繁忙，给了我父亲几篇有关东方问题的材料作为参考，就表示歉意，然后快步离去。这次会上，父亲还采访了托洛茨基。

瞿秋白摄于 1923 年

其中在 7 月 6 日这天的会议报道中，父亲真实地记录了具有重大历史意义的场面，最早向中国人描述了列宁的形象。他说，列宁出席会议并发言三四次，他的德、法语都非常流利，谈吐沉着果断，演说时绝没有大学教授的态度，而是一种诚挚果毅的政治家姿态流露于自然之中。他还写道，每逢列宁演说，台前拥挤不堪，椅子上、桌子上都站着人。电气照相灯打开时，列宁的头影映射在共产国际"各地无产阶级联合起来"和俄罗斯社会主义联邦苏维埃共和国的标语题词上。列宁的精彩演说，往往被霹雳般的鼓掌声所吞没。

1922 年 1 月 21 日，远东各国共产党和民族革命团体第一次代表大会在莫斯科举行。此时的父亲不仅是会议代表，还要担任会议的翻译工作，并向国内发回新闻稿，十分忙碌。当大会闭幕式移至彼得格勒举行时，父亲终于病倒了。他口吐血痰，持续高烧，一连昏睡了四五天，被紧急送往莫斯科，住进高山疗养院。住院期间，父亲仍伏在病床上写了大量作品，光寄回国在《晨报》以"莫斯科通信"为名的专栏上发表的报道就有17篇之多。

父亲除了以通讯报道的形式向国内介绍了苏俄的实况外，还撰写了《俄乡纪程》《新俄国游记》和《赤都心史》三本文集。《俄乡纪程》记述了他从北京到莫斯科沿途的观感；《赤都心史》介绍了自己如何由民主主义者转变为共产主义者的过程。此外，父亲还撰写了《俄罗斯革命论》和《俄国文学史》。

父亲在莫斯科除担任新闻记者外，还承担了大量其他工作。从1921年9月开始，父亲到莫斯科东方大学中国班担任翻译兼助教，在班上讲授俄文，负责政治理论课的翻译，并讲授唯物辩证法、政治经济学等课程。

1922年11月5日至12月5日，共产国际召开第四次代表大会，中共由陈独秀率团参加，父亲负责翻译事务。会后，陈独秀邀请我父亲回国工作，主编《新青年》季刊。

1922年12月21日，24岁的父亲离开莫斯科回国。

临危受命，主持中央工作

1927年3月中旬，父亲悄悄离开上海，来到汉口筹备中共五大。

虽然3月21日，从上海传来第三次武装起义胜利的好消息，但随后接踵而至的，全是工人、国民党左派和共产党人被屠杀的坏消息，许多

革命的领袖，杰出的文人

地方都弥漫着越来越浓的白色恐怖气氛。

4月4日，由张国焘主持的原中共中央汉口临时委员会被撤销，改由共产国际代表团与在汉口的中共中央委员等举行联席会议，并成立该联席会议的常务委员会，为过渡性领导机构，由我父亲和张国焘、谭平山3人组成，联席会议多由我父亲主持。

上海发生四一二"清党"反共政变后，白色恐怖迅速蔓延到广东、广西、浙江、江西、江苏、安徽、四川、福建等地，大批共产党员和革命群众牺牲在蒋介石的屠刀之下。北方的奉系军阀也在北京逮捕大批革命人士，李大钊等19名革命者英勇牺牲。4月18日，蒋介石在南京建立国民政府，次日发令通缉鲍罗廷、陈独秀、瞿秋白、谭平山、周恩来等197名中共和国民党左派要人。

在这紧急关头，中共于4月27日到5月9日，举行五大，我父亲出席并当选为中央政治局委员。

7月21日，我父亲从庐山下来后，参加临时中央。

7月25日，由我父亲主持中央临时政治局会议，决定以国民党革命委员会的名义，先在南昌举行武装起义，然后立即南下广东，占领海口，再举北伐。会议决定由周恩来任起义前

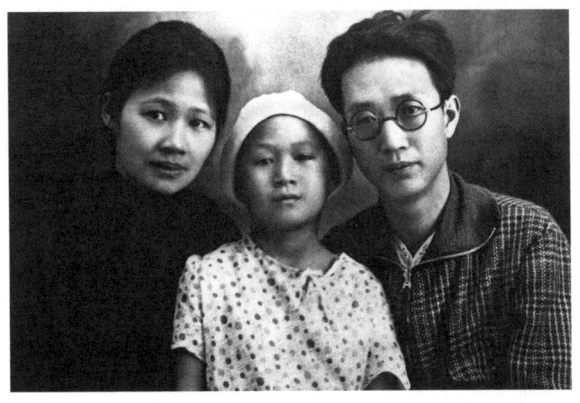

瞿秋白与夫人杨之华、女儿瞿独伊合影

581

敌委员会书记，李立三、恽代英、彭湃为委员。

8月1日，在周恩来为首的前敌委员会领导下，贺龙、叶挺、朱德、刘伯承等率领2万多人的军队，经4小时激战，占领南昌。8月3日，按临时中央决定，起义部队撤离南昌南下，但因敌强我弱，处处受阻，减员严重。至10月初，部队被敌军围攻而损失惨重，余部少数转入海丰、陆丰地区，与农民军会合；朱德、陈毅率领的800人则转入粤赣湘边界地区，开展游击战争。

南昌起义虽然没有达到预期目标，然而打响了武装反抗国民党反动派的第一枪，标志着中国共产党独立领导革命战争、创建人民军队和武装夺取政权的开始。

在随后由我父亲主持召开的中央八七紧急会议上，制定了武装反抗国民党反动派、实行土地革命的方针，决定建立和发展壮大中共自己的军队，致力于通过武装斗争，建立工农政权。由此开始了一次伟大的转折，为继续探寻中国革命的新道路做出了贡献。

8月9日，临时中央政治局会议决定：瞿秋白、李维汉、苏兆征3人为常委，瞿秋白主持中共中央工作，走上了党的最高领导岗位。这一年，我父亲瞿秋白年仅28岁。

从八七会议起，父亲率领中共和中国革命队伍，举行南昌、秋收、广州三大起义，以及各地的武装起义，创建自己的军队实现农村革命的"割据"，完成了中共党史上第一次伟大的转折，即由失败的大革命向土地革命的转折，勇毅开创新局面，探寻新道路，建树了巨大的功绩。

1928年4月，父亲赴莫斯科筹备举行中共六大之前，指定以毛泽东为书记，组成前敌委员会；以朱德为书记，组成红四军军委。这对于发展红军和根据地，起了重要的指导性作用。

6月18日，中共六大在莫斯科举行。7年后的6月18日，竟是我父亲英勇就义的日子！57年后的6月18日，在中南海召开了纪念秋白同志就义50周年大会，对父亲一生的革命业绩作了很高的实事求是的历史评价。

在中共六大会议上，由于共产国际早已错误地片面强调工人成分在中共领导层的核心地位，工人出身的向忠发成为中央政治局主席。我父亲仅为政治局委员，会后留在莫斯科作为中共代表常驻共产国际，在7月召开的共产国际六大上被选为执行委员、主席团委员和政治书记处成员。

离开中央，投身革命文艺

1930年7月，共产国际派父亲和周恩来回国纠正"立三路线"。

9月24日至28日，中共六届三中全会在上海举行，米夫和王明在会上说：瞿秋白搞调和主义，对"立三路线"采取投降态度。虽然我父亲实际上主持中央工作，但因此时米夫是共产国际东方部部长，他在幕后支持王明搞宗派夺权计划。他把矛头对准我父亲，要把我父亲打下来。到了1931年1月召开的六届四中全会上，米夫正式抬出王明，撤销了我父亲的政治局委员职务，并改派王明去莫斯科任中共在共产国际的代表，博古接任临时中央总负责人，向忠发继续担任总书记。

离开中央领导层，父亲并没有消沉，而是以极大的热忱，全副身心投入到革命文艺工作之中。从 1931 年 1 月开始，我父亲就开始做各种文化工作。他系统地介绍了马克思主义文艺理论，翻译了恩格斯、列宁、普列汉诺夫的经典著作和苏联著名作家的作品，并撰写了许多论文、杂文、诗歌等作品。瞿秋白的革命行动，引起国民党反动派的仇视，1931 年 9 月，瞿秋白遭国民政府悬赏通缉。

父亲与茅盾一起共话《子夜》的创作思路，并提出不少修改意见；《子夜》出版后，他连续撰写了两篇评论文章，从多方面加以分析和评价，并将其与辛克莱等外国作家的作品进行比较研究。不久又通过冯雪峰，很快介入左联的领导工作。早在 1929 年父亲就写成了《中国拉丁化字母》的小册子，被有关专家认为是汉字改革方面的一个"关键人物"，起着承前启后的历史作用。他还与鲁迅先生相互交流翻译和创作体会，两人不仅在患难之中见真情，还视对方为"人生知己"，并一起商讨杂文的写作，甚至父亲征得先生同意，还以鲁迅先生的笔名发表杂文。鲁迅认为：像瞿秋白那样才华横溢、懂得中文和俄文的，中国不多见。为了纪念鲁迅给予他的深厚友谊，更是为了让左翼作家和文化界进步人士了解鲁迅，正确地认识鲁迅，父亲还精心选编了一本《鲁迅杂感选集》，写下了长达 17000 字的序言。当然，这里面也有鲁迅先生有意接济父亲经济条件困窘的良苦用心。后来我父亲牺牲后，鲁迅先生在很长一个时期内都悲痛不已，甚至连执笔写字也振作不起来。为此，鲁迅先生拖着病体，亲自编辑出版父亲的译文集《海上述林》，这也是他生命最后时间里的一项重要事情。当这项工作完成后，鲁迅备感宽慰，十几天后就溘然长逝。

1931年11月，中华苏维埃第一次全国代表大会在江西瑞金召开，瞿秋白就当选为中央执行委员，并担任教育人民委员。

1934年1月初，父亲受中央指派，离开上海赴江西瑞金，于2月初到达。在1月底2月初举行的中华苏维埃第二次全国代表大会上，父亲当选为中央执行委员会委员、中央工农民主政府主席团成员、教育人民委员。4月1日，苏维埃大学在江西瑞金举行开学典礼，父亲兼任校长。

在中央苏区期间，父亲大力开展文化教育普及与扫除文盲的运动，对根据地文化建设做出了重要贡献。他还创办了高尔基戏剧学校，提出了"话剧要大众化、通俗化，采取多样形式，为工农兵服务"的办校方针。父亲参与写剧本，改剧本，主编《红色中华》报，许多事都亲力亲为。1939年5月，萧三到延安跟毛主席谈起我父亲牺牲的情形时说："如果秋白还活着的话，我们延安的文化工作可以做得很活跃，可惜他牺牲了。"早在10多年前就与我父亲有过亲密接触和共同见解的毛主席也觉得很遗憾。

1934年秋，中央红军在仓促中决定进行战略转移，父亲奉命留守江西，任苏区中央分局宣传部长，兼后方办事处人民教育委员。中央红军出发那天，他把自己的一匹好马送给了长征队伍中最年长的徐特立，并让马夫跟着徐特立上路。

长汀被捕，从容就义罗汉岭

1935年2月，我父亲和何叔衡、邓子恢带领一支小分队从江西于都出发，经瑞金武阳到福建长汀的一个小山村，突遇敌重兵围攻。何叔衡因年老体弱，不幸被敌人机枪扫射中弹牺牲；邓子恢冲出包围幸免于难。我父亲因长期患肺结核，身体十分虚弱，长时间躺在担架上翻山越岭早已疲惫不堪。尽管邓子恢三番五次地催促父亲快走，但他只能心有余而力不足地说道："我病成这个样子，实在是走不动了。你们快走吧，我在这里是不会被发现的。"

然而没有料到在半山腰的一处灌木丛中，父亲被敌人发现后立即遭到逮捕。经过一番搜查，发现父亲身上携带有港钞和黄金，护送人员随身佩带了驳壳枪，因而认定他是共产党的重要人物。

很快，父亲就被押往长汀三十六师师部，师长是宋希濂（解放后曾任全国政协常务委员）。过去宋希濂在长沙上中学时就读过父亲写的文章，后来到广州上黄埔军校时不仅读过父亲写的文章，还听过他的演讲，崇敬、仰慕过我父亲，因而称我父亲为"瞿先生"，在生活上给予优待，也就是在职权范围之内给予一些看书写作的自由。

由于父亲的名气大，一些大小军官来求诗、求印，父亲都尽量予以满足。宋希濂同情、敬佩我父亲，所以不仅安排军医给予治病，父亲写的诗文，也都尽可能保留下来。

蒋介石得知我父亲被捕后，十分重视，特地从南京派出国民党中统特务，反复劝降我父亲。就在行刑前5天，还没放弃，仍在继续游说利诱，提出我父亲不必发表反共声明和自首书，只要答应到南京政府下属机构去担任翻译或者担任大学教授，就可以免去一死。

他们说："（国民党）中央是爱惜你的才学，才派我们远道而来，你的家属也很想念你。如果你死了，中共不过是给你开个追悼会，你觉得好吗？"

"何必讲这些呢？"父亲回答，"我死就死，何必讲什么追悼会呢。"

他们又试图用亲情来打动我父亲："你为了亲属也要活下去吧？"

父亲坚决地说："我的爱人杨之华绝对不会允许我这样做。如果我这样做了，就是对她最大的侮辱！"

蒋介石特地召集一些国民党的官员商议，究竟如何处置瞿秋白，也就是要不要枪毙。尽管蔡元培说不能枪毙瞿秋白，认为他是中华民族罕见的一个人才，其才华实在难得。但蒋介石、戴季陶等都主张要枪毙我父亲。戴季陶恶狠狠地说："瞿秋白赤化了千万青年，这样的人不杀，杀谁？"

于是，蒋介石发密令给龙溪绥署蒋鼎文，要求就地枪决瞿秋白，并照相呈验。

1935年6月18日是行刑的日子，此前一天已通知了我父亲。

这天早晨，父亲仍一如既往地读唐诗。之后，又提笔写诗。敌人进牢房来押解我父亲时，他说再等一会儿，我的诗还没写完。他把诗的最后几句写完并署上"秋白绝笔"后才出来。当时父亲上身穿黑色对襟衫，下身穿白布低膝短裤，脚穿黑线袜和黑布鞋。黑上衣是母亲给他缝的，多年后前来寻找辨认尸骨时，她还认得那件衣服上的扣子。

父亲很坦然地走进现在的中山公园（苏区时称为列宁公园），踏上公园内的亭子。面对相机镜头，父亲背着双手，昂首直立，在恬淡闲静中流露出一股庄严肃穆的气概，留下了最后的身影。然后坐在准备好的4碟菜和1壶酒前，神色无异谈笑自若地吃菜喝酒。之后他开始用俄文高唱《国际歌》。这首歌是父亲在北京堂兄家边弹风琴边翻译成中文的。歌中有一个词"国际"比较难翻译，在唱的时候很不方便，于是他就采用音译的方式解决了这个问题，并发表在1923年6月出版的《新青年季刊》上。

在前往刑场罗汉岭的途中，父亲一边走一边抽烟，没有一点紧张或是害怕的神色。路边观望的民众和记者见此情景，几乎都不相信眼前的这位身着黑衣白裤的人，就是即将被执行枪决的共产党高官。

到了1里多路外的罗汉岭，父亲看见绿茵茵的草坪，就微笑着点头说道："此地甚好。"并向行刑者提出：我不能屈膝跪着死，我要坐着；不能打我的头。说完，就盘膝坐在草坪中间，高呼口号："中国共产党万岁！""中国革命胜利万岁！""共产主义胜利万岁！"

罪恶的枪声响起，父亲倒在血泊中。

现场的记者和其他人都非常安静，心里也都特别感动。因为此刻的他们都知道这位英勇就义的烈士是谁，他这么牺牲很可惜，但任谁也没有办法改变这一结局。

20世纪50年代初，《瞿秋白文集》4卷本筹备出版时，我母亲杨之华写信给父亲的生前战友、此时已是中共和国家最高领袖的毛泽东，请他为文集题词。毛泽东欣然命笔，写下了一篇高度评价我父亲的文字：

瞿秋白同志死去十五年了。在他生前许多人不了解他，或者反对他，但他为人民工作的勇气并没有挫下来。他在革命困难的年月里，坚持了英雄的立场,宁愿向刽子手的屠刀下走去,不愿屈服。他的这种为人民工作的精神,这种临难不屈的意志和他在文字中保存下来的思想,将永远活着,不会死去。瞿秋白同志是肯用脑子想问题的,他是有思想的。他的遗集的出版,将有益于青年们,有益于人民的事业,特别是在文化事业方面。

是的,父亲留下的文字会有益于青年,有益于人民的事业;党和人民不会忘记我父亲的功绩,历史将会永远铭记我父亲的英名!

(本文作者:瞿秋白之女)

参考书目

《中国人民解放军将帅图集》　中国中共党史人物研究会（编）李力安、史进前（主编）
　　　　　　　　　　　　　　　　　　　　　　　　　　　　　　　　江西教育出版社

《江西籍开国将军故事》　吴畏编著　　　　　　　　　　　　　　江西人民出版社

《革命先辈的故事》丛书——《血花》　丁凯著　　　　　　　江西少年儿童出版社

《血心花——万田河畔闹红记》　袁耐冬著　江西人民出版社、江西科学技术出版社

《为了可爱的中国——诵读方志敏》（初中版）　本书编写组编著　　江西人民出版社

《安志敏将军传》　向本涌著　　　　　　　　　　　　　　　　　中国文艺出版社

《红星闪闪照征途》　曹益民著　　　　　　　　　　　　　　　　星球地图出版社

《梦回吹角连营》　刘懋功著　　　　　　　　　　　　　　　　　中央文献出版社

《追寻先辈的足迹》第一集　江苏省新四军和华中抗日根据地研究会后代分会编
　　　　　　　　　　　　　　　　　　　　　　　　　　　　　　　中共党史出版社

《瞿秋白传》王铁仙主编　　　　　　　　　　　　　　　　　　　　　人民出版社

《失落的巅峰—六位中共前主要负责人亲属口述历史》周海滨著　　　　人民出版社

后　记

　　习近平总书记指出："天地英雄气，千秋尚凛然。一个有希望的民族不能没有英雄，一个有前途的国家不能没有先锋。"在波澜壮阔的中国革命史上，许许多多的革命先辈为抵御外来入侵，为民族的独立和中华人民共和国的成立建立了卓越的功勋，他们是民族的英雄，他们的光辉业绩和坚忍不拔的精神是永远激励我们前行的强大力量。讴歌他们的丰功伟绩、弘扬他们的革命精神和传承红色基因是新时代出版人应尽的职责。

　　在纪念中国人民解放军建军91周年前夕，江西美术出版社《父辈的勋章》一书付梓出版了。本书由60多位革命先辈的后代供稿，并提供了许多弥足珍贵的老照片。他们有的年事已高，有的还忙于本职工作，或为社会公益事业奔波，但都克服各自的困难，亲自撰写文章，记述了他们的先辈们在革命斗争岁月及和平建设时期的许多真实感人、动人心魄的故事；另外，为了落实中央有关单位的审稿意见，我们对书稿做了一定的酌情处理，也得到他们的充分理解和支持。在此，我们谨向他们致以崇高的敬意和真挚的谢忱。中国人民对外友好协会原会长陈昊苏同志和中国人民解放军装备学院原副院长刘建少将分别为本书题词作序。中央党史研究室、中国人民解放军政治工作部等相关部门组织专家为本书做了认真的审读；中国中共党史人物研究会井冈红军人物研究分会为本书的顺利出版提供了宝贵的支持；中国人民解放军信息工程学院原副院长何继明少将和蒲德生、丁凯同志为本书的编辑出版工作给予了多方面的指导和帮助。对他们付出的心血和劳动，我们一并表示衷心的感谢！

　　由于我们的学识水平和图书篇幅、体例的局限，书中还存在一些不尽如人意之处，敬请专家学者、革命先辈及其后人，以及广大读者批评指正。

《父辈的勋章》编辑组
2018年6月15日

图书在版编目（CIP）数据

父辈的勋章 / 王晓春主编. -- 南昌：江西美术出版社, 2018.7
ISBN 978-7-5480-6223-3

Ⅰ.①父… Ⅱ.①王… Ⅲ.①中国文学－当代文学－作品综合集 Ⅳ.①I217.1

中国版本图书馆CIP数据核字(2018)第147725号

　　本书由江西美术出版社出版，未经出版者书面许可，不得以任何方式抄袭、复制或节录本书的任何部分
　　本书法律顾问：江西豫章律师事务所　晏辉律师

出 品 人　周建森
策　　划　魏　林
责任编辑　李伍强　朱倩文　戴环宇
助理编辑　廖　鹏
责任印制　吴文龙　谭　勋
书籍设计　闵　鹏　刘　展

父辈的勋章
FUBEI DE XUNZHANG

王晓春　主编

出　版：江西美术出版社
社　址：南昌市子安路66号
邮　编：330025
电　话：0791-86565506
网　址：www.jxfinearts.com
发　行：全国新华书店
印　刷：浙江海虹彩色印务有限公司
版　次：2018年7月第1版
印　次：2018年7月第1次印刷
开　本：710×1000　1/16
印　张：38.25
ISBN 978-7-5480-6223-3
定　价：298.00元

版权所有,侵权必究